FELIX SALTEN

HOLZHAUSEN

Felix Salten, 1907. (ÖNB Bildarchiv)

Band V. Wiener Persönlichkeiten
im Auftrag des Jüdischen Museums der Stadt Wien

Felix Salten

Schriftsteller – Journalist – Exilant

Herausgegeben von Siegfried Mattl und Werner Michael Schwarz

Holzhausen Verlag · Wien

Felix Salten. Schriftsteller – Journalist – Exilant

Hg. für das Jüdische Museum der Stadt Wien
von Siegfried Mattl und Werner Michael Schwarz

HOLZHAUSEN   Jüdisches Museum Wien

Diese Publikation erscheint anlässlich der Ausstellung
„Felix Salten. Schriftsteller – Journalist – Exilant"
im Jüdischen Museum der Stadt Wien vom 5. Dezember 2006 bis 18. März 2007

Kuratoren: Siegfried Mattl, Werner Michael Schwarz
Assistenz und Organisation: Gerhard Milchram
Sekretariat: Naomi Kalwil
Ausstellungsarchitektur: Alexander Kubik
Ausstellungsgrafik: José Luis Coll / B.A.C.K. Grafik und Multimedia GmbH
Lektorat: Alexander Mejstrik
Korrektorat: Julia Teresa Friehs
Restaurierung: Bettina Dräxler
Spedition: hs-art
Presse: Alfred Stalzer

Jüdisches Museum der Stadt Wien
Dorotheergasse 11, A – 1010 Wien

© Jüdisches Museum der Stadt Wien
© für die Textbeiträge bei den Autoren
Wien 2006
Alle Rechte vorbehalten

Bildnachweis
Abkürzungsverzeichnis:
DÖW: Dokumentationsarchiv des Österreichischen Widerstandes
JMW: Jüdisches Museum der Stadt Wien
LA-Marbach: Deutsches Literaturarchiv Marbach
NFS/LWA: Nachlass Felix Salten, Lea Wyler Archiv Zürich
ÖNB: Österreichische Nationalbibliothek (Bildarchiv, Plakatsammlung)
RW: Rainer Wölzl
ÖThM: Österreichisches Theatermuseum
VHS-Archiv: Österreichisches Volkshochschularchiv
WB: Wien Bibliothek
WM: Wien Museum

Holzhausen Verlag
Grafische Gestaltung: B.A.C.K. Grafik und Multimedia GmbH / José Luis Coll
Umschlagfoto: Österreichische Nationalbibliothek, Bildarchiv
Druck: Adolf Holzhausens Nachfolger, 1140 Wien
Printed in Austria
ISBN 978-3-85493-128-7

Inhalt

7 **Vorwort**
Von Karl Albrecht Weinberger

9 **Mein Großvater**
Von Lea Wyler

10 **Bambis jüdischer Vater**
Eine Hommage an Felix Salten. *Von Doron Rabinovici*

14 **Felix Salten**
Annäherung an eine Biografie. *Von Siegfried Mattl und Werner Michael Schwarz*

74 **„Voll Aufmerksamkeit für ihren Gang…"**
Felix Saltens Graphologie urbaner Bewegung in den frühen Novellen (1893-1911).
Von Klaus Müller-Richter

82 **„Josefine Mutzenbacher"**
Die Komödie der Sexualität. *Von Claudia Liebrand*

90 **„Wurstelprater"**
Attraktionen & Populisten. *Von Siegfried Mattl und Werner Michael Schwarz*

102 **Gelegentliche Anmerkungen**
Felix Salten schreibt über Gustav Klimt. *Von Andrea Winklbauer*

106 **Felix Saltens „Das Österreichische Antlitz" und dessen tschechische Rezeption**
Von Kurt Ifkovitz

122 **„Ein Rudel mißlungener Rehe"**
Bambi und das Rehmotiv in der deutschen Literatur. *Von Moritz Baßler*

142 **„Neue Menschen auf alter Erde"**
Gedächtnislandschaft Palästina. *Von Siegfried Mattl und Werner Michael Schwarz*

154 **Amerika in Wien, Wien in Amerika**
Felix Saltens Antwort auf Stefan Zweigs „Monotonisierung der Welt".
Von Robert McFarland

162 **Die Kunst von morgen**
Das Kino des Felix Salten. *Von Elisabeth Büttner*

172 **Felix Salten als zionistischer Schriftsteller**
Von Manfred Dickel

180 **Filmografie Felix Salten**
Von Christian Dewald

186 **Werkverzeichnis**
Von Siegfried Mattl und Werner Michael Schwarz

DANK

Thomas Ballhausen (Filmarchiv Austria)
Johanna Bohrn (Österreichisches Staatsarchiv)
Otto Brusatti (Wienbibliothek im Rathaus)
Ulrike Demski (Österreichisches Theatermuseum)
Christian Dewald (Filmarchiv Austria)
Markus Feigl (Wienbibliothek im Rathaus)
Alexander Friedmann (Wien)
Alesandro Gallo (Wienbibliothek im Rathaus)
Ernst Gamillscheg (Österreichische Nationalbibliothek)
Wolfgang Gerstberger (ORF, Ö1 Audioservice)
Barbara Herzig (Naturhistorisches Museum, Wien)
Alexander Horwath (Österreichisches Filmmuseum)
Ernst Hofmann (Deutsches Spielzeugmuseum)
Barbara Lesak (Österreichisches Theatermuseum)
Michaela Lindinger (Wien Museum)
Michael Loebenstein (Österreichisches Filmmuseum)
Christian Maryska (Österreichische Nationalbibliothek)
Sylvia Mattl-Wurm (Wienbibliothek im Rathaus)
Ludwig Neunlinger (Wienbibliothek im Rathaus)
Herbert Ohrlinger (Zsolnay-Verlag, Wien)
Marcus G. Patka (Jüdisches Museum Wien)
Helmut Pflügel (Filmarchiv Austria)
Christa Prokisch (Jüdisches Museum Wien)
Johanna Rachinger (Österreichische Nationalbibliothek)
Gabriele Reinharter
Erika Roos (Ropka International, Zürich)
Andreas Sperlich (Jüdisches Museum Wien)
Peter Spiegel (Filmarchiv Austria)
Peter Steiner (Österreichische Nationalbibliothek)
Christian Stifter (Volkshochschularchiv Wien)
Ursula Storch (Wien Museum)
Werner Sudendorf (Filmmuseum Berlin – Deutsche Kinemathek)
Gerald Theimer (Österreichisches Staatsarchiv)
Georg Wasner (Filmmuseum Wien)
Maria Wöhrer (Industrieviertelmuseum Wiener Neustadt)
Lea Wyler (Ropka International, Zürich)
Jörg Wyrschowy (Deutsches Rundfunkarchiv)
Andrea Ziegenbruch (Filmmuseum Berlin – Deutsche Kinemathek)

LEIHGEBER:

Deutsches Rundfunkarchiv
Deutsches Spielzeugmuseum
Filmarchiv Austria
Filmmuseum Berlin – Deutsche Kinemathek
Alexander Friedmann, Wien
Industrieviertelmuseum Wiener Neustadt
ORF, Ö1 Audioservice
Österreichisches Filmmuseum
Österreichische Nationalbibliothek
Österreichisches Staatsarchiv
Österreichisches Theatermuseum
Volkshochschularchiv Wien
Wienbibliothek im Rathaus
Wien Museum
Lea Wyler, Zürich
Zsolnay-Verlag

Vorwort

Als vor zehn Jahren das Jüdische Museum Wien in seiner heutigen Form mit permanenter Schausammlung und Wechselausstellungsbereich von Bürgermeister Michael Häupl eröffnet wurde, war klar, dass auch weiterhin das Hauptaugenmerk der Ausstellungstätigkeit auf kunst- und kulturgeschichtlicher Ebene mit Schwerpunkt „Wiederentdeckung von verdrängtem und vernichtetem Kulturgut" vertriebener und ermordeter Wiener Juden liegen sollte. Insofern setzt sich die Idee vom „Museum als Ort des Gedächtnisses" – präsentiert durch mehrere Dauerinstallationen im Gebäude selbst – in den Wechselausstellungen fort.

Dabei ist eine der wichtigen „Ausstellungsschienen" der Literatur gewidmet, die etwa zehn Prozent der bisher 128 Sonderausstellungen des Museums seit der Wiederbegründung im Jahre 1990 ausmacht: Namen wie Roth, Kraus, Schalek, Altenberg, Beer-Hofmann, Celan, Kisch, Sperber und auch Kafka formen einen Olymp österreichischer und deutscher Literatur des frühen 20. Jahrhunderts. Zu Recht können wir Felix Salten aus dem Schriftstellerkreis „Jung Wien" hier anreihen, war er doch als Journalist, Theaterkritiker, Übersetzer, Film- und Operettenautor einer der Meilensteine auf dem Weg der Moderne der internationalen literarischen Gemeinschaft, so auch verdienter Präsident des österreichischen P.E.N.-Clubs. Als Autor der „Mutzenbacher" blieb er wohl immer im Gerede, von „Bambi" als seinem Werk ist auch heute noch kaum die Rede! Auch in der großen „Walt Disney"-Retrospektive im Grand Palais, Paris 2006, wird Salten im Katalog nur zweimal kurz erwähnt: als „écrivain allemand", der in der Tierwelt von „Bambi" symbolisch das von den Nazis verfolgte europäische Judentum darstellt und dessen Roman als literarisches Sujet für den Zeichentrickfilm von Thomas Mann dem Filmemacher vorgeschlagen wurde.

Die zu gerne vergessene Seite des Literaten rufen aber die Kuratoren unserer Ausstellung in Erinnerung: Felix Salten bekannte sich wie kaum ein anderer der jungen Schriftsteller zu seiner jüdischen Herkunft. Er wurde Mitarbeiter von Theodor Herzls „Welt" und engagierte sich zeitlebens in den Debatten um den Zionismus. Von den Nationalsozialisten ins Schweizer Exil gezwungen, stellte er sich nochmals den Fragen der universalen Bedeutung der jüdischen Tradition, die er in den politisch-humanistischen und künstlerischen Überlieferungen aufsuchte. Moses und David, Karl Marx und Heinrich Heine bildeten die Brücken.

Die Ausstellungskuratoren Siegfried Mattl und Werner Michael Schwarz setzten ihre Idee von Felix Salten als Schriftsteller, Journalist und Exilant mit wissenschaftlicher Präzision um, unterstützt von Museumskurator Gerhard Milchram und Naomi Kalwil als Ausstellungssekretärin. Die Ausstellungsarchitektur war bei Alexander Kubik und die Graphik bei José Coll in bewährten Händen. Ihnen gebührt großer Dank ebenso wie den Leihgebern, zu allererst Frau Lea Wyler, die als Saltens Enkelin in Zürich den Nachlass verwaltet, sowie neben vielen anderen der Wienbibliothek und der Österreichischen Nationalbibliothek.

Als künstlerische Reflexion Saltens in der Gegenwart soll der speziell für die Ausstellung geschaffene Graphikzyklus von Rainer Wölzl über „Josphine Mutzenbacher" erwähnt werden.

KARL ALBRECHT WEINBERGER
Direktor des Jüdischen Museums Wien

Mein Großvater Felix Salten

Ich sitze vor einem leeren Stück Papier in Tibet in einem kleinen hellen Raum und schaue mir wieder und wieder den einzigen Filmclip von ihm an, den ich habe: Felix Salten und Shalom Asch.

Sie stehen nebeneinander vor einem efeubewachsenen Haus – (ein Herr mit Pfeife steht hinter ihnen, neugierig dem Kameramann zuschauend) – und blicken mich ernst an. Dann – wahrscheinlich auf Aufforderung des Filmers (Filmen muss ja damals eine Seltenheit gewesen sein) – werden sie beide, wie auf Knopfdruck, „lebendig". Felix Salten zeigt Asch etwas in der Ferne, und beide lächeln entzückt und entzückend. Salten entwickelt in den siebeneinhalb Sekunden, die der Film dauert, einen solch strahlenden, frohen Charme, dass ich in meinen Computer hineinkriechen möchte, um ganz zu diesem lichtdurchfluteten Moment zu gehören.

Ich sitze vor einem leeren Stück Papier hier in Tibet und starre auf die Seite. Ich kann nichts schreiben. Mein Grossvater und sein Ruf als wunderbarer Autor von Tausenden von Feuilletons und zahllosen Büchern, Stücken und Filmen haben dafür gesorgt, dass ich mein Leben lang eine Schreibblockade hatte. Ich fürchte mich schrecklich vor den leeren weissen Seiten und vor der Endgültigkeit des geschriebenen Wortes.

Was kann ich von meinem Grossvater erzählen, dem ich nie begegnet bin?

Vielleicht kann ich ein wenig darüber mitteilen, wie er uns Nachgeborenen befruchtet und beeinflusst hat.

Er war bettelarm und hat etwas aus sich gemacht. Mit Einfallsreichtum und harter Arbeit. Also kann man das – auch ohne fremde Hilfe. Das leuchtete mir schon als Kind ein.

Meine Mutter erzählte mir oft von ihm, und da schwang immer so viel Zartheit und Zärtlichkeit mit, dass ich mich nicht erinnere, ihn jemals nicht geliebt zu haben. Er hat wunderbar Geschichten erzählt – immer neue – und Annerl, seine Tochter (meine Mutter), hat sie schon als Kind manchmal illustriert (zum Beispiel „Bob und Baby"). Er hat unwiderstehlich mit seinen Tischnachbarinnen geflirtet. Es scheint, als hätten Saltens fast allabendlich entweder eine Tischgesellschaft zu Hause gehabt oder auswärts eine besucht. Wenn ich an ihn denke, so sehe ich: Abendtenue, Pelze, schöne bekannte Frauen, elegante berühmte Herren, Kristallgläser mit Wein gefüllt, köstliches Essen und Zigarettenspitzen. Ich kann ihn mir zum Beispiel nicht an einem Morgen vorstellen. Für mich sitzt er immer in einer Abendgesellschaft – oder im Kaffeehaus oder im Theater.

Salten war ein Verschwender und sehr grosszügig. Er freute sich kindlich an schönen Dingen. So stehen bei mir zu Hause noch verschiedene Spazierstöcke, einer zum Beispiel mit Elfenbeinknauf. Ich arbeite an seinem riesengrossen Schreibtisch aus Nussholz mit wunderschönen Intarsien einer Szene aus dem Sommernachtstraum. Darauf steht ein gerahmtes Foto von ihm an ebendiesem Tisch sitzend.

Er kleidete sich immer perfekt, und wenn ein Buch oder ein Theaterstück ein Erfolg wurde, kaufte er teure Geschenke für seine Freunde und für seine Frau herrlichen Schmuck. Sein Frau, die Otti, machte ihm wiederholt schwere Vorwürfe (sie waren in der Cottagegasse zur Miete): „Wie kannst Du so viel Geld so sinnlos ausgeben! Viel besser wär's, Du würdest das Geld sparen und unser Haus kaufen damit wir eine Sicherheit für schwere Zeiten haben!"

Die Saltens hatten ein Kindermädchen namens Pepi Wlk. Sie kam als wunderschöne 16-Jährige ins Haus und blieb ihr Leben lang der Familie treu. Später ging sie mit der Familie Salten ins Exil nach Zürich, und nach Saltens Tod war sie die Ersatzgrossmutter für meine Schwester und mich.

Kurz vor dem Einmarsch schwärmten Hitlers Spitzel durch Wien. Als erstes suchten sie die reichen Juden auf und besetzten deren Häuser, wo sie dann ihre Quartiere einrichteten. Diese Juden zählten zu den ersten, die ins KZ und in die Gaskammern kamen.

Gestapoleute standen vor der Cottagegasse 37 und läuteten an Saltens Haus Sturm. Die junge Pepi öffnete und sah als erstes die schwarzen Stiefel. Die zwei Eindringlinge wollten „den Herrn Salten" sprechen. Pepi verstand: „Das Haus gehört nicht uns – wir sind nur zur Miete. Herein kommt Ihr nur über meine Leiche!", sagte sie und wies die beiden mutig aus dem Haus. Diese zogen ab, belustigt über die freche Schönheit. Dass sie das Haus NICHT besassen, rettete meinen Grosseltern das Leben (und ermöglichte mir meines).

Welche Lehre ziehe ich daraus?

Man muss nicht alles besitzen. Es lohnt sich, manchmal verschwenderisch und immer grosszügig zu sein, wie es mein Grossvater war.

Saltens Einfluss auf meine Kindheit, mein Leben war

manchmal auch schmerzhaft spürbar: Ich bin in einer guten jüdischen Familie in Zürich aufgewachsen. Mein Vater war angesehener Rechtsanwalt, meine Mutter eben die Tochter des berühmten Schriftstellers. In der Schule war ich immer die einzige Jüdin und hatte so von Anfang an eine Art Ausnahmestellung: An den hohen Feiertagen fehlte ich, ging mit meinen Eltern zur Synagoge, musste dann in der Schule das Verpasste nachholen. Ich wurde von den grösseren Buben geschlagen und verfolgt. Manchmal warfen sie mit Steinen. „Saujud!" riefen sie mir nach. In der neutralen Schweiz.

Meine Mutter erzählte mir von Salten und, wie er sich behauptet hatte in den schlimmen Zeiten, wie er oft gegen den Strom geschwommen war – als jemand der ausserhalb der „guten Gesellschaft" geboren war, der nur jeden zweiten Tag zur Schule gehen konnte, da er sich mit seinem Bruder ein paar Schuhe teilen musste, der darunter gelitten hatte, weniger zu wissen als andere, der statt sich über die Dunkelheit zu beklagen, ein Licht angezündet hatte: Er lernte wie wild, las und las, kaufte sich, da er anfing Geld zu verdienen, nach und nach eine kostbare Bibliothek zusammen, bildete sich selbst und wurde schließlich zu einem der meist geachteten Schriftsteller und Kritiker seiner Zeit. Er behauptete sich gegen jeden Widerstand.

Mutters Erzählungen halfen. Sie verpflichteten aber auch. Großvater hatte Zivilcourage gezeigt. Was sollte ich 8-Jährige tun, bedroht von einer Horde 12-Jähriger die mit Steinen hinter der Schulmauer auf mich warteten? Ich stellte mich, gab vor, mich nicht zu fürchten, und schrie so lange und so laut, bis sie abzogen. Mein Grossvater stand hinter mir und lächelte. Ich wurde zwar geschlagen, aber nicht entwürdigt. Wie er.

Salten war in meinem Leben immer präsent. Sein lebensgroßes, schönes Portrait hing in unserer Bibliothek: Er sitzt auf einem Stuhl (der jetzt bei mir steht und auf den sich nie jemand setzten darf), seitlich zu uns gedreht, und sieht etwas schalkhaft, sonst aber ernst und wachsam auf uns hernieder. Auch sonst gibt es eine relativ grosse Anzahl von Bildern, Zeichnungen und Fotos bei uns, sodass ich immer das Gefühl hatte, er ist eigentlich da und lebt mit uns. Die Gegenstände, die er benutzte, an denen er sich gefreut hat, die oft auch Geschenke von wichtigen Persönlichkeiten waren, sind nun meine Gegenstände: zum Beispiel das Daumenkino (Familie Salten mit Freunden am Lido in Venedig – alle offensichtlich glücklich und in Ferienstimmung); oder das herrliche ovale Bett von Ludwig und Margarete Kainz; oder dessen Petschaft mit dem Silberschwan, die Kainz vom König Ludwig von Bayern erhalten hatte und dann Salten schenkte, der sie später seiner Tochter weitergab, von der ich sie wiederum „mit warmer Hand" erhielt; seine Zigarettenspitze im Etui oder sein kleiner silberner Bleistift, den er immer bei sich hatte.

Dann ist da aber auch die andere Seite: Er war Jäger. Und das habe ich nie verstanden: Bambi schreiben und dann ein Reh töten! Wie kann man das nur? So viel tiefes Verständnis um die Not und die Seele der Tiere, und dann – nicht einmal aus Hunger, sondern aus Sport – mit der Flinte in den Wald? Es gibt ein Foto von ihm mit seinem Sohn Paul vor einem erlegten Rehbock, jeder hat einen Fuss auf den Leib des Tieres gestemmt und hält eine Flinte stolz in der Hand. Da schauert es mich immer. Unerklärlich!

Und doch – die andere Seite überwiegt wenn ich einige seiner Werke lese. So viel Freude, Zartheit und Feinheit des Geistes! So tiefes Verständnis für die tiefsten Abgründe unserer Seelen und auch so viel Humor.

Nachdem meine Mutter 1977 gestorben war, las ich ein Jahr lang nur Salten, ordnete seine Texte und Briefe und befasste mich so intensiv mit ihm, dass ich erschrak, wenn jemand ins Zimmer kam – es war wie eine Zeitmaschine – ich lebte wirklich im Jahrhundert von Bambi und Mutzenbacher.

Und jetzt plötzlich möchte ich Ihnen weiter von ihm erzählen, hier im nun abenddunklen Zimmer in Tibet, möchte ganze Bände füllen – plötzlich wird die leere Seite zum Freund, lädt mich ein, mich weiter an jemanden zu erinnern, den ich nicht kannte... doch genug!

Felix Salten ist nicht tot. Er hat für mich immer gelebt, und ich wünsche mir und Ihnen, dass er durch diese herrliche Ausstellung auch für Sie alle weiterlebt. Und ich wünsche mir, dass Sie seine Werke wieder zur Hand nehmen und sich in seine Welt – die zum Teil immer noch unsere ist – hineinfühlen und sich von ihm begeistern lassen.

Dank an alle, die für dieses Werk und die Ausstellung – die erste ihrer Art – gearbeitet haben. Sie alle – die Erschaffer und Mitarbeiter dieser Ausstellung sowie Sie, die Besucher, tragen dazu bei, dass Felix Salten weiterlebt.

LEA WYLER
www.rokpa.org

Rainer Wölzl: Zu Felix Salten-Josefine Mutzenbacher, 2006. (RW)

High Heels, Modell „Bambi"

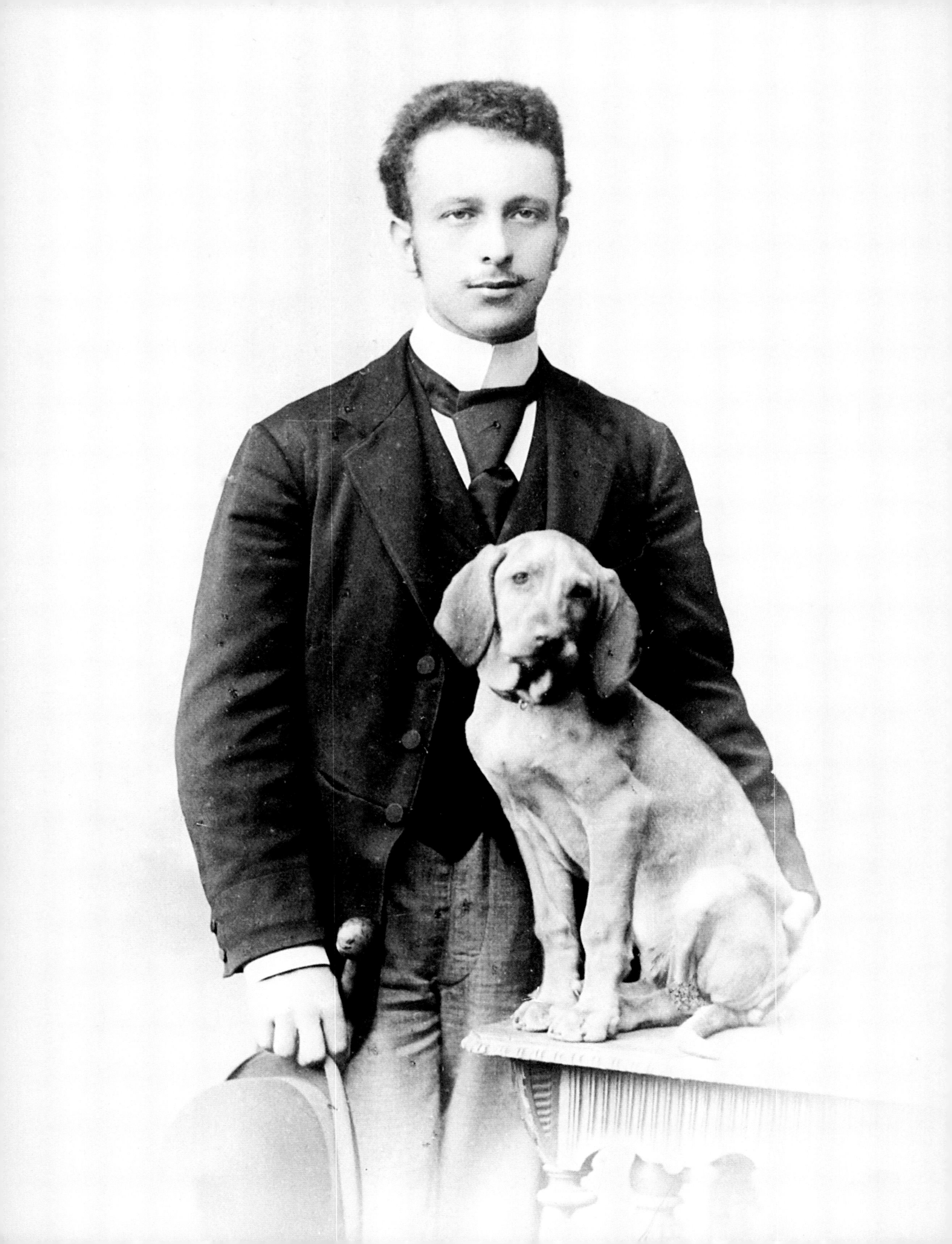

Doron Rabinovici

Bambis jüdischer Vater

Eine Hommage an Felix Salten

Vorschau: Felix Salten mit Jagdhund, um 1890. (LA Marbach)

Jedes Kind kennt Bambi, doch nicht sehr viele, ob klein oder groß, wissen viel über Felix Salten. Es scheint beinah, er ist vergessen nicht trotz, sondern eher wegen seines Erfolges. 1923 war der Roman *Bambi. Eine Lebensgeschichte aus dem Walde* erschienen.[1] Bald wurde er in viele Sprachen übersetzt. In den dreißiger Jahren verkaufte Salten die Filmrechte für einen Pappenstiel nach Hollywood, das Originalbuch des Wiener jüdischen Autors wurde im nationalsozialistischen Reich hingegen verboten. Bambi ist durch den gleichnamigen Film Walt Disneys weltberühmt geworden. Im Film und im Video ist, wenn auch kleingedruckt, vermerkt: „Nach einer Erzählung von Felix Salten". In der Folge erschienen Ausgaben des Buches bereits unter dem Titel *Disneys Bambi*. Zuweilen wird hier Felix Salten gar nicht mehr erwähnt.

Noch unbekannter ist, dass er einen Klassiker der erotischen Literatur verfaßte. Generationen Halbwüchsiger lasen, wenn auch meist nur einhändig, die Geschichte der Josefine Mutzenbacher. *Josefine Mutzenbacher oder: Die Geschichte einer Wienerischen Dirne, von ihr selbst erzählt* kam 1906 im Privatverlag heraus.[2] Lange war umstritten, wer der Autor des Werkes ist. Zudem wurde auch hier Saltens Literatur vom Film überblendet. Wer begegnete im Privatfernsehen noch nicht den verschiedenen Schmutzenbacherinnen?

Es entbehrt nicht einer gewissen Ironie, dass Anfang der siebziger Jahre das Buch in der Bundesrepublik Deutschland indiziert wurde, während der Streifen auf der Leinwand gesehen werden konnte. Wie putzig; der Verleih warb mit dem Verbot des Romans: „Wieder in München! Die vielgeliebte und vielverbotene Josefine Mutzenbacher. Soeben wurde das Buch überall in der Bundesrepublik beschlagnahmt! Der Film ist frei!" Das Plakat allerdings mußte abgehängt werden, denn neben der Schauspielerin Christine Schuberth war klein der Umschlag des Druckwerkes zu erkennen; und das durfte nicht gezeigt werden. Nach jahrelangem Hin und Her ist Saltens Text in Deutschland verboten, weil hierin der Mißbrauch von Minderjährigen verherrlicht wird.[3] Die alternde Hure Mutzenbacher schwärmt uns da vor, wie sie im Alter von sieben bis vierzehn Jahren für Sex mit Männern zur Verfügung stand.

Jugendautor oder Kinderpornograph; was war Felix Salten? Oder, wie ebenso gefragt werden könnte, was war er nicht; jener Mann, der 1869 als Siegmund Salzmann in Budapest geboren wurde und in der Wiener Vorstadt aufwuchs? Als Halbwüchsiger mußte er schon bei einer Versicherung arbeiten und schrieb nebenher unter dem Namen Felix Salten. Er wurde Journalist, war Kurzgeschichtenautor, Romancier, Dramatiker, Operettenlibrettist, Kulturkritiker, Übersetzer, Reiseschriftsteller, gründete 1901 das erste Wiener Kabarett, entwarf Drehbücher und werkte als Regisseur. Er gehörte zum Kreis des „Jung Wien", war mit Arthur Schnitzler, Hugo von Hofmansthal und Hermann Bahr befreundet,

---

1) Felix Salten: Bambi. Eine Lebensgeschichte aus dem Walde, Wien 1923
2) Felix Salten: Josefine Mutzenbacher. Die Lebensgeschichte einer wienerischen Dirne, von ihr selbst erzählt, Reinbek bei Hamburg 1978 (1906)
3) Gerlinde Ulm Sanford: Andere Zeiten, andere Sitten. Was erregt Ärgernis? Zensur in Österreich heute und vor hundert Jahren; in Trans. Internet-Zeitschrift für Kulturwissenschaften. 7. Nr., Juli 2002; http://www.inst.at/trans/7Nr/sanford7_2.htm

ferner einer der engsten Feinde von Karl Kraus. Vor allem machte er sich als Feuilletonist einen Namen. Er belieferte die großen Blätter in Mitteleuropa, ob Neue Freie Presse, Pester Lloyd oder Berliner Zeitung. Als Zionist und Mitstreiter Herzls schrieb er in der „Welt". 1927 bis 1933 stand er als Präsident dem österreichischen PEN-Club vor.

Felix Salten war ein Tausendsassa. Er kannte keinen Ruhepol. Er konnte es sich nicht leisten, im Angestammten zu verharren. Er war von Anfang an ein Außenseiter und Ausgestoßener, ein Zugewanderter und ein Vorstadtbub gewesen. Wie viele seiner jüdischen Schicksalsgenossen setzte er auf liberale und moderne Berufe. Hier boten sich Chancen unabhängig der Abstammung.

Die Emanzipation hatte den Ausbruch aus dem Ghetto und den Vertrieb der neuen Journale ermöglicht. Kundmachung war durch Nachricht ersetzt, Hofberichterstattung vom Kommentar abgelöst worden. Die Schrift erschien nicht mehr als ewige Offenbarung, sondern als tägliche Enthüllung. Das Magazin versprach nicht Erleuchtung, sondern Aufklärung. Für den Antisemitismus war die Presse seit jeher der Jude unter den Druckwerken, und jeder Jude konnte aus dem Blickwinkel des Ressentiments ohnehin kein deutscher Dichter sein, sondern allenfalls ein Feuilletonist.

Salten, der Starjournalist, Kabarettist, Schriftsteller und politische Aktivist, schien die Bestätigung dieser Dünkel. Er war in allen Genres zuhause. Wie viele Dichter des „Jung Wien" interessierten ihn Aspekte von Sexualität und Adoleszenz, aber nur der Vorstadtjude Salten sprach in der Geschichte der Josefine Mutzenbacher von einem Wien, von dem kein anderer seiner Kollegen vorher erzählt hatte.

Zweifellos verklärt und verherrlicht Saltens Schrift, um zu verführen und aufzugeilen. Zu lesen ist nicht der Bericht einer Frau, sondern eine gar nicht so reine Männerphantasie. Salten berichtet gleichwohl vom Unerhörten, von Unterleib und Unterschicht, von beengten Wohnungen und zudringlichen Bettgängern, von den Elendsvierteln der expandierenden Donaumetropole. Hier wurden Halbwüchsige ungeniert ausgebeutet. Inzest und Kindersex waren nicht verfolgt, sondern verbreitet; ein offenes Geheimnis. In der *Mutzenbacher* wird es enthüllt. Der geile Pornokonsument und der passionierte Pornojäger sehen die deftigen Szenen nicht in diesem Kontext. Sie suchen immer nur nach dem Corpus delicatum. Mißbrauch von Kindern wird zu Recht bestraft und soll nicht verharmlost werden, aber eine Lesart, die sich um historische Zusammenhänge nicht schert, könnte auch Homer verbieten, weil er Helena im Alter von zehn Jahren Menelaos ehelichen ließ, oder Shakespeare auf den Index setzen, weil Romeos Julia erst dreizehn war.

Wovon Salten oder auch der Marquis de Sade schrieb, wird durch die Werbemacht von Sex und die Omnipräsenz von Porno heute überblendet. Die Klassiker der erotischen Literatur, von Pietro Aretino bis John Cleland, dem Schöpfer der *Fanny Hill*, erweiterten die Artikulation der Leidenschaft. Ihre Bücher waren eine Verkörperung; eine Verkörperung dessen, was Literatur mit unserer Vorstellung anzustellen vermag. Sie huldigten dem Glauben, das Wort könne Fleisch und das Fleisch wiederum Wort werden. Sie stemmten sich gegen kirchliche Dogmen und autoritäre Zensur. Ihre Romane waren Polemik und Kampfschrift. Die klassische Pornographie war voller Begierde nach Freiheit, die heutige giert nach Profit.

In der *Mutzenbacher* wurden eine Sprache der Lust und die Lust an der Sprache neu ausgelotet. Ohne die Parallele allzu weit führen zu wollen, kann gesagt werden, dass es auch im Roman *Bambi*, der keineswegs nur für Kinder geschrieben ist, um eine Auseinandersetzung mit Sprache und Jargon ging. Neu war die Art, wie hier die so genannte Natur zu Worte kommen sollte, wie ein Jungtier und Tierjunge allmählich lernte, sich einen Begriff vom Leben zu machen. Salten war nicht der erste, der das Wild reden ließ, aber hier sprach es uns an, wie nie zuvor. Ihm gelang es, aus dem Wald eine Welt menschlicher Verhältnisse zu machen. Der Fuchs, in die Enge getrieben, wirft etwa dem Jagdhund nichts weniger vor als Verrat an den Seinen, während der Hund wiederum das Dasein der Haustiere durch die Macht des Menschen rechtfertigt. Es ist der Diskurs über die Assimilation, den wir im Dickicht belauschen. [4] Ist es da Zufall, wenn es auch in Saltens Tiergeschichte *Der Hund von Florenz*, in der ein Junge zum Tier wird und die ebenso wie sein Buch *Perri* von Disney verfilmt wurde, um Identitätswechsel geht?

In einer Glosse mit dem Titel „Jüdelnde Hasen" warf Karl Kraus in der Fackel Felix Salten vor, die vom Menschen bedrohten Hasen in einer seiner Tiergeschichten „jüdeln" zu lassen. [5] Sander Gilman wies nach, dass der Antisemitismus an eine Geheimsprache der Juden glaubt, wobei alle jüdischen Versuche, sich des Deutschen zu bedienen, als bloße Übersetzungen aus der hebräischen Sprache angesehen werden. Diese antisemitische Vorstellung verfolgte die jüdischen Schriftsteller im Wien des frühen zwanzigsten Jahrhunderts so sehr, dass sie teils unter den Einfluß der Vorurteile gerieten. Um selbst allen judeophoben Verdächtigungen zu entkommen, richteten sie zuweilen das Feindbild des Mauscheljuden gegen einen anderen Juden. [6]

Saltens Bekenntnis zum Zionismus ist eine Reaktion auf diesen Diskurs. In diesem Licht muß auch sein pathetisches Reisebuch über Palästina *Neue Menschen auf alter Erde* gelesen werden. Er bewundert das Aufbauwerk der Pioniere. Salten geht es in diesem Band aus dem Jahre 1925 um eine stolze jüdische Antwort auf den Wiener Antisemitismus. Palästina ist nicht sein Wunschland, sondern soll für die Ostjuden offen stehen.

Das Buch enthält auch seine Enttäuschung über Europa. „Asien ist immer der Boden gewesen, auf dem ein Gott zur Welt kam, wie Europa immer der Boden bleibt, auf dem er entstellt wurde, blaß und sich selber fremd", lautet der Schlusssatz. [7]

1931 verfaßte Salten einen anderen Reisebericht. In seinen *Fünf Minuten Amerika* kam er, der vom Land der unbegrenzten Möglichkeiten und dessen Moderne schwärmte, zu einem ähnlichen Urteil gegen Europa: „So sehe ich das gesegnete Amerika, so wirkt es auf mich, um eine Zeit, in der Europa dem Kampf entgegenfiebert. Diesem Kampf, der jedenfalls ein Existenzkampf, möglicherweise ein Todeskampf sein wird. In Amerika jedoch triumphiert das Leben!" [8]

Wie eine Vorahnung klingen diese Sätze. 1939 floh Salten nach Zürich, lebte hier abgeschnitten von Wien, durfte als Journalist nicht mehr arbeiten, schrieb in seinen letzten Jahren einige Bücher, mehrere Tiergeschichten, wohnte der Premiere von Disneys *Bambi* bei, ohne an dem Welterfolg je teilzuhaben. Er hat den Nationalsozialismus noch um wenige Monate überlebt, aber vernichtet war ein Großteil seiner Leserschaft; das Wien des Feuilletons, der Theater und der literarischen Cafés existierte nicht mehr. Zerstört und zugrunde gerichtet war alles, wofür er geschrieben hatte.

---

4) Felix Salten: Bambi. Eine Lebensgeschichte aus dem Walde, Frankfurt/M. 2003, S.236-239
5) Karl Kraus: Die Fackel; Wien, Nr. 820-826, Oktober 1929, S.45-46
6) Sander L. Gilman: Jüdischer Selbsthaß. Der Antisemitismus und die verborgene Sprache der Juden, Frankfurt/M. 1993, S.140/41
7) Felix Salten: Neue Menschen auf alter Erde. Eine Palästinafahrt, Wien 1926, S.276
8) Felix Salten: Fünf Minuten Amerika, Berlin/Wien/Leipzig 1931, S.256

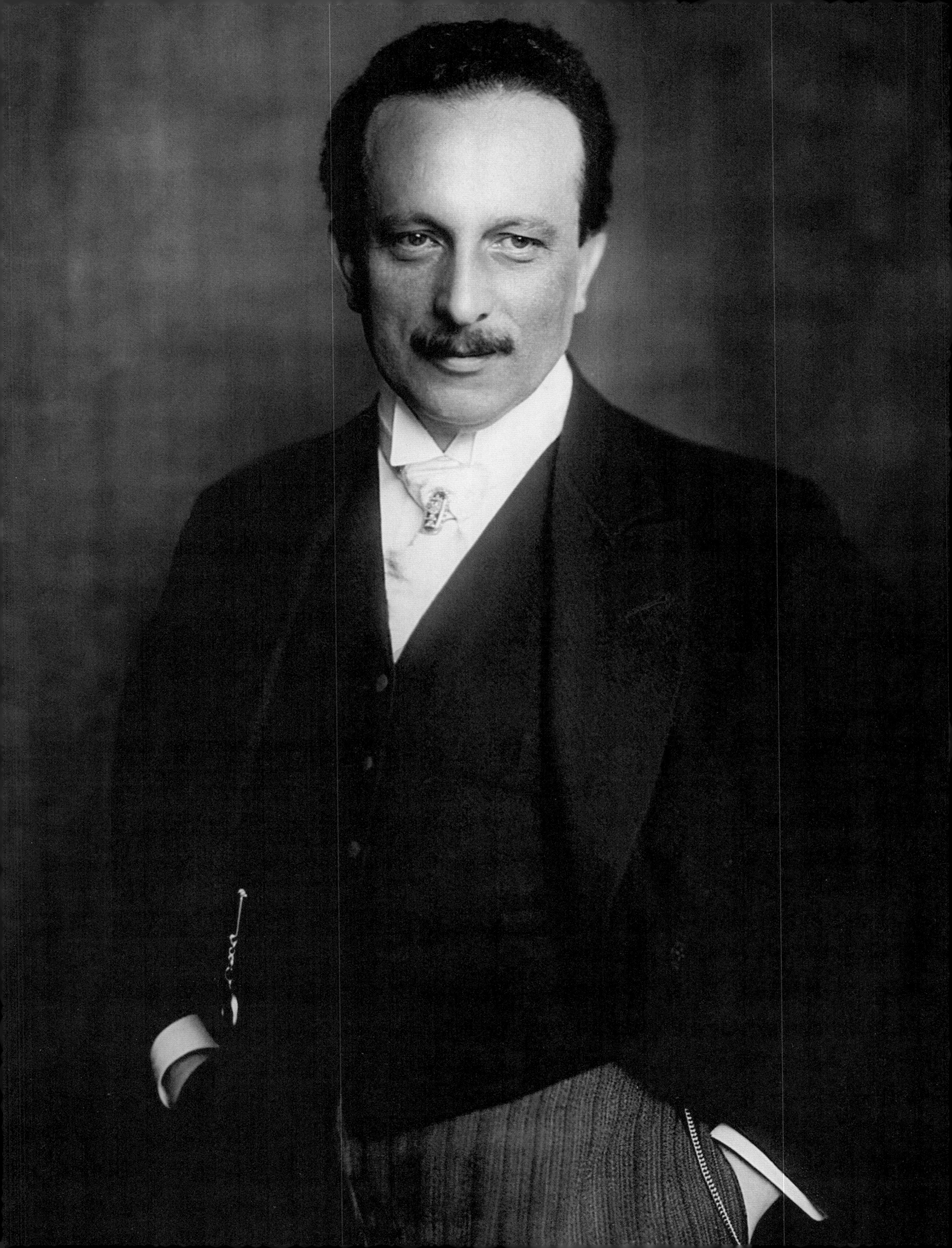

Siegfried Mattl / Werner Michael Schwarz

Felix Salten

Annäherung an eine Biografie

Vorschau: Felix Salten, 1911. (ÖNB Bildarchiv)

Geht es nach den Gestalten seiner Romane, dann ist Felix Salten einer der bestgekannten und -geliebten Autoren der Weltliteratur. Als Schöpfer von „Bambi" begleitet er seit gut 80 Jahren Generation um Generation. Selbst in das unautorisierte Album „The Great Rock'n'Roll Swindle" der spektakulärsten britischen Punk-Band *Sex Pistols* hat Saltens berühmteste Tiergestalt Eingang gefunden. Die globale Verbreitung der modernen mythologischen Figur „Bambi" steht in schroffem Gegensatz zum geringen Wissen um den Autor Felix Salten; nicht weniger schroff, als sich die Filmversion Walt Disneys (1942) gegen das Buch stellt, dem sie zum Welterfolg verholfen hat. Saltens Leben und seine vielfältigen Tätigkeiten wurden bislang nur in Teilaspekten erfasst.[1] Eine Biografie im engeren Sinn liegt nicht vor. In literaturgeschichtlichen Überblicksdarstellungen und in Lexika kursieren nach wie vor zahlreiche falsche Daten. Saltens Lebenserinnerungen, an denen er im Schweizer Exil arbeitete, blieben unvollendet. Sein Nachlass ist nach wie vor weitgehend unbearbeitet.

Felix Salten, als Siegmund Salzmann 1869 in Budapest geboren, aufgewachsen in Wien, war Schriftsteller, Journalist, Kunst- und Theaterkritiker, Bühnenschriftsteller, Übersetzer, Operettenlibrettist, Filmautor, Präsident des österreichischen P.E.N.-Clubs, glänzender Redner und hervorragender Kommunikator. Er war Freund Arthur Schnitzlers und Hugo von Hofmannsthals, Feind von Karl Kraus, Wegbegleiter der ersten Stunde von Theodor Herzl, Vertrauter rebellischer österreichischer Erzherzöge, leidenschaftlicher Gegenspieler von Wiener Theaterdirektoren wie Paul Schlenther, Jagdgastgeber für den sozialdemokratischen Stadtrat Julius Tandler, Wegbegleiter von Max Reinhardt, Inspirator des Paul Zsolnay Verlages, Verteidiger Klimts, publizistischer Förderer Franz Lehárs und der Wiener Operette. Saltens literarisches Werk weist eine ungewöhnliche und paradoxe Mannigfaltigkeit auf – von den frühen psychologischen Novellen („Der Hinterbliebene" oder „Flucht") zur antidynastischen Satire („Buch der Könige" oder „Bekenntnisse einer Prinzessin"), vom Tierroman („Fünfzehn Hasen") zur Pornografie („Josefine Mutzenbacher"), von der politischen Analyse („Lueger") und soziologischen Studie („Wiener Adel") zur Werbeschrift („Teppiche"), von der Kulturkritik („Geister der Zeit") zum zeitgenössischen Kinderbuch („Bob&Baby"), vom patriotischen Historienroman („Prinz Eugen") zum zionistischen Reisebericht („Neue Menschen auf alter Erde"). Manche seiner Novellen und Bücher beruhen auf Feuilletons und Kritiken, die er u. a. für die „Neue Freie Presse", das „Berliner Tageblatt", den „Pester Lloyd" oder die „Wiener Allgemeine Zeitung", bei der er 1895 seine Journalistenkarriere begonnen hatte, verfasste.

Das literarisch-journalistische Cross-over trug Salten zeitlebens viel Bewunderung und Anerkennung ein. 1912 erhielt er den Bauernfeldpreis. 1930 versammelte der Paul Zsolnay Verlag in einer Festschrift zu seinem 60. Geburtstag die deutschsprachige literarische und wissenschaftliche Elite der Zeit: Thomas und Heinrich Mann, Gerhard Hauptmann, Arthur Schnitzler, Hugo von Hofmannsthal, Franz Werfel und Sigmund

---

[1] Vgl. u. a. Gabriele Maria Reinharter: Felix Salten. Schriftsteller. Der österreichische Schriftsteller Felix Salten im Schweizer Exil. Materialien zu seiner Biographie von 1939 bis 1945. Graz, Diplomarbeit 1992. Karl Woisetschläger: Die Rezeption der neuen Erzählliteratur in der „Neuen Freien Presse" und in der „Frankfurter Zeitung" 1918-1933. Wien, Dissertation 1991. Lottelis Moser: Felix Salten. Feuilletonist der Jahrhundertwende. Graz, Diplomarbeit 1987. Neuere Arbeiten zu Felix Salten: Jürgen Ehneß: Felix Saltens erzählerisches Werk. Beschreibung und Deutung. Frankfurt/Main u.a. 2002; die umfangreiche und bisher präziseste Studie zu Leben und Werk des Autors hat Manfred Dickel, Zionismus und Jungwiener Moderne, Dissertation an der Friedrich-Schiller-Universität Jena, vorgelegt. Die Arbeit erscheint noch 2006 im Druck. (Dank an Manfred Dickel für die Überlassung der Druckvorlage, der wir entscheidende Informationen und Aspekte zu Leben und Werk Felix Saltens entnehmen konnten.) In Fertigstellung ist die Magisterarbeit von Florian Posselt: Person, Code und Erzählung. Muster der Spaltung in Felix Saltens „Der Hund von Florenz" (1923) an der Ludwig-Maximilian-Universität München.

Freud. Im selben Jahr ernannte ihn die Stadt Wien zum „Bürger". Die literarische Mannigfaltigkeit trug ihm aber auch den beißenden Spott von Karl Kraus und die Skepsis Arthur Schnitzlers ein. Kraus, der in den frühen 1890er Jahren zeitweise bei Salten wohnte und zum Kreis der „Jung Wien"-Autoren gehört hatte, kommentierte und karikierte den ehemaligen Freund mit wachsender Häme und persönlichen Untergriffen. Für ihn erfand er Bezeichnungen wie „literarischer Auslagenarrangeur" oder „Hof- und Kammerfeuilletonist".

So wie in Saltens schriftstellerischen Arbeiten unterschiedliche Schichten eine fragile Architektur bilden, was ihm den Vorwurf des „Feuilletonisten" eingebracht hat, so beweglich und bewegt verlief auch sein Leben zwischen Kunst und Politik. Auch wenn sein Theaterstück „Der Gemeine" wegen antimilitaristischer Tendenzen verboten wurde, so übernahm Salten dennoch während der Zeit des Ersten Weltkrieges die Neugestaltung des „Fremdenblatts", das die österreichischen Kriegsziele im neutralen Ausland vertrat. Auch wenn er als einer der wenigen Intellektuellen jüdischer Herkunft für den Zionismus eintrat und entschieden gegen die Verharmlosung des Antisemitismus anschrieb, so ließ den Präsidenten des P.E.N.-Clubs 1933 die Verbundenheit mit der deutschen Kultur vor dem Bruch mit den nationalsozialistischen Schriftstellern zurückschrecken. Und auch wenn er vor den Wahlen 1927 öffentlich für die Sozialdemokraten und gegen die bürgerliche Einheitsliste Stellung bezog, so konnte ihn später Joseph Roth rügen, nicht seine Stimme gegen die Unterdrückung der Arbeiterbewegung durch das austrofaschistische System erhoben zu haben.

Felix Saltens politisch-journalistische Umtriebigkeit und künstlerische Experimentierfreude, seine Risiko- und Konfliktbereitschaft in der Zeit vor dem Weltkrieg wichen nach 1918 dem Rückzug auf erprobte literarische Techniken und Genres, auf eine Mentorenfunktion für junge SchriftstellerInnen und auf repräsentative Aufgaben. Letztlich wurde ihm seine Jagdpacht in Zögersdorf bei Stockerau zum Refugium. In einer völlig veränderten Parteien- und Medienlandschaft hatten sich die Möglichkeiten unabhängiger Intellektueller verringert, die Öffentlichkeit zu beeinflussen. Salten machte von diesen selten[2] und nach 1933, nach seinem Rückzug aus dem P.E.N.-Club, gar nicht mehr Gebrauch. Der „Anschluss" Österreichs an das nationalsozialistische Deutschland zwang ihn 1939, ins Exil in die Schweiz zu gehen. Dort war er nicht wirklich willkommen, ohne größere Mittel, von früheren Freunden sowie vom Verhalten der Wiener Bevölkerung maßlos enttäuscht und in komplizierte Streitigkeiten um die Rechte an seinen Werken verstrickt. 1942 brachte Disney „Bambi" in die Kinos – ein letzter, wenn auch indirekt großer Auftritt des Autors wie Anlass zum Ärger über den Spottpreis, um den er die Rechte abgetreten hatte.

Zu Saltens Biografie bis 1890, seinen Kindheits- und Jugendjahren, gibt es bislang kaum Informationen. Amtlich sind nur die Angaben über seine Geburt in Budapest, die Übersiedelung der Familie nach Wien, die Lebensdaten seiner Eltern, seine Schuljahre im Hernalser und später im Wasa-Gymnasium sowie mehrere Wiener Wohnadressen belegt. Diese Jahre lassen sich zurzeit nur aus seiner eigenen Rückschau rekonstruieren: aus den „Memoiren" und mehreren „Erinnerungsskizzen", die er rund um seinen 60. Geburtstag in der „Neuen Freien Presse" veröffentlichte.

Seine Memoiren überraschen gleich zu Beginn mit einem „Geständnis", das in mehrfacher Beziehung für die Art aussagekräftig erscheint, in der Salten zu diesem Zeitpunkt und unter den Bedingungen der Expatriierung sein Leben auf geradezu schalkhafte Art, geprägt von Kämpfen und Eskapaden eines Aufsteigers aus ärmsten Verhältnissen, erzählt und erklärt. Er, der Autodidakt, der nach eigenen Angaben wegen seiner Widerspruchslust von den Schulen ausgeschlossen und dennoch zum Meisterjournalisten und Bestseller Autor wurde, bekennt: „Ich muss gestehen, dass ich bei

---

2 Vgl. den Spendenaufruf Saltens zugunsten der Not leidenden Israelitischen Kultusgemeinde, in: Neue Freie Presse, 13.12.1931.

Felix Salten (Fotograf): Arthur Schnitzler in Wien-Pötzleinsdorf, 1904. (NFS/LWA)

überaus heftigem Wesen ziemlich dumm bin, wenn mich gleich manche Leute irrtümlich für klug halten."[3] In dieser Koketterie spiegelt sich das Gefühl der Benachteiligung gegenüber seinen Jugendfreunden Schnitzler, Hofmannsthal, Kraus, Trebitsch usw. wider, die alle auf gesicherte Familienbeziehungen und solide Bildungsgänge vertrauen konnten. Bezieht man es auf sein Exil und die schweren persönlichen Verluste, die der tragische Tod seines Sohnes Paul (1937) und das Ableben seiner Frau Ottilie (1942) darstellten, liest sich das Fragment wie ein ironisch bitteres Resümee. Sprunghaft, assoziativ, im Detail plastisch erzählt er Begegnungen und Freundschaften mit berühmten – vor allem aristokratischen – Persönlichkeiten, Kindheits- und Schulerfahrungen, von erotischen Abenteuern, Kämpfen mit Zeitungsherausgebern und Journalistenkollegen, Erlebnissen mit einem morphiumabhängigen Sohn aus gutem Haus und von einem Eifersuchtsmord im Homosexuellenmilieu; er erzählt Kriegsanekdoten, Intimitäten aus der Theaterszene oder Skandale aus der Hofburg. Salten entwirft sein Leben als eine Abfolge von Attraktionen und als Spannung zwischen Brüchen, Widerständen, Enttäuschungen und Niederlagen auf der einen, Erfolgen, Triumphen und später Genugtuung auf der anderen Seite.

In dieser Erzählung spielen die Kindheits- und Jugendjahre in Wien insofern eine bedeutende Rolle, als Salten die Wechselhaftigkeit und Abenteuerlichkeit seines Lebens von mehreren frühen Erfahrungen ableitet: vom frühzeitigen Abbruch seiner Schulkarriere, von der Konfrontation mit dem Antisemitismus und von der Verschlechterung der materiellen Lage seiner Familie. Der definitive Bruch mit einem bürgerlichen Leben ereignet sich seinen Memoiren zufolge nach Ende der als glücklich beschriebenen Volksschulzeit und mit dem Eintritt in das Gymnasium in Hernals. Ihm war die

3 Felix Salten: Memoiren. Unveröffentlichtes Manuskript, Nachlass Felix Salten, Archiv Lea Wyler, Zürich, S. 1. (im folgenden zitiert als NFS/ALW).

Adele Sandrock mit Widmung auf der Rückseite: „Meinem lieben Freunde Felix von seiner Freundin Dilly", um 1895. (NFS/LWA)

Übersiedelung der Familie aus dem bürgerlichen Stadtteil Alsergrund in den damaligen Vorort Währing vorangegangen, die Salten mit einer schweren finanziellen Krise erklärt. Im Gymnasium wird er erstmals mit dem Antisemitismus konfrontiert. In einem harmlosen Streit mit einem Mitschüler wird dem Kind jüdischer Eltern weniger Glauben geschenkt als dem Sohn des Bezirksrichters.
Auch der Wechsel in das mehrheitlich von jüdischen Schülern besuchte Wasa-Gymnasium änderte seine Position als Außenseiter nicht. „Ich hatte meine Illusionen aus der schönen Volksschulzeit verloren, war ein richtiger Lausejunge und wilder Raufer geworden." Die einschneidenden Erfahrungen wendete Salten in seiner Erinnerung allerdings in der für ihn typischen Weise zu einer persönliche Herausforderung. So habe er sich, anders als es von einem bedeutenden Feuilletonisten und Schriftsteller zu

vermuten wäre, in einer so genannten Volkslesehalle weitergebildet, wo ihn das Lesen der „Klassiker" davon abhielt „zu verludern". Nach dem Austritt aus dem Gymnasium verdingte er sich nach eigenen Angaben mit sechzehn Jahren als Polizzenschreiber der „Phönix-Versicherung" und trug damit zum Überleben der Familie bei.

Seine Hinweise auf die Ursachen der Notlage der Familie bleiben vage. In der „Erinnerungsskizze" „Mein Vater" finden sich einige Andeutungen.[4] Dieser habe bereits vor Saltens Geburt eine feste Anstellung aufgegeben und sei seitdem dem „Traum" vom schnellen Reichtum durch die Ausbeutung von Kohlelagerstätten in Ostungarn hinterhergejagt. Was konkret die Krise auslöste, bleibt aber im Dunkeln. Salten spielt auf missglückte Spekulationsgeschäfte an und schreibt, der Vater wäre immerfort „betrogen, gefoppt, zum Narren gehalten" worden. Aufschlussreicher ist das Porträt des Vaters jedoch für das Selbstbild des Sohnes. Salten erzählt von einer konfliktreichen Beziehung, die erst vor dem Lebensende des Vaters (1905) zu Verständnis und Zuneigung geführt habe. Er habe seinen Vater nie so geliebt wie am Tag des Begräbnisses, bekennt Salten nicht ganz unzweideutig.

Den Vater skizziert Salten als typischen Repräsentanten eines assimilierten Judentums, der durch die rechtliche Gleichstellung der Illusion vom Ende der Diskriminierung nachgegangen sei und dabei seine Wurzeln verleugnet habe. Erst am Ende des Lebens - unter des Sohnes Einfluss, so suggeriert der Text – habe er sich wieder zum Judentum bekannt und religiöse Gebote eingehalten. Der Vater sei ein „Träumer" gewesen, der den Schwierigkeiten des Lebens nicht gewachsen und „heimatlos in dieser Welt geblieben ist". Zugleich aber habe sein Leben von Vertrauen gezeugt, an dem es ihm trotz beständiger Niederlagen und trotz „hundertfachem Betrug" nie gemangelt habe. „Er hat das Dasein freilich nicht besiegt. Dennoch, oder eben deshalb steht er als rührende Heldengestalt vor meinem Erinnern. Weil zum Kampf ums Dasein vor allem Vertrauen gehört, Zuversicht und Mut. Ob man Sieger bleibt, wer kann das sagen?"[5] Diese Charaktereigenschaften scheint Salten auch für sich zu beanspruchen.

Salten sah sich unmittelbar vom Leben, aber nicht von Eltern oder Schule unterrichtet. In seinen Erinnerungen „Aus meiner Kindheit" präsentiert er sich als „Straßenjunge" und erzählt frühe Erfahrungen mit Erotik, Gewalt und Tod im damals noch ländlichen Währing: von ersten sexuellen Fantasien, die zwei halbwüchsige Wirtstöchter in ihm auslösten, von spektakulären Verbrechen oder von der Exhumierung von Massengräbern aus der Zeit der Türkenbelagerung.[6] Die Maxime, sich dem Leben in all seinen Facetten, auch den grausamen, zu stellen, taucht auch später in autobiografischen Einschüben in seinen Essays und Artikeln auf. Wie er in seinem Reisebericht „5 Minuten Amerika" (1931) schreibt, erinnerte er sich beim Besuch der Schlachthöfe von Chicago, zu dem er sich als Einziger seiner Reisegruppe seiner Maxime gemäß zwang, an frühe heimliche Besuche von Sezier- und Totenkammern im Wiener Allgemeinen Krankenhaus.[7] Die Bereitschaft sich – anders als seine Freunde aus gutbürgerlichem Haus – dem „wirklichen" Leben zu stellen, betont Salten auch in einer 1899 verfassten Artikelserie, die er in der von Theodor Herzl herausgegebenen zionistischen Zeitung „Die Welt" veröffentlichte. Unter dem Titel „Echt jüdisch" setzt er sich mit antisemitischen Stereotypen auseinander und berichtet in einer als „Bekenntnisse" titulierten Vorrede über seine persönlichen Erfahrungen mit der latenten physischen Bedrohung: „Meine Rettung begann, als ich mich eines Tages umwandte und dem fürchterlichen Worte ins Gesicht sah."[8]

Bewertet man die Angaben über seine Kindheits- und Jugendjahre, so lassen sie sich gut in die historische Chronik einordnen - möglicherweise zu gut. Die Erfahrungen mit dem Antisemitismus im Gymnasium, also etwa um 1880, ereigneten sich im literarischen Rückblick exakt zu dem Zeitpunkt, als der Antisemitismus zum politischen Programm von Deutsch-Völkischen und Christlichsozialen im Kampf mit den Liberalen wurde, wodurch sich aus jüdischer Perspektive die Hoffnungen auf weitere

---

4 Vgl. Felix Salten: Mein Vater. Aus dem Manuskript: „Die Währinger Erinnerungen", in: Neue Freie Presse, 1.1.1931, S. 1ff.
5 Ebda, S. 4.
6 Vgl. Felix Salten: Aus meiner Kindheit. Nach dem Manuskript: „Die Währinger Erinnerungen", 27.5.1928, S. 1ff.
7 Vgl. Felix Salten: Fünf Minuten Amerika. Berlin u. a. 1931, S. 177.
8 Felix Salten: „Echt Jüdisch. Bekenntnisse", in: Die Welt, 10.11.1899, S. 13f., 5.1.1900, S. 4f.

Integration zerschlugen und mit Orthodoxie und Zionismus zwei Alternativen entstanden. Auch die materielle Notlage der Familie erscheint mit Blick auf die ökonomischen Krisen seit 1873 plausibel.

Für eine vorsichtige Skepsis gegenüber der reinen Faktizität dieser Erzählungen, oder anders formuliert: für eine Erweiterung der Deutung dieser Erinnerungen im Kontext seines späteren Lebens, spricht allerdings einiges.

Salten war geneigt, (Zeit-)Geschichte mit seinem eigenen Leben zu verschränken und sich selbst als unmittelbaren Beobachter zu präsentieren. So personalisierte er in seinen Selbstentwürfen nicht nur das Allgemeine und löste es in lose montierte Episoden auf, sondern mystifizierte zugleich sein eigenes Leben, das er an einem Wendepunkt insbesondere der jüdischen Geschichte beginnen lässt. Saltens Exil – das wusste man allerdings erst später – begann tatsächlich in den frühen 1880er Jahren in Wien.

Die Erzählungen über seine schwierige Kindheit und Jugend scheinen auch in einem engen Zusammenhang mit seinen späteren Freundschaften, insbesondere zu Schnitzler, Beer-Hofmann oder Hofmannsthal, zu stehen. So erinnert er sich um 1932: „Inmitten dieser meiner Freunde, die alle wohlhabend und sorglos leben konnten, die sich Reisen nach Venedig, nach Paris und Sommeraufenthalt im Salzkammergut gestatten durften, war ich darauf angewiesen, meinen Unterhalt sowie den Unterhalt meiner Eltern und Geschwister durch Arbeiten in der Tagespresse zu verdienen."[9] Vor allem Schnitzler gegenüber zeigte sich Salten häufig äußerst unsicher in Bezug auf die eigenen künstlerischen und literarischen Qualitäten: „Ich weiss, dass Sie in künstlerischer Beziehung in mich Erwartungen setzen, die ich noch nicht eingelöst habe. Aber glauben Sie, der Sie mich kennen, dass ich dadurch nicht noch viel mehr herabgedrückt werde und noch mehr leide? Sie kennen meine Situation, Sie sehen es jetzt selbst mit an, wie ich für jeden angenehmen Tag nachträgliche Plackereien zu leiden habe, wie ich durch mühsame Rekonstruktionen unseres Hauswesens in allen Studien- und Lebensbedingungen auf Schritt und Tritt gehemmt, zurückbleiben musste, dazu kommt noch das langsame Tempo, in dem mein Talent arbeitet, das sehr vornehm sein mag, wenn ich überhaupt von Talent reden kann."[10]

Es gibt Widersprüche zwischen den Skizzen einer proletarisierten Jugend in seinen Erinnerungen und jenen Informationen, die zumeist aus den Korrespondenzen und Aufzeichnungen seines Freundeskreises aus der Zeit nach 1890 stammen. Spätestens ab diesen Jahren führte Salten einen Lebenswandel, der für Bürgersöhne dieser Zeit durchaus typisch war. Auch darüber geben die Briefe an Schnitzler wie dessen Tagebucheinträge Auskunft. 1891 hielt sich Salten zur Musterung in Miskolc, der Geburtsstadt seines Vaters, auf. Von hier berichtete er Schnitzler von einer Inspektionstour, die er mit „unserem neuen Bergdirektor sowie einem Ingenieur zu den Gruben nach Upony" unternommen hatte.[11] Zumindest zu diesem Zeitpunkt dürfte sein Vater seine unternehmerischen Aktivitäten wieder aufgenommen haben. Auch bei der Beschreibung des Ingenieurs als „typisch ungarischen Juden" zeigt sich eine für liberale und assimilationsbereite Wiener bürgerliche Juden nicht untypische herablassende Haltung gegenüber ihren Glaubensgenossen aus den östlichen Teilen der Monarchie. Saltens missliche finanzielle Situation war häufig Gegenstand dieser Briefe, bat er Schnitzler doch fortlaufend um kleinere Geldbeträge. Aus der Korrespondenz geht aber auch hervor, dass er zumindest in unregelmäßigen Abständen Zuwendungen von seinem Vater erhielt. 1893, Salten war auf Radtour in Cortina d'Ampezzo, bat er Schnitzler seinem Vater klarzumachen, dass er mehr Geld brauchen würde: „Er stellt sich vor, man bekommt hier alles geschenkt", fügte er ungeduldig hinzu.[12]

Die Sommer verbrachte er spätestens seit 1892 – und durchaus seinen Freunden ebenbürtig – in Unterach am Attersee. Über Richard Specht fand er dort Zugang zum Komponisten Ignaz Brüll und zu einem bildungsbürgerlichen Milieu, dessen Mittelpunkte Johannes Brahms und Karl Goldmark waren.[13] (Ignaz Brüll lieferte später für

Erzherzog Leopold Ferdinand, um 1900. (NFS/LWA)

9 Felix Salten: Aus den Anfängen. Erinnerungsskizzen, in: Jahrbuch deutscher Bibliophilen und Literaturfreunde, XVIII/XIX. Jg., 1932/33, Hg. Von Hans Feigl, S. 35.
10 Felix Salten an Arthur Schnitzler, 24.1.1894, Brief in Abschrift, (NFS/ALW).
11 Felix Salten an Arthur Schnitzler am 2.9.1891, Brief in Abschrift, (NFS/ALW).
12 Felix Salten an Arthur Schnitzler, 18.8.1893, Brief in Abschrift, (NFS/ALW).
13 Felix Salten, Vorwort, in: Hermine Schwarz: Ignaz Brüll und sein Freundeskreis. Wien/Leipzig/München 1922, S. 3ff u. S. 117ff.

Ottilie Metzl, um 1895. (NFS/LWA)

Saltens Kabarett „Zum lieben Augustin" Lieder zu Texten Jakobowskys.[14]) Seit dieser Zeit unternahm Salten ausgedehnte Radtouren, 1893 nach Osttirol und ins Trentino, 1896 nach München und Innsbruck. Salten pflegte also spätestens seit den frühen 1890er Jahren einen aufwändigen Lebensstil. „Daheim lebte ich in Saus und Braus, trug sehr elegante Kleider, machte Praterfahrten im Fiaker und kaufte verschiedene Luxusgegenstände"[15], bekannte er später selbst. „Praterfahrten", das Flanieren im Fiaker an der Hauptallee, waren um 1900 ein exklusives Vergnügen und eigentlich der Hocharistokratie und dem Großbürgertum vorbehalten.

Eine regelmäßige Erwerbsarbeit bei der Versicherung „Phönix" scheint Salten – anders als er in seiner Autobiografie angibt – nicht bereits mit 16, sondern erst mit 24 Jahren (1893) angenommen zu haben. In einem Brief an Schnitzler beklagte er sich, dass er die Sommermonate nicht in Ischl verbringen könne, sondern im Wiener Büro „braten" müsse. Und er fügte hinzu: „Es war auch eine verfehlte Sache, dass ich mich hier einsperren und mir einreden liess, ich hätte Beruf zum Beamten einer Assekuranz, so plötzlich. Und ich glaube noch immer, dass es gehen müsste, sich mit schrift-

14 Vgl. Wiener Allgemeine Zeitung vom 19.11.1901.
15 Vgl. Felix Salten, Memoiren, S. 48.

stellerischer Arbeit 50 fl. per Monat zuverdienen. Dass ich es bisher nicht getan, beweist wenig genug, denn ich war faul und habe nichts gearbeitet."[16]
Zuletzt scheint eine simple Lesart von Saltens „Memoiren" verfehlt, da der Beginn seiner literarischen Tätigkeit sowie der Freundschaften mit Schnitzler und dem „Griensteidl-Kreis" 1890 für ihn wie eine zweite Geburt oder zumindest so einschneidend war, dass alles bis dahin Geschehene einer neuen Deutung unterzogen werden musste.

Salten verfasste zunächst Beiträge für die von Heiner Lauser herausgegebene „Allgemeine Kunst-Chronik (1890-1891). Illustrirte Zeitschrift für Kunst, Kunstgewerbe, Musik und Literatur", bei der er eine erste schlecht bezahlte Anstellung erhielt. Über die „Chronik" kam Salten mit dem Schriftsteller Karl Torresani und mit Bertha von Suttner in Kontakt. Seine erste nachweisbare literarische Veröffentlichung, ein Gedicht mit dem Titel „Wann ruht der Geist" erschien am 15.1.1889 in der Literaturzeitschrift „An der schönen blauen Donau". Bis 1891 finden sich noch zwei weitere Gedichte („Resignation" und „Der Unbesiegbare") in der Zeitschrift, in der auch spätere Freunde aus dem „Griensteidl-Kreis", wie Arthur Schnitzler oder Felix Dörmann, veröffentlichten. Eine Schlüsselfigur im literarisch-politischen Leben war der Redakteur der Zeitschrift Paul Goldmann. Er wurde später Korrespondent in Paris und machte nach Angaben Saltens den Fall Dreyfus publik. Paul Goldmann stellte ihm 1890 Arthur Schnitzler vor und spielte eine wichtige Rolle bei der Sammlung jenes literarischen Kreises, der bald als „Jung Wien" von Hermann Bahr propagiert wurde. Über diese erste Begegnung mit Salten berichtet Schnitzler: „Wie ich einmal Paul Goldmann in der

Felix, Ottilie und vermutlich Paul Salten mit Schwager Ludwig und Frau in Wien-Pötzleinsdorf, um 1903. (NFS/LWA)

16 Felix Salten an Arthur Schnitzler am 6.7.1893, Brief in Abschrift, (NFS/ALW).

Redaktion der Blauen Donau (Presse) besuche, begegne ich dort einem sehr jungen schlanken Mann von etwas altwienerischer Barttracht, zu seinen Füssen einen Jagdhund, Hex genannt. Ein animiertes Gespräch entwickelt sich bald, gehen vielleicht miteinander fort, treffen im Griensteidl häufig zu literarischen Unterhaltungen zusammen."[17] An diesen „Unterhaltungen" nahm Salten seit dem Frühjahr 1890 teil.

Den Eindruck angeregter informeller Gesprächsrunden vermittelt auch Richard Specht in seinen Erinnerungen an „Jung Wien".[18] 1922, als Specht sein Buch veröffentlichte, waren Größe und Heterogenität des Kreises bereits in Vergessenheit geraten. Viele, wie der Autor damaliger Kultbücher, Felix Dörmann, der Operettenlibrettist Victor Léon, der Dramatiker Leo Ebermann, der früh verstorbene Lyriker Karl Maria Heid, hatten es nur vorübergehend zu literarischer Anerkennung gebracht oder waren wie Jacques Joachim, Eduard Michael Kafka, Friedrich M. Fels oder Julius Kulka als Herausgeber und Kritiker eher im Hintergrund aktiv. Nur einige, wie Schnitzler, Hofmannsthal, Beer-Hofmann, Kraus, Altenberg oder Salten, erreichten dauerhaften Erfolg. Dazu hatten sich Schauspieler wie Gustav Schwarzkopf, Maler wie Ferry Beraton, Juristen wie die Brüder Robert und Georg Fischer oder der später prominente Psychoanalytiker Wilhelm Stekel gesellt. Von den beteiligten Frauen, wie Edward Timms bemerkt, ist in den veröffentlichten Erinnerungen allerdings keine Rede.[19] Über sie erfährt man nur in Tagebucheinträgen und Briefwechseln.

Der Kreis verfügte, wie vielfach betont wird, über kein eigentliches Programm, sondern konstituierte sich über andere Gemeinsamkeiten, die mit „Jung Wien" durchaus zutreffend beschrieben wurden. Die Literaten und Intellektuellen waren jung (Arthur Schnitzler zählte 1890 mit seinen 28 Jahren zu den Ältesten). Die meisten stammten aus jüdischen Familien und waren Wiener der ersten oder zweiten Generation. Entweder ihre Eltern oder sie selbst waren – vorwiegend aus den östlichen und nördlichen Teilen der Monarchie – in die Hauptstadt zugewandert. Der ungeheure Modernisierungs- und Urbanisierungsschub der 1860er und 1870er Jahre, aber auch die ökonomischen Brüche seit 1873 ließen verfügbare kulturelle, politische und literarische Leitbilder unzureichend werden, um die neue urbane Lebenswelt der jungen Generation zu erfassen. Das galt sogar für den beschaulich moralischen Realismus eines Ferdinand von Saar oder einer Marie von Ebner-Eschenbach, die von den Jungen aber durchaus noch geschätzt wurden, wie ein freundliches Feuilleton von Salten über Ferdinand von Saar[20], eine Festschrift zu dessen siebzigstem Geburtstag, an der sich zahlreiche „Jung Wiener" beteiligten,[21] oder Briefe Saltens an Ebner-Eschenbach zeigen. Mit Abneigung begegneten sie hingegen, wie Richard Specht betont, den deutschnationalen Dichtern, die sich angeblich regelmäßig an einem Nachbartisch im Café „Griensteidl" versammelten.[22] Der liberale Fortschrittsoptimismus und das Vertrauen in jüdische Integration und Assimilation erwiesen sich seit den 1880er Jahren als zunehmend illusionär. Damit waren auch die Väter im direkten und übertragenen Sinn als Vorbilder obsolet geworden.

Orientierungen wurden dort gesucht, wo sich die neuen (Stadt-)Erfahrungen intellektuell und literarisch manifestierten: in der französischen, englischen, russischen oder skandinavischen Literatur. Specht zufolge tummelten sich im Kreis von „Jung Wien" die Bewunderer Oscar Wildes oder Charles Baudelaires. In der Zeitschrift „Moderne Dichtung", die Jacques Joachim und Eduard Michael Kafka in Abstimmung mit Hermann Bahr 1890 in Brünn herausgaben, veröffentlichten viele erste kleinere Arbeiten, die gemeinsam mit Texten ihrer Idole abgedruckt wurden. Die Zeitschrift wurde zwar schon im Dezember 1890 eingestellt, überlebte dann aber in Wien als „Moderne Rundschau" noch ein weiteres Jahr. Die Begeisterung für Ibsen und den Naturalismus äußerte der Literatenkreis öffentlich in der „Ibsenwoche" im April 1891. Unter Anwesenheit des Dichters hatte am Burgtheater das Drama „Die Kronprätendenten" Premiere. Im Anschluss daran luden die Herausgeber der „Modernen Rundschau" zu

---

17 Zitiert nach: „Sicherheit ist nirgends". Das Tagebuch von Arthur Schnitzler. Bearbeitet von Ulrich v. Bülow, in: Marbach Magazin 93 (2001), S. 27f.
18 Vgl. Richard Specht: Arthur Schnitzler. Der Dichter und sein Werk. Berlin 1922, S. 31ff.
19 Vgl. Edward Timms: Karl Kraus. Satiriker der Apokalypse. Leben und Werk 1874 bis 1918. Frankfurt/M. 1999.
20 Vgl. „Bei Ferdinand von Saar", in: Die Zeit, 30.9.1903, S. 1ff.
21 Vgl. Richard Specht (Hg.): Widmungen zur Feier des siebzigsten Geburtstages Ferdinand von Saar's. Berlin 1903.
22 Vgl. Richard Specht, Arthur Schnitzler, Wien 1922, S. 34.

einem Festbankett, bei dem Salten als Präsidiumsmitglied der „Wiener Freien Bühne" Ibsen persönlich kennengelernt haben will.[23] Mit der „Ibsenwoche" war jedoch bereits das Ende der Naturalismusbegeisterung des Wiener Literatenkreises gekommen, und zugleich begann die Desintegration der Gruppe. Vor allem Arthur Schnitzler und Hermann Bahr, der bereits im selben Jahr die „Überwindung des Naturalismus" verkündet hatte,[24] gingen auf Distanz. Zwar wurde noch im Juni 1891 der naturalistisch konzipierte Verein „Wiener Freie Bühne" nach dem gleichnamigen und erfolgreichen Berliner Vorbild gegründet, zur Aufführung sollten aber nicht Stücke Hauptmanns oder Ibsens, sondern „L'Intruse" und „Les Aveugles" von Maeterlink gelangen. Zuerst scheiterte die Aufführung im Rudolfsheimer Theater (Vergnügungsetablissement Schwender) am Versäumnis Saltens, das Stück der Zensurbehörde vorzulegen, konnte aber im Josefstädter Theater „glanzvoll" nachgeholt werden.[25] Zu den Ausschussmitgliedern des Vereins zählte neben Hofmannsthal, Schnitzler, dem deutschnationalen, später sozialdemokratischen Reichsratsabgeordneten Engelbert Pernerstorfer auch Felix Salten. Die wenigen Projekte oder öffentlichen Manifestationen „Jung Wiens" zeigten bald, dass dem Gemeinsamen im Konkreten enge Grenzen gesetzt waren. Einig war man sich über die Notwendigkeit internationaler Impulse und die Abwehr traditionellen und autoritären Erzählens. Specht hielt den Zugang über das eigene „Schauen, Fühlen und Erleiden" für das eigentlich Charakteristische der Gruppe.[26] In diesen frühen Jahren verschwammen Literatur und Leben, wenn die Freunde untereinander von „Novellen" schreiben, sobald es um eigene Erlebnisse geht. Den geplanten Besuch am Grab seines im Säuglingsalter verstorbenen unehelichen Kindes kommentiert Salten folgendermaßen: „Musste ich gleich daran denken, wie prachtvoll das alles für die Novelle passt."[27] Das Bemühen, Leben und Literatur zu einer Einheit zu bringen, den neuen Erfahrungsraum der Großstadt als Terrain künstlerischer Inspiration zu begreifen und gesellschaftliche Rituale durch radikale Introspektionen zu hinterfragen, prägte Saltens frühe Novellen.[28] In „Feiertag" schildert er die flüchtigen Wahrnehmungen und Eindrücke eines anonymen Spaziergängers an einem Sonntag in Wien. In „Der Hinterbliebene" beschreibt er Sterben, Tod und Begräbnis einer Frau ausschließlich aus der Perspektive ihres Mannes. In „Flucht" lässt er den Leser an den Gedankengängen und Ängsten eines flüchtenden Betrügers teilhaben. In „Die Wege des Herrn" zeigt er an der Figur eines Hundes, wie sich die moderne Großstadt traditionellen Orientierungssystemen verweigert. Sein Instinkt reicht nicht aus, um seinen verlorenen Herrn wiederzufinden. Erschöpft verendet er an der Peripherie der Stadt. (Siehe dazu auch den Beitrag von Klaus Müller-Richter in diesem Band.)

Peter Sprengel und Gregor Streim haben den Wiener Literatur- und Kulturbetrieb dieser Zeit beschrieben.[29] In Österreich gab es kaum Verlage für junge Autoren, und ein Blick über die Landesgrenzen war schon allein deshalb erforderlich. Tatsächlich erschienen die Arbeiten der „Jung Wiener" in der Regel in Berlin, etwa beim noch jungen Verlag von Samuel Fischer. Ähnliches galt auch für Theater- und Zeitschriftenpublikationen. „Jung Wien" war neben der Reaktion auf den literarischen Markt auch eine Reaktion auf den Aufstieg der neuen politischen Massenparteien, welche die Liberalen seit den 1880er Jahren zunehmend verdrängten. Den vornehmlich jüdischen Autoren und Intellektuellen aus liberalen Familien boten die Deutsch-Völkischen oder Christlichsozialen keine politische Perspektive. Auch die Sozialdemokraten mit der strikten Betonung des proletarischen Klassencharakters waren trotz vereinzelter Kontakte für sie keine Option. Die Begeisterung über die neuen Lebensformen und über die korrespondierenden Möglichkeiten künstlerischen Ausdrucks ebenso wie das Entstehen eines kommerziellen Kulturbetriebs mit neuartigen Auftritts- und Einkommensmöglichkeiten verband sich zunehmend mit Misstrauen in die traditionellen wie die neuen politischen Instanzen.

Innerhalb des Griensteidl-Kreises bildete sich eine kleinere antinaturalistische und

23 Vgl. Felix Salten: Geister der Zeit. Erlebnisse. Berlin/Wien/Leipzig 1924, S.8.
24 Vgl. Wendelin Schmidt-Dengler: Literatur zwischen Dekadenz und Moderne, in: Traum und Wirklichkeit. Wien 1870-1930, Ausstellungskatalog. Wien 1985, S. 304.
25 Vgl. Salten, Aus den Anfängen, S.35.
26 Vgl. Specht, Schnitzler, S. 37.
27 Felix Salten an Arthur Schnitzler, 1.8.1895, Brief in Abschrift, (NFS/ALW).
28 Zu den Novellen vgl. Jürgen Ehneß: Felix Saltens erzählerisches Werk. Beschreibung und Deutung. Frankfurt/M. 2002.
29 Vgl. Peter Sprengel/Gregor Streim: Berliner und Wiener Moderne. Vermittlungen und Abgrenzungen in Literatur, Theater, Publizistik. Wien u. a. 1998, S. 27ff.

Ottilie und Felix Salten, um 1905. (NFS/LWA)

impressionistische Fraktion mit Schnitzler als Zentrum, Hofmannsthal, Beer-Hofmann, Salten und mit Hermann Bahr als interessiertem Begleiter. Sie wurden, wie Schnitzler schreibt, ab 1891 auch von außen als „Clique" wahrgenommen. Sie trafen sich regelmäßig in Privatwohnungen zu Lesungen, unternahmen Ausflüge in die Umgebung Wiens oder in den Prater, schickten sich während der Sommerfrischen ihre Texte zu und spornten sich durch Kritik an. Die Briefwechsel und Tagebucheinträge Schnitzlers zeugen von einer starken Gruppenidentität. Hofmannsthal schwärmte im Frühjahr 1893 von den „vier Dichtern", verlegte ihr Wirken in die Zeit der Renaissance und gab jedem einen italienisch klingenden Namen. „In dem alten Wien mit Thürmen, mit Basteien, Pagen, Läufern, lebten vier berühmte, grosse Gänzlich unbekannte Dichter."[30] Salten erscheint als Ferrante, und sein Attribut ist der Jagdhund.

Allerdings zeigten sich bereits 1893 die ersten Differenzen, wie ein Briefwechsel zwischen Hofmannsthal und Salten illustriert, der selbst für die Abkühlung der Begeisterung mitverantwortlich gewesen sein dürfte. Hofmannsthal zeigte sich über die Zusammenkünfte des Freundeskreises enttäuscht: „Dabei ist mir etwas vielleicht wahres über unser Zusammenleben oder Zusammentreffen in Wien eingefallen. Uns geht, so banal es klingen mag, der ungesuchte Zusammenhang ab, den anderen jungen Leuten gemeinsame Unternehmungen Unterhaltungen etc. geben; wenn wir zusammenkommen, ist es immer nur direct um uns zu treffen, ein gewissermaßen den anderen, natürlichen Verpflichtungen und Vergnügungen abgestohlene Zeit, mitunter so gewaltsam gestohlen, dass die Ruhe unter der Gehetztheit leidet."[31] Salten übersah die Tragweite des Urteils und missverstand die Kritik. Durch in Aussicht gestellte gemeinsame

30 Zitiert nach ebda, S. 329.
31 Hugo von Hofmannsthal an Felix Salten, 4.7.1893, Brief in Abschrift, dankenswerterweise von Frau Ellen Ritter zur Verfügung gestellt, Original in NFS/ALW.

Ottilie und Felix Salten mit Freunden, um 1905. (NFS/LWA)

Aktivitäten versuchte er die Bedenken des jüngeren Freundes zu zerstreuen: „Unser ganzes Beisammensein entbehrt eine gemeinsame Handlung empfindlich genug. Vielleicht wär's nicht so schlimm, wären wir Vier sehr berühmt, und drängte sich das Volk an die Stufen unseres Hauses. Wer weiss auch? Mir ist es bei uns gar oft so ungeduldig und nervös ärgerlich, als müsste ich etwas Köstliches erwarten, das wir uns geben können, und das uns Niemand geben kann, und es ist so wunderbar und kräftig, dass wir noch immer zögern. Dann habe ich das Gefühl, dass wir uns gegenseitig etwas schuldig sind, und einer beim Andern sitzen, und krampfhaft von anderen Dingen reden. Bei anderen Leuten, zufälligen Bekannten, feschen Burschen, die Tarok spielen, dummen Mädeln, die lieb sind und gut angezogen ist mir dann wol, viel besser als bei uns. Aber dort bin ich doch nur zu Gast und bei uns, bei uns."[32] Hofmannsthal wurde in seiner Antwort deutlicher und begründete mit einem nicht gerade bescheidenen Vergleich seine enttäuschten Hoffnungen. Goethe und Schiller hätten die Stärken und Grenzen einer solchen Freundschaft vorgelebt, indem sie „Berufsfreunde" gewesen wären. Der gerade erst Einundzwanzigjährige belehrte daraufhin den Freund, dass es nichts „Enervierenderes" geben würde als „Müßiggang", forderte ihn auf, hart zu arbeiten, und verurteilte von Grund auf dessen „Literaturtheorie" und Lebensmaxime. Es würde nicht genügen, mangelnde „Schöpferfreuden" durch „dünnflüssige Erfahrungen" und „Erleben" zu überwinden.[33] Schon in früheren Briefen hatte Hofmannsthal Salten vorgeworfen, ungenau zu sein („schreiben sie augenscharf"[34]) und, angesichts dessen Vorliebe für das Motiv der Untreue, menschliche Bedürfnisse mit „Kunsttheorie" zu verwechseln. Salten war über diese Ermahnungen und Zurechtweisungen merklich beleidigt und nahm seine Distanz. „Sie schreiben mir nicht, Arthur schreibt mir nicht", zeigte sich Hofmannsthal verwundert.[35] Dennoch lassen sich noch bis 1903 Zusammenkünfte mit gemeinsamen Lesungen der vier Dichter nachweisen.

Ähnliche Urteile über Saltens literarische Arbeiten – von wenigen Ausnahmen abge-

32 Felix Salten an Hugo von Hofmannsthal, 6.7.1893, Brief in Abschrift, dankenswerterweise von Frau Ellen Ritter zur Verfügung gestellt, Original im Privatbesitz Hirsch.
33 Vgl. Hugo von Hofmannsthal an Felix Salten, 8.7.1893, Brief in Abschrift, dankenswerterweise von Frau Ellen Ritter zur Verfügung gestellt, Original BI 83.
34 Vgl. Hugo von Hofmannsthal an Felix Salten, knapp vor dem 15.5.1892, Brief in Abschrift, dankenswerterweise von Frau Ellen Ritter zur Verfügung gestellt, Original in NFS/ALW.
35 Hugo von Hofmannsthal an Felix Salten, 29.7.1893, Brief in Abschrift, dankenswerterweise von Frau Ellen Ritter zur Verfügung gestellt, Original in NFS/ALW.

sehen – schrieb auch Schnitzler in sein Tagebuch. Deren Beziehung verfügte jedoch über eine solide emotionale Basis. Hofmannsthal „enervierte" Saltens aus seiner Sicht oberflächlicher dandyhafter Lebensstil, seine vielen Liebesaffären, in die er offenbar auch seine Freunde ausführlich einweihte, und die Jammereien über einen Mangel an materieller Sicherheit und kreativer Ruhe. Salten und wahrscheinlich auch Schnitzler machten sich wiederum über den sonntäglichen Kirchgang Hofmannsthals und über seinen aristokratisch-militärischen Habitus lustig.[36] Salten notierte (wahrscheinlich 1891): „Salten hat bei Schnitzler geschlafen. Loris kommt. Er hat eben ministrirt. [...] SCHN. Ein Ministrant, der posirt oder ein Poseur, der ministrirt."[37] „Wegen Intoleranz", so vermerkte Schnitzler in seinem Tagebuch 1894, sei eine „völlige Intimität" mit Hofmannsthal unmöglich (bei Richard Beer-Hofmann gelte dasselbe wegen „Manieriertheit" und bei Salten wegen „Unverlässlichkeit").[38]

Schnitzler stand Saltens Lebensstil viel näher. Die beiden unternahmen viel miteinander und teilten mit dem Radfahren eine große Leidenschaft. Salten schickte ausführliche Berichte über seine Touren an seine Freunde samt minutiöser Angaben über Straßenverhältnisse, technische Probleme und seinen sportlichen Ehrgeiz, der ihn 1893 35 km in eineinhalb Stunden fahren ließ.[39] Mit Schnitzler unternahm er regelmäßig Ausfahrten in die nähere Umgebung Wiens, nach Mödling, Klosterneuburg, Tulln oder Rodaun. Beide versuchten hartnäckig Hofmannsthal, Beer-Hofmann und Bahr mit ihrer Leidenschaft anzustecken. „Sie müssen Bic. Fahren lernen, ebenso wie Richard; es ist wirklich ein großes Vergnügen.", schreibt Schnitzler im August 1893 an Hofmannsthal.[40] Und Salten fügte wenige Tage später hinzu: „Es genügt nicht, daß der Mensch den Tod des Tizians schreibe, er muß auch Bicycle fahren können [...] Ein Jahr, nach dem Loris in Strobl seinen Freunden ‚Tizians Tod' las."[41] Das Radfahren als Kombination von exklusivem Sport und Flanieren verband für die beiden jungen Dichter den zeitgemäßen Lebensstil und das moderne literarische Programm. Aus Salzburg berichtete Schnitzler Hofmannsthal: „Von Salzburg aus, wo Richard, Salten und die Salomé [Lou Andreas Salomé] zusammen waren, fuhren ich und S. per Rad davon. Das war sehr schön. Man hat schon ganz aufgehört, so mitten durch Dörfer und Flecken zu fahren, mitten durch das Leben und die Naivität eines Ortes. Von Stationen aus, wo sich naturgemäß künstliches sammelt, sieht man das alles schief. Auch die Landstraßen werden wieder lebendig, wachen auf, und man gehört mit zu den Erweckenden. Auch Zufälle gibt es wieder, und das beste, man hält den Zug an, wo es beliebt. Dagegen fällt das mancherlei unangenehme, daß es regnen kann und daß man naß u. kotig wird u. stürzt, wenig ins Gewicht."[42]

Auch über ihre „Liebesschmerzen" dürften sich die beiden gerne und oft unterhalten haben, wobei auch in dieser Beziehung Schnitzler als der Überlegene und Sichere, Salten als der Wankelmütigere und tendenziell Nachahmende erscheint. Wie verschworen sie in diesen Angelegenheiten waren, zeigen die Vorkommnisse rund um das Ende der Beziehung zwischen Schnitzler und der Schauspielerin Adele Sandrock. Sie – so hat es den Anschein – flirtete mit Salten, um Schnitzler eifersüchtig zu machen, Schnitzler wiederum förderte das heimlich, um einen handfesten Trennungsgrund in die Hand zu bekommen. Salten ließ beides geschehen und dürfte das Spiel amüsant gefunden haben. Schnitzler ließ sich von Salten genau über die Fortschritte ihrer Annäherungsversuche unterrichten. So berichtete ihm Salten im Jänner 1895 von „Füßeln"[43]. Als Sandrock Salten in ihr Schlafzimmer lockte, war für Schnitzler der Moment gekommen, die Beziehung abzubrechen. Erst zu diesem Zeitpunkt scheint Sandrock die Doppelrolle Saltens durchschaut zu haben und beschimpfte beide in einem wütenden Brief.[44]

Salten hatte sich auf den Flirt mit Sandrock eingelassen, nur wenige Tage nachdem seine damalige Geliebte, die sozialdemokratische Frauenaktivistin Lotte Glas, wegen staatsfeindlicher Aussagen ins Gefängnis ging. Schnitzler kommentierte das mit: „Der

---

36 Vgl. Salten, Aus den Anfängen, S. 43.
37 Salten, vermutlich 1891, Text in Abschrift, dankenswerterweise von Frau Ellen Ritter zur Verfügung gestellt, Original Privatbesitz Hirsch.
38 Vgl. Arthur Schnitzler: Tagebuch (1879-1931). Unter Mitwirkung von Peter Michael Braunwarth. Hrsg. von der Kommission für Literarische Gebrauchsformen der Österreichischen Akademie der Wissenschaften, 10 Bände, Wien 1981ff., hier Tagebucheintrag, 11.6.1894.
39 Vgl. Salten an Arthur Schnitzler am 14.8.1893, Brief in Abschrift, (NFS/ALW).
40 Schnitzler an Hugo von Hofmannsthal, 24.8.1893, in: Therese Nickl, Heinrich Schnitzler (Hg.): Hugo von Hofmannsthal, Arthur Schnitzler: Briefwechsel. Frankfurt am Main 1964.
41 Ebda.
42 Ebda, Brief vom 1.9.1895.
43 Vgl. ebda, 20.1.1895.
44 Adele Sandrock an Arthur Schnitzler, 3.3.1895, in: Adele Sandrock und Arthur Schnitzler. Geschichte einer Liebe in Briefen, Bildern und Dokumenten, zusammengestellt von Renate Wagner. Frankfurt/Main 1983, S. 215.

Glückliche".⁴⁵⁾ Salten dürfte Lotte Glas, die vermutlich das Vorbild für die jüdische Sozialdemokratin Therese Golowski in Schnitzlers „Der Weg ins Freie" abgab, 1894 über Karl Kraus kennengelernt haben. Dafür spricht, dass Glas später zum unmittelbaren Anlass für das Zerwürfnis von Salten und Kraus wurde. Auch Schnitzler erwähnte sie in seinem Tagebuch erstmals nach einem Ausflug in der Begleitung von Kraus.⁴⁶⁾ Im Sommer 1894 wurden Salten und Glas ein Paar. Im Frühjahr 1895 brachte sie im Wiener Gebärhaus ein Mädchen zur Welt (Salten bezahlte nach eigenen Angaben 500 Kronen für die anonyme Geburt),⁴⁷⁾ das zu einer „Kostfrau" in Niederösterreich zur Pflege kam. Salten brachte – in für Bürger- oder Adelssöhne typischer Weise – seine Geliebte aus Wien weg, bevor deren Schwangerschaft bekannt werden konnte. Glas kehrte erst kurz vor der Niederkunft zurück. Mehrmals in dieser Zeit bat Salten in diesem Zusammenhang Schnitzler um Geld. Nach Saltens Version hatte er sich von Glas trennen wollen, bevor er von ihrer Schwangerschaft erfuhr. Kraus warf ihm hingegen vor, dass er sie der Schwangerschaft wegen hätte verstoßen wollen. Tatsächlich begannen die literarischen Angriffe von Kraus auf Salten und dessen Freundeskreis im Sommer 1895. Zu dieser Zeit verstarb auch der Säugling. Die Beziehung von Salten und Glas endete um den Jahreswechsel 1895/96. Glas „weinte" sich bei Schnitzler aus, bezeichnete Salten als gefühllos und warf diesem vor, sie aus „literarischen Gründen" verlassen zu haben.⁴⁸⁾ Über die „Affektiertheit" der Freunde hatte sie sich schon einige Zeit davor beklagt. Schnitzler wurde dann noch Zeuge eines „hübschen Bruch-Gesprächs" der beiden.⁴⁹⁾

Der Konflikt mit Kraus fand am 14. Dezember 1896 einen vorläufigen Höhepunkt. Salten ohrfeigte Kraus, nachdem dieser in der „Wiener Rundschau" die Liebesaffäre mit seiner späteren Frau, der Burgschauspielerin Ottilie Metzl, bekannt gemacht hatte. „Im alten Kaffee Griensteidl ging ich durch den Billiardsaal zu ihm, der in einer Mauernische, mit dem Rücken gegen die Wand und mit einem Tisch vor sich da sass. Er sprang auf, als er mich sah und hielt einen Schlagring hoch, den zu gebrauchen er keine Zeit fand. Ich langte mir ihn über den Tisch und schlug ihm zwei Mal klatschend ins Gesicht."⁵⁰⁾ Schnitzler berichtet in seinem Tagebuch, dass die Tat „allseits freudig begrüßt wurde".⁵¹⁾ Im Jänner 1897 ohrfeigte Salten noch einen gewissen Arpad Sor, der nach seiner Version von Kraus dazu angestiftet worden war, es ihm handgreiflich heimzuzahlen. In einem Gerichtsprozess kam Salten mit 20 Gulden Strafe seiner Einschätzung nach gut davon. Die schwerwiegendere Folge jedoch war eine lebenslange Feindschaft. Kraus verfolgte jeden literarischen und journalistischen Schritt seines ehemaligen Freundes in nahezu besessener Weise. Der Riss zwischen Kraus und dem „Griensteidl-Kreis" hatte zwar auch literarische und politische Gründe und wird in der Literaturgeschichte mit der raschen Abkehr Schnitzlers und Bahrs vom Naturalismus erklärt, doch besiegelt wurde er erst durch persönliche Verletzungen und Enttäuschungen.

Schnitzler und seinem Freundeskreis wurde bereits von Zeitgenossen politische Teilnahmslosigkeit nachgesagt. Tatsächlich zeigte Schnitzler in seinen Tagebucheinträgen und Briefwechseln eine große Abneigung gegenüber der Partei- und Tagespolitik. Während der „Badeni-Krawalle" 1897 (im Zuge der Sprachenverordnung für Böhmen, die auch in deutschsprachigen Gebieten Tschechisch als zweite Amtssprache zuließ) bemerkte er: „sogar wir politisierten".⁵²⁾ Andererseits weisen Schnitzlers Texte eine politische Dimension auf: Er legt Sprachregelungen frei, thematisiert Macht und Entfremdung, stellt gesellschaftliche Mechanismen der Verdrängung bloß. Alice Bolterauer hat auf die Auseinandersetzung Schnitzlers mit dem Tod, Sterben und deren gesellschaftlicher Tabuisierung hingewiesen.⁵³⁾ Auch die frühen Novellen Saltens vom Beginn der 1890er Jahren zielen in diese Richtung und waren – was dieser auch bemerkte – an Schnitzlers Arbeiten orientiert. In der Novelle „Begräbnis", die offenbar unter

Felix Salten: Die Gedenktafel der Prinzessin Anna, Wien 1902. (WB)

45 Vgl. Schnitzler, Tagebucheintrag, 14.1.1895.
46 Vgl. ebda, 27.5.1894.
47 Vgl. Salten, Memoiren, S. 48.
48 Vgl. Schnitzler, Tagebucheintrag, 7.1.1896.
49 Vgl. ebda, 22.1.1896.
50 Vgl. Salten, Memoiren, S. 5.
51 Vgl. Schnitzler, Tagebucheintrag, 15.12.1896.
52 Vgl. ebda, 30.11.1897.
53 Vgl. Alice Bolterauer: Ästhetik des Sterbens. Der Tod als literarisches Motiv in der Wiener Moderne, in: http://www-gewi.kfunigraz.ac.at/moderne/heft4b.htm.

Felix und Ottilie Salten, um 1905. (NFS/LWA)

dem Eindruck der eigenen Musterung in Ungarn entstanden war, zeigt Salten, wie sich Staat und Militär des Einzelnen bemächtigen und ihn einem Prozess der Selbstentfremdung unterwerfen. In „Heldentod" konfrontiert er Heldenmythos und Todesangst der Soldaten. Die beiden Texte erschienen 1900 in der Novellensammlung „Der Hinterbliebene". Auch in seinem von der Zensur verbotenen Stück „Der Gemeine" (1901) kritisiert Salten die Willkür militärischer Subordination.

Diese Phase, in der Salten, aus der Sicht Hofmannsthals und Schnitzlers ohne Konsequenz an seiner literarischen Karriere arbeitete, endete im Herbst 1894, als er bei der „Wiener Allgemeinen Zeitung" einen Posten als Redakteur antrat. (In der „WAZ" sollte er sich als Verteidiger von Gustav Klimt und der modernen Kunst einen Namen machen; siehe den Beitrag von Andrea Winklbauer in diesem Band.) Die Zeitung stand der Sozialdemokratie nahe und wandte sich offensiv gegen den Antisemitismus, insbesondere in der Luegerschen Variante. Dort machten zunächst der Schriftsteller und Journalist Jakob Julius David und später der Chefredakteur und Dramatiker Julius Gans von Ludassy Salten das Leben schwer. In Österreich gab es keine nennenswerten belletristischen Verlage. Das seit den 1890er Jahren heftig expandierende Zeitungswesen bot insbesondere im Feuilleton vielen Schriftstellern Veröffentlichungs- und Erwerbsmöglichkeiten. Damit blieben die Grenzen zwischen Literatur und Journalismus lange Zeit fließend.

Salten war Theaterreferent, verfasste Berichte „aus dem Gerichtssaal" und schrieb im Feuilletonteil. Auch ließ er sich das stadtpolitisch brisanteste Thema dieser Zeit nicht entgehen, Luegers Kampf um das Bürgermeisteramt. Dabei zeigte er sich als scharfer Beobachter. Lueger beschäftigte ihn noch bis weit in die 1920er Jahre intensiv.[54] 1896 kommentierte er unter dem Titel „Leopoldstädter Komiker" einen Wahlkampf-Auftritt Luegers im Wiener Prater: „Auf dem classischen Boden der Fünf-Kreuzer-Tänze, in Swoboda's Gasthaus im Prater, ist gestern Herr Dr. Lueger als Landtagscandidat für die Leopoldstadt aufgetreten [...] In dem Lokal, wo der gefeierte Führer zugleich als

54 Vgl. dazu auch die Beiträge von Elisabeth Büttner und von Siegfried Mattl/Werner Michael Schwarz („Wurstelprater") in diesem Band.

Vortänzer debutirte, sieht man bekanntlich weniger auf Grazie als auf kräftiges Auftreten. Und Herr Dr. Lueger verstand es, durch sein Springen und Hopsen das Publicum in ein solches Entzücken zu versetzen, daß die Zuschauer mehr als einmal begeistert ausriefen: ‚Das ist das höchste Theater!' Die ältesten Leopoldstädter erinnern sich nicht, daß Kasperl auf seinem Theater je einen ähnlichen Erfolg gehabt hätte."[55] Salten nutzte die nach eigenen Angaben schlecht bezahlte Redakteursstelle bei der „WAZ" auch dazu, seine Freunde, insbesondere Arthur Schnitzler, durch Kritiken zu fördern, wie er selbst vom privilegierten Zugang eines Journalisten zu prominenten Personen aus Politik und Kultur profitierte.

In diese Zeit fiel eine für Saltens Karriere besonders nachhaltige Begegnung, die sein Gespür für das Potenzial von Menschen und Situationen zeigt. Offenbar über seine spätere Frau Ottilie Meztl lernte er um 1898 den Erzherzog Leopold Ferdinand aus der toskanischen Linie der Habsburger kennen. Dieser eskapaden- und folgenreichen Begegnung und Freundschaft widmete Salten ein ebenfalls erst im Schweizer Exil verfasstes Manuskript. Auf Basis der Erzählungen des Erzherzogs und gemeinsamer Erlebnisse berichtet er darin über das bizarre habsburgische Hof- und Familienleben um 1900, an dem für ihn retrospektiv bereits alle Anzeichen des bevorstehenden Untergangs der Dynastie sichtbar waren. Das Leben des Erzherzogs und seiner Brüder beschreibt Salten als aufreibenden Wechsel zwischen Unterordnung und Rebellion, zwischen Familienkonflikten und gescheiterten Versuchen zum Aufbau einer unabhängigen Existenz, der sich in grotesken Situationen und vertuschten Skandalen äußerte. So machten sich die jungen Erzherzöge ihren Spaß mit der militärischen Hierarchie, in dem sie ihren Rang erst im letzten Moment offenbarten und ihr Gegenüber brüskierten, Züge auf offener Strecke anhielten oder auf kindische Weise das höfische Zeremoniell störten. Ernsthafte Schwierigkeiten bereiteten sie dem Hof mit nicht standesgemäßen Liebesverhältnissen, die in der Regel mit militärischen Strafversetzungen oder frühmorgendlichen Ohrfeigen durch Franz Joseph persönlich sanktioniert und stillschweigend aus der Welt geschafft wurden.

Der Kontakt zu Leopold sollte sich für Saltens Aufstieg zum Star-Journalisten als wesentlich erweisen. Einen ersten Schritt setzte er aber bereits 1902, als er von der „Wiener Allgemeinen Zeitung" zur „Die Zeit" wechselte, die einen großzügigen und prominenten Feuilletonteil hatte. Die dynastischen Skandale, über die Salten aus erster Hand berichten konnte, machten ihn rasch über die Grenzen Wiens hinaus bekannt. Im Dezember 1902 trat Erzherzog Leopold Ferdinand wegen seiner Beziehung zu einer Wiener Prostituierten, Wilhelmine Adamovics, aus der Armee und dem Kaiserhaus aus.[56] Einen größeren und in ganz Europa aufmerksam verfolgten Skandal verursachte aber Leopolds Schwester Luise, die seit 1891 mit dem sächsischen Kronprinzen Friedrich August verheiratet war. Sie floh in einer mit Leopold abgestimmten Aktion ebenfalls im Dezember 1902 in Begleitung ihres Geliebten, des Französischlehrers André Giron, in die Schweiz. Die offiziellen sächsischen und österreichischen Stellen versuchten den Skandal zu vertuschen oder zumindest herunterzuspielen. Aufgrund seiner guten Beziehungen zu Leopold konnte Salten seiner Zeitung jedoch in beiden Fällen exklusive Berichte über die dramatischen Liebesgeschichten sichern. Schon am 24. Dezember erschien in der „Zeit" ein Artikel über Leopold, in dem dessen Austritt aus dem Kaiserhaus mit lange zurückreichenden familiären Querelen erklärt und der Erzherzog als „geistreicher, bildungsfroher und ungemein aufgeklärter Mann" gewürdigt wurde.[57] Am 27. Dezember war Salten bereits in der Schweiz und interviewte als namentlich nicht genannter „Spezialkorrespondent" zunächst Leopold, dann Luise und Giron. Den Bericht über Leopold eröffnete er mit der Schilderung einer herzlichen Begrüßungsszene, bei der zumindest Eingeweihte merken mussten, wer der „Spezialkorrespondent" war. Kraus ätzte schon im Jänner 1903 über Salten als

55 Felix Salten: „Leopoldstädter Komiker", in: Wiener Allgemeine Zeitung, 7.10.1896, S. 1.
56 Vgl. Brigitte Hamann: Die Habsburger. Ein biographisches Lexikon, Wien 1988, S. 262f.
57 Vgl. Felix Salten (anonym): Erzherzog Leopold Ferdinand, in: Die Zeit, 24.12.1902, S. 6.

Ottilie und Felix Salten in Wien-Pötzleinsdorf, 1904. (NFS/LWA)

58 Vgl. Karl Kraus: Antworten des Herausgebers, in: Die Fackel, Anfang Februar 1902, Nr. 94, S. 19.

„Beichtvater" und bezog sich auf dessen mahnende Worte an Luise, die er im Interview auf ihre Mutterpflichten ansprach. „Wiederum füllten sich ihre schönen Augen mit Thränen." „Wie ein Priester – Herr Salten ist so geschickt, daß er auch das kann", kommentierte Kraus die rührselige Szene.[58] Luise trat ebenso wie ihr Bruder aus dem Kaiserhaus aus und heiratete Giron, von dem sie sich jedoch einige Jahre später wieder scheiden ließ. Leopold blieb unter dem neuen bürgerlichen Namen „Wölfling" in der Schweiz und ging eine Ehe mit Adamovics ein, die 1907 endete. Salten sah ihn nach eigenen Angaben noch einmal während des Ersten Weltkrieges in Zürich.

Zwei Jahre später mischte sich Salten in einen ähnlich gelagerten Skandal ein. 1895 hatte eine Hof und Zeitungsleser bewegende Liebesaffäre in Wien begonnen. Luise von Sachsen-Coburg, eine Tochter des belgischen Königs Leopold II. und der habsburgischen Erzherzogin Marie Henriette, verliebte sich in den ungarischen Offizier Géza Mattatich. Auch dieses Paar flüchtete von königlich belgischen Agenten verfolgt

Paul Salten: „Lieber Papa! So schau ich jetzt aus hinter mir ist das Meer; das hat mir die Haare weggenommen. Küß die Hand Paul", um 1910. (NFS/LWA)

quer durch Europa, pflegte dabei einen luxuriösen Lebensstil und häufte Schulden an. Nachdem Luises Schwester Stephanie, die Witwe Kronprinz Rudolfs, einen Wechsel zu ihren Gunsten unterzeichnet hatte, schlugen österreichische Agenten zu. Mattatich wurde Unterschriftsfälschung vorgeworfen und er wurde von einem Militärgericht zu sechs Jahren schweren Kerkers verurteilt. Luise wurde auf Betreiben ihres Ehemannes wegen Unzurechnungsfähigkeit in einer geschlossenen psychiatrischen Anstalt untergebracht. Nach seiner Entlassung veröffentlichte Mattatich 1904 einen Bericht über seine Kerkerhaft und das Unrecht, das ihm aus seiner Sicht widerfahren war.[59] Salten verfasste eine Besprechung, die zu einer an Zolá – zweifellos einer der für Salten inspirierendsten Intellektuellen – orientierten Anklageschrift wurde.[60] Er vertrat darin offen die Meinung, dass Mattatich auf Geheiß höchster österreichischer und belgischer Stellen verurteilt worden war und schloss kämpferisch: „Das öffentliche Rechtsgefühl ist beunruhigt, ist aufgeregt und ist im Begriffe, sich zu empören. Man muß es so rasch als

59 Vgl. Géza Mattatich: Aus den letzten Jahren. Memoiren. Leipzig 1904.
60 Vgl. Felix Salten: Mattatich, in: Die Zeit, 27.3.1904, S. 1f.

Felix Salten: Vom andern Ufer. Drei Einakter, Berlin 1908. (WB)

möglich beruhigen. Und man muß es so gründlich als möglich tun. Das ist für uns Österreicher, die wir keine Ursache haben, die koburgische Zeche zu bezahlen, weitaus wichtiger, als daß ein Prinz, der uns nichts angeht, seine Genugtuung, ein königlicher Vater, der uns gleichgültig ist, seinen Willen hat."[61]

Offenbar aufgrund dieses Artikels und wegen Saltens einschlägiger Bekanntheit nach den Affären um Leopold und Luise suchte ihn Mattatich persönlich auf und bat ihn, so schreibt Salten, um Hilfe bei der Befreiung der Prinzessin.[62] Salten arbeitete einen Plan aus, Luise bei ihrem von der Polizei überwachten Kuraufenthalt in Bad Elster zu befreien. Er riet beiden, bei ihren Bewachern ja keinen Verdacht zu erwecken. Mattatich empfahl er, sich in Wien lautstark zu amüsieren. Luise ließ er ausrichten, dass sie auf die Veröffentlichungen über Mattatichs Eskapaden demonstrativ gelassen reagieren sollte. Die Flucht nach Paris glückte. Salten besuchte das Paar und berichtete wiederum exklusiv für die „Zeit", ohne seine Beteiligung offenzulegen, die ihm offenbar einigen Spaß bereitet hatte. Er sprach von der „planmäßigen Bravour" bei der Ausführung der Flucht.[63] Die Interviews machten Salten zu einem international beachteten Gesellschaftsreporter.

Nicht zum ersten und letzten Mal verwertete Salten im Fall Mattatich/Coburg seine journalistischen Erfolge auch literarisch. Die beiden Hofskandale und seine Freundschaft mit Erzherzog Leopold Ferdinand verarbeitete er in dem 1905 anonym erschienenen Buch „Bekenntnisse einer Prinzessin", das Luise – offenbar sehr zu ihrem Ärger – zugeschrieben wurde.[64] Salten bestritt seine Autorenschaft auch gegenüber Schnitzler, aber, wie dieser anmerkte, „ziemlich ungeschickt".[65] Die als Tagebuch verfasste Satire auf das Hofleben enthält deftige Anspielungen auf die sexuellen Skandale und Vorlieben diverser Mitglieder des Kaiserhauses. Die (zeitliche) Nähe zu seinem dann wesentlich berühmteren Bekenntnisbuch der „Josefine Mutzenbacher" ist an einzelnen Episoden und im Tonfall gut erkennbar. So nähert sich in den „Bekenntnissen" der Schah von Persien anlässlich eines Diners zu seinen Ehren der Prinzessin: „Dann aber ist er mir sofort auf den Leib gerückt und mir so bedenklich nah gekommen, daß ich schon geglaubt habe, er wird mich anpacken. Viel hat nicht gefehlt."[66] Davor wird sie von einem zum Unterricht bestellten Mönch sexuell bedrängt, erzählt vom Liebesakt ihres Bruders mit einer Magd in der Speisekammer, berichtet von der besonderen sexuellen Energie ihres Mannes, wenn er von seinen Geliebten kommt, lässt sich von einem Arzt über de Sade und den Sadismus aufklären und entbrennt in „unglaublicher Begierde" zu einem jungen Baron. Auch legt Salten der Prinzessin antisemitische Aussagen in den Mund, die sich unmittelbar auf das Interview mit Luise von Coburg im Jahr 1904 bezogen. Salten hatte Schnitzler davon erzählt, der das wiederum seinem Tagebuch anvertraute.[67]

Sexuelle Abenteuerlust teilt die Prinzessin mit der Wiener Prostituierten Josefine Mutzenbacher. (Siehe dazu auch den Beitrag von Claudia Liebrand in diesem Band.) Beide Texte und zahlreiche weitere Arbeiten Saltens in dieser Phase (auch für das Theater) lassen sich als Plädoyers für die Natürlichkeit von Lust und Begierde und als ironische Kommentare über Bigotterie, Skandalisierung und Pathologisierung von Sexualität lesen. Liebe spielt dabei wie Verführung eine untergeordnete Rolle. Saltens weibliche Figuren sind sexuell aktiv und vital. Der sexuelle Akt selbst ist spielerisch und unkompliziert. „Dann aber kam wieder ein Abend, und da gab sie sich Georg. Gab sich ruhig, lächelnd, mit Sanftheit, als sei es selbstverständlich und gar nicht anders möglich. Und war ohne Erstaunen und ohne Begierde, als habe ihre kraftvolle Gesundheit alles im voraus gewusst."[68] Selbst in der Novelle „Die kleine Veronika", in der Salten die Geschichte eines Mädchens vom Land erzählt, das von seiner Tante – einer Prostituierten – zur Firmung nach Wien eingeladen wird, vollendet sich die Tragödie nicht in der Verführung, sondern erst durch die folgende Strafe.

---

61 Ebda, S. 2.
62 Vgl. Salten, Memoiren, S. 15f.
63 Vgl. Felix Salten: Die flüchtige Luise, in: Die Zeit, 4.9.1904, S. 1ff.
64 Vgl. Erika Bestenreiner: Luise von Toscana. München/Zürich 1999, S. 189f.
65 Vgl. Schnitzler, Tagebucheintrag vom 25.12.1906.
66 Felix Salten: Bekenntnisse einer Prinzessin. Wien 1905, S. 95.
67 Vgl. Schnitzler, Tagebucheintrag, 25.9.1904.
68 Felix Salten: Resi, in: derselbe: Künstlerfrauen. Ein Zyklus kleiner Romane, München-Leipzig 1909.

In der 1903 entstandenen Novelle „Der Schrei der Liebe" erzählt Salten von einem Königreich, in dem die Frauen die Hingabe zu ihren Männern durch einen unverwechselbaren Schrei beweisen. Die reichlich fantastische Geschichte kreist dann um das Problem, dass die aus einem fremden Königreich stammende frisch angetraute Frau des Königs von diesen Gepflogenheiten nichts ahnt und der sehnsüchtig erwartete Schrei ausbleibt. Auch die Renaissance-Novelle „Die Gedenktafel der Prinzessin Anna" erzählt von der Kraft und Selbstverständlichkeit der Lust. Hier gerät der Herzog eines italienischen Stadtstaates in eine Gewissenskrise, nachdem seine Schwester sich einem Offizier der Garde hingegeben hat. Er löst das Problem am Ende dadurch, dass er das junge Paar nicht bestraft, sondern zur Überraschung der Bürger eine Gedenktafel anbringen lässt, die an die Entjungferung erinnert.

Der Einfluss französischer Literatur, etwa von Balzac oder Maupassant, die Salten in dieser Zeit las, ist unverkennbar. Dass viele Erzählungen, auch der erst in den 1920er Jahren veröffentlichte Roman „Der Hund von Florenz", an dem Salten bereits nach 1900 arbeitete,[69] in der Renaissance angesiedelt sind, zeigt aber auch den Einfluss „Jung Wiens". Die Renaissance war in Anlehnung unter anderen an Friedrich Nietzsche oder Jacob Burckhardt ein kulturelles Leitbild dieser Schriftstellergeneration, das für die Ausnahmestellung des Künstlers als Gegenkraft zu den nivellierenden Wirkungen von Staat, bürgerlicher Ökonomie und Militär, für Sinnlichkeit, Erotik und Daseinsfreude stand.

Saltens in den 1890er Jahren unmittelbar staats- und militärkritische Themenwahl verengte sich seit 1900 auf die provokante Erotik. Damit lag er durchaus im Trend der Sexualdebatten der Zeit, die seine Arbeiten ja auch kommentierten. Die Beschäftigung Saltens mit der Renaissance lenkte seine Aufmerksamkeit auf einen berühmt-berüchtigten Klassiker der pornografischen Literatur, auf die „Hetärengespräche" von Pietro Aretino, einem Freund Tizians. Von dessen Grundkonzeption, nämlich der Satire auf Scheinmoral, und Sprache ließ er sich unmittelbar inspirieren. 1903 besprach er eine Neuauflage des Aretino in der „Zeit"[70] und berichtete Schnitzler darüber: „Finde darin zu meinem Erstaunen die römische Buhlerin, die Bekenntnisse ablegt, sie wissen, dass ich ein solches Buch schreiben wollte."[71] „Josefine Mutzenbacher", die zweifelsohne berühmteste literarische Frauenfigur Saltens, lässt sich so gesehen auch als Heldin einer von der italienischen Renaissance in die Wiener Vorstadt um 1900 übertragene Geschichte verstehen.

Ein weiteres Produkt dieser „satirischen" Phase, in der Salten seine eher gut gelaunte Kritik an den politisch Mächtigen, an Scheinmoral und Prüderie zum Ausdruck brachte, waren seine Porträts der gekrönten Häupter Europas (mit Ausnahme des österreichischen Kaisers Franz Joseph; siehe dazu auch den Beitrag von Kurt Ivkovits in diesem Band), die seit 1903 unter dem Pseudonym „Sascha" in der „Zeit" erschienen und 1905 zusammengefasst veröffentlicht wurden. Salten charakterisierte Kaiser und Könige durch Karikierung physiognomischer Eigenschaften. Das Porträt des Deutschen Kaisers drehte sich erwartungsgemäß um dessen Schnurrbart: „Die Geschichte wird ihm Eines unbedingt zugestehen, und daran werden auch die Nörgler der Nachwelt nicht zu rütteln vermögen: daß nämlich unter seiner Regierung die Schnurrbärte einen fabelhaften Aufschwung genommen haben. Seinem erhabenen Beispiel ist es zu danken, wenn jetzt beinahe alle deutschen Männer, die sich's überhaupt leisten können, diesen hochfahrenden, jähen und drohenden Schnurrbart tragen."[72] Auch als Parlamentsberichterstatter der „Zeit" galt sein Hauptinteresse der Physiognomie. Die Parlamentarier charakterisierte er zudem an ihrem „Schauspiel". „Parlaments-Baedeker" nannte er einen dieser Artikel, in dem er die Abgeordneten nach ihrem Erscheinungsbild klassifizierte.[73] Carl E. Schorske hat die Theaterbegeisterung dieser Schriftstellergeneration auch mit den für sie geringen Möglichkeiten an politischer Teilhabe

Felix Salten: Künstlerfrauen. Ein Zyklus kleiner Romane, München-Leipzig 1908. (NFS/LWA)

69 Vgl. Felix Salten an Arthur Schnitzler, 18.8.1907, (NFS/ALW).
70 Vgl. Felix Salten: „Vom göttlichen Aretino", in: Die Zeit, 15.3.1903, S. 1f.
71 Felix Salten an Arthur Schnitzler, 3.3.1903, Brief in Abschrift, (NFS/ALW).
72 Felix Salten: „Der deutsche Kaiser", in: Die Zeit, 20.9.1903, S. 1.
73 Vgl. Felix Salten: Parlaments-Bädeker, in: Die Zeit, 21.7.1907, S. 1f.

Felix Salten mit seinem Sohn Paul beim Angeln, um 1910. (NFS/LWA)

erklärt.[74] Salten zumindest schlug zurück, indem er das Parlament als Theater und die Parlamentarier als Schauspieler karikierte. Salten war der modernen Massendemokratie gegenüber grundlegend skeptisch eingestellt. Auch hierbei waren der Aufstieg der Christlichsozialen und des politischen Antisemitismus wesentlich. Lueger galt Salten (wie sich in dem oben zitierten Artikel in der „WAZ" bereits abzeichnete) als der Begabteste unter den Schauspielern und Verführern auf der politischen Bühne.

Spätestens seit seinem Engagement bei der „Zeit", in die er 1902 eintrat, gehörte Salten zu den Wiener Spitzenjournalisten. Bereits in der „Wiener Allgemeinen Zeitung" hatte er sich als Theaterkritiker einen Namen gemacht und als gewichtige Stimme im Wiener Theater- und Kulturleben gegolten. Diese setzte er auch mit großer Leidenschaft gegen den Direktor des Burgtheaters Paul Schlenther ein, der 1898 Max Burckhard nachgefolgt war. Schlenthers Spielplan fiel wesentlich traditioneller aus, als Salten es sich vom einstigen Förderer Ibsens und Hauptmanns erwartet hatte. Zudem boykottierte Schlenther bis 1905 Arthur Schnitzler. Schlenther rächte sich nach Angaben Saltens für dessen Angriffe, indem er des Kritikers Geliebte und spätere Frau, die Burgschauspielerin Ottilie Metzl, kündigte.

Salten und Ottilie Metzl heirateten 1902, allem Anschein nach im kleinsten Kreis. Trauzeugen waren Arthur Schnitzler und der spätere Bernhard-Shaw-Übersetzer Siegfried Trebitsch. 1903 wurden Sohn Paul, 1904 Tochter Anna Katharina geboren. „Von da an begann mein Schicksal leichter zu werden. Meine Frau, geistig, künstlerisch hochstehend, von grossem Seelenadel, hatte bestimmenden Einfluss auf mich."[75] Seit dieser Zeit nahm auch das Thema Ehe in seinen Novellen und Theater-

74 Vgl. Carl E. Schorske: Wien. Geist und Gesellschaft im Fin de Siècle. München u. a. 1994, S. 8f.
75 Vgl. Salten, Memoiren, S. 4.

stücken einen wichtigen Platz ein. Die zumeist leichten Beziehungskomödien behandelten das Spannungsfeld zwischen Künstler- und Bürgerleben und gaben als Pointe in der Regel einer pragmatischen und nüchternen Ehebeziehung Recht. Ein ganzer „Zyklus kleiner Romane", den Salten 1909 unter dem Titel „Künstlerfrauen" veröffentlichte, drehte sich um diese Konstellation. Nimmt man die Berichte Schnitzlers über das Eheleben der Saltens, des Ehemanns Risikobereitschaft und die sorgenvollen Kommentare der Ehefrau, dann dürfte Salten durchaus eigene Erfahrungen verarbeitet haben.

Felix Salten (links oben) mit einer befreundeten jüdischen Familie (oben im Strandkorb Ottilie Metzl), um 1900. (NFS/LWA)

Vor der Ehe hatte sich Salten aber noch in ein kurzfristiges und desaströses Abenteuer als kultureller Entrepreneur gestürzt (bereits 1899 hatte er den Ankauf eines Theaters in Teplitz geplant[76]). Angeregt durch Ernst von Wolzogens Berliner Kabarett „Überbrettl" gründete er das „Jung-Wiener Theater Zum lieben Augustin" – eine der Strategien der jungen Autoren, sich Auftritts- und Erwerbschancen zu eröffnen. Hoch- und Unterhaltungskultur sollten verbunden werden, ein Programm, das es in Wien noch nicht gab. Eine erste Ankündigung, gemäß der die Proben am 1. Oktober 1901 beginnen sollten, erschien Mitte August in der „Wiener Allgemeinen Zeitung".[77]

Bereits der Name „Jung-Wien" deutet darauf hin, dass Salten an das (theoretisch noch unbestimmte) kulturelle Projekt der „Modernen" anschließen wollte: weg von der ästhetischen und sozialen Repräsentationskunst des Historismus, hin zu den Empfindungen und Stimmungen der „nervösen" Zeitgenossen. Saltens ästhetisches Konzept entlehnte aus der Literatur das Stilmittel der Synästhesie – das Programm des „Lieben Augustin" sollte ein neues und affektives Bühnenerlebnis bieten. Die Verknüpfung von

76 Vgl. dazu den Beitrag von Kurt Ifkovits in diesem Band.
77 Vgl. Wiener Allgemeine Zeitung, 20.8.1901.

Musik, Lyrik, Tanz und Raumkunst sollte „moderne Stimmungsbilder" hervorbringen. Verantwortlich dafür zeichneten Salten als Programmgestalter und Choreograf und der Jugendstilmaler Kolo Moser, der die Bühnengestaltung übernahm.[78] Neben der Popularisierung der modernen Kunstanschauung, so die „Wiener Allgemeine Zeitung", beabsichtigte Salten, „einen großen Theil der Wiener Schriftsteller [, die es, S. M. u. W. SCH.] zu auswärtigen Unternehmungen zog", an Wien zu binden[79]. Das glückte ihm nicht.

Die erste Veranstaltung fand am 16. November 1901 im Theater an der Wien statt. Die Attraktion des Abends war die Volksschauspielerin Hansi Niese, die „Der Seelen-Wanderer", die „geistreiche Biografie eines Flohs", vortrug. Frank Wedekind, der erstmals in Wien auftrat, fiel mit seiner „Brigitte B." auf schreckliche Weise beim Publikum durch.[80] Zumindest in seiner eigenen Zeitung wurde Salten für die Regiearbeit an „Des Sängers Fluch" zur Musik Robert Schumanns gelobt. Olga Sartori führte einen „erläuternden Tanz" zu einem Lied von Friedrich von Bodenstedt vor, und Karl Christoff sang Lieder von Ludwig Jakobowsky (mit der Musik von Ignaz Brüll) und Otto Bierbaum. Sartori und Leopold Natzler gaben das Duett „Der windige Schneider", das erstmals Franz Lehár auf eine Wiener Bühne brachte (ein Vorgriff auf die „Goldene Ära" der Wiener Operette, für die Salten und Lehár so wichtig werden sollten und deren Elemente – Witz, Tanz, Mode – schon in diesem Couplet aufschienen)[81]. Besonders schmerzhaft muss für Salten die Ablehnung des Schattenspiels von Fragerolles-Rivière – die Ahasver-Sage – gewesen sein, da Fragerolles ein Star des „Chat Noir" und der „Komischen Oper Paris" war. Für dessen Auftritt hatte man eigens den Mechaniker E. Lamouché aus Paris verpflichtet. „Ahasver" wurde (ohne, dass Zeit für eine Generalprobe blieb) durch George Courtelines „Der Geldbrief" (deutsch von Siegfried Trebitsch) ersetzt. Folgt man der „Wiener Allgemeinen Zeitung", so konnten die „wienerische" Note einer Hansi Niese und das von Karl Strettmann gesungene „Soldatenlied" (Gedicht von Hugo Salus, Musik von Hugo Felix) den Abend noch einigermaßen für das ignorante Publikum retten.

Salten scheint seine ambitionierten Pläne nicht vollständig realisiert zu haben. In der Vorschau waren noch Pantomimen von Hugo von Hofmannsthal und der Zensur ein Stück Hermann Bahrs sowie „Gigerelette", eine Tanz- und Rezitationseinlage mit erotisch-satyrischem/satirischem Charakter, angekündigt worden.[82] Der Direktor des „Lieben Augustin" musste vor und nach der Premiere zu Urheberrechtansprüchen und Plagiatsvorwürfen Stellung nehmen, die gegen einzelne Programmteile erhoben wurden.[83] Die angekündigte Zusatzaufführung in intimem Rahmen, wo dem artistischen Einfall und der Improvisation mehr Raum gegeben werden sollte, scheint nicht zustande gekommen zu sein. Die letzte Vorstellung fand nach mehrmaligem Programmwechsel am 23. November statt.

Ein Krida-Prozess gegen die Betreiber des Café-Restaurants im Theater an der Wien, die das Lokal auf Anraten Saltens großzügig umgebaut hatten, machte noch einmal seine hochfliegenden kulturunternehmerischen Pläne publik. So soll er dem Ehepaar versprochen haben, dass zu den Separatvorstellungen nach 22 Uhr die Wiener Hocharistokratie erscheinen und sich daher ein hoher Aufwand lohnen würde.

Adolf Loos bestätigte die Versprechungen Saltens. Die beiden Eheleute wurden zu mehreren Wochen schweren Kerkers verurteilt.[84] Salten selbst erwähnt den schlechten Vertrag, den er mit den privaten Investoren abgeschlossen hatte, die beide so wie er selbst am erhofften Reingewinn mit je einem Drittel beteiligt waren, während er allein für den Verlust haftete.

Der „Liebe Augustin" endete für Salten mit einem Verlust von sechstausend Kronen. (Als Redakteur der „Zeit" verdiente er nach eigenen Angaben zweihundertfünfzig Kronen monatlich.)[85] Dieses Fiasko sollte ähnliche Projekte für die folgenden Jahre stoppen: Erst 1906 kam es mit dem „Nachtlicht" (Otto Julius Bierbaum, Erich Mühsam,

---

78 Die Wiener Allgemeine Zeitung vom 19.1.1901 hob insbesondere den Einsatz von Schleiern und Vorhängen im weiß gehaltenen Bühnenraum hervor, die traumähnliche und spontane Effekte bewirkt haben sollen.

79 Brief Felix Saltens vom 17.10.1901, Wienbibliothek, Salten-Briefe, I.N. 110.746 (im Folgenden: WB).

80 Vgl. Salten, Memoiren, S. 4.

81 Vgl. Stefan Frey: „Was sagt ihr zu diesem Erfolg." Franz Lehár und die Unterhaltungsmusik im 20. Jahrhundert. Frankfurt am Main, Leipzig 1999, S. 57; die Kostüme stammten von Kolo Moser.

82 Vgl. hektograph. Manuskript „Felix Salten als Dramatiker", S. 52, (NFS/ALW).

83 Vgl. Brief Felix Saltens vom 17.10.1901, WB, Salten-Briefe, I.N. 110.746 betr. den Komponisten Bogumil Zepter sowie Brief Saltens an Unbekannt (offenkundig Adele Strauß) vom 5.12.1901, WB 129.111 betr. die vermeintlich widerrechtliche Verwendung einer Walzerüberarbeitung, im Programm ausgewiesen als „Ein nachgelassener Walzer", Vgl. hektograph. Manuskript „Felix Salten als Dramatiker", S. 53, (NFS/ALW).

84 Vgl. Arbeiterzeitung, 18.11.1902.

85 Vgl. Salten, Memoiren, S. 73.

Wassily Safonoff, Freund Saltens, russischer Dirigent und Direktor des Moskauer Konservatoriums, mit Widmung an Ottilie Salten: „Frau Otilie Salten in Verehrung und Anhänglichkeit von ihrem dankbaren W. Safonoff", 1903. (NFS/LWA)

Peter Altenberg, Roda Roda, Egon Friedell u. a.) zum nächsten Versuch, in Wien ein literarisches Kabarett zu etablieren.

Salten selbst scheint den Misserfolg, wie er in seiner Autobiografie bekennt, auf seine Weise überwunden zu haben: „[...] blieb bei meinem alten Prinzip, der Welt ein lächelndes Gesicht und einen eleganten Rock zu zeigen."[86] Zudem habe er die „frechsten Artikel" geschrieben, „die ich nur zusammenbringen konnte." Die dadurch noch weiter angewachsenen Schulden dürften ihm aber zugesetzt haben. Zum Zeitpunkt seiner Heirat stand er nach eigenen Angaben mit sechzigtausend Kronen in der Kreide. Auch beklagte sich seine Frau in diesen Jahren bei Schnitzler häufig über die angespannte finanzielle Lage und Saltens ungebrochen aufwändigen Lebensstil. 1904 reiste er nach Ägypten, träumte 1906 von einem eigenen Automobil,[87] machte mit der Familie exklusive Urlaube an der Ostsee und in Venedig und bezog 1909 eine Villa im Cottageviertel.

An seinem Plan, im Unterhaltungsgeschäft zu reüssieren, hielt Salten weiterhin fest. Den nächsten Versuch unternahm er auf der Operettenbühne. Den unmittelbaren Anlass dürfte der sensationelle Erfolg der „Lustigen Witwe" von Franz Lehár (Premiere am 30. Dezember 1905 in Wien), an dem sich Salten mit seinen euphorischen Kritiken

86 Vgl. ebda.
87 „Ich überlege mir heute zum 20. Mal, wie man es macht, sich ein ganz ein kleines Automobil zu kaufen.", Felix Salten an Arthur Schnitzler am 28.3.1906, Brief in Abschrift (NFL/ALW).

Aushang städtisches Sommertheater Baden, 1910 „Reiche Mädchen" (Text: Ferdinand Stollberg, Pseudonym für Felix Salten, Musik: Johann Strauß), 30.12.1909. (WB-Plakatsammlung)

an vorderster Front beteiligt hatte, geliefert haben. Salten feierte Lehár als Erneuerer der Operette und verteidigte ihn gegen seine Kritiker. „Die Lustige Witwe" begeisterte ihn als „modern" im Sinn von sinnlich („geschlechtliche Wollust"), aktuell („sie ist von 1906") und international. „Zehntausend kleine Echtheiten von heute, die mit uns vielleicht spurlos wieder verschäumen."[88] Er selbst verfasste, ermuntert durch die spektakulären Erträgnisse der neuen Wiener Operette, 1909 das Libretto für „Reiche Mädchen" nach Melodien von Johann Strauss. Die Verwendung des Pseudonyms Ferdinand Stollberg lässt vermuten, dass er eine Kollision mit seinem Ruf als Kritiker und Schriftsteller befürchtete. In einem Brief an Julius Bauer, den Herausgeber des „Wiener Extrablatts", zeigte er sich äußerst verärgert, dass ihn die Kritik mit seinem richtigen Namen genannt hatte.[89] Karl Kraus kommentierte den Ausflug Saltens in das Operettenmetier erwartungsgemäß hämisch: „Es ist ein eigenes Verhängnis, daß es ausgesucht die seichtesten Leute sein müssen, die jetzt daran arbeiten, die Operette zu vertiefen. Ich will von Herrn Felix Salten schweigen, aber dieser Ferdinand Stollberg liefert Operettentexte, die so fein psychologisch sind, daß man ihm getrost auch die Renaissance der Renaissancenovelle und sogar das Burgtheaterreferat anvertrauen könnte."[90] Im Februar 1910 teilte Salten Schnitzler seine weiteren Operettenpläne und seine Erwartungen mit, innerhalb der nächsten zehn Jahre achthunderttausend Kronen zu lukrieren.[91] 1910 schrieb er das Libretto für „Mein junger Herr" von Oscar Straus, das im Raimundtheater mit Alexander Girardi Premiere hatte. Ein Jahr später dürfte er seine ehrgeizigen Operettenpläne aus nicht näher bekannten Gründen wieder aufgegeben haben. Mit der „Operettengesellschaft hat er völlig gebrochen"[92], notiert Schnitzler in seinem Tagebuch. 1912 kam noch „Der blaue Held", neuerlich nach Melodien von Johann Strauss, auf die Bühne.

1913 stürzte sich Salten allerdings bereits in das nächste künstlerisch-kommerzielle Abenteuer, von dem er sich hohe Gewinne versprach. Er begann Drehbücher für den Film zu schreiben. (Siehe dazu die Beiträge von Elisabeth Büttner und Christian Dewald in diesem Band). „Wenns nur nicht wieder so daneben geht wie bei der Operette", zitiert Arthur Schnitzler Saltens Frau Ottilie.[93] Am 16. Oktober 1913 hatte Salten seine erste Filmpremiere, und zwar mit „Der Shylock von Krakau" in Berlin. Der Film ging verloren und sein Inhalt kann nur aus zeitgenössischen Kritiken rekonstruiert werden. In Anlehnung an Shakespeares „Kaufmann von Venedig" erzählte er die Geschichte eines jüdischen Geldverleihers (dargestellt vom bekannten jüdischen Schauspieler Joseph Schildkraut), dessen Tochter von einem Edelmann verführt wird, um den Vater zu bestehlen. Dieser verstößt sie und nimmt auch die bald Verlassene und reumütig Heimgekehrte nicht wieder auf. Erst nach ihrem Tod kann er ihr verzeihen. In die Erzählung flossen Motive der 1910 erschienenen Erzählung „Olga Frohgemut" ein, so dass davon auszugehen ist, dass Salten selbst die Idee zu diesem Stoff geliefert hatte und nicht, wie vermutet werden könnte, wegen seiner zionistischen Sympathien beauftragt worden war, ein vorgegebenes Thema zu bearbeiten.
Der Film, wie Manfred Dickel rekonstruiert hat, wurde mit großem Aufwand beworben und überwiegend positiv aufgenommen.[94] Wie sich das Filmgeschäft konkret anbahnte, lässt sich aus den vorliegenden Unterlagen nicht ersehen. Zu dieser Zeit allerdings bemühte sich die Kinoindustrie mit so genannten Autorenfilmen intensiv darum, sich vom Ruf als Jahrmarktunterhaltung zu befreien. Auch in dieser Beziehung war Arthur Schnitzler Salten einen kleinen Schritt voraus. Ihm wurde bereits 1911 die Verfilmung von „Liebelei" angetragen. Im Jänner 1913 unterschrieb er einen Vertrag mit der „Nordisk". Der Film kam Anfang 1914 in die Kinos.[95] Auch bei Schnitzler spielten die finanziellen Aussichten des Filmgeschäftes eine entscheidende Rolle. Salten jedoch dürfte seine Erwartungen wiederum deutlich überhöht angesetzt haben. „Sein Lügen geht ins krankhafte. (Für das Kinostück, - hat er bis jetzt 14000 Mark

88 Felix Salten: Die neue Operette, in: Die Zeit, 8.12.1906, S. 2.
89 Vgl. Brief vom 26.12.1909, Handschriftensammlung der Österreichischen Nationalbibliothek, HS 582/45, Nachlass Julius Bauer.
90 Karl Kraus: Ernst ist das Leben, heiter die Operette, in: Die Fackel, 31.12.1910, Nr. 313/314.
91 Vgl. Schnitzler, Tagebucheintrag, 2.2.1910.
92 Ebda, 5.12.1911.
93 Ebda, 7.10.1913.
94 Vgl. Dickel, Zionismus, S. 153ff.
95 Vgl. Claudia Wolf: Arthur Schnitzler und der Film. Wahrnehmung, Beziehung, Umsetzung, Erfahrung. Phil. Diss., Karlsruhe 2006, S. 37ff.

seine Frau hatte uns neulich die richtigen Summen genannt, die kaum 3000 übersteigen)."[96]

Bis 1918 war Salten intensiv in diesem Metier tätig. Mindestens elf Filme, die unter seiner Mitwirkung entstanden, sind bekannt.[97] 1914 und 1915 lieferte er jeweils ein Drehbuch für den Regisseur Max Mack, dessen Film „Der Andere" (1913) mit Albert Bassermann in der Hauptrolle von Zeitgenossen als Einbruch des Kinos in die Theaterwelt skandalisiert worden war. Macks Produktivität (circa 90 Filme bis 1920) zeigt, wie schnell Filme zu diesem Zeitpunkt realisiert werden konnten. Der Arbeitsaufwand für einen Drehbuchautor und dessen Einfluss waren wohl eher gering. 1916 führte Salten – nach dem jetzigen Informationsstand das einzige Mal – selbst Regie: für „Der Narr des Schicksals". Der nicht erhaltene Film, den er für die Wiener Produktionsfirma Philipp & Preßburger realisierte, entstand unter anderem in Triest. Eine kleine Episode aus seiner Autobiografie verrät wieder Saltens Vorliebe, mit Geschichten über seinen Lebensweg an die Wendepunkte der großen Geschichte anzuschließen. Er berichtet, dass die Dreharbeiten in Triest genau zu dem Zeitpunkt stattgefunden hätten, als Erzherzog Franz Ferdinand und dessen Frau das Schiff in Richtung Sarajewo bestiegen hätten. Als Leichen wären sie dann heimgekehrt. Tatsächlich reiste Franz Ferdinand mit einem Sonderzug nach Sarajewo, und Salten war nicht 1914, sondern erst 1916 zu Dreharbeiten in Triest.

Saltens Arbeiten für den Film veranschaulichen neuerlich, welche Bedeutung Berlin für die Wiener Autoren dieser Zeit hatte: Die Wiener Moderne fand in Berlin statt. Dies betraf gemäß der Studie von Peter Sprengel und Gregor Streim das Theater, die Verlage, die literarischen Zeitschriften und später auch den Film. Ihrer Analyse zufolge setzte in Berlin die Kommerzialisierung des Kulturlebens seit den späten 1880er Jahren rasant ein, was neben künstlerischen Einschränkungen zugunsten der Gesetze des Marktes auch einen sprunghaften Anstieg von Veröffentlichungs- und Erwerbsmöglichkeiten brachte. Während in Wien Hof, Aristokratie und traditionelles Großbürgertum vor allem im Bereich des Theaters nach wie vor einflussreich waren, wurde das Berliner Kulturleben von neuen mittelständischen Gesellschaftsschichten dominiert. Die Autoren der Studie sehen den Werdegang von Samuel Fischer als symptomatisch für diesen Unterschied. Fischer absolvierte seine Buchhändlerlehre in Wien, ging aber 1880 nach Berlin und gründete dort seinen literarischen Verlag. Seit 1895 wurden, angefangen mit Schnitzler, viele der jungen Wiener Autoren bei Fischer verlegt. Auch Salten bemühte sich bereits im Oktober 1896 bei Schnitzler um einen Kontakt zu Fischer.[98] 1903 brachte er „Die kleine Veronika" unter, der noch zahlreiche andere Veröffentlichungen folgten. Auch das in Wien wegen antimilitaristischer Tendenzen verbotene Stück „Der Gemeine" wurde in Berlin 1902 uraufgeführt und war nach Aufzeichnungen Schnitzlers ein großer Erfolg.[99]

Eine kurzzeitige und einträgliche Wende brachte Berlin auch für Salten. 1906, offenbar aufgrund seiner auch international beachteten Skandalberichte über den Wiener Hof, wurde Salten von Ullstein als Chefradakteur der „B. Z. am Mittag" und der „Berliner Morgenpost" engagiert. Hier vollbrachte er nach eigenen Angaben ein journalistisches Husarenstück, das Kraus' Diktum, dass Salten „Alles kann", bestätigt. Als er eines Nachts die Fernmeldung über das große Erdbeben in San Francisco erhielt, entwarf er aus Lexikonartikeln, Atlanten und freisteigender Fantasie ein, wie ihm später bescheinigt wurde, detailgetreues Bild der Zustände in der zerstörten Stadt für die Morgenausgabe und war den Konkurrenzblättern damit um entscheidende Stunden voraus. Auch in Berlin hatte Salten zahlreiche Konflikte mit Kollegen zu bestehen, wie er in seinen Memoiren berichtet. Der nicht zuletzt deshalb nur einige Monate dauernde Aufenthalt in Berlin erwies sich insgesamt jedoch als große Enttäuschung: „Die fremde Stadt" betitelte er ein Feuilleton in der „Zeit" über Berlin, wo ihm auch, ganz im

---

96 Schnitzler, Tagebucheintrag, 15.10.1913.
97 Vgl. dazu die Filmographie in diesem Band von Christian Dewald.
98 Vgl. Felix Salten an Arthur Schnitzler, Ende Oktober 1896, (NFS/ALW).
99 Vgl. Schnitzler, Tagebucheintrag, 4.12.1902.

Alexander Girardi mit persönlicher Widmung: „Hoch Salten!! aber fest drauf los schreiben bitte, Girardi", um 1910. (NFS/LWA)

Sinn des neoromantischen Wiener Stadtplaners Camillo Sitte, künstlerische Ausgewogenheit fehlte. Ihm erschien Berlin im Gegensatz zu Wien ohne „Antlitz" und Charakter. Ausführlich lobte er nur, dass er in dieser Stadt nicht prominent war, was ihn vor den „lästigen, neidverzerrten Gesichtern" bewahre. „Die Luft ist hier nicht verpestet für dich von dem scheußlichen Geruch, der aus verwesenden, in Fäulnis übergehenden Feindseligkeiten aufsteigt."[100] Hofmannsthal gegenüber wurde er deutlicher und bekannte, dass ihn „Verdruß, Depressionen und auch körperliches Unwolsein" belasten. Zudem verwies er – anders freilich als im Feuilleton – auf das repressive politische Klima in Berlin. An der preussischen Regierung und insbesondere an Kaiser Wilhelm II. ließ er nichts Gutes. „Thatsächlich lebt man hier in russischen Verhältnissen, lebt in einem Polizeistaat, in welchem die Menschen auf eine eckelerregende Weise von Demut zur Frechheit, von Furcht zur Rohheit taumeln. Alle führen die Worte: ‚Zuverlässigkeit', ‚Wahrheit', ‚Treue' u.s.w. beständig im Mund, und alle sind unzuverläßig, verlegen, treulos. Es ist ein Preussen, wie es vor Hardenberg und Stein, wie es vor Jena und Auerstädt gewesen; corrupt, niedrig, schandbar. Nur mit dem Unterschied, dass damals eine erträglich gute und vernünftige Frau Königin war, während jetzt eine ausgekalbte, völlig bornirte Kuh regirt, und der Staatspolizei, der Kriminalpolizei, der Straßenpolizei noch eine Sittenpolizei hinzufügt, die anno 1906 unsäglich albern und deprimirend wirkt."[101]

Wilhelm II. charakterisierte er als größenwahnsinnig und zeigte sich wenig verwundert über die internationale Isolation des Deutschen Reiches. Auch am Berliner Theaterpublikum ließ er kein gutes Haar. Die Kritik wäre „elend", das Publikum „versnobt" und „unkultivirt".[102] Allein, dass sie die Wiener Autoren spielten, hielt er den Berlinern zugute. Schon im September 1906 kehrte er wieder nach Wien und zur „Zeit" zurück, offenbar aber zu besseren Konditionen und mit einer hohen Abfertigung durch den Ullstein-Verlag, die es ihm möglich machte, mit seiner Familie in eine Villa im Wiener Cottageviertel zu übersiedeln.[103]

Saltens Gespür für das Potenzial von Menschen, das er in seinem Essayband „Gestalten und Erscheinungen" (1913) als eine herausragende Fähigkeit beschrieb, zeigte sich auch in seiner persönlichen „Entdeckung" von Theodor Herzl. Herzl lernte er in der Redaktion des „Sechs Uhr-Blatts" („WAZ") kennen: „Ich begrüße das Handwerk", hätte ihm dieser bei ihrer ersten Begegnung zugerufen.[104] In den Jahren 1899/1900 schrieb Salten regelmäßig in der von Herzl herausgegebenen Zeitschrift „Die Welt", dem Organ der zionistischen Bewegung. (Siehe dazu den Beitrag von Manfred Dickel in diesem Band.) Seit dieser Zeit galt er vielen als Zionist und wurde darob oftmals belächelt, etwa von Arthur Schnitzler, der auch in dieser Tätigkeit Saltens Widersprüche scharf beobachtete. Salten selbst bezeichnete sich nie als Zionist, auch wenn er bei zionistischen Veranstaltungen als fesselnder Redner gefragt war. Sein Interesse blieb immer auf die persönliche Bekanntschaft mit Herzl ausgerichtet, der ihm nicht nur als Zionist galt. In seinem Nachruf in der „Zeit" 1904 wie in späteren Artikeln vergaß er nie den Dichter und Feuilletonisten Herzl zu würdigen: „Knapp zwei Dezennien wirkte Herzl als Feuilletonist, und wir haben ihn als einen Meister dieses Genres verehrt. In eine anmutige, scheinbar tändelnde Form wusste er all die Ereignisse, die er besprach, zu kleiden. Wie zierliche, elegant und reich gekleidete, altkluge Kinder schickte er seine Feuilletons in die Welt hinaus."[105]

An Herzls Zionismus schien Salten – zumindest vorerst – weniger das Ziel als das Phänomen zu interessieren. In einem Feuilleton über Bertha von Suttner schilderte er beide als Enthusiasten, die einen den Dichtern entgegengesetzten Weg eingeschlagen haben: „Die Dichter schreiten aus der Fülle des Lebens in die Einsamkeit der Schreibstube. Die Enthusiasten stürzen aus der Enge des Arbeitszimmers in den Tumult des Daseins. Die Dichter kehren beladen heim, erfüllt und begeistert. Die Enthusiasten entzünden sich zu Hause, halten es nicht in der Stille aus."[106]

In den Jahren nach 1900 vermehrte sich Saltens Interesse an jüdischen Fragen deutlich. 1909 reiste er nach Galizien und in die Bukowina, wo ihn das Nebeneinander von Moderne und Tradition faszinierte: „Eine Fahrt von Gegensatz zu Gegensatz."[107] Zionistische Ideen, an denen er vor allem das kämpferische Moment der Bewegung

---

100 Felix Salten: Die fremde Stadt. Thema mit Variationen, in: Die Zeit, 13.5.1906, S. 2.
101 Felix Salten an Hugo von Hofmannsthal, 9.3.1906, Privatbesitz Hirsch.
102 Ebda.
103 Polizeidirektion in Wien, Zl. 8102/8.10.1929, Zentralmeldeamt, Kopie in: (NFS/ALW).
104 Felix Salten: Gedenkrede für Theodor Herzl. Zum fünfundzwanzigsten Jahrestag seines Todes, in: Neue Freie Presse, 23.6.1929, S. 3.
105 Felix Salten: Theodor Herzl - gestorben, in: Die Zeit, 4.7.1904, S. 1f.
106 Felix Salten: Die Suttner, in: Die Zeit, 6.1.1906, S. 1.
107 Felix Salten: Czernowitz, in: Die Zeit, 9.5.1909, S. 2.

Ottilie, Paul und Anna Salten während einer Schifffahrt, 1914. (NFS/LWA)

schätzt, finden sich in den Beschreibungen, wenn er etwa den jungen Rabbi von Sadagora dem greisen Metropoliten von Czernowitz gegenüberstellt.

Im Jahrzehnt vor dem Ersten Weltkrieg war Salten gefragt, berühmt, ungeheuerlich produktiv („Salten hat neulich in 2 Tagen 8 Feuill. geschrieben"[108]) und beneidet. 1912 wechselte er von der „Zeit" zum „Fremdenblatt", der Zeitung des Außenministeriums. Gleichzeitig schrieb er seit 1910 für den „Pester Lloyd", die deutschsprachige Zeitung Budapests, seit 1912 für das „Berliner Tageblatt" und seit 1913 endlich auch für die „Neue Freie Presse". Dieser journalistische Höhenflug wurde auch durch den Beginn des Ersten Weltkrieges nicht gebremst. In einem Brief an seinen Freund Ernst Decsey schrieb Salten Anfang September 1914 über seine Euphorie: „Ich glaube und hoffe es, dass wir alle sehr verändert aus diesem Krieg hervorgehen werden. Und ich habe eine so feste Zuversicht zu unserem alten Österreich! Das merke ich oft daran, dass ich in der fiebernden Aufregung in der ich, wie jetzt wohl jeder, lebe, doch niemals ein Bangen spüre. So selbstverständlich sitzt mir die Gewissheit in der Brust, dass wir den Sieg für uns haben werden."[109] Er habe eben die Verwundeten im Rudolfinerhaus besucht, die stark und gefasst seien und nichts Anderes wollten, als bald geheilt an die Front zurückzukehren. „Und überall hört man", setzte er den Brief pathetisch fort, „wie glänzend unsere Truppenoffiziere sich halten und stets im Feuer voraus gehen. All das ist gut und macht einen in dieser Zeit froh."[110] Schnitzler gegenüber hatte er sich wenig davor durchaus nüchterner geäußert: „Vielleicht ist es gut, dass dieser Krieg schon jetzt ausgefochten wird. Gut: für unsere Söhne, das mag hässlich und egoistisch gedacht sein, aber ich denke es eben."[111]

Noch im Frühjahr hatte er sich wegen einer Magenkrankheit einer vierwöchigen Diät- und Liegekur unterziehen müssen. Eine Italienreise hatte er auf Anraten des Arztes abgesagt, stattdessen auf Einladung der Schifffahrtslinie HAPAG an der Eröffnungsfahrt

108 Schnitzler, Tagebucheintrag, 4.11.1906.
109 Salten-Briefe, I.N.158.116, Brief aus Wien an Decsey vom 6.9.1914 (WB).
110 Vgl. ebda.
111 Felix Salten an Arthur Schnitzler, 10.8.1914, Brief in Abschrift (NFS/ALW).

21. Felix Salten mit seinen Kindern Anna und Paul, 1911. (ÖNB, Bildarchiv)

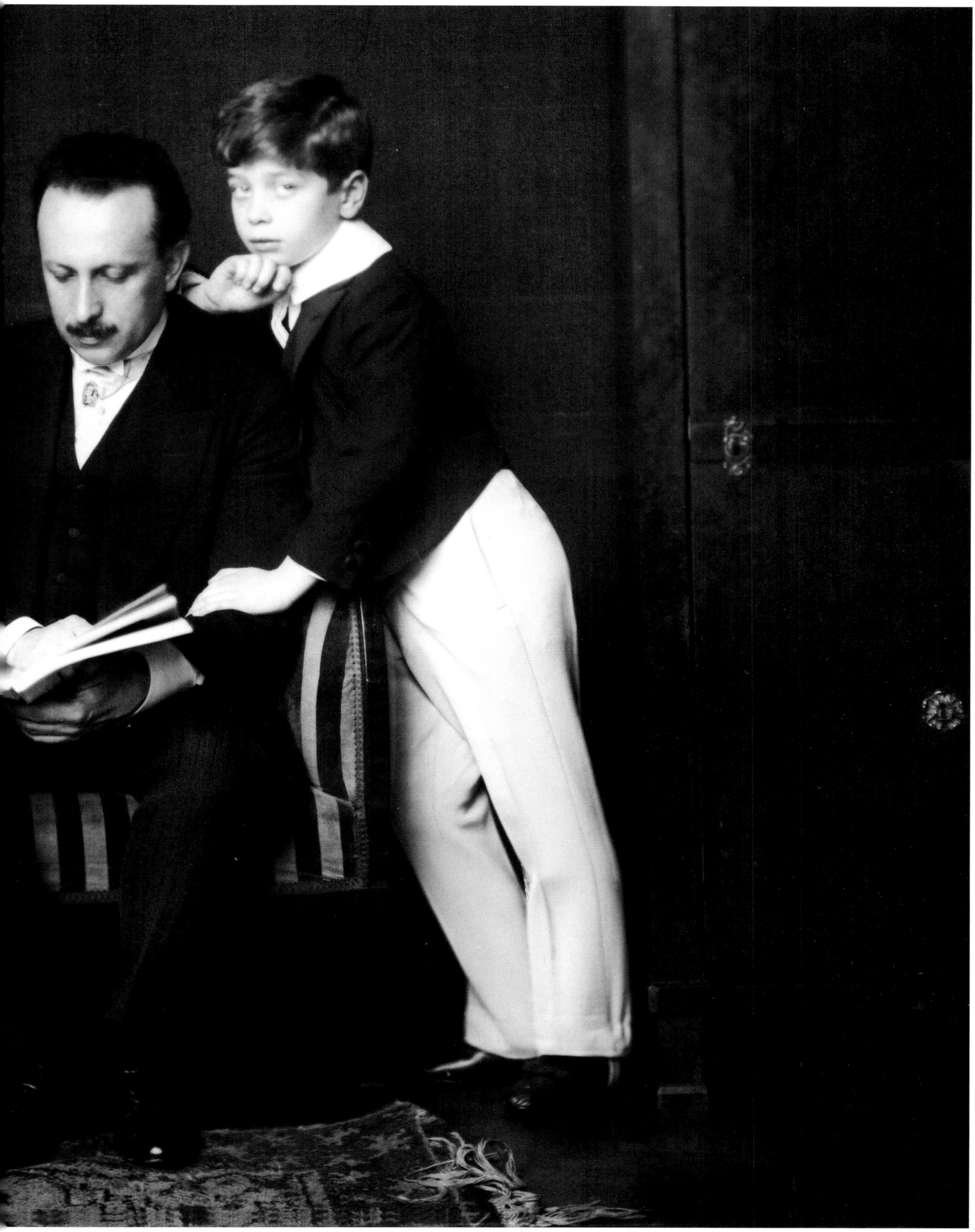

der „Vaterland" von Hamburg über Southhampton nach Paris teilgenommen. Saltens Beschreibung des Patriotismus der österreichischen Soldaten und Offiziere verweist zurück auf die Produktion einer patriotisch-nationalistischen Atmosphäre durch die Zeitungen und die prominente Rolle, die er selbst dabei einnahm. Schließlich war es Salten gewesen, der am 29. Juli 1914, dem Tag nach der Kriegserklärung an Serbien, in der „Neuen Freien Presse" die Parole ausgegeben hatte: „Es muß sein!"; eine Parole, die in Karl Kraus' Kriegsausgaben der „Fackel" zu Saltens Nemesis werden sollte.

Salten leistete seinen Kriegsdienst gleichsam beim „Fremdenblatt" ab.[112] Er stieg inmitten unfähiger „Kaiserlicher" und „Regierungsräte" rasch zum Blattgestalter auf, nahm Veränderungen am Stil der Zeitung vor, die vor allem auf das neutrale Ausland wirken sollte, und konzipierte eine illustrierte Sonntagsbeilage.[113] Als Blattmacher der einzigen Zeitung, die Kaiser Franz Joseph gelesen haben soll, kam Salten in direkten Kontakt zu politischen Machtträgern. Er erinnerte sich, dass Graf Galen, der spätere Erzbischof von Münster, an ihn herangetreten sei und ihn als Öffentlichkeitsberater für Kaiser Karl, den Nachfolger Franz Josephs, gewinnen wollte.[114] Offenbar rieten aber Außenminister Ottokar Graf Czernin sowie Ministerpräsident Ernst von Koerber, mit denen Salten Kontakte pflegte[115] und die Karl für politisch schwach und beeinflussbar hielten, davon ab. Salten wollte sich nach eigener Darstellung nicht kompromittieren und lehnte das Angebot ab, schrieb allerdings noch ein Memorandum, in dem er die Abschottung Karls vor der Öffentlichkeit und die Bigotterie seiner Gattin Zitta kritisierte. (Ein spätes Echo davon findet sich in „Florian", wo Salten die „Sichtbarkeit" des Souveräns als Fundament der Monarchie beschreibt.)[116]

Schrieb Salten im „Fremdenblatt" nuancierter und vor allem Rezensionen, waren seine Feuilletons in der „Neuen Freien Presse" und im „Berliner Tageblatt" effektive patriotische Stimmungsbilder von der „Heimatfront" und Polemiken gegen westeuropäische Kultur und die Literatur des nunmehr „feindlichen Auslands". „Salten war offenbar der geeignete feuilletonistische Kommentator dieses Tages [des 29.7.1914, S. M. u. W. SCH.]. Vergessen war, dass Saltens Stück ‚Der Gemeine' 1901 verboten worden war, weil es das Militär verächtlich gemacht hatte."[117] Vergessen war aber auch der Sarkasmus, mit dem Salten 1905 im „Buch der Könige" den deutschen Kaisers als

Felix Salten in Venedig, um 1920. (NFS/LWA)

Felix Salten mit junger Frau in Venedig, um 1920. (NFS/LWA)

112 Vgl. Felix Salten: „Arthur Schnitzler" (zum 50. Geburtstag), in: Fremdenblatt, 12.5.1912.
113 Vgl. den Brief an Ernst Decsey vom 2.2.1915, WB, Salten-Briefe, I.N. 158.126; er teilte Decsey allerdings mit, dass er sich so bald es ginge wieder ins Privatleben zurückziehen wolle.
114 Mit großer Wahrscheinlichkeit handelte es sich bei dem genannten Graf Galen nicht um den späteren Erzbischof von Münster. Es könnte hingegen dessen Bruder, Augustinus von Galen gewesen sein, der als Benediktinermönch von Wien aus die Bewegung „Catholico Unio" ins Leben rief, die sich um die ukrainische Kirchenunion bemühte.
115 Vgl. Felix Salten: „Gelegentlich mit Czernin", in: Wiener Allgemeine Zeitung, 14.4.1932.
116 Salten, Memoiren, S. 39; nach den Aufzeichnungen Arthur Schnitzlers muss dies um den Juni 1918 gewesen sein, Schnitzler, Tagebucheintrag, 11.6.1918.
117 Dickel, a.a.O., S. 89ff; Vgl. allgemein zum Kriegsjournalismus in der Neuen Freien Presse Sigurd Paul Scheichel: Journalisten leisten Kriegsdienst, in: Klaus Amann/Hubert Lengauer (Hg.): Österreich und der Große Krieg 1914-1918. Die andere Seite der Geschichte, Wien 1989, S. 104ff.

narzisstischen Schauspieler mit Schnurrbart entlarvt hatte.[118] 1915, im Zeichen der Kriegsallianz zwischen Österreich und Deutschland, bedeutete Wilhelms Barttracht „stählerne Energie" und zierte einen seltsam gewandelten Kaiser, dessen Antlitz „wie erfüllt von Erdenschwere, wie bedeckt von Erkenntnis und Erfahrung des Lebens" wäre.[119]

Politischer, beruflicher und gesellschaftlicher Erfolg gingen im Ersten Weltkrieg für einige österreichischen Schriftsteller und Journalisten eine stimulierende Verbindung ein. Salten wurde sogar über Vermittlung der Fürstin Metternich die Ehre zuteil, ganz allein vor dem Sarg des am 21. November 1916 verstorbenen Monarchen in Schönbrunn zu stehen.[120] Beim Staatsbegräbnis mutierte Salten zum lyrisch-verklärenden und metaphernreichen Hofberichterstatter: „Eine Stunde trinkt der geöffnete Mund der Kirche die hohen Würdenträger des Reiches."[121] „Es federt – kein Zweifel, es ist von Salten", kommentierte Karl Kraus.[122]

Als ihn das „Neue Wiener Journal" zu seinen Arbeiten befragte, antwortete er: „Ich arbeite jetzt an einem Stück, einer Komödie in drei Akten und einem Zwischenspiel."[123] Daneben fand er aber immer Zeit zu jagen.[124]

Im Zuge einer groß angelegten Kampagne des Außenministeriums in der neutralen Schweiz hielt Salten im November 1916 in Zürich einen Vortrag über Grillparzer und konnte an der Uraufführung seiner „Kinder der Freude" im Stadttheater Zürich teilnehmen. Dieses Stück, eigentlich drei Einakter, wurde in Berlin nicht weniger als 80 Mal aufgeführt. Auch in Graz und Wien kam es auf die Bühne. Am Deutschen Volkstheater führte Salten selbst Regie.[125] Eine der drei Komödien („Lebensgefährten") mit jeweils absehbarem Ausgang basierte auf einer bereits 1908 im Band „Künstlerfrauen" erschienenen Novelle.[126]

Im Sommer 1918 fragte das „Deutsche Volkstheater" wegen einer Aufführung von „Vom anderen Ufer" an. Salten hatte die Aufführungsrechte aber bereits an die „Neue Freie Bühne" abgetreten.[127] In Einklang mit der vom Kriegsarchiv betriebenen Literarisierung und Popularisierung der österreichischen Militärgeschichte veröffentlichte Salten 1915 die Erzählung „Prinz Eugen, der edle Ritter"[128]. Im selben Jahr erschienen bei „Langes Kriegsbücher" die Novellen „Abschied im Sturm" und „Die Gewalt der Dinge", bei Ullstein der Roman „Die klingende Schelle". „Abschied im Sturm" erzählt von einer Liebesbeziehung zwischen einem jungen Leutnant und einer verheirateten Frau, eine an Schnitzler erinnernde Konstellation, die der Krieg beendet und die von einer „gesunden" Liebe abgelöst wird: Der Krieg überwindet die Dekadenz. (In der Schlusspassage der Erzählung mengt sich beim Abmarsch der Garnison allerdings bereits eine skeptische Haltung hinsichtlich des „Abenteuers" ein, das sich die jungen Offiziere vom Krieg erwarten.)

Saltens Rückschau auf „Drei Jahre Krieg" vom 19.7.1917 zeigte keine Euphorie mehr. Von „Katastrophe" war nunmehr die Rede. Trotz aller nochmaliger Beispiele von Größe und Glanz während dieses „Schauspiels" wird ein für Saltens künftige Weltsicht wichtiger Wandel deutlich. Er entdeckte eine neue, nicht-humane Kraft: die moderne Technik. Salten beschreibt nicht konkrete Erfahrungen des „totalen Krieges", der Mobilisierung einer ganzen Gesellschaft, auch nicht Gaskrieg und neue Waffensysteme. Er beschreibt, beinahe mit der metaphorischen Stilwucht der Futuristen, eine Technik als autonome Macht,[129] die er dennoch zur „Natur" des Menschen rechnet. Sie gehe den sozialen Entwicklungen voraus und lasse den Gestaltungsbereich aller Kultur zusammenschrumpfen. Diese Technik eröffnete Salten einen neuen Fluchtpunkt.

Bereits 1917 plädierte Salten dafür, die politischen Ursachen des Krieges und die patriotischen Exzesse zu vergessen – freilich nicht explizit und mit ähnlich appellativen Worten wie zuvor: „Wir […] wandern einer neuen Welt entgegen, die völlig anders und durchaus besser sein wird, besser und anders sein muß, wenn das vergossene Blut nicht vergebens geopfert sein soll. Wir dürfen nicht zurückschauen, das wäre nutzlos,

---

118 Vgl. Felix Salten: Das Buch der Könige, München/Leipzig 1905, S. 5ff.
119 Zitiert nach Arbeiterzeitung, 1.12.1915.
120 Vgl. Salten, Memoiren, S. 33.
121 Zitiert nach Arbeiterzeitung, 2.12.1916.
122 Karl Kraus, in: Die Fackel, 18.1.1917, Nr. 445-453, S. 42.
123 Neues Wiener Journal, 23.4.1916.
124 Vgl. Arthur Schnitzler, Tagebucheintrag, 14.7.1918 „Heitere Geschichte von Salten, der einen zion. Vortrag am Todestag Herzls halten soll, aber abgesagt, um auf der Jagd eine angebliche Berufung zu einer Besprechung mit Kirchenfürsten und anderen Persönlichkeiten abzuwarten."
125 Vgl. Manuskript „Felix Salten als Dramatiker", S. 26, (NFS/ALW).
126 Vgl. Kinder der Freude! Drei Einakter. Berlin-Wilmersdorf: Bloch 1916. Enthält: Von ewiger Liebe. - Auf der Brücke. - Lebensgefährten.
127 Zu Zürich vgl. Neue Freie Presse 13.11.1916; Brief an Ernst Descey aus Franzensbad, 21.7.1917, WB, Salten-Briefe, I.N. 158.127, Postkarte an Ernst Decsey, Wien, ca. Jänner 1918, WB, Salten-Briefe, I.N.158.118; Brief Saltens an Dr. Schulbaur vom 11.6.1918, WB, Salten-Briefe, I.N. 204.448.
128 Felix Salten: Prinz Eugen, der edle Ritter, Berlin/Wien 1915.
129 „Die […] Auslegung, dass die Natur sich [im Wege der Technik] räche, indem sie nun die Menschen mit den Kräften niederschlägt, die ihr entrissen und enträtselt wurden, ist sentimental und unwahr zugleich, denn sie schafft einen Gegensatz zwischen Natur und Mensch. Geht daran vorbei, dass sich gerade an jenen Menschen, die den Blitz aus den Wolken niederholten, das Geheimnis des Vogelfluges ergründeten, die Mikroben fanden, die Sprengkraft der Vulkane imitierten und dem Tod tausend verborgene, giftige Waffen aus den Knochenfingern wanden, die Natur in ihrer glühenden Schönheit offenbart." Neue Freie Presse, 29.7.1917.

und wir können nicht nach vorwärts schauen [...] Wir müssen vorwärts wie bisher. Denn derjenige ist verloren, der auf der Wanderung aus einer unwiederbringlich versunkenen in eine neuentstehende Welt niederbricht. Er stürzt ins Leere."[130] Den posthumanen Entwurf, den er in diesen Zeilen zum Ausdruck brachte, sollte Salten in seinen großen Büchern – „Neue Menschen auf alter Erde", „5 Minuten Amerika" und „Bambi" – konsequent verfolgen. Als Umschrift der traumatischen Erfahrung des Untergangs einer Welt – der Welt des dynastisch organisierten Europas – sollte der gewaltsame Tod als zentrales Motiv auch seiner Werke durchziehen, auf denen seine anhaltende Popularität beruht: Saltens Tierbücher. (Siehe dazu auch den Beitrag von Moritz Baßler in diesem Band.)

Plakat: Felix Salten: Liebe und Hass im Kriege, Vortrag beim Wiener Volksbildungs Verein, 1915. (WB, Plakatsammlung)

Technik und Technologie wurden zu Schlüsselbegriffen der Nachkriegszeit, beides Äquivalente der „Amerikanisierung". Dieser Begriff verband sich mit dem Gefühl der „Krisis des europäischen Menschentums", das die literarisch und philosophisch geprägten Intellektuellen der bürgerlichen Ära vor 1914 quälte: Im Wege der Technik würden positivistische „Tatsachenmenschen" die „Geistesmenschen" aus den dominanten Positionen der Gesellschaft verdrängen, wie die Kriterien von Effizienz und ökonomischer Produktivität traditionelle kulturelle Werte, die immer auch sozialen Rang und Einfluss bestimmt hatten, verdrängten. Salten bemerkte in seinem Amerika-Buch, dass geschichtlich geformte Identitäten in der Konkurrenz mit einer maschinenähnlichen Organisation der Gesellschaft unterliegen würden. Diese Organisation wäre gegen Individualität gleichgültig und würde durch die Kulturindustrie, insbesondere durch Film und Radio, Kultur von Bildung ablösen. (Siehe dazu auch den Beitrag von Robert B. McFarland in diesem Band.) Die Antworten auf diese Verschiebungen waren unterschiedlicher Art und reichten bis zu einem heroischen Nihilismus. Sie verbanden sich aber zumeist mit einer revolutionären oder gegenrevolutionären Orientierung.[131]

Der dominante Trend zur Organisierung von Ökonomie, Gesellschaft und Kultur begünstigte auch die Entstehung von Spezialisten, die in parteipolitisch organisierten Öffentlichkeiten agierten. Die bohemienhafte Kritik an der liberalen bürgerlichen Lebenswelt, die Saltens Arbeiten vor 1914 geprägt hatte, verlor ihr Bezugsfeld. Nun schwankten seine Essays und Romane zwischen einer selbstverordneten Anpassung an die modernen Veränderungen und der Rückholung einer bürgerlichen Sozialordnung und Kultur, deren idealer Repräsentant wie in „Der Hund von Florenz" (1923) und „Ein Gott erwacht" (1938/40) als autonomer Renaissancekünstler beschrieben wurde.

Den Zusammenbruch der Habsburgermonarchie und die Ausrufung der Republik am 12. November 1918 erlebte Salten zusammen mit dem ehemaligen Außenminister Czernin im Restaurant Sacher. Jahre später erinnerte er sich an die Prophezeiungen Czernins, wonach „wir (bis zu Weihnachten) alle dahier in Blut waten!" würden. Nichts davon ist eingetroffen, bemerkte Salten. Die Erinnerung an den aristokratischen Politiker Czernin und das Ende des „alten" Europa diente ihm dazu, seine eigene unsentimentale Haltung zur „Welt von gestern" zu unterstreichen: „Nichts von all dem, was (Czernin) nach seinem Fall, nach dem Umsturz und viel später noch verkündigte, traf ein. Was er unternahm, schlug fehl, und was er sprach, erhob sich kaum über veraltete Redensarten. Er fand sich in dieser neu entstehenden Welt gar nicht mehr zurecht. Der revolutionäre Umsturz hatte diesen sonst so klug und frei denkenden Mann zurückgeschleudert in alle verbohrten Vorurteile seiner Klasse [...] Der Umsturz hat ihn keineswegs ,enttarnt', aber er hat ihn vollständig ausgelöscht."[132]

In den Jahren, die den Revolutionen in Russland und Zentraleuropa folgten, hatte sich Salten allerdings nicht so gelassen gezeigt wie im Rückblick aus 1932. Arthur Schnitzler notierte in seinen Tagebüchern, wie Salten im November 1918 das Wiener Cottage-

---

130 Neue Freie Presse, 29.7.1917.
131 vgl. Michael E. Zimmerman: Heidegger's Confrontation with Modernity. Technology, Politics, Art, Bloomington/ Indianapolis 1990; Armin Mohler: Die konservative Revolution in Deutschland 1918-1932, Darmstadt 1994
132 Wiener Allgemeine Zeitung, 14.4.1932.

Ottilie und Felix Salten, um 1910. (NFS/LWA)

viertel mit der Prognose kopfscheu gemacht hatte, Plünderungen und Gewaltexzesse stünden bevor. Salten übersiedelte mit seiner Familie in die anscheinend für sicherer gehaltene Stadt, kehrte aber um den 7. Dezember wieder in seine Villa zurück und scheint seine Gewohnheiten wieder aufgenommen zu haben.[133] Während er im Jänner 1919 plötzlich für einen „gemäßigten Bolschewismus" in Deutschland und eine Anlehnung an Lenin und Trotzki plädierte, schien er Schnitzler Ende 1919 „fast reactionär" und wollte bei einem gemeinsamen Essen mit Thomas Mann die sozialdemokratischen Regierungsmitglieder „an die Wand" gestellt sehen.[134] Sein Verhältnis zur Politik bestimmte Salten später folgendermaßen: „[I]ch bin nichts weniger als ein Politiker. Nur so weit halte ich, dass es keine Staatsform gibt, an die ich glaube. Solange unsere heutige Geschichte zurückreicht [...] haben die Menschen unaufhörlich eine Staatsform gesucht, eine Gesellschaftsordnung, die allen gerecht wird [...] und haben sie bis jetzt nicht gefunden. Es gibt keine. Die Tyrannis, die Monarchie, die Republik, die Demokratie, die Proletarierherrschaft, jede Form hat ihre Verbrechen, ihre Terrorismen, ihre Lügen, ihre entsetzlichen Übel. Ich glaube an die Menschlichkeit. Und an das ‚höchste Glück der Erdenkinder'. An sonst gar nichts. Und ich sage statt Kapitalismus [...] Individualismus."[135]

133 So verbrachte er beispielsweise den September 1919 auf dem Berghof am Attersee, vgl. Felix Salten an Arthur Schnitzler, 7.9.1919, Brief in Abschrift, (NFS/ALW).
134 Vgl. Schnitzler, Tagebucheinträge, 1.11.1918, 9.11.1918, 7.12.1918, 29.1.1919, 27.11.1919, 10.12.1919; noch 1921 nannte Schnitzler Salten „antirepublikanisch" und „antidemokratisch", ebda, 2.10.1921.
135 Felix Salten: 5 Minuten Amerika, Berlin/ Wien/ Leipzig 1931, S. 250.

Felix Salten vor seinem Jagdhaus, um 1920. (NFS/LWA)

In den folgenden Jahren schwankte Salten zwischen einer konservativen, taktisch-zögernden und einer kämpferischen Haltung mit großen Sympathien für die radikalen politischen Bewegungen. Saltens Klage über die Zerstörung der bildungsbürgerlichen Kultur durch Demagogie und Parteienherrschaft[136] stand neben seiner Bewunderung der Sowjetunion und seiner Faszination für Massenkultur und „Amerikanismus".[137] Sein Lob der jüdischen Revolutionäre Marx, Victor Adler und Trotzki im Rahmen einer Theaterrezension brachte ihn 1923 – nicht zum ersten und nicht zum letzten Mal – in Konflikt mit der Redaktion der „Neuen Freien Presse", die sich umgehend von ihm distanzierte; nicht anders als im April 1927, als Salten öffentlich zur Wahl der Sozialdemokratie aufrief.[138] Gelegentliches Kokettieren mit dem katholisch-konservativen Milieu stand der geistreichen Polemik gegen die christlichsoziale Tradition im Schatten Luegers gegenüber.[139] Rückzug in die literarische Salonkultur, die immer wieder Thema seiner Feuilletons wurde, und öffentliches Engagement wechselten einander ab. So übernahm Salten die Präsidentschaft des 1918 gegründeten Vereins jüdischer Schriftsteller und Künstler „Haruach"[140] und hielt (heftig diskutierte) Vorträge zu Problemen des Zionismus. Er war Berichterstatter der „Neuen Freien Presse" am Zionistenkongress 1923 in Karlsbad und unternahm eine Palästina-Reise im Frühjahr 1924, zu einem Zeitpunkt, an dem die Kontroversen zwischen liberalen Juden und Zionisten hart geführt wurden.[141] (Siehe dazu und zu seinem Palästina-Reisebuch „Neue

136 Vgl. Saltens Vorwort zu Hermine Schwarz: Ignaz Brüll und sein Freundeskreis. Erinnerungen an Brüll, Goldmark und Brahms, Wien u.a. 1922, S.7f.
137 Felix Salten an den russischen Literaturwissenschafter Dinamow, Brief vom 24.10.1932, Abschrift (NFS/ALW). Salten nimmt hier für die sowjetische Literaturzeitschrift [...] zur Oktoberrevolution Stellung, die er als „grosses Geschehen von ungeheurer Notwendigkeit", aber auch Grauen und Bewunderung erregende „Elementarkatastrophe" bezeichnet. Wie auch an anderer Stelle sieht Salten die Lösung einer von ihm diagnostizierten Weltkrise in der modernen Technik.
138 Vgl. Felix Salten: „Die Juden", in: Neue Freie Presse, 13.5.1923.
139 Brief Saltens vom 8.5.1924 mit dem Bedauern, einer Einladung zu einem Vortragsabend mit Seipel, Apponyi, Eibl und Mayer nicht nachkommen zu können WB, Salten-Briefe, I.N. 189.766
140 Vgl. Dickel, Zionismus, S.399.
141 Vgl. ebda, S. 396ff; erster Artikel von der Palästina-Reise in der „Neuen Freien Presse" aus Luxor („Bei Tut-Ankh-Amon") vom 12.3.1924.

Felix Salten: Die Dame im Spiegel, Berlin-Wien 1920. (WB)

Menschen auf alter Erde" den Beitrag der Herausgeber in diesem Band.) Im Jänner 1930 sollte Salten (nicht ganz freiwillig) Hauptfigur in einem heftigen Streit um die Pressefreiheit werden, die durch ein neues Gesetz der konservativ-faschistischen „Heimatblockregierung" bedroht war.[142]

In den frühen 1920er Jahren wird Salten an der Vielfalt seiner Autorentätigkeit festhalten, ehe er sich in verstärktem Ausmaß dem populären Roman zuwendet und durch die Zusammenarbeit mit dem Zsolnay Verlag zum österreichischen Erfolgsautor wird. Nach der Einstellung des „Fremdenblattes" 1919 wechselte Salten zur „Neuen Freien Presse", bei der er das prestigeträchtige Sonntagsfeuilleton verfasste. Außerdem wirkte er dort auch als einflussreicher Theater-, Film- und Kulturkritiker und genoss die Aufmerksamkeit und Freundschaft prominenter Schauspieler und Theaterdirektoren. Daneben arbeitete Salten weiterhin für die Filmindustrie. Arthur Schnitzler vermerkte ein Projekt, an dem Salten 1921 gemeinsam mit Beda-Löhner arbeitete. Am 22.3.1922 erfolgte die Erstaufführung der Verfilmung der Novelle „Olga Frohgemut" (1910), 1923 folgte „Der Türmer von St. Stephan" und 1924 „Das verbotene Land". In diesem Jahr scheint Salten auch in den literarischen Beirat der Wiener Vita-Film eingetreten zu sein.[143]

Neben Reisen nach Deutschland und Italien absolvierte Salten 1920 und 1921 auch Gastregien und Lesereisen durch die deutschsprachigen Gebiete der Tschechoslowakei. Die Aufführung von „Der Gemeine" am 16. März 1920 im Brünner deutschen Theater wurde, obwohl die tschechische Zensur bereits zwei konflikträchtige Musikeinlagen herausreklamiert hatte, zum Skandal. Tschechische wie sozialdemokratische Kritiker orteten im einst von den k.k. Behörden wegen antimilitaristischer Inhalte verbotenen Stück nun monarchistische Tendenzen.[144] Für den 1923 gegründeten Zsolnay Verlag, der dem Beispiel der großen deutschen Verlage wie S. Fischer nacheiferte und der jungen österreichischen Literatur als Plattform dienen wollte, wurde Salten nicht nur Berater und Schlüsselautor, sondern auch wichtiger Förderer. Salten schrieb nicht nur zahlreiche Vorworte für noch wenig bekannte Zsolnay-Autoren, sondern verschaffte deren Texten durch Rezensionen öffentliche Aufmerksamkeit.[145] 1923 erschienen – nach dem dekorativen Novellenband „Die Dame im Spiegel" (1920) und den Theater-Essaybänden „Schauen und Spielen" (1921) und „Das Burgtheater" (1922) – zwei seiner erfolgreichsten Romane: „Der Hund von Florenz", mehrmals verfilmt als „Shaggy Dog", und „Bambi". Man möchte beinahe von einem „Unternehmen Salten" sprechen. Seine enorme Produktivität als Journalist und Autor verknüpfte Salten mit einer geschickten Marktstrategie. Aus seinen Reiseberichten für die „Wiener Allgemeine Zeitung" bzw. die „Neue Freie Presse" über Palästina (1924) und Amerika (1930) gingen zwei vielbeachtete Bücher zu großen Zeitthemen hervor. Die regelmäßige Arbeit für das „Berliner Tageblatt", den „Pester Lloyd" und die „Dresdner Neuesten Nachrichten" ermöglichten ihm so wie die fallweise Tätigkeit für andere Wiener Blätter eine Mehrfachverwertung seiner Kritiken und Stadtporträts.

An „Bambi" scheint Salten seit Herbst 1921 gearbeitet zu haben. Das Ullstein-Buch wurde das Weihnachtsgeschenk für Arthur Schnitzler.[146] Über die Ausnahmestellung von „Bambi" dürfte sich Salten bereits früh klar gewesen sein, denn schon Ende 1922, Anfang 1923 beauftragte er seinen Freund Georg von Strakosch, die Möglichkeiten für eine amerikanische Ausgabe zu sondieren. Auch eine illustrierte Ausgabe im Propyläen-Verlag stand zur Debatte.[147] „Bambi" kann vieles sein: Kindergeschichte, Bildungsroman, Parabel, Satire, Trademark für (heutige) Dessous-Geschäfte. Formal ist es ein Pastiche, in dem psychologische, psychoanalytische, rassenhygienische und sprachkritische Referenzen mit Passagen zusammenfließen, die auf die Wiener Operette verweisen.

142 Der Autor Robert Weil („Wunschtraum 271") strengt 1930 einen Ehrenbeleidigungsprozess gegen Salten (nach neuem Pressegesetz) an. Grund war eine vernichtende Theaterkritik Saltens an Weils Stück. Während noch zahlreiche Personen die Freiheit eines Werturteils verteidigten, zog Weil die Klage zurück. Der Fall erregte erhebliches Aufsehen. Vgl. Neues Wiener Journal, 10.1.1930; Wiener Sonn- und Montagszeitung, 18.1.1930 u. 20.1.1930.
143 Schnitzler, Tagebucheintrag, 29.5.1921; Dickel, Zionismus., S. 154.
144 Vgl. den Beitrag von Kurt Ifkovits; und Jaroslav Kvapil an Felix Salten, Prag 19.3.1920, (NFS/ALW); Salten-Brief aus Olmütz an Schnitzler, 13.7.1921.
145 Vgl. Murray Hall: 70 Jahre Paul Zsolnay Verlag. 1924-1994, Wien 1994.
146 Schnitzler, Tagebucheinträge, 6.11.1921, 24.12.1922.
147 Georg von Strakosch an Felix Salten, New York, 15.1.1923, (NFS/ALW). Der Freund Saltens sondierte bereits 1923 die Möglichkeiten für eine illustrierte amerikanische Edition von „Bambi". Statt beim Verlag Brentano, den Strakosch kontaktierte, erschien das Buch später bei Simon&Schuster (NFS/ALW).

Bezeichnend für die zeitgenössische Aufnahme von „Bambi" scheint uns das Vorwort, das der jüdische Dichter Schalom Asch der hebräischen Ausgabe von 1930[148] voranstellte. Asch schrieb: „Ich bin eifersüchtig auf die Kinder, die das Buch über das kleine Bambi in ihrer Kindheit lesen werden. Und ich bin traurig darüber, dass ich nicht solche Bücher, die die Kindheit erfreuen soll, hatte, als ich ein Junge war. Feliks Salten ist ein berühmter jüdisch-österreichischer Schriftsteller. [...] Er hat vor einigen Jahren dieses Buch über das Leben der Wildtiere im Wald geschrieben, und es wurde bald auf der ganzen Welt berühmt. [...] In der deutschen und noch mehr in der englischen Sprache brachte es das Buch zu einer regelrechten Volkspopularität. [...] Feliks Salten hat mit seinem Buch den Lesern den tiefen, mystischen Wald in die Hände gelegt. [...] Und dieser Wald ist unserer, nicht der Wald von Kipling mit seinen Schlangen und Tigern. [...] Darum ist uns das Buch so wertvoll und lieb. Für jede Literatur ist das Buch ein Segen. Für unsere Literatur aber, da wir noch sehr arm sind an Naturbeschreibungen, hat das Buch einen unschätzbaren Wert: für unsere Erziehung und für unsere Liebe und unser Verständnis der Natur. [...] Feliks Salten als ein getreuer, moderner Jude hat danach gefiebert, dass sein Buch ins Jiddische übersetzt wird. Und ich glaube, dass das das größte Geschenk ist, was der Schriftsteller unseren Kindern schenken konnte. Er hat den Wald in ihre städtischen Stuben gebracht."[149]

„Bambi" hat einen markanten Subtext, der als Zeitkommentar gelesen werden kann. Die Beschreibungen der Massaker, die von der Jagdgemeinschaft/Jagdmaschine veranstaltet werden, erinnern stark an die Bilder eines Schlachtfeldes. Dieser Bezug zu den Opfern des modernen Kriegs lässt sich, über die bekannte Jagdleidenschaft Saltens hinaus, kaum ignorieren. Wenn die Tiere etwa zuerst gar nicht bemerken, dass ihnen die Beine abgeschossen worden sind, so scheinen sie unter Schock und Reizschutz zu stehen, die in klinischen Berichten als zentrale Erfahrung des technischen Kriegs beschrieben worden sind. Die Jagd scheint Krieg zu sein. Beide markieren einen Ausnahmezustand, in dem es nur ein Gebot gibt: überleben[150] und vergessen[151]. Salten wird diesen Gedanken in vielen seiner Tierromane wiederholen, etwa in „15 Hasen", „Djibi" und „Renni". Gegen die gesichtslose[152] Technik hilft nur Flucht.

In den fiktionalen Tierromanen konnte der massenhafte und gewaltsame Tod im Weltkrieg naturalisiert und aus dem politisch-kulturellen Gedächtniszusammenhang gelöscht werden. In „5 Minuten Amerika", Saltens Reisebericht aus 1931, ist es umgekehrt, das Töten in den Schlachthöfen von Omaha unabweisbar ein zivilisatorisches Phänomen. Hier – und in Henry Fords Autofabriken – scheint die Mechanisierung und Technisierung der Welt am meistem vorangeschritten. Sie verbindet sich mit einem kulturellen Schock: „[E]s gibt keine Flucht und keine Rettung." Stattdessen würden Blicke von Tier und Mensch ineinandertauchen. Die Gleichgültigkeit des industriellen Vorgangs und das Vergessen des Produktionszusammenhangs in der Konsumtion könnten nur Scham hervorrufen. „Sicherlich ist es keine Blasphemie, soll keine sein, wenn einen [...] angesichts der zahllosen, dicht aneinandergepressten Opfer der Zwang befällt, auch der Masse Mensch zu gedenken. So wurden und werden sie in den Krieg gejagt, so in jeglichen Kampf, so sind sie ahnungslose Opfer wechselnder Gewalten. [...] Die meisten werden durch die Peitschenhiebe und durch die Hetze des Alltags bis zum Verdumpfen betäubt."[153]

Dennoch bleibt der Komplex von Technologie und Tod literarisch und feuilletonistisch an die Tiere gebunden. Für die Autofabriken Henry Fords fand Salten eine andere Lösung. Er konzentrierte sich statt auf die Fließbänder und die Mechanisierung der Arbeit auf die Schmelze der verschrotteten Autos, die einem Moloch gleichen oder einem mythischen Tier, das die Wracks aufnehmen und sie für neues Leben aufbereiten würde. „Wiederbelebung", „Seelenwanderung", assoziiert Salten.[154] Die Umschrift einer traumatischen Erfahrung, die in der Beschreibung des animalischen Überlebenskampfes wie in der Euphorisierung der Technik zutage tritt, findet ihren Referenz-

---

148 Wir danken Rosa Neubauer und Evi Kuks für den Hinweis und für die Überlassung dieser erstmals übersetzten Stelle.

149 Rahel Rosa Neubauer, Vortrag „Felix Salten als Autor jüdischer Kinder- und Jugendliteratur" bei der internationalen Tagung „Felix Salten und die Kinderliteratur seiner Zeit" (Österreichische Gesellschaft für Kinder- und Jugendliteraturforschung, Wiener Urania). Dieser Vortrag erscheint in der Reihe „Kinder- und Jugendliteraturforschung in Österreich. Veröffentlichungen der Österreichischen Gesellschaft für Kinder- und Jugendliteraturforschung, Hg.: Ernst Seibert / Heidi Lexe, Praesens Verlag 2006.

150 Felix Salten: Bambi. Eine Lebensgeschichte aus dem Walde, Berlin/ Wien/ Leipzig 1928, S. 98ff.

151 So explizit in Felix Salten: Renni der Retter. Das Leben eines Kriegshundes, Zürich 1941, S. 183.

152 Vgl. die Beschreibung des Jägers in „Bambi", dessen Physiognomie unbestimmbar bleibt und dessen Leib eine Einheit mit der Waffe bildet.

153 Vgl. Felix Salten, 5 Minuten Amerika, S. 177.

154 Vgl. ebda, S. 159.

Anna, Ottilie und Felix Salten bei einer Überlandfahrt (am Steuer vermutlich Paul Salten), 1930. (NFS/LWA)

punkt an anderer und ganz kurzer Stelle im Amerika-Buch. Es ist die einzige im faktischen Sinne politische Aussage, die Salten trifft, und sie richtet sich gegen die „jämmerliche Zerstückelung der Landkarte Mitteleuropas" durch die Friedensverträge von 1919, besonders gegen die Abtrennung deutschsprachiger Gebiete der Habsburgermonarchie von Österreich.[155] Ein Essay zum russischen Dirigenten und Salten-Freund Wassili Iljitsch Safonoff, der 1924 in Saltens „Geister der Zeit. Erlebnisse" erschien, lässt diese Passage allerdings weniger monarchistisch wirken. Safonoff sei Zarist, Ikonenverehrer und Gegen-Revolutionär, aber, und dies war das Thema des Artikels, vor dem Krieg wäre dies einer respektvollen, von der Achtung für die geistige Arbeit des anderen getragenen Freundschaft nicht im Wege gestanden. Solche Freundschaften hätten gerade den Inbegriff von Beziehungen zwischen „europäischen" Intellektuellen gebildet, die im Krieg untergegangen beziehungsweise einem Selbstverrat der nationalisierten Intellektuellen zum Opfer gefallen wären.[156]

Mit Gründung der internationalen Schriftstellervereinigung P.E.N. sollte der „geistige[n] Obdachlosigkeit"[157] der kosmopolitischen Intellektuellen entgegengewirkt werden. Sie hielt 1923 in England ihren ersten Kongress ab. Im Herbst 1927 übernahm Salten nach Arthur Schnitzler die Präsidentschaft des österreichischen P.E.N.-Clubs.

155 Vgl. ebda, S. 113.
156 Vgl. ebda, S. 273; bezeichnenderweise tauchen beide Aspekte – die 14-Punkte Präsident Wilsons und das Dilemma der Intellektuellen, zwischen rationaler Weltbürgerschaft und leidenschaftlichem Patriotismus entscheiden zu müssen – auch bei Sigmund Freud als Referenzpunkte auf in: Massenpsychologie und Ich-Analyse, Leipzig/ Wien 1921.
157 So ein anderer Ausdruck dafür bei Salten im Essay „Voltaire", in: Geister der Zeit, S. 330.

Felix Salten an seinem Schreibtisch in seinem Haus im Wiener Cottageviertel, um 1935. (NFS/LWA)

Diese Funktion sollte ihn mit politischen Entscheidungen konfrontieren, die das bislang vorwiegend repräsentative Gepräge des Clubs nachhaltig veränderten.
Der Wahl Saltens war eine Auseinandersetzung zwischen der Zsolnay-Schriftstellerin Grete von Urbanitzky und Saltens Journalistenkollegen bei der „Neuen Freien Presse" Raoul Auernheimer über die Ausrichtung des Clubs – berufständisch-repräsentativ oder politisch-engagiert – vorausgegangen.[158] Salten selbst hatte im Frühjahr 1927 einen beachtenswerten politischen Akt gesetzt und in der „Wiener Sonn- und Montagszeitung" eine Wahlerklärung für die Sozialdemokratie abgegeben. Dies legte ihn allerdings nicht auf eine „politische" Interpretation der Aufgaben des P.E.N. fest. Sein Kommentar zeigte eher eine Distanz zur aktuellen Politik auf und rekurrierte auf einen welthistorischen Prozess, der sich der konkreten Intervention zu entziehen schien: Da die bürgerlichen Parteien nicht davor zurückschreckten, Nationalsozialisten aufzustellen, könne man als Jude unmöglich die Christlichsozialen wählen. „Mag sein, dass die Geschäftsleute, dass die Unternehmer und Kapitalisten mit ihrem Haß gegen Breitner [den sozialdemokratischen Finanzstadtrat von Wien, S. M. u. W. SCH.] im Recht sind. Aber ich sehe nur das Eine: der Dr. Riehl [Führer der österreichischen Nationalsozialisten, S. M. u. W. SCH.] und alle seine Verbündeten streben zurück in die schwärzeste Vergangenheit; der Breitner dagegen will die Zukunft. Wir leben im ersten Morgendämmerschein einer neu entstehenden Welt. In dieser Zeit des Werdens und des Überganges ist auch der Breitner nur ein geringes Werkzeug des allgewaltigen, unaufhaltsamen Schicksals. Wie Lenin nur ein Werkzeug des Schicksals war, wie Mussolini nur ein Werkzeug des Schicksals ist. In dieser neuen Welt wird das Proletariat seiner materiellen Lage und seiner Bildung nach verbürgerlicht sein [...] Vielleicht wird diese

158 Schnitzler wollte sich zurückziehen. Zugleich gibt es einen Konflikt zwischen Urbanitzky, die eher die repräsentativ-gesellschaftliche Funktion forciert und rechte Freunde in den Klub bringt, und Raoul Auernheimer, der für eine deutlicher politische Akzentuierung des Klubs eintritt. Längere Werbungen um Wildgans für die Präsidentschaft setzen ein, der allerdings ablehnt. Im Oktober 1927 schließlich wird auf Vorschlag Ernst Lothars Saltens (mit 4:2 und nicht statutenkonform) gewählt. vgl. Roman Roček: Glanz und Elend des P.E.N. Biographie eines literarischen Clubs, Wien/ Köln/ Weimar 2000, S. 52ff.

Illustration aus Felix Salten: Teppiche, Wien 1930. (WB)

neue Welt aus einer Synthese des russischen Bolschewismus und des italienischen Fascismus erstehen."[159] Auf der Wahlunterstützung prominenter Künstler und Wissenschafter, die am 20.4. in der „Arbeiter-Zeitung" abgedruckt wird, scheint Salten allerdings nicht auf.[160] Saltens erste politische Aktion als P.E.N.-Präsident war schon international. Nachdem der ungarische Schriftsteller Ludwig Hatvany, 1927 des öfteren Gast in Saltens Haus, aus seinem Wiener Exil freiwillig nach Ungarn zurückgekehrt war, wurde er vom faschistischen Horthy-Regime wegen eines älteren kritischen Artikels inhaftiert und zu sieben Jahren Zuchthaus sowie einer existenzvernichtenden Geldstrafe verurteilt. Salten und Schnitzler ergriffen die Initiative und forderten mit einem Brief vom 8.2.1928 an den internationalen P.E.N.-Präsidenten Galsworthy, einen Appell an die ungarische Regierung zu richten. Parallel schrieb Salten an den Herausgeber der „Daily Mail", H.S. Rothermeer, der zwar dem englischen P.E.N.-Club nahe stand, jedoch die „British Union of Fascists"[!] unterstützte und eine Revision der ungarischen Friedensverträge von Trianon (zu Lasten der Tschechoslowakischen Republik) propagierte – wovon Salten nichts wusste. Rothermeer antwortete nicht einmal, ließ aber in der Presse lancieren, das Urteil gegen Hatvany wäre gerecht und Schriftsteller müssten sich der Konsequenzen ihrer Äußerungen bewusst sein. Salten repliziert darauf in der „Neuen Freien Presse" vom 12.2.1928: „Es ist richtig: das geschriebene Wort kann Revolutionen entfesseln, und ich füge hinzu, es ist der Ruhm des geschriebenen Wortes, dass es solche Wirkung zu üben vermag. Es ist ferner richtig, dass in der Revolution, besonders in der Gegenrevolution, Männer der Feder erschossen werden."[161]

Die von Schnitzler und Salten initiierte Kampagne für Hatvany gilt als Anstoß für den Schwenk des internationalen P.E.N.-Clubs von einer repräsentativen Professionspolitik zu einer engagierten Gesellschaftspolitik. In seinem Resolutionsantrag, den er dem Osloer P.E.N.-Kongress 1928 vorlegte, verzichtete Salten allerdings auf eine grundsätzliche Anklage des Horthy-Regimes. Die Resolution stellte die Rechtmäßigkeit des Urteils nicht in Frage und forderte lediglich die Begnadigung Hatvanys.[162]

Die Einladung, 1930 an der Reise einer europäischen Schriftsteller- und Journalistendelegation durch die USA teilzunehmen, gab Salten Gelegenheit, sich über die „Krisis des europäischen Menschentums"[163] Gedanken zu machen. Das Resultat blieb unklar. In seinem Buch „5 Minuten Amerika" von 1931 schrieb Salten von einem Europa, das möglicherweise im Todeskampf liege, dem es jedoch entgegenfiebere. Er klärte nicht, ob damit der Aufstieg des europäischen Faschismus oder das Ende des europäischen Imperialismus gemeint war.

Die Verwendung von Begriffen, die aus der Rassen-Anthropologie stammen, die ihrerseits erheblichen Anteil an einer „europäischen Krise" hatte, schien Salten nicht problematisch: „Amerika", hält er bereits in der einleitenden Beschreibung seiner Schiffsreise fest, „ist der zweite große Lungenflügel, aus dem die weiße Rasse atmet, und je schwerer ihr jetzt in Europa das Atmen fällt, um so wichtiger und interessanter wird Amerika."[164] Salten setzte literarische Techniken ein, die er schon in „Neue Menschen auf alter Erde" angewandt hatte: die Privilegierung subjektiver Wahrnehmung, die sich über konventionelle Erwartungen hinwegsetzt (etwa wenn Salten über ein Eichhörnchen schrieb, das seinen Weg zur Audienz bei Präsident Hoover kreuzte); die Reduktion der Fremdheit des Schauplatzes durch Bilder der Ähnlichkeit (etwa die Vergleiche amerikanischer Landschaften mit den Panoramen Wiens); die Unterstellung einer universellen zivilisatorischen Bild- und Textgemeinschaft, die eine souveräne Bewegung in der Fremde ermöglichen sollte; die ironische Abwehr der Erwartung, „authentische" Erfahrungen vermittelt zu bekommen (auch die Apachen, die vor Touristen einen Stammestanz aufführten, waren in dem Indianerbild von Jugendlektüren und Buffalo-Bill-Shows verfangen).[165] Salten schrieb keinen Reisebericht, der mit einer

---

159 Wiener Sonn- und Montagszeitung, 4.4.1927, „Unmögliche Wahl!"; Chefredaktion der „Neuen Freien Presse" an Felix Salten, 4.4.1927. Antwortschreiben Saltens vom 5.4.1927 (NFS/ALW): Die Chefredaktion der „Neuen Freien Presse" rügte Salten für diese Stellungnahme zugunsten des „Todfeindes des Bürgertums". Salten wies diese Rüge energisch zurück, fühlte sich aber auch missinterpretiert. Er habe die Überzeugung ausgedrückt, das Proletariat werde in Zukunft verbürgerlichen. Überaus gereizt forderte er die NFP auf, ihn doch zu kündigen; im Übrigen war Salten zwar von einzelnen Politikerpersönlichkeiten der Sozialdemokratie und deren moralischer Integrität beeindruckt und fand sogar gegenüber dem Attentat Friedrich Adlers auf den Ministerpräsidenten Graf Stürgkh Respekt, vgl. Neue Freie Presse, 15.2.1931, zeigte sich aber dem „Roten Wien" gegenüber signifikant gleichgültig. Selbst in seinem Zeitroman „Martin Overbeck. Der Roman eines reichen jungen Mannes" (1927) lässt Salten, obgleich der Roman vorwiegend im proletarischen Milieu spielt, weder die Sozialdemokratie, noch das kommunale Wohnbau- und Gesundheitsprogramm vorkommen. Statt der bereits international beachteten kommunalen Fürsorgepolitik rückt er die karitative Tätigkeit einer jungen Frau, die eine private Rettungsstation betreibt, ins Zentrum des Romans.
160 Vgl. Arbeiterzeitung, 20.4.1927.
161 Neue Freie Presse, 12.2.1928.
162 Roćek, P.E.N., S. 66ff; Schnitzler, Tagebucheinträge, 14.3.1923, 2.6.1923; Rede Saltens für Hatvany am P.E.N.-Club-Kongress in Oslo 1928, Manuskript (NFS/ALW)
163 Namensgebend dafür der Vortrag von Edmund Husserl 1935 in Wien über „Die Philosophie in der Krisis der europäischen Menschheit".
164 Vgl. Felix Salten, 5 Minuten Amerika, S. 11.
165 Vgl. ebda, S. 76f., 85ff.

unmittelbaren und exklusiven Erkenntnis vor Ort überzeugen will. Er schilderte umgekehrt seine Eindrücke und Stimmungen, um seinen Beobachtungen, Kommentaren und Meinungen Gewicht zu geben.

So konnte „Amerika" ein Fragment bleiben, das keine abschließende Beurteilung braucht und dessen Widersprüchlichkeiten aber auch nicht geleugnet werden müssen. Salten bekräftigte die Topoi des „Amerikanismus". Amerika wäre das Land des Tempos und der industriellen Technik, der Reklame und des Geldes, ein Land ohne Geschichte und Stil, ohne Lebensart und voller sozialer Härte: „Menschen, die menschlich fühlen, das ist einstweilen die Kehrseite der schroffen Amerikanisierung."[166] Aber es wäre auch das Land einer großen Anstrengung, durch private Initiative Bildung und Kultur allgemein zugänglich zu machen, das Land, in dem nationale Distinktionen und Traditionen nur geringe Bedeutung hätten und das deshalb offen für neue Anschauungen und Lösungen wäre.

In „5 Minuten Amerika" griff Salten den Topos des bevorstehenden „Rassenkampfes" auf. Saltens „Neger"[167] erinnern an das „Volk" des Fünf-Kreutzer-Tanzes und des „Wurstelpraters". Sie sind die „Primitiven", dem Ursprung nicht so weit entfremdet. Sie repräsentieren das „Andere", insbesondere eine vitale Erotik, die dem „weißen" Amerika nicht nur fehlen, sondern die es in unterschiedlichen Formen der Prohibition unterdrücken würde. Diese Unterdrückung rechnete Salten zu den „Lügen" und Krisensymptomen Amerikas.

Salten verwendet kolonialistische Terminologien und schreibt über schwarze Amerikaner als Akteure allein im Zusammenhang mit Musik, Tanz und Unterhaltung – doch in einer überraschenden Umwertung: Schwarze Musik und Tanz würden sich am Beispiel des Cakewalks als kulturelle Strategie der Unterdrückten darstellen: „Vor Jahrzehnten hat [der schwarze Amerikaner, S. M. u. W. SCH.] den Cakewalk ersonnen, einen grotesk komischen Tanz, mit welchem der schwarze Diener und die schwarze Dienerin das galante Gehaben, die zierlich festlichen Manieren der Herrschaften auf das blutigste verspotten. Ein Tanz der Sklaven, eine höhnische Pantomime der Verachteten. Oh, es war nur zu deutlich, es war gar nicht mißzuverstehen. Aber hat nun ein Irrtum gewaltet oder hatten die Verhöhnten die Absicht, diese rebellische Parodie zu entwaffnen – alle Weißen übten sich im Cakewalk. Und das war ein kläglich erheiternder Anblick."[168]

Saltens Amerika-Buch beantwortete die Frage nach der „Errettung" eines vermeintlich verfallenden Europas, die er eingangs selbst gestellt hatte, nicht. Es bewegte sich allerdings in einem gängigen Modernisierungs-Diskurs, der von starken kulturpessimistischen und metaphysischen Vorannahmen durchtränkt war. Insbesondere rassentheoretische Verfallstheorien nach Gobineau und Chamberlain bildeten wesentliche ideologische Versatzstücke dieses Diskurses. Salten selbst wurde dahingehend nie explizit, und es ist nicht schwer bei ihm eine Bricolage von dominanten Theorien des „Alterns" von Kulturen und literarischen Inspirationen des subjektiven Zerfalls auszumachen. Nicht zuletzt spricht dafür seine mehrmalige Selbststilisierung als Person, die zu alt sei, um sich noch in die aktuellen Kämpfe und Auseinandersetzungen einzumengen, und die an ihrer privaten Welt der Mythen festhalte.[169] So gesehen böte sich das Vorbild der Dekadenz-Literatur und insbesondere jenes Joris Huysmanns an.[170] Salten umkreist immer wieder das Thema der Ermüdung und der Langeweile in einer bei aller Geschäftigkeit erstarrten Kultur, die – und damit würde er die Fatalität der rassistischen Verfallstheorien wieder durchbrechen – zu ihrer Erneuerung eines starken Anstoßes von außen bedarf, einer Art kulturellen Revolution, die von einer Kraft kommen müsse, die pagane Ursprünglichkeit mit Stilbewusstsein und -willen zu verbinden fähig sei. Eine solche Figur findet sich mit dem wiedergeborenen Apoll in Saltens spätem Roman „Ein Gott erwacht", indem der in jeglicher Hinsicht zügellose griechische Gott als Schöpfer erotischer Kultgegenstände das sich selbst überdrüssige, lebens-

---

166 Ebda, S. 203f.
167 Wir verwenden im Folgenden den Begriff schwarze Amerikaner.
168 Vgl. Felix Salten, 5 Minuten Amerika, S. 241.
169 Vgl. bspw. Felix Salten: Neue Menschen auf alter Erde, Berlin/ Wien/ Leipzig, S.275.
170 Vgl. Anson Rabinbach: Motor Mensch. Kraft, Ermüdung und die Ursprünge der Moderne, Wien 2001, S.54ff.

Felix Salten in seinem Haus, um 1935.
(NFS/LWA)

171 Neue Freie Presse, 21.11.1925.

feindliche Christentum reformiert und ihm den Weg zur Renaissance öffnet. Ein ganzes Kollektiv solcher Figuren findet sich aber auch schon 1925 in einem Essay, den Salten anlässlich des Auftritts der schwarzen US-Revueband „Chocolate Kiddies" im Raimund-Theater für die „Neue Freie Presse" verfasst hat. Sam Woodings Jazzorchester und seine Tanzgruppe waren für Salten ein Versprechen an die Zukunft, brachten sie doch („afrikanische") körperliche Ursprünglichkeit mit höchst raffinierter technischer Bearbeitung europäischer Musiktradition – unter anderem, zur Freude Saltens und zum Ärger des unverständigen Publikums, einen synkopierten Pilgerchor aus Wagners „Tannhäuser" – in Einklang. So vernimmt Salten „die Klänge eines neuen, herandämmernden Zeitalters", das sich von den Hemmnissen und Beschwerungen der europäischen Tradition befreit.[171]

Wie in „Neue Menschen auf alter Erde", das er den sozialistischen Chaluzims in Palästina und deren solidaristischer Moral widmete, emphatisierte Felix Salten auch in

Karikatur Felix Saltens, anlässlich seines 60. Geburtstages, 1929. (ÖNB, Bildarchiv)

„5 Minuten Amerika" eine neue Kultur, die der in Konventionen erstarrten bürgerlichen Welt zu einer Regeneration verhelfen sollte. Zugleich vermied er damit die konsequente Konfrontation mit den totalitären europäischen Entwicklungen. Diese Sehnsucht nach Utopien mag mit dazu beigetragen haben, dass er in den kommenden Auseinandersetzungen auf seinem engsten Tätigkeitsfeld, dem der Schriftstellervereinigung, wenig Scharfsinn bewies.

Dem Machtantritt der Nationalsozialisten in Deutschland folgte am 10. Mai 1933 die Verbrennung von Büchern „undeutscher" AutorInnen, also von SchriftstellerInnen und WissenschafterInnen jüdischer Herkunft und/oder politischen GegnerInnen. Der reorganisierte regimetreue deutsche P.E.N.-Club zog mit dem Ausschluss zahlreicher Mitglieder nach und verletzte damit eindeutig die Prinzipien des internationalen P.E.N.-Clubs. Während bekannte Schriftsteller und Journalisten wie Carl Ossietzky, der Herausgeber der oppositionellen „Weltbühne", in Konzentrationslager gesperrt oder wie Ernst Toller ausgebürgert wurden, trug der deutsche P.E.N.-Club die Politik des Regimes mit.

Der für 25. bis 28. Mai 1933 angesetzte Kongress des Internationalen P.E.N.-Clubs in Dubrovnik sollte zum ersten weltweiten Forum werden, das sich mit dem Nationalsozialismus auseinandersetzte. Nicht nur der österreichische P.E.N.-Club sah sich in einem Zwiespalt:[172] Das Bekenntnis zu einer außenpolitischen Mission im Interesse von

172 Vgl. Klaus Amann: PEN. Politik Emigration Nationalsozialismus, Wien/ Köln/ Graz 1984, S.13.

Frieden und Völkerverständigung kollidierte mit der politischen Instrumentalisierung der Literatur in Deutschland. Die humanistischen Ansprüche mussten nun politisch und nicht mehr literarisch verteidigt werden – was das Konzept „nationaler" Kulturgemeinschaft in Frage stellte, das dem P.E.N.-Club organisatorisch zugrunde lag. Gegen eine prononcierte anti-nationalsozialistische Deklaration sprachen andererseits die ökonomischen Interessen jener AutorInnen, deren Werke noch nicht auf den nationalsozialistischen Index gesetzt worden waren, sowie die Gefahren, im P.E.N.-Club politische Spaltungen zu provozieren und das NS-Regime durch Protesterklärungen zu noch härteren Repressionen zu veranlassen. In diesem Sinne schrieb Stefan Zweig, als Felix Salten ihn wegen der Teilnahme am Kongress in Ragusa kontaktierte: Gerade als Jude solle man im Moment schweigen, „um den ‚Geiseln' nicht zu schaden, denn die Regierung sucht nur nach Vorwänden für neue Grausamkeiten".[173]

Die Führung des österreichischen P.E.N.-Clubs fand noch weitere Argumente, um eine Auseinandersetzung zu vermeiden. Felix Salten meinte in einer Vorstandssitzung im Mai 1933, wegen „vorübergehender" (politischer) Verhältnisse dürfe man die deutsche kulturelle Einheit nicht in Frage stellen. Er sei deshalb auch als Jude gegen Angriffe auf Deutschland.[174] Seine Stellvertreterin Grete von Urbanitzky verteidigte bei einer erweiterten Sitzung im Hause Saltens am 21. Mai 1933 den deutschen P.E.N.-Club. (Sie sollte später geradezu das NS-Regime selbst verteidigen.[175]) Der österreichische P.E.N.-Club fasste schließlich den Beschluss, sich am Kongress nicht an einer Debatte über Deutschland zu beteiligen und strikte Neutralität zu wahren.

Der komplizierte Verhandlungsmodus, der am Kongress selbst mit dem Auszug der deutschen Delegation zu einem Eklat führte, sollte im Sommer 1933 zur Abspaltung der nationalsozialistischen und faschistischen Mitglieder des österreichischen P.E.N.-Clubs und zum Rücktritt Saltens als Präsident führen. Zum Eklat in Dubrovnik war es gekommen, da H.G. Wells in seinem, wie Roman Roćek meint, angloamerikanischen Verständnis von Demokratie eine Diskussion ansetzte, obwohl die deutsche Delegation bereits einem Kompromissvorschlag – allerdings ohne Debatte – zugestimmt hatte, der konkrete Vorwürfe an das NS-Regime vermied und im Grunde nur die Prinzipien des P.E.N.-Clubs wiederholte.[176] Wells wollte Hermon Oulds spontan an die Deutschen gerichteten Fragen diskutieren, ob der deutsche P.E.N.-Club gegen die Misshandlung deutscher Intellektueller und die Verbrennung von Büchern protestiert habe und ob es wahr sei, dass der deutsche P.E.N.-Club Mitglieder mit kommunistischen oder „ähnlichen" Ansichten ausgeschlossen habe. Die deutsche Delegation, unterstützt von Urbanitzky und einigen Schweizer und holländischen Delegierten, verließ daraufhin den Saal, während Salten gegen diese Behandlung der Deutschen protestierte.[177]

Die lebhafte Zustimmung, die dem nächsten Vortragenden Ernst Toller und seiner Abrechnung mit dem NS-Regime entgegengebracht wurde, zeigte, dass die meisten Kongressteilnehmer auf eine Verurteilung des Nationalsozialismus gehofft hatten. Der Abgang Urbanitzkys wiederum, die mit Salten die offizielle österreichische Delegation stellte, rückte den österreichischen P.E.N.-Club in ein denkbar schlechtes Licht. Und auch Salten, so ein Bericht Oscar Maurus Fontanas, konnte sich ja erst auf Drängen eines linken österreichischen Schriftstellers hin entschließen, für die amerikanische Resolution zu stimmen, die sich ohnehin nur diplomatisch zur „unbedingten Freiheit der Literatur" bekannte.[178]

Roman Roćek schreibt in seiner Biografie des P.E.N.-Club, Salten sei vom Konfliktpotenzial, das von Dubrovnik her drohte, überfordert gewesen. Doch das Protokoll der Sitzung vom 21. Mai 1933 zeigt diesen nicht nur vorsichtig, sondern auch autoritär bei der Durchsetzung einer Haltung, die er mit der überwiegenden Mehrheit des Clubs teilte. Sonka (Hugo Sonnenschein) hingegen argumentierte, man gebe mit dem Verzicht auf einen Protest „unsere verfemten deutschen Kollegen" und auch Arthur

---

173 Zitiert nach Roćek, P.E.N., S. 114.
174 Georg Sil-Vara antwortete Salten daraufhin: es handle sich nicht um eine Juden-, sondern um eine Menschheitsfrage; vgl. WB, Handschriftensammlung, Nachlass Grete von Urbanitzky, Mappe P.E.N.-Club.
175 U.a. damit, dass „es fast unmöglich ist, Vorgänge während einer Revolution oder in erster Etablierung befindlicher Diktaturen vom Ausland aus gerecht zu beurteilen und weil Schriftsteller nicht weniger verantwortlich sind für ihre politische Tätigkeit als andere, ja eine Feder mehr Gewehre losgehen lassen kann, als der Befehl eines Offiziers." Grete von Urbanitzky: Mein Kongressbericht, Manuskript, o.J., WB, Handschriftensammlung, Nachlass Grete von Urbanitzky, Mappe XVIII, P.E.N.-Club.
176 Nach Darstellung Urbanitzkys besagte diese Resolution, es sei „Pflicht des Künstlers, den Geist in seiner Freiheit zu erhalten"; die Unterzeichner verpflichteten sich, „jederzeit ihren ganzen Einfluß zugunsten der Verständigung und gegenseitigen Achtung unter den Völkern aufzuwenden". Der Kongress wurde aufgefordert, „Schritte zu unternehmen, damit einzelne Zentren des Penklubs [...] nicht als Werkzeug der Propaganda gebraucht werden, um die im Namen des Chauvinismus, des Rassenvorurteils und politischen Unwillens vorgenommenen Verfolgungen zu rechtfertigen." Neues Wiener Journal, 3.6.1933.
177 Roćek, P.E.N., S. 125.
178 Vgl. Oscar Maurus Fontana: Penclubösterreicher in Ragusa, in: Das Blau Heft, XII. Jg., Nr. 23, S. 733.

Schnitzler preis, dessen Bücher ebenfalls verbrannt worden waren. Sonka wehrte sich gegen den Beschluss, dass am Kongress nur teilnehmen dürfe, wer sich zur Neutralität bekenne. Salten drohte ihm mit dem Ausschluss. Davor hatte Salten Seitenhiebe auf Sonkas kommunistische Orientierung benutzt, um Friedrich Schreyvogel in Schutz zu nehmen, der mit seiner Drohung Protest ausgelöst hatte, „alle nationalen und katholischen Schriftsteller" würden im Falle einer Verurteilung Deutschlands „an einem Tag austreten".[179]

Das Verhalten der österreichischen Delegation und ihr „Anschluß an die Literaturlakaien des deutschen Faschismus" löste heftige Kritik in österreichischen Zeitungen aus. Ein Beitrag in der „Wiener Allgemeinen Zeitung" forderte öffentliche Rechenschaft und „Sühne" für diese „Kulturschande".[180] Friedrich Torberg kritisierte Salten in der „Neuen Weltbühne" dafür, dass sein Engagement am Kongress den deutschen Nationalsozialisten, anstatt den „entrechteten und gemarterten und getöteten Juden" gegolten hatte. Die „Arbeiterzeitung" nannte Salten einen „Schrittmacher der Nazis", wogegen sich der mit der Behauptung wehrte, er habe sich in Dubrovnik wie „immer und überall" zum Judentum bekannt: „Ich habe aus dem heutigen Deutschland keinen wie immer gearteten Vorteil zu erwarten […] Vielleicht ist es nur ein Versehen, dass meine Bücher bisher auf keinem Scheiterhaufen brannten. Sollte ihnen aber dennoch dieses Schicksal zuteil werden, dann befände ich mich in der besten Gesellschaft, in der zu weilen ich gewohnt bin."[181] Den pointiertesten Angriff richtete wohl Karl Kraus auf Salten: „Vollkommener ist noch kein Beweis von Daseinsüberflüssigkeit einer Repräsentanz ausgefallen als bei Vereinsmeiern, die zum ersten und wohl letzten Mal vor der Aufgabe standen, die Güter, deren Vertretung sie sich anmaßten, zu verteidigen, und die im Gedränge und Geschiebe der Verlegenheit zwar zu einer ‚Resolution' kamen, aber heilfroh waren, eine Stellung nicht nehmen zu müssen, die ihnen von Natur nicht zukommt."[182]

Der Vorstand des P.E.N. bestätigte zunächst am 9. 6. die Haltung der offiziellen österreichischen Delegation. Bei der Generalversammlung am 27.6.1933 kam es allerdings zu heftigen Vorwürfen an Salten und Urbanitzky, auch von Oskar Maurus Fontana, der in der Vorbesprechung für Dubrovnik die Richtlinie der österreichischen Delegation unterstützt, beim Kongress jedoch den fatalen politischen Fehler erkannt hatte. Salten wiederholte, dass er mit einer Intervention den noch nicht verfolgten Schriftstellern und Journalisten in Deutschland geschadet hätte.[183] Bezeichnend war, dass der Versammlung zwei unterschiedliche Darstellungen der Vorgänge in Dubrovnik vorgelegt wurden, da Salten erklärte, er sei mit Grete von Urbanitzky und ihrer Interpretation „nicht solidarisch". Eine Resolution, die das Verhalten beider Delegierter verurteilte, war vorbereitet. Salten gab indes nach „endlosen Debatten" (so die Wiener Zeitung „Die Stunde") seinen Entschluss bekannt, nicht erneut zu kandidieren. Ob er sich damit einer Misstrauenskundgebung entziehen wollte, lässt sich aus den Berichten nicht feststellen. (Am turbulenten Ende der Tagung wurde ihm und dem Vorstand schließlich doch der Dank des Clubs ausgesprochen, allerdings unter Vorbehalt der Ereignisse in Dubrovnik.)

Salten scheint ohne politische Strategie in die Generalversammlung gegangen zu sein und wurde von den Ereignissen, die zur Abspaltung der rechtsradikalen Mitglieder vom Klub führten, vollkommen überrollt. Als der Journalist und Schriftsteller Rudolf Jeremias Kreutz[184] eine Resolution einbrachte, die er in Dubrovnik vorbereitet hatte, und die „den im heutigen Deutschland unterdrückten, ihrer Freiheit beraubten Männern und Frauen des Geisteslebens ohne Unterschied ihrer Partei und Rasse" die Sympathie des österreichischen P.E.N.-Club ausdrückte sowie gegen die Reglementierung von Presse, Funk und Verlagswesen in Deutschland Einspruch erhob, protestierten die nationalsozialistischen Mitglieder[185] des Klubs. Sie erklärten ihren Austritt und kündigten die Gründung eines „nationalen" P.E.N.-Clubs an. In den folgenden Tagen

---

179 Vgl. Protokoll über die vor dem Kongress im Hause von Felix Salten abgehaltene Sitzung: Sonntag, den 21. Mai 1933, datiert 22.5.1933, in: WB, Handschriftensammlung, Nachlass Grete von Urbanitzky, Mappe XVIII, P.E.N.-Club.
180 Vgl. umfassend Klaus Amann, PEN., S. 30ff.
181 Vgl. die Zusammenfassung bei Roček, P.E.N., S. 125ff.
182 Zitiert nach Amann, PEN., S. 30/31.
183 Vgl. Die Stunde, 29.6.1933; der Wechsel von dem katholischen Lager zugerechneten AutorInnen wie Handel-Mazzetti und Hans Hammerstein zur „nationalen" Gegenorganisation sowie die Denunziationen und die antisemitische Kampagne, die diese Organisation gegen den P.E.N.-Club führte, verbanden sich mit handfesten materiellen Interessen dieser AutorInnen auf dem deutschen Buchmarkt. Vgl. Amann, PEN. Diese Dimension nicht in Betracht gezogen zu haben verwundert, da Salten in seiner Autobiografie entschieden über die Erfahrung mit Konkurrenz und Konflikten innerhalb der Redaktionen berichtet, denen er angehört hat.
184 Kreutz war ständiger Mitarbeiter der „Neuen Freien Presse"; die vollständige Resolution ist abgedruckt bei Amann, PEN, S. 34.
185 Robert Hohlbaum, Conte Corti, Franz Spunda und Mirko Jelusich; vgl. Die Stunde, 29.6.1933.

33. Felix Salten, um 1935. (NFS/LWA)

186 Vgl. Wiener Neueste Nachrichten, 7. 7.1933; Grete von Urbanitzky versuchte in der Folgezeit, bei den Nationalsozialisten Fuß zu fassen. Ihre frankophile Haltung und der lesbische Inhalt einiger ihrer Bücher führten aber 1940 zu ihrer Expatriierung und zum Verbot einiger Schriften. Im Schweizer Exil intensivierte sich die Freundschaft zwischen Salten und Urbanitzky wieder. Vgl. z.B. die Briefe Saltens an Urbanitzky vom 13.1.1940, 27.2.1940, 14.3 1940, 4.6.1940, (NFS/ALW). Als „nationale" Schriftsteller deklarierten sich u.a. Bruno Brehm, Enrica Handel-Mazzetti, Franz Nabl und Karl Hans Strobl, die nach 1945 ohne Schwierigkeiten als repräsentative „österreichische" AutorInnen gewürdigt wurden.

187 Vgl. Murray G. Hall: Der Paul Zsolnay Verlag. Von der Gründung bis zur Rückkehr aus dem Exil, Tübingen 1994, S. 533. Die letzten Artikel im „Berliner Tageblatt" und in den „Dresdner Neuesten Nachrichten", die sich in Saltens eigener Dokumentation finden, stammen aus 1932; Adolf von Zsolnay hatte Paul Salten ein persönliches Darlehen gewährt. Die Gesamtschuld von 60.000 Schilling sollte durch die Tantiemenabgabe sukzessive abgedeckt werden; offenkundig wurde dazu auch das Vorschusskonto Saltens beim Zsolnay-Verlag belastet; dazu und zur Drosselung der Einnahmen vgl. Österreichisches Literatur Archiv (ÖLA), Zsolnay Archiv, Schachtel 10, Salten, Mappe Felix Salten, Felix Salten an den Paul Zsolnay Verlag, Wien, 12.1.1934 u. Felix Salten an den Paul Zsolnay Verlag, Zürich, 17.3.1939.

188 Vgl. Christian Dewald, Filmografie Felix Salten, in diesem Band.

schlossen sich ihnen elf weitere Mitglieder, darunter auch Grete von Urbanitzky, an.[186] Mit der Niederlegung der P.E.N.-Präsidentschaft begann der Rückzug Saltens aus der Öffentlichkeit. Durch die Machtübernahme der Nationalsozialisten gingen auch die Möglichkeiten, für deutsche Zeitungen zu arbeiten, definitiv verloren. Seine Bücher wurden zwar erst 1935 verboten, doch waren die Einkünfte durch den Billigabverkauf schon vorher erheblich zurückgegangen. Die Erstauflage von „Bambi" wurde 1936 durch die Gestapo beschlagnahmt und eingezogen. Dazu kamen finanzielle Schwierigkeiten, die sich aus der Bürgschaft für einen Kredit seines 1937 verstorbenen Sohnes Paul ergaben, der seit seinem Autounfall bei Dreharbeiten in Italien an einer schweren Nervenkrankheit gelitten hatte: Zwei Drittel der Tantiemen für Saltens deutsche Bücher gingen an den Zsolnay Verlag zur Abdeckung der Schuld.[187]

Die Machtergreifung der Nationalsozialisten beendete auch Saltens mit dem Tonfilm wieder in Schwung gekommenes Engagement für das Kino. Zwischen 1930 und 1933 war er als Drehbuchautor und Ideengeber an fünf, teilweise großen Produktionen in Wien und Berlin beteiligt.[188] Beim frühen Tonfilm kamen Salten seine einstigen Ambitionen und Erfahrungen mit der Operette ebenso zu gute, wie seine Fertigkeiten als Autor satirisch-leichter Stücke und typisch wienerischer Figuren. Der 1933 und letzte unter seiner Mitwirkung entstandene Film „Ich und die Kaiserin" war gleichsam eine

Felix Salten an seinem Schreibtisch, um 1935. (NFS/LWA)

Hommage an den mittlerweile nahezu 65-jährigen und seine Lebensthemen. Die Geschichte machte Station bei den antidynastischen und antimilitaristischen Satiren, bei den Gesellschaftskomödien und seinem halbernsten Enthusiasmus für die Operette. Die Figuren, die sie bevölkern, sind der Totgeglaubte, der Familie und Freunde durch seine Auferstehung brüskiert, das ehemalige "süße Mädel", das zu einer dicken und praktischen Frau geworden ist oder zwei Vertreter, die in holprigen Reimen Telefon und Fahrrad als moderne Errungenschaften anpreisen. "Als Operettenfachmann sage ich, dass sich am Ende die Richtigen kriegen", urteilt der Kapellmeister im Film und meint damit augenzwinkernd wohl Salten. In "Scampolo" (1932), für den Salten gemeinsam mit dem jungen Billy Wilder das Drehbuch schrieb, wird eine "Hundegeschichte" der besonderen Art erzählt, eine Liebesgeschichte zwischen einem herabgekommenen und depressiven Bankier und einer jungen Stadtstreunerin, die unermüdlich auf der Suche nach Gelegenheitsjobs durch Berlin streift. Das Salten-Moment in der Geschichte ist ihre plötzliche, rätselhafte und instinktive Hingabe. 1933 war Salten noch an der Verfilmung von Schnitzlers "Liebelei" durch Max Ophüls beteiligt – gemeinsam mit seinem Sohn Paul.

Mehr als zuvor dominierten ab 1933 Tiergeschichten und Erinnerungen seine schriftstellerischen und auch, mit steigender Frequenz, seine journalistischen Arbeiten; 1933 erschienen bei Zsolnay "Florian", 1934 die Tiergeschichte "Kleine Brüder", 1938 – die deutsche Ausgabe gelangte nicht mehr zur Auslieferung – veröffentlichte der amerikanische Verleger Bobbs-Merrill "Perri", die Geschichte eines Eichhörnchens. (Möglicherweise hängt die vermehrte Produktion von Tiergeschichten auch mit dem wachsenden Interesse der Filmindustrie an diesem Genre zusammen.[189]) Mit dem Schauspiel "Louise von Koburg" kehrte Salten 1934 zur eingangs berichteten Affäre Mattachich und seinen Anfangserfolgen als Journalist zurück. Am 18. April 1935 erfolgte die Erstaufführung von "Dreiunddreißig Mädchenhände" am Wiener Akademietheater.

In Saltens Zeitungsessays für die "Neue Freie Presse" und den "Pester Lloyd" banden sich ästhetische und kulturpolitische Reflexionen deutlicher an Jubiläen, Nachrufe und persönliche Erinnerungen an Prominente.[190] Mitunter kehrte Salten zu den Pseudo-

189 1935 schloss der Zsolnay-Verlag mit der Robert Nappach Film G.m.b.H. Berlin (!) einen Vertrag über die Verfilmung von "Florian". Die R.N.Film bot 10.000 Schilling für die Filmrechte am Kontinent und 10% des Lizenznettoerlöses am optionalen englischen Filmmarkt, mindestens aber nochmals 10.000 Schilling, zusätzlich 15% der englischen Einnahmen der R.N.Film sowie 5.000 Schilling für das Drehbuch. Die R.N.Film scheint allerdings das vereinbarte Drehbuch nicht vollständig bezahlt zu haben und der Vertrag wurde 1937 wieder aufgelöst. Später interessierte sich MGM für "Florian". Der Roman wurde 1940 von Metro-Goldwyn-Mayer verfilmt. Vgl. ÖLA, Zsolnay Archiv, Schachtel 10, Salten Vertrag R.N.Film und PZV vom 4.5.1935, PZV an R.N.Film vom 31.12.1935 u. 11.1.1937, PZV an MGM vom 26.10.1938.
190 Z.B. Neue Freie Presse, 16.7.1933, "Hermann Bahr", 12.4.1934, "Berta Zuckerkandl", 1.5.1934, "Else Wohlgemuth", 10.9.1934, "Im Türkenschanzpark", 3.10.1934, "Wiedersehen mit der Liebe", 16.10.1934, "S. Fischer gestorben".

nymen seiner Jugend (Sascha, Martin Finder) zurück.[191] Vermehrt fanden sich (neben politisch unverfänglichen Film- und Theaterrezensionen) Jagderlebnisse und Tierbeobachtungen.[192]

Auf unerwartete Weise jedoch und bezeichnend für Saltens Spiel mit irreleitenden Titeln bringt „Florian. Das Pferd des Kaisers" Tiergeschichte und Historiografie zusammen, um sich damit der Bestimmung einer österreichischen Identität, einem zentralen politischen Thema in der Zeit innerer und äußerer Bedrohung der Eigenstaatlichkeit Österreichs durch den Nationalsozialismus, anzunähern. Die Geschichte eines Lipizzanerhengstes, der als Kutschpferd des Kaisers endet, statt eine Karriere an der Hofreitschule zu absolvieren, schlägt an mehreren Stellen in eine Geschichtslektion über die Habsburgerdynastie um, in deren Mittelpunkt Erzherzog Franz Ferdinand steht. Die an einer deutsch-russisch-österreichischen Achse orientierte imperialistische Politik Franz Ferdinands und seiner Militärs erscheint als Krisensymptom und wird für den Untergang der Habsburgermonarchie mitverantwortlich gemacht. Während der Roman chronologisch konventionell das Schicksal Florians (und politische Ereignisse wie technische Modernisierung) entwickelt, bricht Salten an einer Stelle die Linearität auf, um mit historischer Prosa die politischen Kontroversen zwischen Kaiser Franz Joseph und dem Thronfolger darzustellen. Franz Ferdinands Katholizismus, seine Expansionspläne und Revisionsgelüste hinsichtlich des Ausgleichs mit Ungarn umreißen zusammen mit dem Psychogramm eines intriganten, machtbesessenen und ehrgeizigen Menschen jene Ambivalenz, welche die Habsburgerdynastie in das Abenteuer des Kriegs eintreten ließ.[193]

Literarisch schloss Salten wieder an die Novellen und Essays seiner frühen Jahre an, in denen er die Beschreibung von Physiognomien als Verfahren zur Charakterisierung komplexer politischer Verhaltensweisen und Beziehungen verwendet hatte. Und er verwertete erneut zahlreiche seiner früheren Themen, Reportagen und Skizzen.[194] Wieder setzt sich die von ihm beschriebene Gesellschaft aus Aristokraten und Schauspielern auf der einen und dem Volk aus subalternen Menschen und Dienstboten auf der anderen Seite zusammen. Saltens Ironie und aufklärerische Demaskierungslust, die etwa „Das Buch der Könige" (1905) ausgezeichnet hatte, wich allerdings, ganz in der Logik des von Claudio Magris definierten „Habsburger-Mythos" in der österreichischen Nachkriegsliteratur, einer nostalgischen Bestimmung des kaiserlichen Rituals als Grundlage einer überparteilichen und transnationalen Politik. Salten zitierte nur performative Stärken des Souveräns, um auf eine Autorität hoffen zu können, die gesellschaftliche Unterschiede und Konflikte durch affektive Symbole – und die Gewöhnung an sie[195] – friedlich zu regeln vermag. Wie schon im „österreichischen Antlitz", das die Verschmelzung des Porträts Kaiser Franz Josephs mit der Staatsidee wie der Loyalität der Untertanen beschrieb, liegt der erfolgreichen Politik die Sichtbarkeit der Majestät, die Repräsentation der Souveränität zugrunde (und geht, so scheint's, im demokratischen Parteienstaat verloren).[196] Mit dem Rückzug des Kaisers aus dem visuellen Spektakel der Fronleichnamsprozessionen, Militärparaden und Staatsbesuche beginnt in „Florian" denn auch die Macht der Habsburger zu schwinden. „Alle blickten zu den Fenstern des Kaisers empor. Alle erwarteten, das wohlbekannte schöne greise Antlitz zu sehen [...] Aber Franz Joseph war nicht in der Hofburg. Er blieb von nun an unsichtbar."[197]

Die metaphorisch gebrauchte Figur des Lipizzanerhengstes Florian deckt auf, was Salten unter „Österreich"[198] verstand: ein musikalisches Wesen, das durch lange Tradition und disziplinierte Arbeit an der Kunstfertigkeit hervorgebracht worden wäre, eine prekäre Mischung aus Erotik und Heroismus, in der letztlich die vitalen Bestrebungen über jedes strikte Regime triumphieren würden.[199] In „Florian" trifft man ein populares Bild österreichischer Identität, die in Absetzung vom deutschen Nationalismus vor allem in einer theatralisch-barocken Kultur verankert sein soll – eine Naturalisierung,

---

191 „Sascha" in Neue Freie Presse, 9.6.1935, „Brief an einen Jüngling" und Neue Freie Presse, 14.9.1937, „Leopoldsberg, neu"; als „Martin Finder" im Pester Lloyd, 19.8.1938, „Eine wahrhaft große Frau"

192 Z.B. Neue Freie Presse, 1.4.1934, „Auerhahnbalz - dramatisch", 17.6.1934, „Von Tau und Jagd", 21.7.1934, „Forellen in der Dämmerung", 8.5.1934, „Hunde", 30.5.1934, „Trappenbalz", 23.6.1935, „Amseln vor dem Fenster", 29.6.1935, „Pirschgang im Gebirge"; Pester Lloyd, 8.1.1936 u. 19.2.1936, „Jagd in einem ungarischen Wald", 16.4.1936, „Tralarum", eine groteske Umschriftung findet sich in Saltens Besprechung des antisemitischen Propagandafilms „Jud Süß", den er betont konventionell nach Schauspielerleistungen und Regieführung besprach.

193 Felix Salten: Florian. Das Pferd des Kaisers, Berlin/ Wien/ Leipzig 1933, vgl. insb., S. 154ff.

194 So z.B. die Fronleichnamsszene, die schon im Porträt Luegers (in: „Das österreichische Antlitz" und „Geister der Zeit") eine bedeutende Stelle eingenommen hat; das Porträt des Zaren und der Besuch des englischen Königs (in: „Das Buch der Könige"), die Kritik der aristokratischen Höflinge (in: „Wiener Adel"), das Starprinzip der Schauspielerinnen (z.B. in: „Mizzi"). Diese und andere Episoden fügen sich nunmehr zu einem Verweisungszusammenhang auf die Paralyse des Habsburger-Regimes.

195 Vgl. Salten, Florian, S. 162f.

196 Darauf beruht auch spiegelverkehrt die Erkenntnis des Physiognomikers. Salten lässt einen der Protagonisten anlässlich des Besuchs des englischen Königs sagen: „[E]in Monarch, der auf Besuch bei einem anderen Monarchen weilt, befindet sich in beispielloser Sichtbarkeit. Dagegen erscheint selbst ein splitternackter Mann noch verhüllt! Seine Absichten werden kenntlich oder wenn das nicht geschieht, merkt man doch, dass er aus seinen Absichten, aus seinen Gesinnungen lauter Rätsel machen will. Die Form, in der er sich gibt, er, der ein König ist und sein Gehabe bestimmen darf, kennzeichnet ihn [...] Erst Recht die Form, die er annimmt, wenn er ein Komödiant ist, die Rolle, die er sich wählt, die Art, wie er die Rolle spielt – das ist ein Meldezettel, eine Selbstanzeige, die man nur zu lesen braucht." Salten, Florian, S. 166.

197 Vgl. ebda. S. 286. Salten zeichnet darauf folgend eine Stimmung der Augusttage 1914, die man als Perversion des Festes interpretieren kann, das er zuvor als Inbegriff des Kaiserkults und der Habsburger Staatsidee umschreibt. Nun sind es Betrunkene, die Stimmung machen, und die Militärmusik „zwang" die Unsicheren „zur guten Laune". Salten umgeht hier den Beitrag der Zeitungen, nicht zuletzt seiner eigenen Parole „Es muß sein!" zur Produktion der nationalistischen Massenstimmung.

198 Einleitend lässt Salten eine seiner Figuren sagen: „Ich weiß knapp so viel, wie ein Österreicher braucht, damit er begreift, was Österreich und ein Österreicher ist." Salten, Florian, S. 29; er setzt bezeichnenderweise mit einer Lektion über den humanistischen und kunstsinnigen Kaiser Rudolf II. – nicht mit dem skrupellosen Kaisern der Gegenreformation – fort, der im Übrigen durch Grillparzers „Ein Bruderzwist im Hause Habsburg" bereits seinen definitiven Platz in der Literatur gefunden hatte.

199 Florians Erfahrung von Virilität und Freiheit machen ihn für die weitere Dressur untauglich, vgl. Salten, Florian, S. 177ff.

die bei Schriftstellern wie Hofmannsthal und Robert Müller bereits während des Kriegs zu lesen war. Andererseits aber ist „Florian" auch ein Plädoyer für einen republikanischen Realismus, wie ihn Salten selbst in seinen Zeitungsessays immer wieder unter Beweis gestellt hat. Elisabeth, eine der Protagonistinnen des Romans, widerspricht am Schluss ihrem monarchistischen Ehemann (freilich mit Blick auf die Zukunft des gemeinsamen Sohnes) und plädiert, wenn auch skeptisch, für die Öffnung zur Zukunft. „Eine neue, eine andere Welt entsteht! Wir kennen sie nicht, wir ahnen nicht, was kommt. Wir fügen uns oder lehnen uns dagegen auf [...] ich verdamme ihn keineswegs, den heutigen Zustand! Ich verstehe ihn! Ich empfinde sogar Begeisterung für diese Gegenwart!"[200]

Tritt Salten in „Florian" noch literarisch für die Toleranz gegenüber der Republik und deren politisch-kulturellen Experimenten ein, so stellt er sich nach dem gescheiterten Aufstand sozialdemokratischer Parteigänger im Februar 1934 offen hinter die restaurative Regierung. In einem, wie sich zeigte auch im Ausland viel beachteten Artikel in der „Neuen Freien Presse", rückte er den Aufstandsversuch gegen das Regime, das seit dem Frühjahr 1933 aufgrund von Notverordnungen regierte und neben anderem auch die Meinungs- und Pressefreiheit außer Kraft gesetzt und die Todesstrafe wieder eingeführt hatte, in den Rang eines politischen Abenteuers. Dem stellte er die angebliche Besonnenheit der Bevölkerung und die „heroische Pflichterfüllung" der Exekutive, die den Aufstand mit schwerer Artillerie niedergeschlagen hatte, gegenüber. Salten zeichnete, so wie in seinen Kriegsartikeln, ein poetisches Stimmungsbild, statt auf die Ereignisse unmittelbar, konkret und politisch abschätzend einzugehen. Obwohl Bundeskanzler Dollfuß bereits am Katholikentag im Herbst 1933 die Errichtung eines christlichen deutschen Staates auf ständischer Grundlage als sein Ziel verkündet hatte, sprach Saltens Artikel indirekt von der Legitimität des Regimes und von der Normalität des Alltagslebens, das von Unruhestiftern gestört worden sei. In diesem Zusammenhang scheute er nicht, die Gründung der Republik 1918 mit einem Begriff der antidemokratischen Parteien als „Umsturzzeit" zu bezeichnen und die tragischen Gewalttaten, die 1927 zum Brand des Justizpalastes geführt hatten, als das Werk „ortsfremder Hetzer". Während noch Standgerichte Todesurteile über Anführer des Aufstandes verhängten, schrieb Salten, der sich zahlreicher katholischer Metaphern bediente, von der „Gnadensonne", die sich zeigen und zur Versöhnung führen werde; nicht zuletzt, weil „[d]ie Menschen [...] in Wirklichkeit Ruhe haben [wollen]. Sie wollen Frieden und eine gesicherte Existenz."[201]

Aus Paris antwortete Joseph Roth auf diese Positionierung in einem Brief, in dem er Salten davon in Kenntnis setzte, wie dessen Renommee bei den Schriftstellern im Ausland gelitten hatte. Roth legte auf diskrete Weise dar, wie fatal die scheinbar „unpolitische" Haltung war, die Salten für sich und die Österreicher schlechthin beanspruchte: „Sie duerften fuehlen, wieviel aufrichtigen Respekt ich vor ihnen habe; und wie sehr ich ihnen dankbar bin fuer die Offenherzigkeit, mit der Sie mir schreiben. An ihrem Artikel habe ich allerdings auszusetzen – und Sie werden mir glauben, dass es in aufrichtiger Kameradschaft geschieht – : a) eine gewisse Bejahung des nicht zu leugnenden blutigen Unternehmens. b) Ich kann nicht umhin, Ihren Ausdruck ‚ortsfremde Hetzer' zu beanstanden. Sie wissen ebenso wie ich, dass dieser Klischeebegriff ‚ortsfremde Hetzer' von Antisemiten verwendet wird, um Juden zu treffen, und zwar dort, wo sie nicht das Wort Juden gebrauchen wollen. Infolgedessen haette ich als Jude diese Schablone niemals gebrauchen duerfen. c) Sie haben ferner lediglich das Heroische der Executivgewalt betont; waehrend, meiner Meinung nach, und zwar meiner soldatischen Meinung nach, die heroische Haltung der armen Arbeiter eher zu erwaehnen gewesen waere. d) Wenn sie von dem Wiener Volk sprechen, das so viel seit zwan-

Theaterzettel: Zur Uraufführung von „Kaisertochter. Fünf Akte frei nach der Geschichte von Felix Salten", Deutsches Volkstheater, 19.10.1936. (ÖThM)

200 Ebda, S. 313f.
201 Vgl. Felix Salten: „Nervenprobe", in: Neue Freie Presse, 18.2.1934, .

Felix Salten, um 1935. (NFS/LWA)

zig Jahren durchzumachen hatte, so koennen Sie keineswegs von diesem Wiener Volk die gefallenen Arbeiter ausnehmen, da diese seit zwanzig Jahren mehr gelitten haben, als alle anderen Schichten der Wiener Bevoelkerung [...]." Es sei keine Frage von „links oder rechts", schrieb Roth, da selbst französische katholische Schriftsteller beim österreichischen Präsidenten Miklas protestiert hätten. „Ich schreibe Ihnen das alles, weil ich ueberzeugt bin, dass Sie als ein Schriftsteller von Weltgeltung mit Ihren oeffentlichen Aeusserungen sehr vorsichtig sein muessten."[202]

Im Notizbuch hielt Salten seine Eindrücke vom „Anschluss" Österreichs an das Deutsche Reich 1938 fest: „14. März. Anschluß vollzogen. Miklas zurückgetreten. Schuschnigg verhaftet [...] 38.5° Fieber. 15. März. Hitler in Wien [...] und [...] von Juden requiriert. 39.7° Fieber Bronchitis [...] 16. März. [...] Die [...] Unwürdigkeit Wiens. Grosse Parade. Man soll jetzt ganz ohne Unterschied des Alters [...] Strassenwaschen. Von 11h-2h [...]!"[203] In den Monaten bis zur Ausreise in die Schweiz im März 1939[204] schützte ihn sein internationales Ansehen als Autor vor persönlichen Repressalien. In einem Brief an D.L. Chambers, Saltens Kontaktperson bei seinem amerikanischen Verlag Bobbs-Merrill, führte Salten dies teils auf den persönlichen Schutz zurück, den er durch den amerikanischen Generalkonsul Leland Morris erfahren hatte.[205]

Am 14. Juli 1938 machte Salten die Vermögensaufstellung für die Vermögensverkehrsstelle, die nach den wilden „Arisierungen" die bürokratisch-ordnungsgemäße Enteignung der Juden organisierte. Saltens Vermögen war laut seinen Angaben gering. Den größten Wert stellte seine Bibliothek dar. Einer noch nicht festgesetzten Abfertigung bei der „Neuen Freien Presse" und davon berechneten Pensionsansprüchen standen wesentlich höhere Schulden aus Verlagsvorschüssen bei Zsolnay und Felix Bloch Berlin gegenüber, sowie ein Darlehen seiner in Zürich lebenden Tochter Anna Katharina Rehmann.[206] Am 20. August 1938 musste Salten die Villa Cottagegasse 37 räumen und in die Cottagegasse 26 übersiedeln.[207] Im September 1938 zeigte Salten der Vermögensverkehrsstelle an, dass er nunmehr seine Abfertigung von der „Neuen Freien Presse" erhalten habe, und fügt hinzu, dass sein amerikanischer Verleger die Tantiemen

202 Joseph Roth an Felix Salten, Paris, 6.3.1934, (NFS/ALW).
203 Notizbuch Felix Salten, 1938, (NFS/ALW).
204 Saltens Notizbuch aus 1939 legt den 3. März 1939 als Tag seiner Abreise fest.
205 Felix Salten an D.L. Chambers, undatiert, um 1940, (NFS/ALW).
206 Vor der „Vermögensverkehrsstelle" im NS-Österreich legte Salten folgenden Besitzstand offen: Forderungen an Österreichische Journal-Aktien-Gesellschaft (Neue Freie Presse) 600,-. (Diese werden vom Unternehmen zunächst bestritten.) Versicherungsanstalt der Presse, Pensionsansprüche: Höhe nicht bekannt. (Diese hingen von der zuvor erfolgten Abfertigung der ÖJAG ab.) Altenteilsrechte: 800,- pro Jahr, Kapitalwert dessen: 5.600.-. Schmuck, Kunstgegenstände u.a.: 2.950,-, darunter der höchste Wert: die Bibliothek (1.000 RM). Schulden: Verlagsvorschuss Paul Zsolnay 41.888,- Verlagsvorschuss Felix Bloch Berlin 6.600,- (5% Verzinsung), Darlehen durch Tochter Anna Katharina Rehmann 10.000,-. Israelitische Kultusgemeinde Wien, Archiv, Verzeichnis über das Vermögen von Juden, Akt Felix Salten vom 14.7. und 13.12.1938.
207 Bestätigung der Polizeidirektion Wien vom 9.5.1947, Israelitische Kultusgemeinde Wien, Archiv.

Saltens Wohnhaus im Züricher Exil in der Wilfriedstraße, um 1940. (NFS/LWA)

für das erste Halbjahr 1938 irrtümlich in die Schweiz überwiesen habe: „Ich erstattete der Reichsbank Hauptstelle davon Meldung und erbat deren Weisung."[208]

In dem genannten Brief an D.L. Chambers gab Salten einen knappen Kommentar zu den Verhältnissen im nationalsozialistischen Wien: „Was sich in Wien begeben hat und offenbar immer noch begibt, ist der ganzen Welt, wenn auch nicht in vollem Umfang, doch hinlänglich bekannt, so dass ich keinen Versuch unternehmen brauche, diese Dinge zu schildern, deren Schilderung gar nicht übertrieben werden kann." Mehr wollte Salten auch an anderer Stelle nicht sagen über die unzähligen Grausamkeiten, die sich in Wien und Österreich ereigneten, ohne ihn persönlich zu treffen; wohl weil er darin auch eine Gefahr für sich selbst gesehen hätte;[209] vielleicht aber auch, weil er seine Schwester in Wien zurücklassen hatte müssen. Er selbst habe sich in dieser Zeit mit der Arbeit an einer „phantastischen Novelle" – wahrscheinlich am unveröffentlichten Roman „Ein Gott erwacht" – „gleichsam anästhetisiert" und mit der historischen Erzählung „die ungeistige Gegenwart" von sich ferngehalten.[210]

In den ersten Monaten scheint Salten den Ausnahmezustand, den die nationalsozialistische Machtübernahme bedeutete, nicht in vollem Ausmaß zur Kenntnis genommen zu haben. Er schloss noch im April 1938 gemeinsam mit den nationalsozialistischen Treuhändern des „arisierten" Zsolnay Verlags einen Vertrag mit dem amerikanischen

208 Felix Salten an die Vermögensverkehrsstelle Wien, 7.9.1938, Israelitische Kultusgemeinde Wien, Archiv.
209 „The world has not the imaginative faculty to such horrible atrocities. I tell you that strongly confidential and I beg you don't give any publicity and don't call my name in this relation. It could have the most serious consequences for my person perhaps for my life." Undatiertes, unadressiertes Schreiben Felix Saltens, (NFS/ALW), wahrscheinlich gleichfalls an D.L. Chambers, vgl. Hall, S. 531.
210 Felix Salten an D.L. Chambers um 1940, (NFS/ALW).

Verlag Bobbs-Merrill über die Rechte an der Ausgabe von „Perri" für die USA und Kanada ab; ein Abkommen, das nach Saltens Emigration noch komplizierte Rechtsstreitigkeiten nach sich ziehen sollte. (Etwa zur selben Zeit beschlagnahmte die Geheime Staatspolizei die eben fertiggestellte Erstauflage von „Perri" und ließ sie einstampfen.) Der Verlag erhoffte sich durch die Bindung Saltens lukrative Devisengeschäfte aus den Buch- und Filmrechten, vor allem am amerikanischen Markt.[211] Welch befremdende Effekte der Literaturmarkt in der NS-Zeit zeitigen konnte, geht aus einem Brief des holländischen Verlegers Gildemeester hervor, der von Zsolnay mit dem Hinweis auf eine vermeintliche Deportation Saltens in ein Konzentrationslager die Rechte an dessen deutschsprachigen Büchern erwerben wollte – mit Verweis auf potenzielle Deviseneinnahmen für das Deutsche Reich.[212]

Im Herbst 1938 bereitete indes Anna Rehmann die Ausreise ihrer Eltern in die Schweiz vor. Sie erwirkte im Februar 1939 bei der Fremdenpolizei die Aufenthaltsgenehmigung, allerdings mit der Auflage, dass Salten keiner journalistischen Arbeit nachgehen dürfte. Diese Einschränkung ging auf die Intervention des Schweizer Schriftsteller-Vereins zurück, der sein Einverständnis an die Erfüllung dieser Auflage band.[213] Ein Monat nach dem Bescheid verließen Felix und Ottilie Salten Wien. Er sei „aus Wien keineswegs geflohen", sondern habe sich „meinem eigenen Entschlusse folgend auf immer entfernt", teilte Salten D.L. Chambers mit.[214]

Das Exil[215] konfrontierte Salten mit der Notwendigkeit, seine finanziellen Grundlagen zu prüfen und zu reorganisieren. Das hieß vor allem, sich einen Überblick über die Verträge mit seinen internationalen Verlegern für Buch- und Filmrechte verschaffen und die Überweisungen der anfallenden Honorare und Tantiemen in die Schweiz sichern.[216] Zwei Werke Saltens standen dabei im Zentrum komplizierter und langwieriger Verhandlungen, die erst mit dem Spruch eines New Yorker Schiedsgerichts Anfang 1940 zugunsten Saltens endeten. Auf Drängen seines Freundes Paul Zsolnay, der nach der „Arisierung" seines Betriebes nach London emigriert war, aber weiterhin als Vertreter für die Weltrechte des Wiener Zsolnay Verlags agierte, kündigte Salten seinen Autorenvertrag. (Paul Zsolnay hatte zuvor Saltens Schulden beim Verlag auf seine Person übertragen lassen, so dass Salten theoretisch nicht mehr privatrechtlich an den Zsolnay Verlag gebunden war.)

Salten berief sich darauf, dass der Verlag „Perri" nicht ausgeliefert und die Vertragsgrundlage dadurch verletzt habe. Der Wiener Zsolnay Verlag akzeptierte die Kündigung nicht mit Verweis auf die im April 1938 abgeschlossene, „Perri" betreffende gemeinsame Vereinbarung mit Bobbs-Merrill. Der mit dem amerikanischen Verlag vereinbarten Übersetzung konnte der Wiener Zsolnay Verlag unbeschadet des Veröffentlichungsverbotes im Großdeutschen Reich nachkommen. Der amerikanische Verlag weigerte sich nun angesichts der unklaren Rechtslage, mit Salten direkt zu verrechnen und hielt die ihm zustehenden Tantiemen zurück. Dies versetzte Salten wiederum in die Lage, bei den US-Gerichten ein Verfahren zu beantragen, dass ihm im Februar 1940 recht gab und die Ansprüche des Wiener Zsolnay Verlags abwies.

In eine noch schwierigere Situation geriet Salten mit „Bambi". Simon&Schuster, der US-Verleger von „Bambi", und Salten hatten die Filmrechte für den verhältnismäßig geringen Betrag von 1.000 Dollar an einen Mr. Franklin verkauft. Vereinbart war eine zehnprozentige Beteiligung am Gewinn, sollte Franklin den Film selbst produzieren. Für den Fall des Weiterverkaufs der Filmrechte verpflichtete sich Franklin, 50 Prozent des Gewinns abzugeben. Franklin verkaufte nun an Walt Disney und behauptete Simon&Schuster gegenüber, dabei keine Gewinn erzielt zu haben. Auf Drängen von Simon&Schuster, die Betrug witterten, bot Franklin weitere 4.000 Dollar an, wenn Zsolnay, Salten und Simon&Schuster in getrennten Verträgen auf alle weiteren Rechte verzichteten, insbesondere auf die Rechte an Bild- und Spielzeugprodukten, die Disney herstellen und in großem Ausmaß vermarkten wollte.

---

211 hiezu und zu den folgenden Ausführungen über die Konflikte mit dem Zsolnay-Verlag vgl. Hall, S. 534ff.
212 ÖLA, Zsolnay-Archiv, Brief Gildemeester vom 8.7.1939.
213 Vgl. Schweizer Schriftsteller-Verein an die Fremdenpolizei der Stadt Zürich vom 22.11.1938, (NFS/ALW); Kanton Zürich, Direktion des Polizei, Fremdenpolizei an Anna K. Rehmann-Salten, 6.2.1939 (NFS/ALW). Ähnlich stereotype Bescheide erhielten die meisten österreichischen Schriftsteller im Exil, vgl. Claudia Hoerschelmann: Exilland Schweiz. Lebensbedingungen und Schicksale österreichischer Flüchtlinge 1938 bis 1945, Innsbruck 1997 S.240ff.
214 Brief Felix Saltens an D.L. Chambers, um 1940, (NFS/ALW).
215 Zum Schweizer Exil vgl. Gabriele Reinharter: Felix Salten. Schriftsteller, Dipl. Arb., Graz 1992.
216 Zu Konflikten um Direktzahlungen an Salten nach 1938 vgl. z.B. den Brief des Pantheon Verlags Budapest (betreffend „Perri") vom 10.7.1939 an den Zsolnay Verlag, ÖLA, Zsolnay-Archiv, 19.10.11939.

Franklin war es damit gelungen, den Konflikt von sich wegzuschieben. Während Salten und Zsolnay den neuen Vertrag unterschrieben, weigerten sich Simon&Schuster, die im Besitz der ausschließlichen Verlagsrechte für die USA waren. Walt Disney erklärte sich deshalb zu einem Abkommen bereit, in dem er den Verlag an den Bildrechten seiner Bambi-Kreationen beteiligte. Für Salten ergab sich eine Zwangslage, da Simon&Schuster seinen Anteil aus dem Verkauf an Franklin – 800 Dollar – zurückhielten. Einerseits hatte der Schiedsspruch vom Februar 1940 die Blockade durch den Wiener Zsolnay Verlag gelöst, andererseits zwang die starke Vertragsposition von Simon&Schuster Salten, Disneys Angebot zuzustimmen, um seinen Anteil aus dem nunmehr aufgebesserten Verkauf der Filmrechte zu erhalten.[217]

Salten scheint jedenfalls in den Jahren seines Schweizer Exils von den Tantiemen aus seinen Buch- und Filmrechten in den USA abhängig gewesen zu sein. Verzögerungen der Zahlungen aus politischen oder technischen Gründen stellten eine große Belastung dar. In einem Brief an Thomas Mann verteidigte sich Salten, warum er in der Schweiz bleiben und nicht in die USA auswandern wollte: „Hier kann ich dank meiner amerikanischen Einnahmen einen leidlichen Standard aufrecht halten. Drüben wäre dazu das Fünffache nötig, worauf ich kaum rechnen dürfte."[218]

1941/42 verschlechterte sich die Situation Saltens, wie man seiner Korrespondenz mit Grete von Urbanitzky entnehmen kann, die seit 1940 ebenfalls in der Schweiz lebte. Die Überweisung der amerikanischen Honorare waren mit dem Kriegseintritt der USA gesperrt worden. Hinzu kam eine ernsthafte Erkrankung Ottilie Saltens. In einem Brief an Urbanitzky, wenige Wochen vor Ottilies Tod, schrieb Salten: „Mein Winter war [...] durch mangelnde Heizung, durch Grippe quälend gewesen [...] Otti ist so sehr krank, dass man auf Alles gefasst sein muss, wobei sie selbst die Gefassteste und in Wahrheit Ruhigste ist. Natürlich wirkt das auf uns andauernd als eine Zerrüttung unserer Nerven und meine Magenstörungen, die übrigens hier in Zürich epidemisch sein sollen, tragen keineswegs dazu bei den Zustand zu erleichtern [...] Es kann keine Rede davon sein für mich in den Tessin zu fahren. Ich habe kein Geld, muss schliesslich bis zuletzt bei Otti bleiben, selbst wenn das Geld aus Amerika käme."[219]

Im Schweizer Exil begann Salten mit der Arbeit an seinen Memoiren, die er bis zum Ende des Ersten Weltkriegs heraufzuführen beabsichtigte, dem Zeitpunkt, „wo ich die wichtigsten österreichischen Persönlichkeiten gekannt habe". Diese Arbeit sollte „gewissermaßen [...] eine Flucht aus dieser all zu turbulenten Gegenwart" darstellen.[220] Eine Mitarbeit am P.E.N.-Club im Exil lehnte er ab. Die jüdische Gemeinde in der Schweiz sollte für ihn hingegen ein wichtiges soziales Umfeld und ein Ort öffentlichen Wirkens werden. Für den Verein zur Förderung jüdischer Kunst in der Schweiz „Omanut" etwa referierte Salten im November 1941 über „Juden am Theater"[221]. Eine Zusammenfassung seines Lebensthemas gab er mit einem Vortrag über Heinrich Heine: „Für Felix Salten [...] verkörpert Heine Wesen und Schicksal des Judentums. [...] Im schöpferischen jüdischen Menschen sind zwei Elemente enthalten: eine mosaische, das heißt kämpferische, revolutionäre, die aus der Knechtschaft zur Freiheit strebt, und eine davidische, rein dichterische, psalmensingende Natur. Heine hat nach ihm beide Eigenschaften und damit den doppelten Stempel des jüdischen Wesens. In der ersten ist er Kämpfer und Revolutionär, in der zweiten konservativer Idylliker. Obwohl Weltbürger, wie nur Goethe, hat Heine die deutsche Heimat geliebt, wie es vielleicht nur Juden können. Seine viel verlästerte Frivolität ist nur Reaktion gegen die Mittelmäßigkeit der Umwelt. Ausdruck eines aus der Scham des Herzens geborenen Dranges nach Wahrheit."[222] Etwas von dieser Haltung scheint auch in Felix Saltens Leben und Werk auf. Er starb am 8. Oktober 1945 in Zürich im Exil.

Die letzte Aufnahme von Felix Salten, 1943. (NFS/LWA)

217 Vgl. Greenburger an Felix Salten, 7.6.1940, (NFS/ALW); einem undatierten unadressierten Briefkonzept im Salten-Archiv nach wollte Walt Disney später Salten den Titel „Bambis Kinder" untersagen; aus Saltens Brief wird deutlich, dass er auf eine Verfilmung des Buches durch Disney hoffte.
218 Vgl. Felix Salten an Grete von Urbanitzky vom 12.2.1942, WB, Nachlass Urbanitzky, Korrespondenzen XVIII; Felix Salten an Henry Morgenthau Jun., 15.4.1942, (NFS/ALW); und Felix Salten an Thomas Mann, Zürich, 20.9.1941, (NFS/ALW).
219 Felix Salten an Grete von Urbanitzky, 5.12.1941 u. 16.6.1942 (NFS/ALW).
220 Felix Salten am 19.10.1939 an Otto Tressler über seine Pläne für eine Autobiografie. Memoiren schienen als Möglichkeit auf, aus der Gegenwart zu flüchten. WB, Salten-Briefe, I.N. 225490.
221 „Omanut", Verein zur Förderung jüdischer Kunst in der Schweiz, 12.10.1941. Einladung Felix Salten für einen Vortrag über „Juden am Theater", NFS/ALW).
222 Vgl. Israelitisches Wochenblatt für die Schweiz, 9.5.1940.

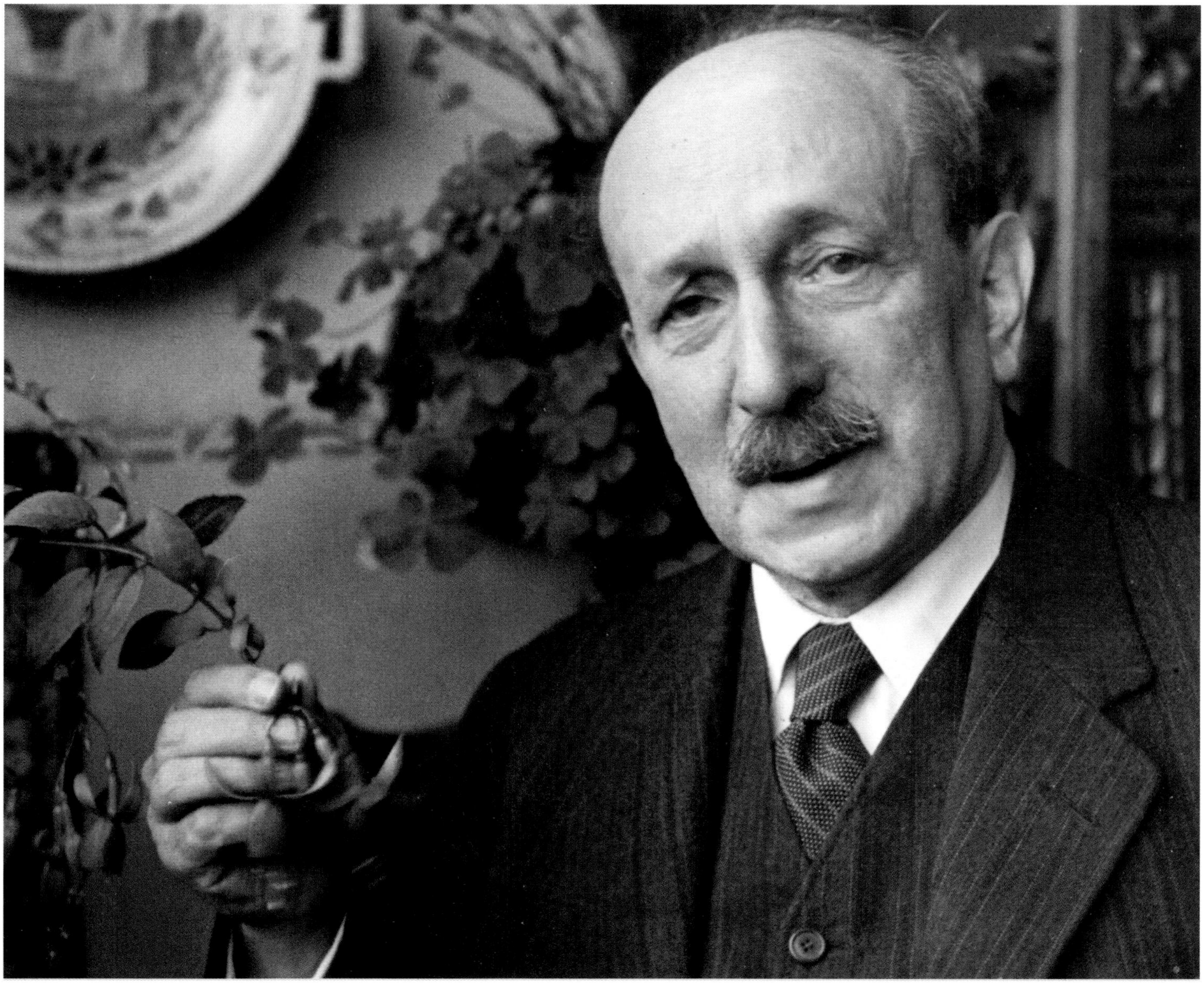

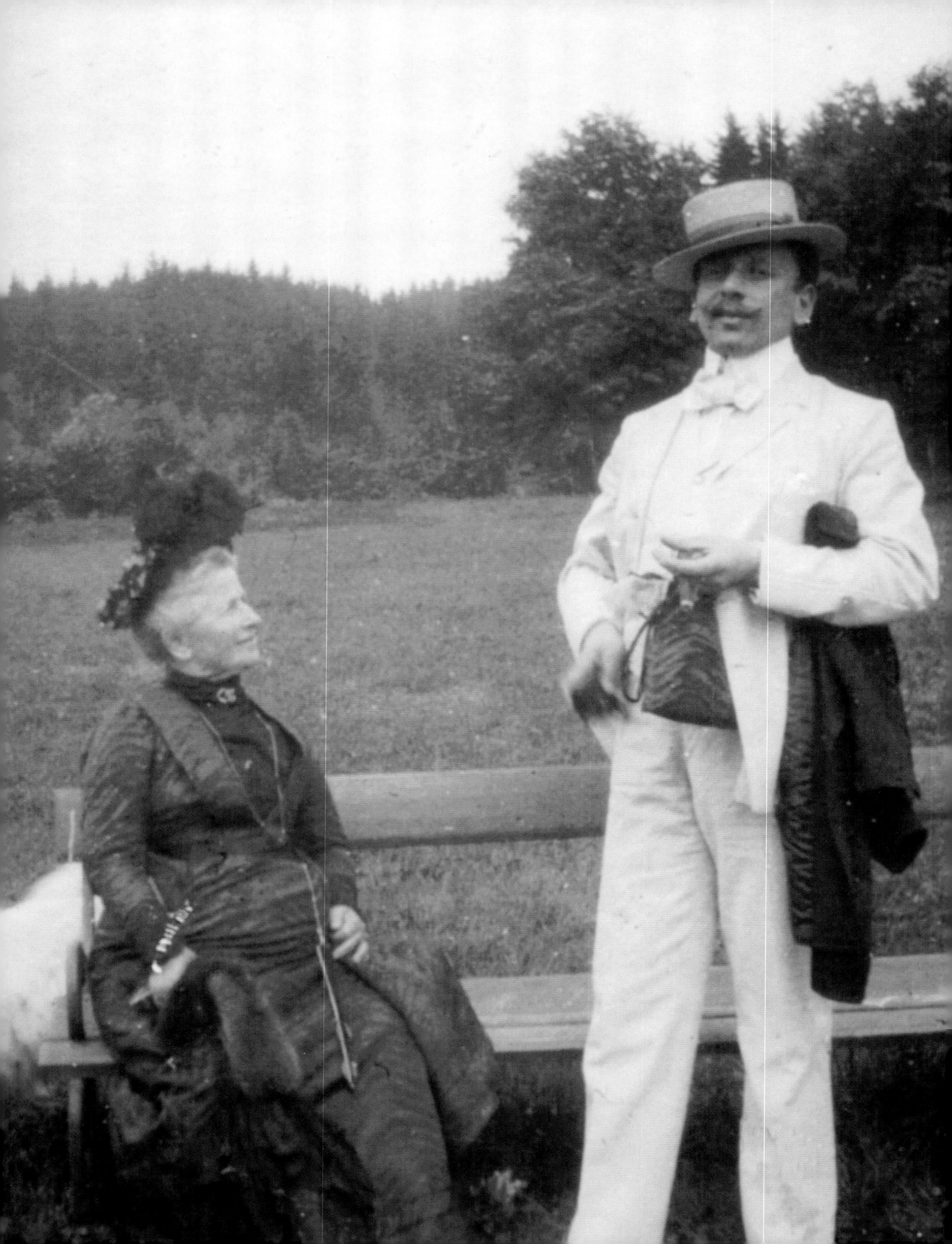

Klaus Müller-Richter

„Voll Aufmerksamkeit für ihren Gang …"

Felix Saltens Graphologie urbaner Bewegungen in den frühen Novellen (1893-1911)

– I –

Vorschau: Felix Salten mit seiner Mutter in Marienbad, um 1890. (NFS/LWA)

Felix Salten ist – das gilt vor allem für seine frühen Texte – ein vielseitiger, nach unterschiedlichsten Seiten hin offener, die vorherrschenden Tendenzen seiner Zeit unmittelbar aufnehmender, auch anpassungswilliger Autor. Dies macht Salten aus ganz sachlichen (nicht ästhetisch wertenden) Gründen zu einer, wenn nicht der zentralen literarischen Figur der Wiener Jahrhundertwende, einer Figur, die gleichwohl literaturwissenschaftlich weitestgehend unentdeckt – und auch ungewürdigt ist.[1] Was so missverstanden werden könnte: Das eben Gesagte ist keineswegs als Auftakt zu einer Hagiographie aus gegebenem Anlass gedacht, auch nicht als Versuch, den Umstand zu leugnen, dass Salten anders als seine Freunde aus der Jung-Wiener Schule keinen eigenen, markanten Stil ausgebildet hat; es ist vor allem als Text- und darüber hinaus als Werkbeobachtung gemeint.

Die Vielseitigkeit seines literarischen Schaffens wird zunächst einmal an der Vielzahl von Textsorten deutlich, die Salten bedient hat: Neben einer umfassenden Sammlung von Feuilletons zu verschiedenen gesellschaftlichen Gegenständen und allen Gattungen der Literatur legt Salten in schneller Folge und zeitgleich kurze Novellen, romanhafte Erzählungen und historische Stoffbearbeitungen vor, schreibt Milieuschilderungen, Stadtvignetten, Portraits und Typenbeschreibungen, veröffentlicht Tiergeschichten und Tierfabeln, und – wenn wir von Saltens Autorschaft ausgehen – einen romanlangen, veritablen pornographischen Text: die „Josefine Mutzenbacher".

Verallgemeinert man auf literarische Tendenzen oder Verfahrenstypen, so verweisen zum einen Saltens durchgehend hohes Sprachregister, seine alle Gegenstände der Beschreibung über Attribute detaillierende Narrationen, das allgegenwärtige Pathos des Gestenspiels, die Exaltiertheit dramatisierter Handlung und die melodramatischen Überhöhungen des Plots auf zentrale Textstrategien des Symbolismus und Impressionismus; der avancierte wie forcierte Mix aus erlebter Rede, innerem Monolog und Ansätzen eines *stream of consciousness*, der alle literarischen Texte Saltens gleichermaßen kennzeichnet, ist zum anderem dem subjektivistischem Verfahrensensemble der Jung-Wiener Fin de Siècle-Avantgarden entnommen;[2] und wo schließlich der Text sich umfassenden Milieuschilderungen öffnet, sind Anklänge an naturalistische Schulen unverkennbar.[3] Allerdings partizipieren Saltens Arbeiten nicht nur an einem im hohen Maße rekurrenten Netz zeitgenössischer Themenvorlieben (so etwa die Dominante der Todesthematik in Kontext der Jung-Wiener);[4] oder an einem zeitgenössisch typischen Thesaurus literarischer Strategien, die jedoch stets mit bekannteren Wiener Autoren in Verbindung gebracht werden (so der *innere Monolog*, der auf nicht absehbare Zeit von Schnitzlers „Leutnant Gustl" besetzt ist); Saltens

---

1) Jürgen Ehneß, der die jüngste umfassende Arbeit zu Saltens erzählerischem Werk (Felix Saltens erzählerisches Werk. Beschreibung und Deutung, Peter Lang: Frankfurt a.M. u.a. 2002) vorgelegt hat, geht sicherlich recht in seinem Urteil, dass bislang zu Salten keine monographische Forschungsliteratur von Rang vorliegt; und es ist sicherlich sein Verdienst, eine systematische Synopsis des umfassenden Prosawerkes Saltens vorgelegt zu haben.

2) Auch Ehneß sieht für Salten die 90er Jahre der Jung-Wiener als prägend an: das Bemühen nämlich, die traditionelle Erzählweise, die Hermann Bahr unter dem Sammelbegriff des ‚Naturalistischen' abkanzelt, hinter sich zu lassen; dies trifft übrigens auch noch für das Spätwerk und die längeren, romanhaften Texte zu (etwa auf „Der Hund von Florenz [1923] oder auf „Martin Overbeck. Der Roman eines reichen jungen Mannes" [1927]), allerdings setzt Salten hier die experimentellen Erzählstrategien im Sinne einer melodramatischen Zuspitzung und als narrative Auszeichnung ein.

3) Allerdings sollte die Distanz zwischen dem Symbolismus und dem Naturalismus nicht dem rhetorischen Unternehmen Bahrs nachgesprochen werden, der den innovativen Anspruch der Jung-Wiener über literarhistorische Antagonismen und Oppositionen markiert. Gerhard Hauptmanns Texte der 90er und 00er Jahre sind mit Blick auf ihre Verfahren durchaus symbolistisch zu nennen; es ist allein die thematische Orientierung an ärmeren Schichten der Bevölkerung und die Übernahme von Kolloquialität in der Rollenprosa, die ihn zu einem Vertreter des Naturalismus machen; und in dieser Hinsicht ist auch Saltens frühe Prosa stark vom Naturalismus beeinflusst.

4) So steht Saltens Novelle „Der Hinterbliebene", die zwischen 1893-1899 entstanden ist, in einer direkten Nachbarschaft zu Artur Schnitzlers „Sterben" [1882], Leopold von Andrians „Garten der Erkenntnis" [1895] und Richard Beer-Hofmanns „Der Tod Georgs" [1900].

Arbeiten speisen sich auch – so lautet meine These – aus einem bedeutsamen Netz zeitgenössischer Diskurse des ausgehenden 19. Jahrhunderts, die sich um das Problemfeld des Urbanen gruppieren lassen: um eine – wie ich sie einmal vorläufig nennen möchte – „psychophysische Pädagogik des Urbanen".[5] Was mit einer solchen psychophysischen Pädagogik des Urbanen gemeint sein könnte und auf welche Weise diese in Saltens narrativen Texten mitgeführt wird, möchte ich im Folgenden mit Blick auf zwei frühe Novellen von 1908 zeigen: „Die Wege des Herrn" und „Der Feiertag".[6]

– II –

Bereits der andeutungsreiche Titel „Die Wege des Herrn" von Saltens Tiernovelle verweist voraus auf die „unergründliche", unlesbare Topographie, die zu durchlaufen dem Protagonisten des Textes, einem Hund, schicksalhaft bevorsteht; und präludiert die letztlich tödliche Hierarchie zwischen Herr und Knecht, Gott und Gläubigen, die sich im Fortgang der Novelle vor allem als Unterschied von Mobilitätsformen und Raumpraxen im Terrain der Metropolis (Wien) enthüllt. Denn woran der Hund in dieser Geschichte zu Grunde geht, ist die Beschleunigung der Bewegung im Stadtraum durch die Technisierung des urbanen Verkehrs, hier: durch die Straßenbahn, die sein Herr benutzt und die ihm vorenthalten wird; so hetzt er dem entschwindenden Gefährt nach, das sein Herr erklommen hat, bis zu einem Platz, an dem die Linien des Verkehrs sich kreuzen und verwirren, mithin die Identität des einen Wagens als Zeichen für den Herrn sich auflöst: „Aber da kreuzten viele solche gelben Wagen, verwirrten ihn, er war erschrocken, wandte sich nach allen Seiten, doch überall rollten diese gelben Wagen, kamen entgegen, verschwanden unter anderem Fuhrwerk, entfernten sich und glichen einander zum Verwechseln."(17) Der so verwirrte Hund, fortan der komplexen Zeichen unkundig, folgt schließlich einem falschen Wagen bis zur Endstation und verendet dort völlig entkräftet auf einem Wiesenstück seitab.

Es bedarf wenig interpretatorischen Wagemuts, Saltens Hybrid aus Tiergeschichte und Großstadt-Allegorie trotz gesicherter Tierliebe Saltens nicht – oder doch weniger – als Plädoyer für ein höheres Maß an Tierliebe zu verstehen, sondern viel mehr als Allegorie auf mangelnde Raum- und Lektürekompetenz, mithin auf die existentielle Gefahr für jene, die mit der Großstadt (noch) nicht vertraut sind. Dass diese Gefährdung im Kontext der Doppelmonarchie und der Relation von imperialem Zentrum (Wien) und Peripherie (Kronländer) einen klassenspezifischen und darüber hinaus territorialen oder ethnischen Index besitzt, zeigt ein Seitenblick auf einen Text aus Saltens erstem Novellenband „Der Hinterbliebene" [1900] mit dem Titel „Begräbnis" (datiert auf 1893). Dort ist es ein altes slowakisches Bauernpaar, von dem es heißt, es würde ihr kleines Stück Land wie „Ackertiere" bearbeiten, das zum Begräbnis ihres einzigen Sohnes nach Wien kommt, durch Zufall zwar die Kaserne, in der das Totenzeremoniell abgehalten wird, noch findet, dem Begräbniszug aber schließlich – wiederum aus verkehrstechnischen Gründen – nicht folgen kann: „Sie werden nicht wissen, wo ihr Sohn ruht, nicht die Stelle kennen, an der man ihn begraben."[7]

Dass große Städte eine Herausforderung für das wahrnehmende Erkenntnissubjekt darstellen können, mithin die drohende Verwirrung durch besondere Syntheseleistungen des Intellekts und Strategien der Orientierung gekontert werden muss, ist ebenso ein Topos mit einer langen Tradition, die bis in die Aufklärung zurückreicht, wie die oft beschriebene Gefahr, dass man an dieser Syntheseaufgabe auch scheitern kann.[8] Interessant ist die besondere und aktuelle Abform, die dieser Topos bei Salten und seinen Zeitgenossen annimmt. Denn das erkennende

Felix Salten: Die kleine Veronika, Berlin 1903.

---

5) Es ist eine Besonderheit der Saltenschen Prosa, dass sie ihre Narrationsverläufe entweder durch kurze diskursive Signale oder – wie etwa in „Martin Overbeck. Der Roman eines reichen jungen Mannes" – durch diskursive Exkurse unterbricht; was als erzählerischer Mangel erscheinen mag, kann auch als Hybridisierung des Literarischen gewürdigt werden.
6) Ich zitiere die beiden Texte nach der Novellensammlung „Die Wege des Herrn. Novellen von Felix Salten", Deutsch-Österreichischer Verlag: Wien 1911. Im folgenden Seitenangaben im Fließtext.
7) Felix Salten, Begräbnis, in: Der Hinterbliebene. Kurze Novellen, Wien 1900, S.139-152, hier: S.152.
8) Vgl. hierzu Karlheinz Stierle, Der Mythos von Paris. Zeichen und Bewußtsein der Stadt, Hanser: München 1993; der Verf., ,Kulturhistorische Beute'. Das Primitive im Feuilleton, in: Klaus Müller-Richter / Kristin Kopp (Hrsg.), Die ,Großstadt' und das ,Primitive' – Text, Politik und Repräsentation, Metzler-Verlag: Stuttgart 2004, S.115-134.

Felix Salten (Fotograf): Gerty von Hofmannsthal, um 1904. (NFS/LWA)

Subjekt steht nun nicht mehr – wie bei Kant etwa – gleichsam körperlos und in transzendentaler Singularität einer taxonomisch beherrschten, statischen Stadtwelt gegenüber; es ist vielmehr in die Dynamik urbaner Reizvielfalt unmittelbar räumlich und zeitlich hineingezogen. Die Kategorien des Raums und der Zeit fungieren fortan als lokal bedeutsame Koordinaten körperlicher Bewegungen des Subjekts durch den Stadtraum, in dem keine abstrakte Orientierung mehr möglich scheint; sie bestimmen aber zugleich auch noch den Wahrnehmungsprozess selbst in seiner körperlichen Begrenztheit: als raum- und zeitkritisch determiniert. Die Krise der Wahrnehmung ist mithin keine Krise des Verstandes mehr, sondern eine Krise der Physis, die sich in Saltens Texten verstärkt und monoman über eine körperliche Symptomatik bemerkbar macht: Der Hund, mit der Erschöpfung seines Körpers befasst und begrenzt auf den Sichtraum eines Vierbeiners (der Herr erscheint ihm als „ein paar schwarze Schuhe" [11]), verliert die Übersicht und sein überlebensnotwendiges Wissen, welcher Stellvertreter, welches Zeichen, welcher Wagen seinen Herrn befördert.

In Saltens Novelle „Der Feiertag" ist es der körperliche „Drang" (240) der Sexualität, der den Protagonisten in mäandernder und zielloser Weise irrend durch die Topographie Wiens „treibt" (240). Obwohl der Text zunächst behäbig in einer Art naturlyrischer Detailversessenheit schwelgt und die Stadtlandschaft in feiertäglicher Statik evoziert, wird die Er-Figur sofort in die flüchtige Struktur des Kommens und Gehens hineingezogen (die ersten fünf Absätze beginnen ana-

Felix Salten (Fotograf): Hugo von Hofmannsthal, um 1904. (NFS/LWA)

phorisch im Wechsel mit „er kommt" oder „er geht"[S.227-230]). Das Objekt seiner Begierde, Marie oder Mizzi mit Namen (Salten wird ihr später ein umfassendes Typenporträt widmen) und zunächst ganz konkret die Nachbarstochter, taucht später in seinen Stadtgängen immer epiphanieartig als die *eine* auf, ist aber stets eine *andere* und entzogen, schließlich auch bereits an einen anderen vergeben. Es heißt: „Ein dringendes Erwarten regt sich wieder in ihm, macht ihn bereitwillig und treibt ihn an, beständig etwas zu suchen. Er weiß nicht, was. Einmal ist ihm, als sähe er den lichten Blumenhut. Er sieht Mariens Gestalt, geschmiegt an einen hochgewachsenen, jungen Offizier, der sie (...) mit sich fortzieht. Er drängt nach, da ist sie verschwunden." (239f.)

So wie die ziellose Struktur seines Begehrens die ziellose Bewegung des Subjekts durch die urbane Landschaft spiegelt, fungiert der körperliche Zustand des Protagonisten in einer Art Umsetzung des Machschen Empriokritizismus auch als Lizenz für die dominierende Textstrategie dieser Novelle: In einem Short-Cut-Verfahren werden zum einen mehrere Erzählstränge und Zeitebenen erst neben-, dann ineinander geführt und verwirrt, zum anderen aber – für unser Argument entscheidender – werden verschiedene Ebenen des Bewusstseins und der Wahrnehmung ineinander geblendet und als dissoziierte Fragmente präsentiert: Erinnertes, Ersehntes, Beobachtetes, Phantasiertes, Wahnhaftes gleiten zusammen in eine eng geknüpfte Textur der Großstadt. Die Psychophysik der er-

Felix Salten: Der Hinterbliebene.
Kurze Novellen, Wien 1900. (WB)

lebten Großstadt findet auf diese Weise ihr Fundament und ihre Grenze im Körper des aktuell Wahrnehmenden.

Diese physiologische Wende zieht allerdings nicht nur eine Kritik, sondern auch ein neues Regime der Verifikation und Authentifizierung nach sich: Der im Stadtraum (textlich) bewegte Körper des Wahrnehmenden (nicht mehr der Verstand) wird im 19. und frühen 20. Jahrhundert zur Instanz und zum Ort, an dem fortan die Wahrheit der Stadt (aktuell und lokal) produziert und „objektiviert" wird; nicht mehr der Turmblick organisiert das wahre Bild der Stadt, sondern die Unmittelbarkeit des kompetenten Gehens, Fahrens, Sich-Bewegens in der Großstadt. Und Thomas Laqueur hat in seinem Beitrag *Bodies, Details, and the Humanitarian Narrative*[9] schlüssig nachgewiesen, wie schon im 19. Jahrhundert der individuelle Körper zum primären Objekt sozialreformerischer Narrationen wird, die ihr appellatives Potential durch eine an den Details des körperlichen Leidens orientierten Rhetorik einholen. Es ist von daher kein T(r)ick Saltenscher Prosa, sondern durchaus konsequent in ihrer körperlichen Rhetorik, wenn nicht allein die Figuren, sondern auch der Erzähler bei der Charakterisierung von Personen stets in „voller Aufmerksamkeit" deren Gang beschreiben und als charakterliches Symptom und als Ausdrucksform ihres Lebensweges begreifen.

Ist einerseits der bewegte Körper Ort der Wahrnehmungskrise, die bei Salten als tödliche Erschöpfung, als Unvermögen, mit der gebotenen Geschwindigkeit modernen Lebens mitzuhalten, als Schwindel, als Realitätsverlust und Wahnsinn des Begehrenden formuliert wird, so ist der durch den Stadtraum bewegte Körper andererseits auch pädagogischer Gegenstand eines manipulativen Adaptions- und Lernprozesses. Das Versagen und Unbehagen an der Großstadt wird bei Salten nicht als epistemologisches Problem, sondern durchgängig mit mangelnder Gewohnheit oder Kenntnis assoziiert, kann mithin durch Gewöhnung und Wissensvermittlung auch behoben werden. Dieser pädagogische Ansatz ist – ex negativo – im warnenden Unterton, im Fibel-Charakter vieler Saltenscher Texte aufbewahrt; und wird in einem späteren Roman Saltens, im „Martin Overbeck" diskursiv entfaltet. Wie in dem einschlägigen Großstadt-Essay Georg Simmels „Die Großstadt und Geistesleben"[1903] wird zunächst die komplexe Wahrnehmungs- und Nervensituation des Großstädters beschrieben, die daraus folgende Notwendigkeit zur Blasiertheit bzw. Abstumpfung, auf die der reiche Sohn einer Großindustriellenfamilie durch seinen dandyhaften Lebenswandel nicht vorbereitet ist. Sein Bildungsgang ist sodann im weiteren Verlauf des Textes bestimmt durch den Erwerb von stadttopographischer und epistemischer Unterscheidungs-, Deutungs- und Urteilskraft; an einer Stelle heißt es pointiert – in Anlehnung an Rilkes „Malte Laurids Brigge": „Er lernte sehen."[10] Hier zeigt sich sodann im Kontext der Stadtwahrnehmung, was Jonathan Crary in seiner Untersuchung zur paradigmatischen Umwälzung der Visualitätstheorien im 19. Jahrhundert generell festhält: Dass Wahrnehmung im 19. Jahrhundert keineswegs (oder nicht nur) kriseologisch charakterisiert werden kann durch Erfahrungen der Zerstreuung, der Fragmentierung und des Schocks, sondern stets auch im Horizont einer umfassenden Suche nach geeigneten Kandidaten der nachmetaphysischen Synthese und der Entstehung von neuen „attentive norms and practices"[11] gedeutet werden muss.

– III –

Um von einer anderen Seite her anzusetzen: Es geht hier also um die (von den literaturwissenschaftlichen Historiographen bis heute konsequent) verschwiegene Seite der Machschen Philosophie. Dort hatte es sinngemäß geheißen, dass nicht

---

9) Thomas W. Laqueur, Bodies, Details, and the Humanitarian Narrative, in: Lynn Hunt (Ed.), The New Cultural History, Berkeley 1889, S.176-204.
10) Felix Salten, Martin Overbeck. Der Roman eines reichen jungen Mannes [1927], Kiesel: Salzburg 1929, S.114
11) Jonathan Crary, Suspension of Perception. Attention, Spectacle, and Modern Culture, London 1999, S.1.

Siegfried Trebitsch, Schriftsteller, Übersetzer von George Bernhard Shaw und Trauzeuge Felix Saltens, um 1902. (NFS/LWA)

Paula Beer-Hofmann, die Frau des Schriftstellers Richard Beer-Hofmann, der wie Salten dem Literatenkreis „Jung Wien" angehörte, 1906. (NFS/LWA)

Objekte bzw. Gegenstände Empfindungskomplexe, sondern Empfindungskomplexe äußere Objekte der Wahrnehmung bilden; mithin diese an die radikale Psychophysik und Beschränktheit des Körperlichen zurückverwiesen sind. Was für Hugo von Hofmannsthal in einer Art verspäteten Kant-Krise zum Sprach- und Erkenntnisskeptizismus des Lord Chandos führt, gilt jedoch für weite Teile der administrativen und kulturellen Elite (Museumskuratoren, Pädagogen, Kriminologen, ...) bereits als pädagogische sowie sozialreformerische Aufgabe und Frage, wie ein Kandidat der nachmetaphysischen Synthese – es wird die Kategorie der Aufmerksamkeit sein – gegen die Zerstreuung urbanen Lebens in Stellung gebracht werden kann (auch Mach hatte ein ausgeprägtes Interesse für soziale und pädagogische Projekte).

Ohne Zweifel muss auch Saltens Werk in diesem Kontext der Reaktion auf die empiriokritizistische Herausforderung gesehen und gewürdigt werden. Den warnenden moralischen Unterton, der aus Saltens Prosa nicht wegzudenken ist, haben wir erwähnt; auch das Fibelhafte seiner Texte; dann wäre das genuin pädagogische Moment vieler Handlungsmuster zu nennen: teils durchlaufen die Protagonisten einen positiven Bildungsprozess, teils erleben sie – in melodramatischer Zuspitzung – eine Peripetie der zu späten Einsicht in ein fehlerhaftes Erziehungsideal (so der Vater in „Olga Frohgemuth" [1911], der seine allgemein hoch geschätzte, ins metropolitane Show-Business abgewanderte Tochter verstößt und erst nach ihrem [Frei-]Tod seine pharisäerhafte Haltung einsieht und bereut). Und schließlich – und mit diesem Aspekt schließe ich meinen Beitrag – ist das Melodramatische selbst zu diskutieren, das Saltens Texte, deren Mikro- und Makronarrationen dominiert, Salten aber bereits bei Freunden und Zeitgenossen und eigentlich bis heute in den Rang eines Trivialliteraten stellt.

– IV –

Das Melodramatische – Schnitzlers Freunden gegenüber geäußerte Briefkommentare zu Saltens Texten zeigen das sehr deutlich – wird vor allem im ausgehenden 19. Jahrhundert gegen das klassische (letztlich auf die Poetik Aristoteles' zurückdatierende) Narrationsmuster gesetzt und abgewertet. Aus klassischer Sicht wird vor allem die unmotivierte Verknüpfung von Handlungsmomenten moniert, sowohl psychisch unmotiviert hinsichtlich der Protagonisten als auch

Felix Salten: Die Wege des Herrn. Novellen, Wien 1911. (WB)

unmotiviert in der Kausalität des gesamten Geschehensablaufes. An ihre Stelle tritt im Melodrama die Montage, das Spektakel, die exzessive Darstellung von Gewalt, Sexualität sowie körperlichem und seelischem Leiden. Aufschlussreicher als diese narratologische Beobachtung, die sicher auf viele auch der kürzeren Texte Saltens zutrifft, ist in unserem Zusammenhang die spezifische Temporalität und Räumlichkeit des Melodramatischen.

Was den bewegenden Effekt beim Leser auslöst, ist stets das Hoffen und Wissen des Lesers, wie die katastrophalen Konsequenzen eines irreversiblen Handlungsverlaufes abzuwehren wären; und dies stets in Kombination damit, dass die Protagonisten dies erst erkennen, wenn es unweigerlich zu spät ist.[12] Die spezifische Räumlichkeit des Melodramas bringt wiederum die Körperlichkeit ins Spiel: einerseits geht es im Melodrama oft um das Spektakel des leidenden Menschen, anderseits – und entscheidender – konfundiert die körperliche Reaktion des Lesers die Ebenen des Lesers mit der repräsentierten textlichen Handlung. Im Englischen wird dies in der Gattungsbeschreibung deutlicher: das Melodrama wird auch als „tear-jerker" bezeichnet. Peter Brooks hat das Melodrama deshalb auch zu Recht als „bodily writing" beschrieben: als eine „maximal conversion of psychic affect into somatic meaning – meaning enacted on the body itself."[13] Man könnte auch sagen: der Akt der Textlektüre wird beim Melodrama in die Psychophysik des Lesenden zurückgelegt und als auch körperlicher Akt verdeutlicht. Salten führt Fiktion und Realität in der Geste des Berührt-Seins zusammen und distanziert sich auf diese Weise von dem vorherrschenden Lektüremodus des Fin de Siècle: die reflektierte Distanz des Lesers und seine körperliche Passivität angesichts literarischer Komplexität und der Abgeschlossenheit notwendiger Handlungsmuster. Dass der Einsatz des in diesem Sinne entwickelten Melodramatischen bei Salten im Zusammenhang mit seinem pädagogischen Projekt der Vermittlung urbaner Kompetenz zu sehen ist, steht außer Zweifel und ließe sich aber durch eine genauere Analyse der melodramatischen Momente in Saltens Prosa bestätigen.

De Certeau hat die neue Raumpraxis des modernen Subjekts als „walking the city"[14] bezeichnet und in Opposition zur Vogelperspektive des Turmbesteigers und Stadtplaners gesetzt. Was aber aus der Perspektive des Wahrnehmungsmodells der Aufklärung noch als ein Verlust der Distanz zum Objekt der Stadt, als eine subjektivistische Auflösung des Wahrnehmungsgegenstandes in die zeitliche wie räumliche Kontingenz des Körpers erscheint, wird zugleich – so hatten wir gesagt – als ein neues Regime der Authentifizierung und pädagogischen Vermittlung lesbar; der Körper – als Subjekt und Objekt der Stadtbeschreibung – wird zum Ort, an dem die Wahrheit der Stadt – auch im Leser – produziert wird. Das Melodramatische bei Salten doppelt diesen Distanzverlust und funktionalisiert ihn zugleich neu: in einer psychophysischen Pädagogik des Urbanen.

---

12) Vgl. hierzu Rick Altman, Dickens, Griffith, and Film Theory Today, in: The South Atlantic quarterly 88.2 (1989), S.321-359; Franco Moretti, Kindergarten, in: Signs taken for wonders. Essays in the sociology of literary forms, translated by Susan Fischer, David Forgacs, David Miller, London ; New York : Verso, 1988, S.159-179; Steve Neale, Melodrama and Tears, in: Screen 27.6 (November-December 1986), S.6-22.
13) Peter Brooks, Melodrama, Body, Revolution, in: Jacqueline S. Bratton / Jim Cook / Christine Gledhill (Hrsg.), Melodrama. Stage, Picture, Screen, British Film Institute: London 1994, S.11-24, hier S.21.
14) Michel de Certeau, Walking in the city, in: The Practice of Everdyday Life, University of California Press: Berkeley 1984, S. 91-110.

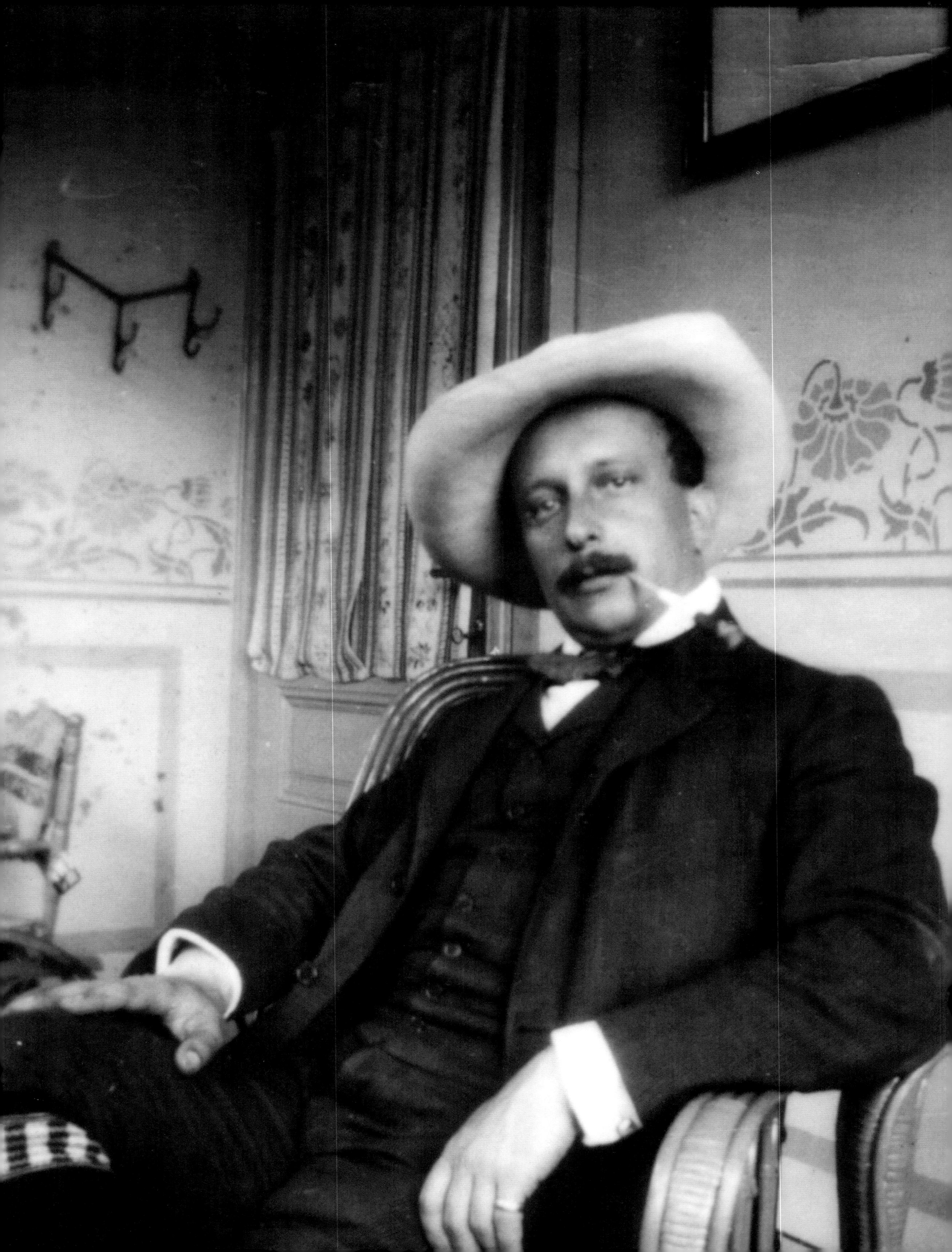

Andrea Winklbauer

Gelegentliche Anmerkungen

Felix Salten schreibt über Gustav Klimt

Vorschau: Felix Salten, 1904.
(NFS/LWA)

„Das war zwei Tage vor der Klinger-Beethoven-Ausstellung. Durch die verschiedenen Säle rumorte noch der kleine Tumult der letzten und allerletzten Arbeiten. Aber schon kamen ein paar Gäste in das Haus, Journalisten, Kunstfreunde, Neugierige. Es war die gemütliche Zeit der Eröffnung. Da darf man mit der Zigarette im Mund umhergehen, und da erscheinen die Kunstwerke noch im Zauber völliger Unberührtheit. Noch gar nicht abgegriffen von allerhand Meinungen, noch nicht betastet, bewitzelt, entstellt und verzerrt von Jedermanns Worten."[1] Wie die übrigen Wiener Kunstkritiker aus dem Umfeld von Jung-Wien wusste Felix Salten, wie man einen Text anfängt: szenisch, indem man den Leser wie in eine harmlose Erzählung einführt, aus der er schon gleich am Ende des ersten Absatzes mit einem Nadelstich entlassen wird. Jeder, der Salten als Kunstkritiker kannte, musste verstehen: Es ging mitnichten um eine gemütliche Zeit. Es ging um die Verteidigung Gustav Klimts, die sich Felix Salten – ebenso wie seine den Künstlern der Wiener Secession wohl gesonnenen Kollegen Hermann Bahr, Ludwig Hevesi oder Berta Zuckerkandl – zur gebetsmühlenartig erfüllten Pflicht gemacht hatte.[2]

Heute schmücken Klimt-Motive selbst Kaffeetassen und Untersetzer, und es ist nur noch schwer nachvollziehbar, dass der wichtigste Maler des Wiener Jugendstils einmal angefeindet wurde. Die Proteste richteten sich gegen drei Deckengemälde für die Aula des neuen Wiener Universitätsgebäudes. Die nach und nach in Ausstellungen gezeigten Allegorien der Fakultäten, der „Medizin", der „Philosophie" und der „Jurisprudenz", lösten einen jahrelangen öffentlichen Konflikt aus, an dessen Ende Klimt sein Honorar zurück erstattete und die Bilder in Privatbesitz übergingen. Felix Salten hatte als überzeugter Apologet der Secession und ihres Wahlspruchs „Der Zeit ihre Kunst, der Kunst ihre Freiheit" die hinter den Angriffen auf Klimts Entwürfe stehende Kulturpolitik in Frage gestellt: *„Das Wesentliche an der ganzen Frage scheint mir, ob man fortfahren soll, die öffentlichen Gebäude mit allegorischen Deckenbildern zu schmücken. Ob man dabei beharren will, die Medicin, die Philosophie, das Strafrecht, das Civilrecht, die Verfassung, den guten Bürgersinn ec. ec. malen zu lassen, oder ob man vielleicht in Zukunft eine jeweilige Commission damit betrauen mag, wirklich malerische und zugleich für den Anlaß passende Sujets zu ersinnen, deren Ausführung an die Künstler vergeben wird."*[3] Heute möchte man Salten zustimmen. Seine Kritik und Ironie sind uns plausibel, denn wir gehen mit Selbstverständlichkeit von jener Position der Moderne aus, die Bahr, Salten, Hevesi u.a. damals erst propagierten. Im konservativen Wien um 1900 galt in Bezug auf Kunst die Tradition weit mehr als die Innovation. Hier waren im letzten Drittel des 19. Jahrhunderts die wesentlichen Entwicklungen der westlichen Kunst weitgehend unbemerkt geblieben. Der Impressionismus kam mit einer Verspätung von drei Jahrzehnten in Wien an: In den 1890er Jahren waren in den Ausstellungen des

1) Felix Salten: Gustav Klimt. Gelegentliche Anmerkungen, Wien/Leipzig 1903, S. 7. Die XIV. Ausstellung der Vereinigung Bildender Künstler(innen) Österreichs war von 15. April bis 27. Juni 1902 in der Wiener Secession zu sehen.
2) Vgl. z.B. Hermann Bahr: Rede über Klimt, Wien 1901
3) Felix Salten: Secession (Der Fall Klimt), Feuilleton, Wiener Allgemeine Zeitung, 14. April 1901, S. 3.

Künstlerhauses zunächst vereinzelt Bilder von französischen Impressionisten und Neoimpressionisten zu sehen gewesen.[4] Erst 1903 veranstaltete die Wiener Secession die erste Impressionismus-Ausstellung in Wien. Man darf sich also nicht wundern, dass Künstler immer noch mit allegorischen Staatsaufträgen betraut wurden und das Wiener Publikum kaum fähig war, sich auf neue Darstellungsweisen einzulassen. *„In Wien wird von einem Bilde verlangt, dass es zu allen Möbeln passt, nur nicht auffallen und, wenn man es nach dem Essen betrachtet, einen unbedenklichen und hübschen Eindruck machen soll"*[5], polemisierte Hermann Bahr in seiner Besprechung einer Ausstellung im Künstlerhaus 1896, im Jahr vor der Gründung der Wiener Secession.

Dieses Unverständnis ist ein Thema, dem sich Felix Salten ausführlich gewidmet hat – auch in seinem Text über Klimt und wieder in Form einer Erzählung: *„Klimt malte noch auf seinem Gerüst in einer Ecke des linken Saales* [am Beethoven-Fries, A.W.], *der dann später so viele Wutanfälle und so viele Begeisterungsausbrüche gesehen, in dem so viel gestritten und gejohlt wurde vor seinen Fresken. Klimt malte, stand im blauen Kittel zur Wand gekehrt, dicht unter dem Plafond, war ganz vertieft in seine Arbeit und achtete der Leute nicht, die unten durch das Zimmer liefen (…). Die Kollegen ließen ihm Ruhe. Er malt noch! sagten sie den Gästen, wie man von Jemandem berichtet, er schläft! (…) Wer ihn da oben stehen sah, so völlig vertieft in seine Mühsal, wie in einer eigenen Atmosphäre, abgesondert von den Anderen, der redete leiser und hielt mit kritischen Ausrufen an sich, daß das Urteil nicht rascher fertig sei als das Werk, das eben erst vollendet wurde. Auf einmal rief Jemand mitten im Zimmer ‚scheußlich!' und rannte hinaus, noch ehe man sich recht besinnen konnte, was geschehen sei."* (Klimt, S.7-8) Sehr geschickt bedient Salten traditionelle Topoi der Künstlerbiographik wie die Hervorhebung Klimts durch sein Zurückgezogensein mitten unter den Anwesenden, das völlige Vertieftsein in die schöpferische Tätigkeit, das Traumwandlerische und damit intuitiv Sichere daran, die betonte Wertschätzung durch die Kollegen, die ihn noch zu Ende malen lassen, Klimts Sonderstellung in der weihevollen Halle des ersten *White Cube* der Kunstgeschichte. Die Einführung Klimts als Heros in die Erzählung bildet die Folie, vor der Salten den Ausruf eines Besuchers kontrastieren lässt: „Scheußlich!" – eine starke Verkürzung der heftigen, noch immer laufenden Debatte um die Fakultätsbilder. Keine Frage, wer hier der Sympathie der Leser anheim gelegt wird. So fährt Salten ganz in der Tradition der heroisierenden Künstlerbiographik fort: *„Auch Klimt hatte diesen Aufschrei vernommen. Er drehte sich um, trat bis an den Rand des Gerüstes vor, und schaute von oben herab, sehr von oben herab, dem flüchtenden Grafen nach. Und er machte ein Gesicht dabei, so ein nettes, gutmütiges Gesicht, wie man verzeihend dreinschaut, wenn ein Kind sich mitten im Zimmer allzumenschlich betragen hat".* (Klimt, S.8-9)

Diese Anekdote führt in das Thema von Saltens Text ein. Es geht um Kunsturteile und die Frage, wer sich letzten Endes durchsetzen wird: Klimt oder seine Kritiker. Es geht um ein teils heftig polemisches Darstellen der Argumente. Es geht aber auch um Kunstvermittlung für das Publikum, der Text verfolgt also auch ein aufklärerisches Projekt. Damit erweist sich Salten als Anhänger der „neuen Kunstkritik", die von Hermann Bahr propagiert wurde. Die Eigenschaften des neuen Kritikers beschrieb Bahr mit Blick auf den aus Budapest stammenden, in Wien tätigen Kollegen Ludwig Hevesi[6] so: *„Er ist eigentlich kein Kritiker, wie man den Namen früher verstanden hat: kein Richter über gut und böse, der urteilen, belohnen oder strafen will. Er lobt nicht, und er tadelt nicht, sondern stellt dar. Er fragt nicht, wie es sein soll, sondern sagt, wie es ist. Er nimmt ein Protokoll mit den Absichten der Künstler auf. (…) Die reine Freude am Anschauen, darin ist seine stille Gewalt."*[7] Die Kriterien dieser neue Kritik hatte Bahr bereits in seinem 1890 in einer Aufsatzsammlung erschienen Text „Zur Kritik der Kritik" formuliert.[8] Darin stellt Bahr wortreich die alte

4) Vgl. Andrea Winklbauer. Impressionismus contra Stimmung. Über das Verhältnis der Österreicher zur französischen Landschaftsauffassung – 1868-1903, in: Natürlichere Natur, Ausstellungskatalog, Kunsthaus Mürzzuschlag, Mürzzuschlag 1994, S. 19.
5) Hermann Bahr: Künstlerhaus (1896), in: ders.: Secession, 2. Aufl., Wien 1900, S. 1.
6) Eigentlich: Lajos Lövi, 1843-1910. Zu Hevesi als Kunstkritiker vgl. Andrea Winklbauer: Ein Romantiker eigener Art. Der Kunstkritiker Ludwig Hevesi, in: Medien&Zeit, Jg. 18, Nr. 2, Wien 2003, S. 24-30.
7) Hermann Bahr über Ludwig Hevesi, in: Die Zeit, 9.7.1898, zit. nach: Martina Sitt: Kriterien der Kunstkritik. Jacob Burckhardts unveröffentlichte Ästhetik als Schlüssel seines Rangsystems, Wien/Köln/Weimar 1992, S. 214.
8) Vgl. Hermann Bahr, Zur Kritik der Kritik, wieder abgedruckt in: Claus Pias (Hg.): Hermann Bahr – Zur Kritik der Moderne, Weimar 2004, S. 266-274.

Gustav Klimt: Allegorie der Medizin, 1901. (ÖNB Bildarchiv).

Kritik der neuen gegenüber und macht den Kritiker zum Flaneur durch die Absichten der Künstler: *„Die alte Kritik ist dahin, unwiederbringlich verloren, auf Nimmerwiedersehen; sie hat die Schwindsucht im höchsten Grade und gar keine Kraft mehr (...) Machen wir uns an die neue."*[9] Die Kritik dürfe nicht länger die den Akademien und Salon-Ausstellungen entsprechende Haltung einer der Kunst intellektuell überlegenen Disziplin einnehmen und dogmatisch an die Unfehlbarkeit ewiger Werte glauben. Sie müsse sich mit ihren Kriterien an den sich verändernden Bezugssystemen der Kunst orientieren. Im Wechsel vom unfehlbaren Richter zum informierten Hermeneuten, der seine eigene Subjektivität eingesteht, wird der Kunstkritiker zum Kunstvermittler: *„Ich gehe noch immer mit den Leuten in der Secession herum, lasse mich fragen, antworte, frage selbst und trachte, ihnen mit dieser sokratischen Methode zu helfen. Gestehen wir es nur, wir ‚Recensenten': dem Künstler haben wir ja doch nichts zu geben. An uns ist es, den Laien für den Künstler zu erziehen."*[10]

Diese Einstellung ist oft in Felix Saltens Kunstkritiken erkennbar – auch in seinem Text über Gustav Klimt. Nachdem Salten seinem Ärger über das Kunsturteil des Publikums Luft gemacht und Klimts souveräne Art, damit umzugehen, ausgiebig gewürdigt hat, fragt er: *„Ja, was will er denn eigentlich?"* (Klimt, S.13), um

---

9) Vgl. Bahr, Zur Kritik, S. 266.
10) Hermann Bahr: Erste Ausstellung der Vereinigung bildender Künstler Österreichs in der Gartenbaugesellschaft am Parkring (1898), in: ders.: Secession, 2. Aufl., Wien 1900, S. 21.

dann zuzugestehen: *„Immerhin sind ein paar seiner Werke nur schwer verständlich und für den Unvorbereiteten völlig rätselhaft. (…) Und auch Leute, die guten Willens sind, haben Klimt nicht verstanden."* (Klimt, S.15-16) Hermann Bahr folgend versucht Salten, zumindest dieses Faktum rational zu deuten: *„Kann Einer die Philosophie malen, oder die Medizin? Gewiß nicht. Das sind Begriffe, und man muß, wenn man sie darstellen will, gewisser Zeichen sich bedienen. Damit solche Zeichen auch verstanden werden, bedarf es einer Verabredung. Nun besteht ein Jahrtausende altes Übereinkommen, wie man die Wissenschaft, wie man die Medizin, wie man den Handel (…) und vieles Andere noch darstellt. Wir lesen das von den Bildern mühelos ab, wie wir aus gewohnten Lettern lesen. Da kam Klimt und malte wider die Verabredung (…)."* (Klimt, S.16-17) Mit „Verabredung" ist das Allegorisieren gemeint, die seit der Antike übliche Verwendung von Gegenständen oder Figuren als Zeichen für etwas Anderes, etwa für einen abstrakten Begriff. In der abendländischen Kunst wurden Allegorien von der Renaissance bis zum Beginn des 20. Jahrhunderts eingesetzt.

Wie gezeigt, bezweifelte Salten, dass die Allegorie eine zeitgemäße Kunstaufgabe darstellt. Er sah darin ein Grundproblem der Causa Klimt: *„Klimt ist beauftragt gewesen, die „Philosophie" und die „Medicin" zu malen. Ich glaube, freiwillig hätte er es nie gethan. (…) Ein wirkliches Malertemperament rennt überhaupt keinem Begriff nach – immer nur der Natur."*[11] Nebenbei erfährt man hier etwas über Saltens Kunstbegriff und über dessen Grenzen, deren er sich durchaus bewusst ist: *„Ich bekenne: wenn ich es nicht wüßte, vermöchte ich es nicht zu errathen, daß die Medizin die Medizin, die Philosophie die Philosophie sein soll. Ich verstünde ohne das hilfreiche Titelwort freilich, daß hier eine hohe und ewige Angelegenheit der Menschen auf eine hohe und kühne Weise dargestellt werden soll. Ich verstünde, daß der Maler hier an Schöpfungsgeheimnisse rührt, daß er Urrätsel und die letzten Zusammenhänge des Alls vor unsere Augen rückt. Aber ich brauche ihn doch, benötige das eine Leitwort, diesen einen Stups, den das Kunstwerk müsste entbehren können."* (Klimt, S.17) Man weiß nicht recht, ob Salten sein eigenes Unvermögen oder den Künstler für sein Nichtverstehenkönnen verantwortlich macht. Er weiß es wohl auch selbst nicht ganz genau. Interessant ist, welche Kriterien er zur positiven Beurteilung ins Treffen führt: Klimts Absicht, von existenziellen Themen und großen Zusammenhängen zu erzählen, gibt ihm das Recht, „wider die Verabredung" zu malen. Es gehört zum Selbstverständnis des neuen Kritikers Wiener Prägung, Künstlern zuzugestehen, dass sie Kunst machen wollen. Das betont schon Hermann Bahr in seiner Polemik gegen das Künstlerhaus und für die Secession *„In Paris und in München ist es der Sinn der Secessionen gewesen, einer neuen Kunst zu ihrem Rechte zu verhelfen, das ihr, wie die ‚Jungen' behaupteten, von den ‚Alten' verweigert wurde. Also ein Streit in der Kunst um die bessere Form. (…) Bei uns wird nicht für oder gegen die Tradition gestritten (…). Es wird um die Kunst selbst gestritten. (…) Es handelt sich nicht um die ‚Moderne', es handelt sich überhaupt um keine ‚Richtung'; es handelt sich bloß darum, dass einige junge Leute sich entschlossen haben, als Künstler zu wirken, nicht als Handelsleute."*[12] In Saltens Kunstkritiken, etwa über die Worpsweder Maler, liest sich das folgendermaßen: *„Sie sind alle schon ihrem Wollen, dem Geiste nach, der sie dort oben im Marschlande versammelte, Künstler, und nur dieses Wollen sollte hier besprochen werden"*[13], oder an anderer Stelle (über eine Ausstellung der Münchner Secession) wie ein Manifest: *„Gewiß, es sind Bilder da, die nicht schön und nicht reif und nicht klar sind. Aber die Leute, die diese Bilder malen, glauben innig an die Kunst, die sie lieben und für die sie darben. Und was noch nicht klar ist, das ringt nach Klarheit, was nicht reif ist, das keimt noch, und was nicht schön ist, das will es werden. Auch dieses Ringen und dieses Keimen gehört zur Kunst und ist groß an ihr, und kann das Keimende auch nicht bewundert werden – respectirt soll es werden."*[14]

Felix Salten: Gustav Klimt, Wien 1903. (WB)

11) Salten, Secession, S. 3.
12) Hermann Bahr: Unsere Secession (1897), in: ders.: Secession, 2. Aufl., Wien 1900, S. 7-9.
13) Felix Salten: Die Münchner Kunstausstellungen. I. Die Worpsweder, München, im August 1896, Feuilleton, Wiener Allgemeine Zeitung, 2. September 1896, S. 3.

Das bedeutete allerdings nicht, dass Salten, der gefürchtete Theaterkritiker, bildenden Künstlern keine Verrisse schrieb. Ihn störten vor allem Nachahmungen und Erstarrungen in Posen.

Zurück zum Fall Klimt. Um die Fakultätsbilder zu verstehen, zieht Salten Klimts Frauenporträts heran: *„Diese Porträts athmen Lebenswahrheit und entbehren doch der Realität. Sie haben Wirklichkeitstreue und sind doch fast unwirklich dabei. (…) Es ist nur der ganz besondere, absolut persönliche Gesichtswinkel, unter dem er Dinge, Menschen und Farben sieht, empfindet und darstellt, ein Gesichtswinkel, der durchaus verschieden ist von dem anderer Maler, vor allem aber durchaus verschieden von jener Art, nach welcher wir gewöhnlich Dinge, Menschen und Farben zu sehen gewohnt sind."*[15] Ein für Salten noch aussagekräftigeres Beispiel ist das Gemälde „Judith I"[16], das die biblische Heldin mit halbentblößten Oberkörper, leicht geöffneten Lippen und Schlafzimmerblick als gut verkleidete Zeitgenossin darstellt.. *„Jedermann hat schon selbst eine ganz bestimmte Visage im Kopf, wenn er an Pallas oder Judith denkt. Aber es wäre doch schlimm, wenn diese eingewurzelten Vorstellungen für den Künstler die Giltigkeit von Gesetzen haben sollten."*[17] Mit Bildern wie „Pallas Athene"[18] und „Judith I" übergeht Klimt die Tradition und zeigt Frauenfiguren aus seiner Gegenwart. Salten weiß das einzuordnen: *„Man denkt sich die Judith heroisch. Klimt malt sie als eine Mondaine. (…) Sie steht da, wie eine Dame aus der Wiener Gesellschaft, der man die Kleider ausgezogen. Man könnte sie ihr sofort wieder anlegen, eine elegante Toilette aus einem ersten Salon – und sie würde passen. Keiner Tizianischen Nacktheit ließe sich der Pailletten- oder Point de lace-Kram anziehen, aber das Prunkcostüm altvenezianischer Edelfrauen paßte jeder. Eine Beweis, dass der moderne Maler aus seiner Gegenwart geschöpft hat, wie der alte Meister aus der seinigen. Das macht aber auch die Klimt'sche Nacktheit so frappierend lebendig."*[19] Dies macht laut Salten die meisterliche Qualität des Klimtschen Œuvres aus: *„Diesen Kontakt zwischen gewesenen und gegenwärtigen Dingen herzustellen, dieses Aufzeigen des ewig Menschlichen, ewig Bleibenden, dieses Betonen einer Kontinuität, die sonst über unser Begreifen ginge, ist moderner Stil."* (Klimt, S.27)

Bleibt noch die Frage, wie sich der Künstler gegen seine Kritiker und den Unverstand des Publikums durchsetzen könne. *„Für Klimt steht nicht allzuviel auf dem Spiel. Es gibt außerhalb Wiens noch andere Instanzen, die das heimische Urteil, wie so oft vorher, aufheben können."* (Klimt, S.44) Das kann Salten 1903 schon mit Bestimmtheit schreiben. Doch obwohl er von der Wichtigkeit der Kunstvermittlung überzeugt ist, glaubt er nicht, dass der Kritiker allein jemanden zum großen Künstler „machen" kann: *„Nicht unser Wille und nicht das Studium Einzelner kann ihn propagieren. Die Wirkung, die von seiner Werke Schönheit ausgeht, die allein kann ihm helfen. Denn nur die mitteilende Kraft eines Werkes, nur die aggressive Intensität, die es an den Tag legt, giebt den Gradmesser für die Bedeutung eines Künstlers."* (Klimt, S.19) Ein großer Meister ist am Erfolg zu erkennen: *„Fritz v. Uhde hat schließlich das Publicum zu sich herübergezwungen. Mit der Zeit wird auch Klimt diesen Sieg erringen müssen, oder er ist eben dann nicht der große Meister. In solchen Fällen wirkt eine künstlerische Persönlichkeit immer durch ihre eigene Schwere, durch ihr specifisches Gewicht."*[20] 1901, als Salten das Feuilleton über den „Fall Klimt" schrieb, war er noch nicht sicher, wie die Sache ausgeht: *„Aber einstweilen können noch immer Beide Recht haben, Diejenigen, die ihn bewundern und die ihn beschimpfen."*[21] 1903, in der Buchpublikation über Klimt, wusste er schon mehr. Zu diesem Zeitpunkt war er wohl der Unsachlichkeit der Wiener Klimt-Kritiker auch schon sehr überdrüssig, denn nach all seinen Argumenten bemühte er als letztes Kontra ein Klischee. Gegen Ende des Buches formuliert Salten die Vermutung, dass Klimt wohl deshalb *„in der ganzen Welt geehrt und nur in Wien beschimpft"* worden sei, weil er eben *„ein Wiener ist"*. (Klimt, S.43)

14) Felix Salten: Die Münchner Kunstausstellungen. II. Die Secession, Feuilleton, Wiener Allgemeine Zeitung, 27. September 1896, S. 2.
15) Salten, Secession, S. 2.
16) 1901, Öl auf Leinwand, 84 x 42 cm, Österreichische Galerie, Wien.
17) Salten, Secession, S. 2.
18) 1898, Öl auf Leinwand, 75 x 75 cm, Wien Museum.
19) Salten, Secession, S. 3.
20) Salten, Secession, S. 2.
21) Salten, Secession, S. 2.

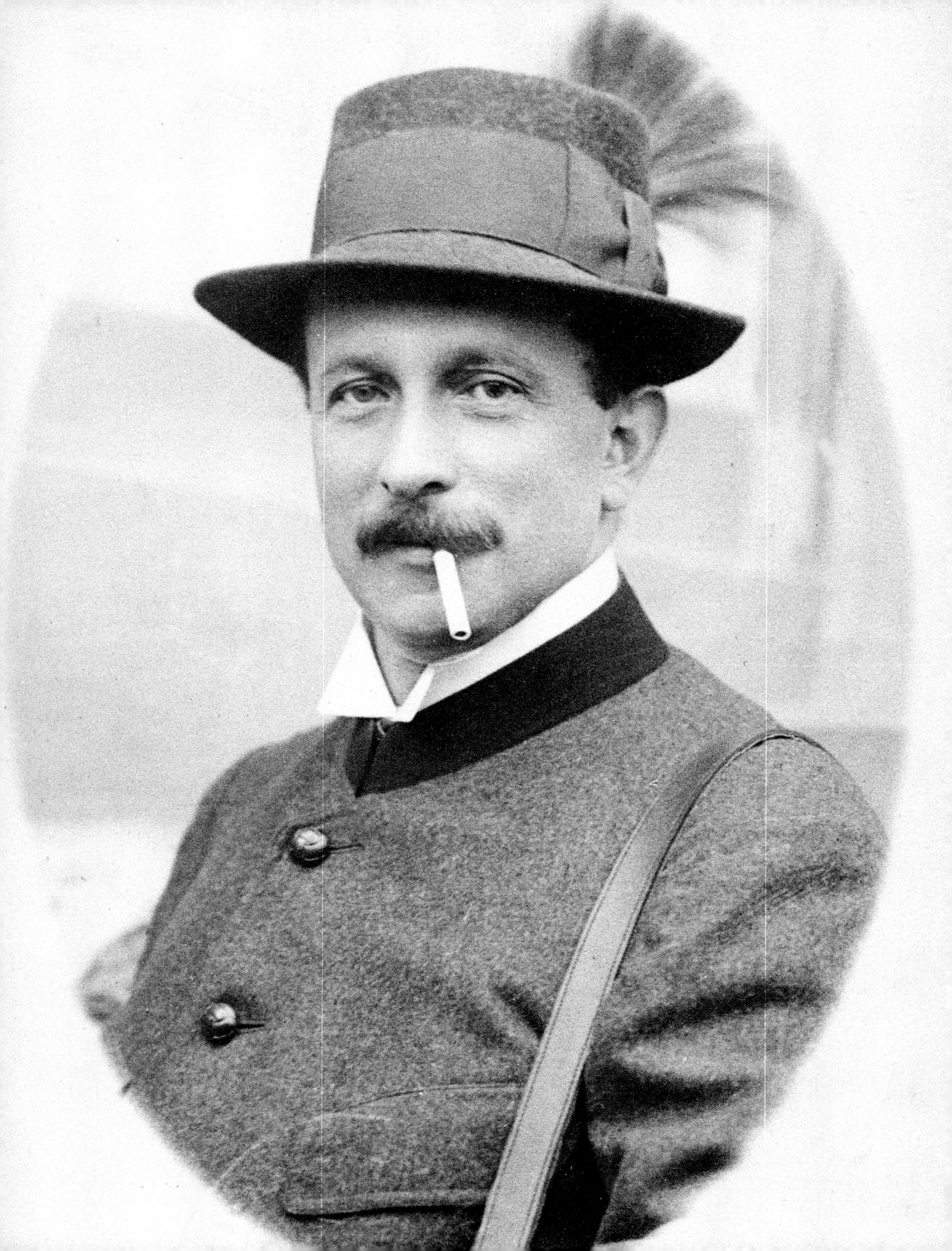

Claudia Liebrand

„Josefine Mutzenbacher"
Die Komödie der Sexualität

Seit John Clelands „Memoirs of a Woman of Pleasure" („Fanny Hill") von 1748/49[1], die als erster pornographischer Roman der bürgerlichen Moderne gelten, sind eine Reihe von ‚Genre-Regeln' etabliert, mit deren Inszenierung pornographische Romane befasst sind – so auch der 1906 anonym im Privatdruck erschienene (und Felix Salten wohl zu Recht zugeschriebene) Text „Josefine Mutzenbacher. Roman einer Wiener Dirne" (später als „Lebensgeschichte einer wienerischen Dirne, von ihr selbst erzählt" nachgedruckt und bis heute als kinderpornographisch indiziert).[2] Zu diesen Vorgaben des pornographischen Genres gehört etwa eine serielle Dramaturgie. Die Texte sind darauf verpflichtet, Nummern zu präsentieren – und (nichts schwerer als das) jede Nummer als Höhepunkt zu verkaufen. Sie sind monomanisch und monothematisch: In ihnen wird immer nur das eine getan und über das eine geredet. Die dargebotene Wahrheit des Nackten präsentiert sich gerne als ‚nackte Wahrheit', als angeblich autobiographische ‚Lebensbeichte', als Hetärenmemoiren. Frank und frei erzählen die Dirnen über die Freuden des sexuellen Aktes. Und dieser sexuelle Akt ist phallisch konfiguriert. Der Penis (mit dessen immenser Größe die Texte obsessiv befasst sind) wird als Phallus vorgestellt, als das, worüber die Männer verfügen, was sie in seiner Prächtigkeit ausstellen und was die Frauen (die als ‚Loch' konzipiert werden, in welches das erigierte Glied einfährt) begehren, wonach sie sich verzehren, was sie in *jouissance* versetzt. *A*lle Frauen werden als (potentielle oder tatsächliche) Prostituierte gezeichnet. Die Prostitution verleiht dem Geschlechterunterschied seine spezifische Form: Den sich prostituierenden Frauen stehen – sich der Prostitution bedienende – Männer gegenüber (die nach der Logik dieses Diskurses selbst keine Prostituierten sein können).

Nun haben wir es aber nie – auch nicht bei pornographischen Schriften – mit Genres ‚an sich' zu tun, sondern immer mit Texten, die sich zwar Genres zuordnen lassen, aber nicht diese Genres ‚sind'. Jeder Text bezieht sich auf Genre-Konventionen, schreibt sie aber gleichzeitig um. In Texten konkretisieren sich

---

[1] Vgl. John Cleland: Die Memoiren der Fanny Hill [1782], hrsg. von Werner Heilmann, München 1991, S. 110f.
[2] Vgl. Josefine Mutzenbacher: Die Lebensgeschichte einer wienerischen Dirne, von ihr selbst erzählt [1906]. Im Anhang Beiträge zur Ädöologie des Wienerischen von Oswald Wiener, München 1969. Das Deutsche Anonymen-Lexikon, herausgegeben von zwei Beamten der Wiener Universitätsbibliothek, vermutet 1909 Felix Salten und Arthur Schnitzler als mögliche Verfasser. In einem Nachtragsband findet sich (mit Verweis auf eine „Mitth. von Dr. Arthur Schnitzler") nur mehr Felix Salten genannt – mit einem Fragezeichen versehen. Karl Kraus pflegte „in der *Fackel* mit spöttischer Hochachtung auf Salten als Verfasser der *Mutzenbacher* hinzuweisen, denn der feuilletonistische Hauptmitarbeiter der *Neuen Freien Presse*, der Vertraute höchster und allerhöchster Kreise – Salten sei ‚wie's Kind im Erzhaus', höhnte Kraus –, mußte naturgemäß auf untadeligen Ruf bedacht sein, und später, als Präsident des österreichischen PEN-Clubs, war ihm der Anschein bürgerlicher Wohlanständigkeit gleichfalls unerläßlich. Als 1923 jedoch sein Tierroman *Bambi* veröffentlicht wurde, bürgerte sich für Salten alsbald ein verfänglicher Spitzname ein: der Rehsodomit.
In einer Unterredung mit Stefan Zweig soll Salten, auf die *Mutzenbacher* angesprochen, mit vielsagendem Lächeln geantwortet haben: Wenn er sie verleugne, würde ihm Zweig keinen Glauben schenken, und wenn er das Geheimnis lüfte, würde man meinen, er scherze. 1945, am Zürcher Totenbett, so berichten jedenfalls zuverlässige Zeugen, sprach dann der noble alte Herr bereits halb im Delirium unverfälschtes Mutzenbacherisch. Und unlängst hat Saltens letzte Sekretärin eidesstattlich ausgesagt, ihr Arbeitgeber habe sich ihr gegenüber wiederholt als Verfasser bezeichnet." Die Wahrheit ist nackt. Ulrich Weinzierl über [Felix Salten]: Josefine Mutzenbacher (1906), in: Marcel Reich-Ranicki (Hg.): Romane von gestern – heute gelesen, Bd 1: 1900-1918, Frankurt a.M. 1989, S. 64-71, S. 67f.

Vorschau: Felix Salten in Jägertracht, um 1910. (LA Marbach)

Aus: Beim Wolf in der Au. Bilder von Hans Schließmann. Text von Eduard Pötzl. Wien o.J. [um 1890]. (WB)

Genres, werden Genres historisch fixiert, *und* die Texte, auch die „Mutzenbacher", gestalten und modifizieren die Genres. Diese von der „Mutzenbacher" vorgenommene Ausgestaltung, die Modellierung des pornographischen Genres ist von zweifachem Interesse – einerseits in Bezug auf die Zusammenhänge von Lust und Institutionen, anderseits mit Blick auf das Verhältnis von Sprache und Begehren.

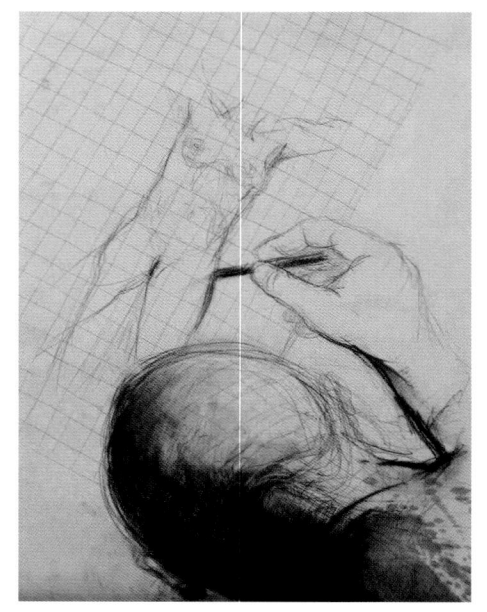

Sprache und Begehren

Pornographische Romane sind ‚hypersexuell'. Sie befassen sich obsessiv mit Kopulation. Präsentiert wird diese Hypersexualität in der Regel mit sprachlicher Hyperbolik. Der sexuelle Akt und das männliche Genitale werden mit allen Finessen der Rhetorik gefeiert, die Texte ergießen sich in eloquenten Beschreibungen von Stellungen, sexuellen Techniken, Lustgefühlen und -äußerungen – wie eine beliebige Stelle aus Clelands „Memoirs" zeigt: „Ich [Fanny Hill – C. L.] stahl meine Hand an seine Schenkel, an deren einem hinunter ich einen steifen, harten Körper fühlen konnte, den die Beinkleider einsperrten, so daß meine Finger kein Ende fühlten. Neugierig, dieses Geheimnis zu enthüllen, tat ich, als wenn ich mit seinen Knöpfen spielte, die eben von der tätigen Kraft hinter ihnen springen wollten, und nun sprangen die seines Hosenbundes und seiner Klappe auf bei der ersten Berührung, und heraus schoß es, und nun sah ich, vom Hemd enthüllt, mit Erstaunen und Wunder – und was? – nicht das Spielding eines Knaben, nicht den Speer eines Mannes, sondern einen Maibaum von [...] ungeheurer Größe [...]. [...] Eine solche Breite beseelten Elfenbeins, vollkommen schön gedreht und geformt, dessen strotzende Steife seine Haut anspannte, deren sanfte Politur und samtene Weichheit es mit der feinsten Haut unseres Geschlechts aufnehmen konnte, und dessen außerordentliche Weiße nicht unvorteilhaft durch ein Buschwerk von schwarzem, lockigem Haar um die Wurzel herum gehoben wurde, durch die die schöne Haut etwas zeigte, was man an einem schönen Abend sehen kann, wenn man den hellen, lichten Äther durch die Zweige entfernter Bäume, die über die Höhe eines Hügels herüberragen, erblicken kann. Dann das tiefe, ins Bläuliche spielende Inkarnat des Kopfes und die blauen, sich schlängelnden Adern, die zusammen die schönste Mischung der Figur und der Farben aus der Natur selbst zusammensetzten, kurz, es zum Gegenstand des Schreckens und des Vergnügens zugleich machten."[3] So eloquent und rhetorisch ausgefeilt die „Memoirs" Sexuelles zur Darstellung bringen, so lakonisch verfährt die Ich-Erzählerin in „Josefine Mutzenbacher": Auch sie redet zwar immerzu vom Sex, verliert sich aber nicht in ausgefeilter Rhetorik, in elaborierten, ausgeschmückten Schilderungen. Akte werden umstandslos vollzogen und protokolliert – nur ein Beispiel sei herausgegriffen: „[D]er Vater[...] stand auf und warf die Zenzi brutal auf's Bett. Sie lachte laut. Aber er warf sich über sie, und mit ihrer aalglatten Geschicklichkeit hatte sie ihn sofort auf den

Rainer Wölzl: Zu Felix Salten-Josefine Mutzenbacher, 2006. (RW)

[3] Josefine Mutzenbacher: Die Lebensgeschichte einer wienerischen Dirne, von ihr selbst erzählt. Im Anhang Beiträge zur Ädöologie des Wienerischen von Oswald Wiener, München 1969 [1906], S. 212.

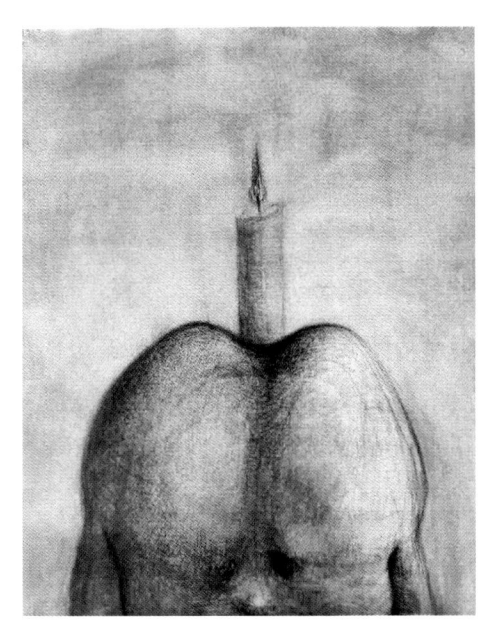

Rainer Wölzl: Zu Felix Salten-Josefine Mutzenbacher, 2006. (RW)

rechten Weg gebracht. [...] Rudolf geriet plötzlich in Aufregung und ich auch. ‚Ah was', sagte er, ‚da werden wir uns auch nicht genieren.' Damit warf er mich auf's andere Bett, legte sich drauf und ich empfing seine Stöße. Es war ein schönes Quartett." (Mutzenbacher, S. 212)

In „Josefine Mutzenbacher" wird nicht nur immerzu – so lakonisch wie drastisch – über Sex geredet, alle Figuren reden auch ständig beim Sex, wie etwa Frau Reinthaler mit Herrn Horak: Diese „redete [...] zu ihm oder keuchte auf vor Entzücken: ‚Ah ... Ah ... Augenblick ... jetzt ... jetzt ... jetzt ... so – jetzt ist mir's wieder 'kommen ... ah, das ist gut ... geh'n S' halten S' noch zurück ... noch nicht spritzen ... Jesus, Maria, wenn mein Mann so vögeln könnt'... ah ... das ist gut ... so hat's mir noch keiner gemacht ... ah ... das g'spür ich bis in den Mund herauf ... ah ... wenn ich das g'wußt hätt', wie Sie's können, dann hätt' ich's schon lang hergegeben ... Noch mehr ... Herrgott ... da wär man ja der reine Narr, wenn man so an Mann nicht drüberlasset ... ah, es kommt mir schon wieder ... fester ... fester ... so ist's gut ... Gehen'S, Herr Horak ... einmal müssen wir aber als Nackender vögeln ... was? Als Nackender ... ja ...? Im Hotel ... ja ...?'" (Mutzenbacher, S. 52)

Der Akt ergibt sich geradezu als Effekt einer stereotypisierten ‚Lustrede', welche die Dynamik der körperlichen Performanzen vorgibt (Oswald Wiener hat das Vokabular dieser Lustrede als Beitrag „zur Ädöologie des Wienerischen" zusammengestellt, der in der Regel als Anhang zur „Mutzenbacher" abgedruckt wird). Sprache protokolliert nicht nur die Bewegung, die Bewegung ist geradezu choreographiert nach den Rederhythmen der Kopulierenden: Die Körper vollziehen, was die Lustrede, performativ in jedem Wortsinne, vorgibt. Nicht der Akt ist das Primäre, zu dem die Sprache den Kommentar abgibt, die Lustrede produziert erst den sexuellen Akt. Und das Begehren, das die Protagonistinnen und Protagonisten umtreibt, entzündet sich nicht eigentlich an den Körpern, sondern an den Reden darüber, was diese Körper mit anderen Körpern ‚getrieben' haben. Herr Eckhardt, der Untermieter der Mutzenbachers, inquiriert die Ich-Erzählerin und Titelheldin: „‚[...] Mit wem vögelst Du du denn so herum? Na? Mir scheint, du treibst es aber zu viel! Sag mir mit wem?' Er bohrte mit seinem Finger an mir herum, und ich war wie von Sinnen. Trotzdem überlegte ich blitzschnell meine Antwort und beschloß, den Herrn Horak zu verraten. [...] Er wollte alles wissen. [...] ‚Seit wann?' ‚Schon lang.' ‚Früher als ich dich gevögelt hab?' ‚Nein, später ...' ‚Wo denn? Wo hat er dich denn erwischt ...' ‚Im Keller ...' ‚Na, und wieso hat er dich so ausgewetzt ...?' ‚Weil er einen so langen Schweif hat ...' ‚Wie lang? Länger als meiner ...?' ‚Ja, viel länger, aber nicht so dick.' [...] Eckhardt war ganz aufgeregt: ‚Komm', keuchte er plötzlich, ‚komm, ich werd dich noch einmal pudern.'" (Mutzenbacher, S. 104f.) Das Begehren Eckhardts ist (wie das von Josefines Vater, das des Beichtvaters – die Reihe ließe sich fortsetzen und fortsetzen) – gut lacanianisch – immer das eines anderen. Die Lust auf die Frau ist die Lust auf die Prostituierte. Und jede Frau ist eigentlich, wie Weininger bereits 1903 in „Geschlecht und Charakter" konstatierte, qua Geschlechtscharakter – so die zugrunde liegende Logik – Prostituierte. Weininger sieht ‚die' Frau als gänzlich auf den Koitus bezogen: „Der Gedanke des Koitus wird von der Frau stets und in jeder Form, in der er sich vollziehen mag, [...] lebhaft ergriffen, und nie zurückgewiesen [...]." Getrieben würden die sämtlich zur Prostitution geborenen Frauen von dem Bedürfnis „nach dem Koitus überhaupt [...]; [nach dem] [...] Wunsch[...], daß möglichst viel, von wem immer, wo immer, wann immer koitiert werde."[4] Männer sind im Gegenzug – so die Logik dieser Zuschreibungen – damit befasst, das sich prostituierende andere, das weibliche Geschlecht „unter Kontrolle"[5] zu halten – auch unter medizinischer Kontrolle, sind doch (Geschlechts-)Krankheiten zu befürchten.

In der „Josefine Mutzenbacher. Lebensgeschichte einer Wiener Dirne" wird man die Anspielungen auf die ‚venerische' Dirne und den Verweis auf die Infektion mit Geschlechtskrankheiten finden, die dem Mann drohen, der in der Großstadt, der *Großen Hure Babylon*, Verkehr mit Prostituierten hat.

Der Bedrohung durch Syphilis zum Trotz sind die Prostituierten für Männer attraktiv. Sie fungieren einerseits als Pokal, um den man wetteifern kann (und auch als Währung, als deren verlebendigte Form die Prostituierten sich geradezu konzeptualisieren lassen). Andererseits dient der Frauenkörper als *agora* – Eve K. Sedgwick hat das im Anschluss etwa an Claude Lévi-Strauss, Gayle Rubin, Jacques Lacan und Luce Irigaray überzeugend beschrieben[6]. Dort gilt: *man meets man*. Die homosoziale Verbrüderung wird gestiftet durch den Austausch von Frauen; der Frauen-, der Prostituiertenkörper ist als ‚Gefäß' phantasiert, in das die Männer sich nacheinander ‚ergießen' – und in dem Spermienproduktionen zusammenfließen. Phantasmatisch wird der Uterus zur kommunzierenden Röhre, in der der Samen des einen Mannes sich mit dem des anderen verbindet. Weil die kopulierenden Männer nichts so fasziniert wie jene anderen Männer, die zuvor mit derselben Frau Sex gehabt haben, ist das wichtigste Sprachspiel, das den Akt vorbereitet und begleitet, das Verhör: Immer wird die Protagonistin gefragt, mit wem sie bereits „gepudert" habe, wie dessen Genitale ausgestattet gewesen sei, welche Stellungen eingenommen, wie exstatisch die Orgasmen erlebt worden seien. Der Akt der Kopulation ist damit gleichzeitig auch ein Akt der ‚Aufklärung' über die vorangegangenen sexuellen Akte, denen ihr prätendiertes ‚Geheimnis' entrissen werden soll. Zwar wird Josefine immer wieder dazu aufgefordert, die sexuellen Abenteuer zu verschweigen: Das Schweigegebot erhöht jedoch nur den Kitzel, steigert bloß Lust und eröffnet immer neue Möglichkeiten, nach dem Verborgenen, Verbotenen zu fahnden – und es in Rede zu überführen. Insofern ist das Redeverbot die geschickteste Strategie, einen endlosen Redestrom über Sex in Gang zu setzen und zu halten.

Rainer Wölzl: Zu Felix Salten-Josefine Mutzenbacher, 2006. (RW)

4) Otto Weininger: Geschlecht und Charakter. Eine prinzipielle Untersuchung [1903], München 1997, S. 348f.
5) Dietmar Schmidt: Geschlecht unter Kontrolle. Prostitution und moderne Literatur, Freiburg 1998.
6) Vgl. Eve K. Sedgwick: Between Men. English Literature and Male Homosocial Desire, New York u.a. 1992.

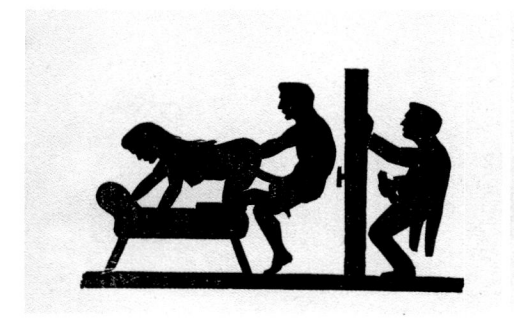

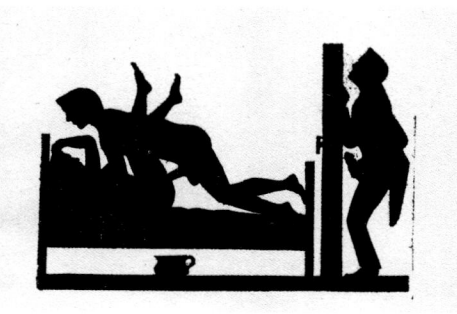

Rainer Wölzl: Zu Felix Salten-Josefine Mutzenbacher, 2006. (RW)

Die Lust und die Institutionen

Das Verhör, die inquisitorische Beichte, ist – auf diesen Zusammenhang weist der Roman forciert hin – für den sexuellen Akt konstitutiv. „Was die Memoiren der Mutzenbacher [nun] brisant werden lassen, ist die Tatsache, dass die intime Rede des Verkehrs der öffentlichen Rede der Machtinstitutionen parallelisiert wird, dass die Praktiken der Medizin, der Religion wie der Polizei, also der regulierenden und normalisierenden Institutionen, denen der Prostitution und des Sexualverkehrs analog sind. Der Wunsch, wissen zu wollen, wie es mit anderen war, das hat der erregte Liebhaber mit dem Beichtvater und dem Arzt gemeinsam."[7] Der Roman führt alle diese Institutionen (und noch weitere) an: die Kirche (mit dem Kooperator), die Pädagogik (mit dem Katecheten), die Polizei (die die Übergriffe des Katecheten aufklärt), die Medizin (Josefine wird gynäkologisch untersucht), auch die Familie (der inzestuös mit Josefine verkehrende Vater). Und der Roman führt all diese in ihrer Lustversessenheit vor. Foucault hat in „Wille zum Wissen" darauf hingewiesen, dass Lust und Macht konstitutiv aufeinander bezogen sind: „Lust, eine Macht auszuüben, die ausfragt, überwacht, belauert, erspäht, durchwühlt, betastet, an den Tag bringt; und auf der anderen Seite eine Lust, die sich daran entzündet, dieser Macht entrinnen zu müssen, sie zu fliehen, zu täuschen oder lächerlich zu machen. Macht, die sich von der Lust, der sie nachstellt, überwältigen läßt; und ihr gegenüber eine Macht, die ihre Bestätigung in der Lust, sich zu zeigen, einen Skandal auszulösen oder Widerstand zu leisten, findet."[8] Nach Foucaults Analyse ist es die Macht, die seit dem 18. Jahrhundert eine Explosion von Diskursivierungen des Sexes hervorbringt: „Die Diskurse über den Sex – spezifische, gleichzeitig nach Form und Gegenstand unterschiedliche Diskurse – haben unaufhörlich zugenommen […]. Ich denke hier nicht so sehr an die Vervielfachung ,unziemlicher', frevlerischer Diskurse, die rücksichtslos, voller Spott für die neuen Schamhaftigkeiten, den Sex beim Namen nennen; wahrscheinlich hat die Verschärfung der Anstandsregeln im Gegenzug eine Aufwertung und Intensivierung der unanständigen Rede hervorgerufen. Das Wesentliche aber ist die Vermehrung der Diskurse [religiöse Institutionen, pädagogische Konzepte, medizinische Praktiken etc. – C.L.] über den Sex, die im Wirkungsbereich der Macht selbst stattfindet: institutioneller Anreiz über den Sex zu sprechen, und zwar immer mehr darüber zu sprechen; von ihm sprechen zu hören und ihn zum Sprechen zu bringen in ausführlicher Erörterung und endloser Detailanhäufung."[9]

Der Roman „Josefine Mutzenbacher" radikalisiert insofern diese Analyse der Institutionen, als er die Differenz zwischen dem Reden über und der Performanz von Sex an entscheidender Stelle kassiert. Mutzenbachers Beichtvater reinszeniert eben jene Beichtrituale, welche die katholische Kirche nach dem tridentinischen Konzil entwickelte – Rituale, die auf eine übergenaue Schilderung des sexuellen Aktes zielen. Er erklärt seinem Beichtkind: „,Ich muß […] alle Grade und

---

7) Claudia Liebrand/Franziska Schößler: Fragmente einer Sprache der Pornografie. Die ‚Klassiker' *Memoirs of a Woman of Pleasure (Fanny Hill)* und *Josefine Mutzenbacher*, in: FreiburgerFrauenStudien 15 (2004), S. 107-129, S. 117.
8) Michel Foucault: Der Wille zum Wissen (= Sexualität und Wahrheit Bd. 1), Frankfurt a.M. 1983, S. 61.
9) Foucault, Wille, S. 28.

Arten der Unkeuschheit kennen, die du begangen hast. Also beginne. Hast du den Schweif in den Mund genommen ...?' Ich nickte. ‚Oft ...?' Ich nickte wieder ‚Und was hast du mit ihm gemacht – der Reihe nach ...?' Ich schaute ihn ratlos an. ‚Hast du mit der Hand gespielt damit?' Ich nickte wieder. ‚Wie hast du gespielt ...?' Ich stand da, ohne zu wissen, was ich sagen oder tun sollte. ‚Zeig' mir genau', flüsterte er, ‚wie du's gemacht hast ...' Meine Ratlosigkeit stieg auf ihren Gipfel. Er lächelte salbungsvoll: ‚Nimm nur meinen Schweif ...' sagte er, ‚an dem geweihten Priester ist alles rein ... nichts an ihm ist Sünde ... und nichts an ihm ist sündig.'[...] Ich war furchtbar verlegen. Aber ich faßte, wenn auch zaghaft, die Nudel, zu der er mich führte, umschloß sie mit der Hand und fuhr zwei-, dreimal schüchtern auf und nieder." (Mutzenbacher, S. 140f.)

Die Schüchternheit verliert sich bald; Kooperator und Protagonistin sind flugs in heftiger Kopulation begriffen. „Er trat zwischen meine Beine, und sein dicker Bauch lag auf dem meinigen, obwohl der Herr Kooperator stand. ‚Und ist der Schweif so dir hereingekommen, um dir fleischliche Lüste zu bereiten ...?' Stehend schob er mir seine geweihte Kerze, die ganz warm war, an die Öffnung. Ich mußte, als ich das verspürte, ihm entgegenstoßen. Langsam, sehr langsam drang er ein. Der Kooperator, dessen Gesicht ich nicht sah, keuchte laut. Ich hielt mit meiner Muschel seinen Stiel umklammert, der ziemlich weit eingedrungen war. Jetzt wollte ich auch gevögelt sein. Da es keine Sünde war, erst recht. Ich lag da, mit einem Gefühl, in das sich Staunen, Wollust, Freude und Lachlust mengten und in dem meine Befangenheit sich endlich löste. Ich fing an zu begreifen, daß der Herr Kooperator eine Komödie spielte und es einfach darauf abgesehen hatte, mich zu pudern. Aber ich war entschlossen, diese Komödie mitzumachen, mir nichts merken zu lassen [...]." (Mutzenbacher, S. 144f.)

Dies ist eine Parodie der Beichte, die deren lüsterne Kehrseite spitzfindig zur Kenntlichkeit entstellt. Präsentiert sich doch die Beichte, dieser Generator von Sexualitätsdiskursen, als eine Komödie, da Sexualität verdammt wird und gleichzeitig die Reden über das Sexuelle versessen provoziert werden. Der Kooperator, der die ‚sündigen' Akte nachstellen lässt, um sie im Detail zu erfassen, forciert die inquisitorischen Tendenzen der Institution und wirft die Beichte ganz auf das zurück, was ihr geheimer Motor ist: ihr obszönes Begehren. Die kindliche Protagonistin des Romans erkennt mit *clairvoyance*, welcher Art von Schmierenkomödie „Hochwürden" spielt – und spielt lachlustig mit.

Hochwürden und Mutzenbacher spielen „eine Komödie" aber nicht nur, indem sie die Fiktion aufrechterhalten, es gehe um ein Beicht- und Bußritual und nicht um dessen Verhöhnung und Subversion. Sie spielen – wie alle anderen Figuren des Romans – auch das, was man als *Komödie der Sexualität* bezeichnen könnte. Die ‚nackten Wahrheiten', von denen in „Josefine Mutzenbacher" die Rede ist, sind inszeniert als Effekte der wieder und wieder performativ und theatral (auch im Sinne von ‚komödienhaft') in Szene gesetzten Akte. Unermüdlich werden im Roman die sexuellen Nummern wiederholt, um dem Verdacht nicht aufkommen zu lassen, dass Geschlecht und Sexualität nur prätendieren, ‚Natur' zu sein.

Felix Salten (anonym): Bekenntnisse einer Prinzessin, Wien 1905. (WB)

Felix Salten (anonym): Josefine Mutzenbacher oder Die Geschichte einer Wienerischen Dirne von ihr selbst erzählt, Wien 1906. (WB)

Josefine Mutzenbacher

oder

Die Geschichte einer Wienerischen Dirne

von ihr selbst erzählt.

Privatdruck.

1906.

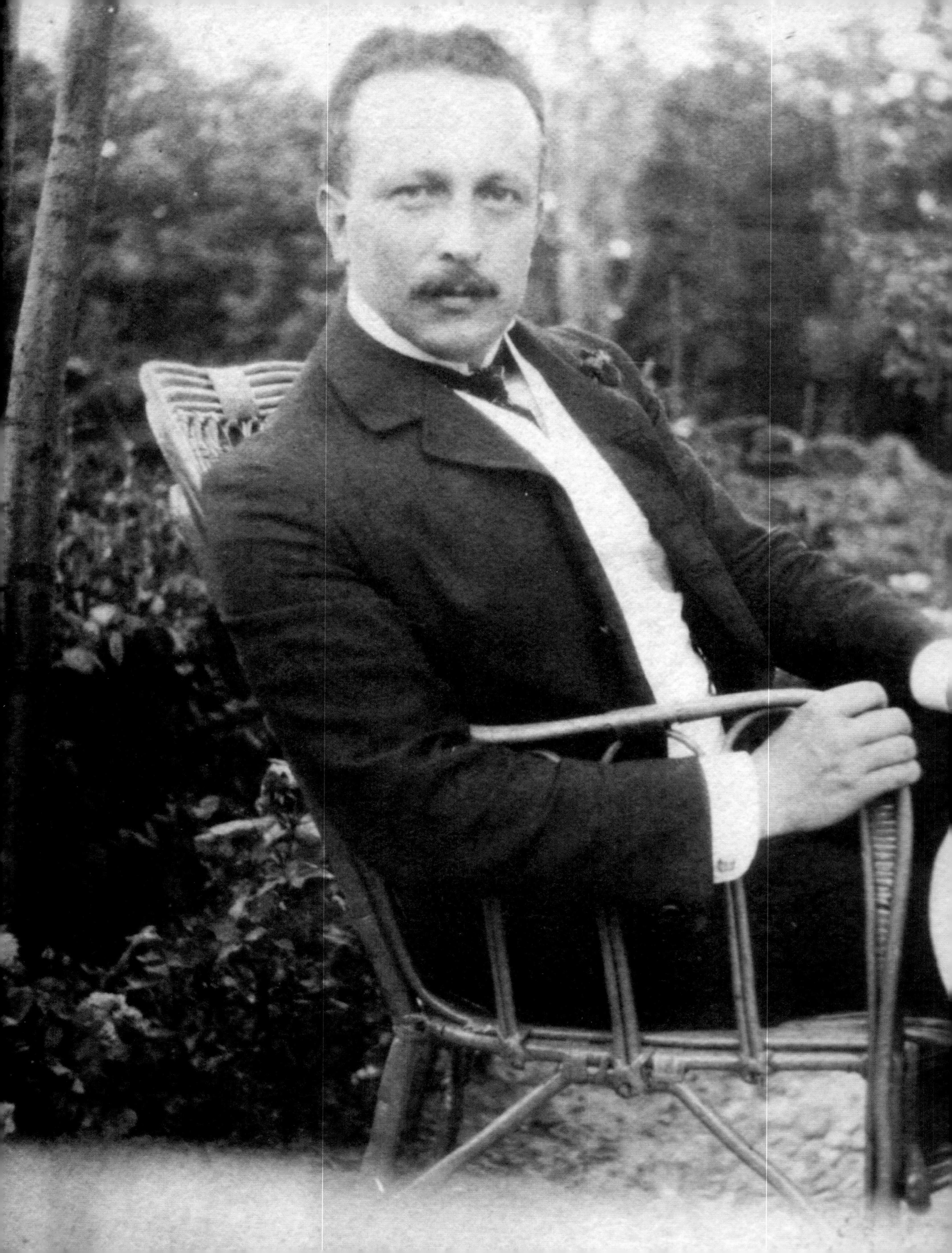

Siegfried Mattl / Werner Michael Schwarz

„Wurstelprater"

Attraktionen & Populisten

Vorschau: Felix Salten in Wien-Pötzleinsdorf, 1904. (NFS/LWA)

Felix Salten: Wurstelprater, Wien 1911. (WB)

1) Vgl. Siegfried Mattl, Klaus Müller Richter, Werner Michael Schwarz (Hg.): Felix Salten: Wurstelprater. Ein Schlüsseltext zur Wiener Moderne. Wien 2004, S. 28.
2) Vgl. Felix Salten: Fünf Kreuzertanz, in: Die Zeit, 12.10.1902, S. 1f.
3) Vgl. in: Felix Salten: Die Geliebte Friedrichs des Schönen. Novellen, Berlin 1908, S. 83ff.
4) Vgl. Felix Salten: Die kleine Veronika, Berlin 1903.
5) Vgl. Felix Salten, Der Wiener Prater, Manuskript, in: Nachlass Hermann Bahr, in: Wiener Theatermuseum.

Der Vorhang teilt sich und in einer grell beleuchteten Scheibe erscheint Astarte, das Wunder der Luft. Sie steht auf dem Kopf, dann beginnt sie sich zu winden, zu drehen, wie ein Aal, der im runden Fischglas die Wände entlang schwimmt. Sie weiß auf dem drehbaren Tisch, auf dem sie liegt, und von dem aus ihr Spiegelbild auf jene Scheibe reflektiert wird, keine einzige graziöse Pose einzunehmen. Sie könnte heiter sein, könnte lächeln, könnte die Illusion hervorrufen, als hätte sie alle Gesetze der Schwerkraft besiegt [...]

Dies alles tut Astarte nicht. Von der Magie der Prater-Attraktionen ist wenig mehr geblieben als die wortreich grotesken Reklamesprüche des Ausrufers: „Ich begriasse die vereahten Heaschaften und ereffne die Haupt- und Galavorstellung.[1]
Bis heute trägt der Vergnügungspark östlich der Wiener Innenstadt zum Image und zum Mythos der Stadt bei. Genuss, Zerstreuung, eine Atmosphäre von Freizügigkeit und erotische Phantasien haben sich an diesem Ort überlagert. Popularkulturelle Praktiken und literarische Einschreibungen ließen den Prater trotz ständiger Umgestaltung gegen jene Monotonie resistent werden, die andere Schauplätze der frühen Massenkultur prägten. Felix Saltens 1911 erschienenes Buch „Wurstelprater" hat dazu seinen Beitrag geleistet, nicht zuletzt weil es sich bereits beim Erscheinen als eine ambivalente Intervention begreifen ließ: ein ironisierend-sentimentaler Rückblick, der auf das kulturelle Potential einer Tradition aufmerksam wurde, als sie gepflegt zu werden aufhörte.
Der Text, den der Wiener Amateurfotograf Emil Mayer illustrierte, ist zugleich Höhepunkt und Abschluss einer fast zwanzigjährigen Beschäftigung Saltens mit dem Prater. Er ist Höhepunkt, da er Fragmente, Passagen und Motive enthält, die sich schon in bereits erschienenen Arbeiten finden, etwa in dem Feuilleton „Fünf Kreuzertanz" von 1902[2], den Novellen „Feiertag" von 1898[3] und „Die kleine Veronika" von 1901-1903[4] oder in dem von Hermann Bahr 1897 öffentlich vorgetragenen, jedoch noch immer unpublizierten Manuskript „Der Wiener Prater".[5]
Salten veröffentlichte Texte zu einem Thema geschickt und oft zeitgleich an verschiedenen Orten. Einen Abschluss bildet „Wurstelprater", da sich Salten kaum mehr literarisch zum Wiener Prater äussern sollte. Er registrierte einen Verfall, der jede weitere Auseinandersetzung obsolet erscheinen ließ.
Den „Urtext" von Saltens „Wurstelprater" bilden zwei Zeilen, die Arthur Schnitzler am 9. Juni 1893 in sein Tagebuch schrieb. Dieser berichtete von einem Praterausflug in Begleitung von Salten, Beer-Hofmann und Hofmannsthal und zitiert einen „mystisch betrunkene[n] Ausrufer": „Mit einem kleinen Flämmchen

Wiener Wurstelprater, um 1910.
(ÖNB Bildarchiv)

beleuchtet sie [Astarte, S.M./W.S.] die gahnze Umgehbung – auf dem Haupte trägt sie den Abendstern".[6] Genau dieselbe Passage findet sich, von orthographischen Abweichungen abgesehen, in Saltens Eröffnungsskizze von 1911 „Der Ausrufer"[7] wieder. Emil Mayer hat dazu zwei Aufnahmen von Ausrufern beigesteuert, die nicht vor 1906 zu datieren sind.[8] Was Salten 1893 gehört hatte, konnte Mayer 1906, nach den massiven Umgestaltungen des Praters, nicht mehr finden.

1894 berichtet Schnitzler in einem Brief an seine damalige Geliebte, die Schauspielerin Adele Sandrock, von einem weiteren Prateraufsug zu fünft und erwähnt zwei andere Attraktionen: eine „hergulösgrafftmaschinne"[9] und eine „Loreley", die in einer Hütte mit mythologischen Szenen präsentiert wird[10]. Von beiden erzählt auch Salten in „Wurstelprater".[11] Solch literarische Ver- oder Entwendungen dürften Salten in Schnitzlers Augen als „unverlässlich" desavouiert haben.[12]

Das Interesse am Personal des Praters verweist auf eine lange literarische Tradition, in die sich die jungen Autoren der Jahrhundertwende einreihen – allerdings nicht ganz nahtlos. Mit dieser teilen sie noch das Interesse am Prater als einem Schauplatz des „Volkes".[13] Spätestens seit dem Vormärz hatten hier Schriftsteller wie Stifter oder Grillparzer den Leuten bei einem Vergnügen zugeschaut, das alle Stände vereinte. „Volk" hatte sowohl das einfache Volk als auch das Wienerische schlechthin gemeint. Harmlose Vergnügungen und soziale Harmonie im Prater wurden zum Sinnbild Wienerischer Lebensart. In Texten ab 1890 repräsentiert dieses „Volk" immer weniger das Wienerische, und der Prater mutiert zu einem Ort pittoresker Situationen. Auch die literarischen Begegnungen der Stände büßen ihre Harmlosigkeit ein und weichen Beschreibungen unerfüllbaren Begehrens und

6) Schnitzler Tagebücher, 1893-1902.
7) Vgl. Siegfried Mattl, Klaus Müller Richter, Werner Michael Schwarz (Hg.): Felix Salten: Wurstelprater, S. 7.
8) Auf den Fotos ist das Kino Klein zu sehen, das 1906 eröffnet wurde, vgl. Christian Dewald, Werner Michael Schwarz: Kino des Übergangs. Zur Archäologie des frühen Kinos im Wiener Prater, in: dieselben: Prater Kino Welt, Ausstellungskatalog, Wien 2005, S. 61.
9) Vgl. Brief Arthur Schnitzlers an Adele Sandrock vom 17.5.1894, in: Adele Sandrock und Arthur Schnitzler. Geschichte einer Liebe in Briefen, Bildern und Dokumenten. Zusammengestellt von Renate Wagner, Frankfurt/Main 1983, S. 119.
10) Vgl. Siegfried Mattl, Klaus Müller Richter, Werner Michael Schwarz (Hg.): Felix Salten: Wurstelprater, S. 23.
11) Salten transkripiert „Hhiakuleßgrafftmaschine", vgl. ebda, S. 53.
12) In zahlreichen Tagebucheintragungen Schnitzlers, v.a. ab Mitte der 1890er Jahren, ist diese Einschätzung nachzulesen.
13) Vgl. Robert B. McFarland: Anthropologischer Heißhunger und Hexenküchen-Rausch?, in: Siegfried Mattl, Klaus Müller Richter, Werner Michael Schwarz (Hg.): Felix Salten: Wurstelprater, S. 162ff.

Emil Mayer: Zuckerlverkäufer, um 1905.
(VHS-Archiv)

zumeist tragischen (sexuellen) Überschreitungen. Der bürgerliche Mann erscheint als Erzähler und Akteure der Texte. In seiner Perspektive wird der Prater vom Spiegelbild zum Zerrbild der Stadt. Er mischt sich unter das „Volk" und hat für kurze Zeit an dessen kindlichen Vergnügungen teil: „[W]ir im Prater [...] haben wahnsinnig gedraht, sind nemlich im Schweizerhaus gesessen, haben Backhendeln mit Gurkensalat u[nd] Salami gegessen und sind dann – bitte nicht verhöhnen! – auf der Rutschbahn gefahren, dabei ereignete sich auch nicht das geringste Stubenmädchen, und alle Backen blieben ungekniffen (du bist erstaunt – ich begreife das!)"[14]. In zahlreichen Novellen und Erzählungen jedoch verführt er aktiv Frauen aller Milieus. Oder er ist melancholischer Aussenseiter, wie es Salten in „Fünf Kreuzertanz" imaginiert:

> Inmitten dieser stampfenden, jubelnden, lachenden und liebenden Jugendseligkeit regt sich der Wunsch, hier nicht als Fremder stehen zu müssen, nicht wie nach fremden Thieren auf Diejenigen zu schauen, die in Ursprünglichkeit und ungebrochener Lust genießen, nicht in Grübelei und nachdenklichen Zögern den Inhalt froher Stunden zu messen, sondern Antheil nehmen zu können, besinnungslos und ohne Rückhalt.[15]

Um 1900 kann Salten im Prater Dinge sehen, die es in den anderen Teilen der Stadt nicht mehr gibt. Salten schreibt in „Der Wiener Prater" von einem „Narrenspiegel", einer „Rumpelkammer, in welche die Großstadt ihre abgethanen Erlebnisse heineinwirft zum Spielzeug für ihre Kinder".[16] Im Prater könne es geben, was es sonst nicht geben dürfe: übermächtige (zumeist sexuelle) Impulse

14) Arthur Schnitzler an Adele Sandrock, S. 119.
15) Felix Salten: Fünf Kreuzertanz.
16) Vgl. Felix Salten, Der Wiener Prater, Manuskript, in: Nachlass Hermann Bahr, in: Wiener Theatermuseum.

Plakat: Danksagung an die Teilnehmer
der Kundgebung anlässlich der Enthüllung
des Lueger-Denkmales, Wien 1926.
(WB Plakatsammlung)

Emil Mayer: Beim „Künstler", um 1905.
(VHS-Archiv)

oder kindliches Vergnügen an billigen Attraktionen. Aus Saltens „Wiener Prater" las Bahr wahrscheinlich im November 1897, im Bösendorfersaal, vor. Die Besprechung in der Arbeiterzeitung lobt Bahrs Vortrag als „lebendiges und treues Dokument eines charakteristischen Winkels des Wiener Lebens. Das ganze stumpfe Elend, die unsägliche Traurigkeit, die in all diesen Volksbelustigungen liegt, die Anmuth verkommener Existenzen, die in den Buden kümmerlich ihr Leben fristet, wird hier mit dichterischer Melancholie sehr stark zum Ausdruck gebracht."[17]

In der Konzeption und auch in einzelnen Passagen nimmt Saltens „Der Wiener Prater" seinen „Wurstelprater" vorweg. Auch er beginnt mit der Beschreibung einer Grenze zwischen Stadt und Vergnügungsgelände: des Eisenbahnviadukts am Praterstern. Während der Text von 1911 danach gleich zu den „Ausrufern" im Wurstelprater übergeht, welche die LeserInnen empfangen, gibt Saltens Manuskript von 1897 noch einen ausführlichen Rückblick auf die Geschichte des Geländes, das – zunächst kaiserliches Jagdrevier – unter Josef II. für das „Volk" geöffnet wurde. „Gleich von Anfang wurde der Prater der Mittelpunkt wienerischer Freude und wienerischer Laune. Dorthin setzte die Stadt Alles ab, was in ihr an Witz, an heiterem Prunk, an Spektakel und komischen Einfällen entstand. War es im Prater lustig, dann war Wien gut gelaunt, und war Wien verstimmt, dann blieb auch der Prater leer."[18] Damals sei der Prater das „Tagebuch der Stadt"[19] gewesen, doch heute – so suggerieren die anschließenden Absätze – gelte dies nicht mehr. Die Attraktionen und das „Volk", das noch an den Abnormitäten-Schauen, Ringelspielen und Kraftmaschinen seine Freude hat, repräsentieren nunmehr eine untergehende, zugleich zauberhafte Welt kindlicher Einbildung und spontaner Lebensfreude. Gefangen in seiner „gütige[n], poetische[n] Philosophie" bemerke „das Volk" dies nicht und gebe sich mit Illusionen

17) Arbeiterzeitung, 1.12.1897.
18) Felix Salten: Wiener Prater. Unveröffentlichtes Manuskript im Wiener Theatermuseum, S. 9.
19) Ebda, S. 12.

Panorama der „Adria-Ausstellung"
im Wiener Prater, 1913. (WM)

zufrieden, mit Bären-Jagden auf Blechscheiben oder Eisenbahnreisen auf dem Ringelspiel. „Hier sind die Geschichtenerzähler und die Improvisatoren noch am Werke, mit einem beredsamen Witz, der aus dieser lustigen Erde emporgesprossen scheint. Da erzählen sie mit den wunderlichen Trümmern ihrer Praterbildung Episoden aus der Mythologie, führen Astarte und Daphne vor, zeigen den Meerestaucher, und declamiren im Stil der alten Puppenkomödie die Schauer der Hölle."[20] Der Prater als Refugium vormoderner Vergnügungen und kindlicher Poesie, das der melancholische Beobachter zu erleben vermeint, scheint von der wuchernden Stadt ebenso bedroht wie von modern-technischen Attraktionen. Tatsächlich war Salten um 1900 einer der wenigen Zeitgenossen, die den Prater beschrieben, gerade als sich eine technisch-industrielle Massenkultur rasant entwickelte.

> Ringsherum lärmt der junge Prater. Ungestüm dringen die Klänge des Orchestrions, die Trompeten der Militärcapellen schmettern, das gellende Läuten der Glocke von der Rutschbahn, das Sausen der Maschinen, als sollten diese armen Reste zerdrückt und zerstampft werden. Und wenn dann überall die electrischen Lichter aufflammen, dann versinkt von ihnen, wie alte Zeiten versinken, in Nacht und Schatten so manche gewesene Freude. Astarte, Daphne sind verschwunden. Die neuen Erfindungen haben hier aufgeräumt, hier bei den Buden. Die Scherze der optischen Täuschungen sind überholt, man ist schneller geworden. Jetzt hat man Kinematographen, Phonographen, electrische Grotten, selbsttätige Schaukeln und wenn man hier die historischen Erfindungen Edisons ausgestellt sieht, wie früher die fünfbeinigen Mondkälber oder die Damen ohne Unterleib, dann merkt man staunend, wie complicirt der Apparat unserer Unterhaltung geworden [...] Sie errichten ganze Städte aus Leinwand und Papendeckel, sie bauen Theater, und so der alte Fürst den Kaiser Josef verherrlichte, spielt man jetzt Shakespeare für das Volk. Die Buden aber werden zu Palästen, von wirklichen Architekten prunkvoll erbaut, wirkliche Künstler malen

20) Ebda, S. 15.

Ansichtskarte: Achterbahn, um 1910. (WM)

Bilder dafür und vor ihnen erheben sich Standbilder in steinerner Pracht. Der kleine Prater der Gaukler verathmet im großen Getrieben einer neuen Zeit, die kleine Lustbarkeit wird von großartigen Veranstaltungen verschlungen. Das Ringelspiel ist überholt, und auf sammtweichen Pfoten fährt das Fahrrad durch die blumigen Auen, es weht eine neue Luft in den Wipfeln der alten Bäume. Wie ein feuriger Kreis hebt sich das Riesenrad aus dem kleinen Gewirr der niederen Hütten, und steht am nächtlichen Himmel als ein leuchtendes Zeichen, das die Größe der kommenden Dinge anzeigt: Das ist aus einer alten Haspel geworden! So hutscht sich ein neues Geschlecht! Ein Lichtmeer schimmert aus den cachirten Palästen Venedigs. Gesang und Musik tönt aus den künstlichen Lagunen und in strahlendem Glanze electrischer Sonnen taucht die Rotunde empor, umrauscht von den Klängen vieler Orchester. Dieser eiserne Coloss hat die kleinen Holzhütten ringsherum verschlungen, die papierene Stadt nahm das Übrige hinweg. Die Buden liegen in Finsternis und Stille, man verweilt bei ihnen im Vorübergehen, wie bei curiosen Überbleibsel alter liebgewonnener Zeiten. Der große Unternehmer muß den kleinen miniren. Der große Wurstel richtet die kleinen zu Grunde. Das ist der Lauf der Welt.[21]

In diesem Essay von 1897 schreibt Salten aktuell und nahe am Geschehen. Die meisten der erwähnten Attraktionen lassen sich eindeutig identifizieren. 1911 hingegen, als sich der „junge Prater" mit Kinos, Roller Coaster und mechanischen Musikapparaten etabliert hat, erzählt der „Wurstelprater" nahezu ausschließlich von jenen Attraktionen, die im Text von 1897 nur noch ein kümmerliches Dasein fristeten. Das Buch von 1911 führt gleich in den Wurstelprater, ohne

21) Ebda, S. 17ff.

Ansichtskarte: Wiener Hochschaubahn, um 1910. (WM)

22) Siegfried Mattl, Klaus Müller Richter, Werner Michael Schwarz (Hg.): Felix Salten: Wurstelprater, S. 61.
23) Vgl. Felix Salten: Nachtvergnüger, in: ders.: Das Österreichische Antlitz, S. 85ff.
24) Zahlreiche Massen-Shows wie Buffalo Bills „Congress of Rough Riders" (1906) oder (1900) Barnum & Baileys Wanderzirkus (für 8.000 [!] Besucher) siedelten sich in unmittelbarer Nähe zum Wurstelprater an; wandernde internationale Attraktionen verdrängen aber auch das „Wienerische" aus den innerstädtischen Traditionslokalen. Das Wiener Ballhaus am Peter präsentierte im Jänner 1901 den „Grand – Can Can à la Parisien", das „Colloseum" annoncierte die „Yankees", die „Alfredos". Für das „Colloseum" kam der Wechsel offenbar zu spät, denn es musste im März 1901 wegen des „Wandels im Publikumsgeschmack" schließen. Kurz danach protestierten die Direktoren der Wiener Unterhaltungstheater und -etablissements gegen die ruinöse Konkurrenz, die sie durch den enormen Erfolg von Barnum & Bailey in der Rotunde erfuhren. Vgl. Wiener Allgemeine Zeitung, 20.1.1901, 27.2.1901, 2.3.1901.
25) Vgl. Wiener Allgemeine Zeitung, 19.11.1901.

zuerst das Riesenrad oder das Gelände des ehemaligen „Venedig in Wien" zu erwähnen. Kein Wort von den neuartigen technischen Vergnügungen, nur in einer kurzen Passage ist vom Lärm des „jungen Praters" die Rede.[22] Kein Hinweis auf ein „Volk", das in die zahlreichen Kinotheater drängt oder sich an den elektrisch betriebenen Fahrgeschäften vergnügt. Das Kino ist nur in der erwähnten Aufnahme Emil Mayers präsent. Stattdessen schreibt Salten von Schaustellern und Attraktionen – von Astarte, Daphne oder dem Meerestaucher –, die er schon 1893/94 sah, 1911 jedoch längst verschwunden sein mussten. Deshalb entsprachen die Motive von Emil Mayers Fotografien meist nicht dem Inhalt des Textes. Nur in jenen Kapiteln verweisen Text und Bild aufeinander, wo es sich um Pratertypen und -situationen (wie „Der Strizzi", „Der Fallot" oder „Fünf-Kreuzertanz") handelt.

Zwischen 1897 und 1911 hatte sich das Vergnügungsleben in Wien entschieden verändert. Neben Kino und Foto-Vorträgen gab es nun auch Bars, Kabaretts und Variétés[23]. Ein großstädtisches Nachtleben war entstanden, das moderne Attraktionen bei Tag ergänzten: Fußballspiele, Radtouren, Boxkämpfe, internationale Shows.[24] Für die künstlerische Avantgarde, für Hofmannsthal, Schönberg und Loos etwa und all die weniger bekannten KomponistInnen, SängerInnen, TänzerInnen usw., waren die kleinen, intimen Formen des Unterhaltungsbetriebes künstlerisch wie finanziell von Interesse. Auch Saltens „Theater zum lieben Augustin", ein gescheitertes Experiment, das sich das Pariser „Chat Noir" zum Vorbild nahm, verdankte sich dem Bemühen, die Moderne, die in der Repräsentationskultur nicht den geeigneten Rahmen fand, zu popularisieren.[25] Der triumphale Erfolg von Franz Lehárs „Lustiger Witwe" 1906 etablierte eine moderne Unterhaltungskultur auch in Wien, die sich nicht als Opposition zur Hochkultur, sondern als deren Erweiterung und Erneuerung verstand. Auch daran war Felix Salten beteiligt, dessen journalistischer Einsatz wesentlich zum Erfolg von Lehár und der zeitgenössischen

Operette beitrug.²⁶⁾ Anschließend erarbeitete er selbst Libretti und hielt engen Kontakt zu den Komponisten Victor Leon, Oscar Straus, Leo Fall und Franz Lehár sowie zum Volksoperndirektor Rainer Simon.²⁷⁾ Der Konsum von Produkten der neuen Unterhaltungsindustrie – Tanzwettbewerbe, Schlager, Grammophon, Modeartikel usw. – begann lokale populare Traditionen zu ersetzen. „Zeitgenössisch" bedeutete für Salten: sinnlich und dem modernen Alltag zugewendet psychologische Konstellationen verhandeln und die Themen des Tages aufgreifen, den Wiener Klischees absagen²⁸⁾ und andere kreieren. Den Ausrufern im Wurstelprater war nach der Aufhebung von Kolportageverbot und Stempelgebühr tatsächlich eine überwältigende Konkurrenz erwachsen. Mit der Boulevardpresse zog auch in Wien die „Spektakularisierung der Realität" ein, die aus alltäglichen Begebenheiten Sensationen macht und ihr Publikum mit Aktualitäten fesselt anstatt mit Wundern.²⁹⁾

Als Grundform für die Texte von 1911 wählt Salten nicht mehr den Essay, sondern die aktuellere Reportage, zu der die Fotografien Emil Mayers kongenial passen – scheinbar ein Widerspruch, wenn längst Vergangenes repräsentiert werden soll. Der Erzähler berichtet auch in der ersten Person über seine Gespräche mit den Schaustellern. Salten eröffnet die Reihe der Porträts von Praterunternehmern und Schaustellern nicht zufällig mit dem „Ausrufer".³⁰⁾ Der melancholische Blick von 1897 auf die naive und natürliche Poesie einer Welt, die sich der Moderne gerade noch widersetzt, ist einem oft ironisierenden und persiflierenden Ton gewichen. Einst hatten die Attraktionen ihre Poesie aus Einfachheit, Durchschaubarkeit und der naiv gutmütigen Vorstellungskraft des Publikums bezogen. Nun stellt Salten sie als Tricks bloß und karikiert das Publikum als verführt und betrogen. Dies illustriert das Porträt der Wahrsagerin:

Die Sache hat nichts Romantisches an sich, man denkt bei der alten Frau mit der Hornbrille an keine Zigeunerin, an keine dunkeln, un-

Karussell im Wiener Wurstelprater, um 1910. (WM)

26) Vgl. Stefan Frey: „Was sagt ihr zu diesem Erfolg." Franz Lehár und die Unterhaltungsmusik im 20. Jahrhundert, Frankfurt/M. / Leipzig 1999.
27) Vgl. die Briefe Saltens an Adele Strauß vom 9.7.1908, in der er von der Überarbeitung der Strauß-Operette „Cagliostro" in einer modernen, psychologischen Form arbeite, sowie an den Volksoperndirektor Rainer Simon vom 20.1.1911, der von ihm eine Überarbeitung des „Carneval in Rom" (im Manuskript als „Der blaue Held" erschienen) einforderte. WSTBl, Felix Salten, Briefe, 129.112 u.129.113; gemeinsam mit Oscar Straus produzierte Salten (unter dem Pseudonym Ferdinand Stollberg) „Reiche Mädchen" (1909) und „Mein junger Herr".
28) Zeit, 8.12.1906.
29) Vgl. Sabine Müller: Stillgestellter Stimmzauber. Der Kino-Rekommandeur zwischen Kaiserwurstl und Gloriphon, in: Christian Dewald, Werner Michael Schwarz: Prater Kino Welt. Filmvergnügen im alten Prater, Wien 2005, S. 176ff.
30) Vgl. Siegfried Mattl, Klaus Müller Richter, Werner Michael Schwarz (Hg.): Felix Salten: Wurstelprater, S. 7ff.

Pratergasthaus „Marokkaner",
um 1910. (WM)

heimliche Sprüche, viel eher an irgendeine redselige Hausmeisterin oder an jene alten Weiber, die in verborgenen Winkeln sitzen und stricken. Sofort wie sie die dargereichte Hand ergreift, erkennt man, daß sie nichts von Chiromantik versteht, denn sie deckt mit der ihren alle Linien zu, die ihr etwas sagen könnten.[31]

Ähnlich fällt auch das Urteil über die „Gaukler" aus:

> Sie sind keine ‚fahrenden Leute', nicht die Pauvres Saltimbanques, die im grünen Wohnwagen von Ort zu Ort ziehen, mit dem Hauch lustiger Abenteuer und dem übermütigen Lachen Till Eulenspiegels, das die Ehrsamkeit der Sesshaften verspottet. Sie sind selber ehrsam und sesshaft, haben keine lustigen Abenteuer und lachen nicht. Sie gaukeln, tanzen auf dem Seil, stemmen Gewichte, verkleiden sich als Affen wie man irgendein anderes Geschäft betreibt, abgestumpft und gleichgiltig. Sie haben keine Beziehungen zum Publikum, weder zu den Gästen an den Tischen, noch zu den Kindern, die draußen lachen, Geschäft ist Geschäft.[32]

Dieser Perspektivenwechsel wird im direkten Vergleich der beiden Versionen deutlich. Den Text über das Panoptikum von 1897 etwa erweitert Salten 1911 um – hier eckig eingeklammerte – Bemerkungen:

> Die Leute, die sich gerne in die Nähe der Berühmtheiten drängen, alle welche große Männer um Photographie und Autogramm anbetteln, dann jene, die den Gerichtssaal und die Berichte über den neuesten Raubmord voll Begierde verschlingen [und noch die vie-

31) Ebda, S. 36.
32) Ebda, S. 42f.

Übersichtsplan des Wiener Praters, um 1900. (WM)

len anderen, die mit stumpfen Organen die Kunst begaffen und betasten,] müssen gerne hierher gehen. [Denn es ist gerade im Panoptikum alles, was die Menge braucht. Jenes widerwärtige Gemisch, das als Surrogat des echten Lebens von allen genossen wird, und alles verblödet.] Hier ist Alles greifbar, von Bismark bis zu Ravachol. Schlecht Weltgeschichte, nur in Wachs modellirte Fünfkreuzerromane."[33]

Aus der 1897 noch bewunderten Fähigkeit des „Volkes", sich mit eingebildeten Jagden und Reisen zufrieden zu geben, wird 1911 die „Verblödung" durch Surrogate „echten Lebens". Diese geläufige Kritik an der Kulturindustrie richtet sich jedoch nicht gegen deren Orte (etwa Kinos), sondern ausgerechnet gegen jene traditionellen Attraktionen, deren Verschwinden Salten 1897 noch betrauert hatte. Er greift nicht die moderne Massenkultur an, sondern den modernen Populismus, der das Wienerische mit dem Traditionellen gleichsetzt. Die Kritik der alten Attraktionen wird damit zur Kritik an der Politik des 1910 verstorbenen Lueger und seiner christlich-sozialen Partei. Salten war ein aufmerksamer politischer Beobachter. In der 1909 publizierten Essaysammlung „Das Österreichische Antlitz" beschreibt er Lueger gleichsam als geschickten Ausrufer und Verführer.[34] Und auch die persiflierenden Kommentare, mit denen Emil Mayer 1909 seine Diavorträge über den Prater untermalte, riefen beim liberalen und sozialdemokratischen Publikum „Lachstürme" hervor.[35]

1911 karikiert Salten in erster Linie Schausteller und Ausrufer. Ihre Attraktionen, Versprechungen und Ankündigungen erscheinen, liest man sie als politische Metaphern, unwahr und billig. So heißt es über „Astarte": „heiseres Piano, in welchem die gesprungenen Seiten klirren [...] stumpfe Mienen, mit plumpen Geberden –, nicht einmal so viel Talent, um Astarte, das Wunder der Luft zu sein! [...] Sie weiß nicht einmal wie es jenseits der Reichsbrücke aussieht, wo das weite Land sich dehnt"[36], oder über den wortreich angepriesenen „Gebirgsriesen": „Er kann wirklich nichts, gar nichts, [...] nur ein Riese sein".[37] Salten wählte die Reportage als Form, nicht um authentisch zu schreiben, sondern um die Sprache als Werkzeug politischer Verführung bloßzustellen. Luegers Wienerisch ist besonders heimtückisch.

Die Besucher in „Wurstelprater" erscheinen differenzierter. Saltens negativem Urteil entkommen zumindest Kinder – obwohl auch die schon beim „Wurstl" mit dem traditionellen Wiener Antisemitismus vertraut gemacht werden – und junge Paare, die doch noch ein „Volk" ergeben, das sich selbstvergessen und instinktiv ins Vergnügen stürzt. Doch die jungen Leute scheinen von Verzweiflung und Perspektivenlosigkeit getrieben. Sie werden nicht mehr als Wiener beschrieben, sondern im Gegensatz zu 1897 als Zuwanderer aus verschiedenen Ländern der Monarchie. Liest man diese Passagen als politische Allegorie, erscheint das „Volk", das 1907 erstmals nach dem allgemeinen (Männer-)Wahlrecht abstimmen durfte und die antisemitischen und nationalistischen Parteien

Plakat: Emmerich Kerns „Transformationstheater" im Wiener Wurstelprater, 1900. (WM)

33) Felix Salten, Der Wiener Prater, unveröffentlichtes Manuskript, S. 15f. beziehungsweise Siegfried Mattl, Klaus Müller Richter, Werner Michael Schwarz (Hg.): Felix Salten: Wurstelprater, S. 63.
34) Vgl. Felix Salten: Lueger, in: ders.: Das Österreichische Antlitz, Berlin o.J., S. 127ff.
35) Vgl. Anna Hanreich: Der Prater in Farbe. Ein wiederentdeckter Diavortrag Emil Mayers über den Wiener Wurstelprater, in: Christian Dewald, Werner Michael Schwarz (Hg.): Prater Kino Welt, S. 298.
36) Siegfried Mattl, Klaus Müller Richter, Werner Michael Schwarz (Hg.): Felix Salten: Wurstelprater, S. 29.
37) Ebda, S. 30

„Internationale Attraktions-Bühne" im Wiener Wurstelprater, um 1920. (WM)

stärkte, für die Demokratie nicht qualifiziert. Salten eröffnete aber auch eine zumindest tröstende Perspektive. Denn die „einfachen Gemüter", die Dienstbotinnen und einfachen Soldaten des „Fünfkreuzertanzes", die in Trachten und bunten Uniformen an dem städtisch gekleideten Wiener Publikum vorbeiziehen, scheinen für Populismus und Nationalismus unempfänglich: „Hier lehnt sich keiner gegen das Lied des anderen auf, und jeder kennt hier, ohne daß es ausgesprochen werden müsste, ohne daß es diesen einfachen Gemütern jemals einfiele, dergleichen zu denken oder es auszusprechen, die heimatlose Verlaufenheit, die Sehnsucht nach Hause, nach der Wurzelscholle, kennt sie an sich und an den anderen."[38]

Zwischen 1897 und 1911 veränderte sich Saltens Blick auf den Wurstelprater deutlich. 1897 ist dieser ein poetisches Refugium einer vormodernen, kindlich zauberhaften Welt, 1911 hingegen ein Symbol für die Verführungskünste des modernen Populismus. Für Salten waren die „Geschichtenerzähler" von einst in die Versammlungssäle ausgewandert und zu politischen Hetzrednern geworden.

38) Ebda, S. 76

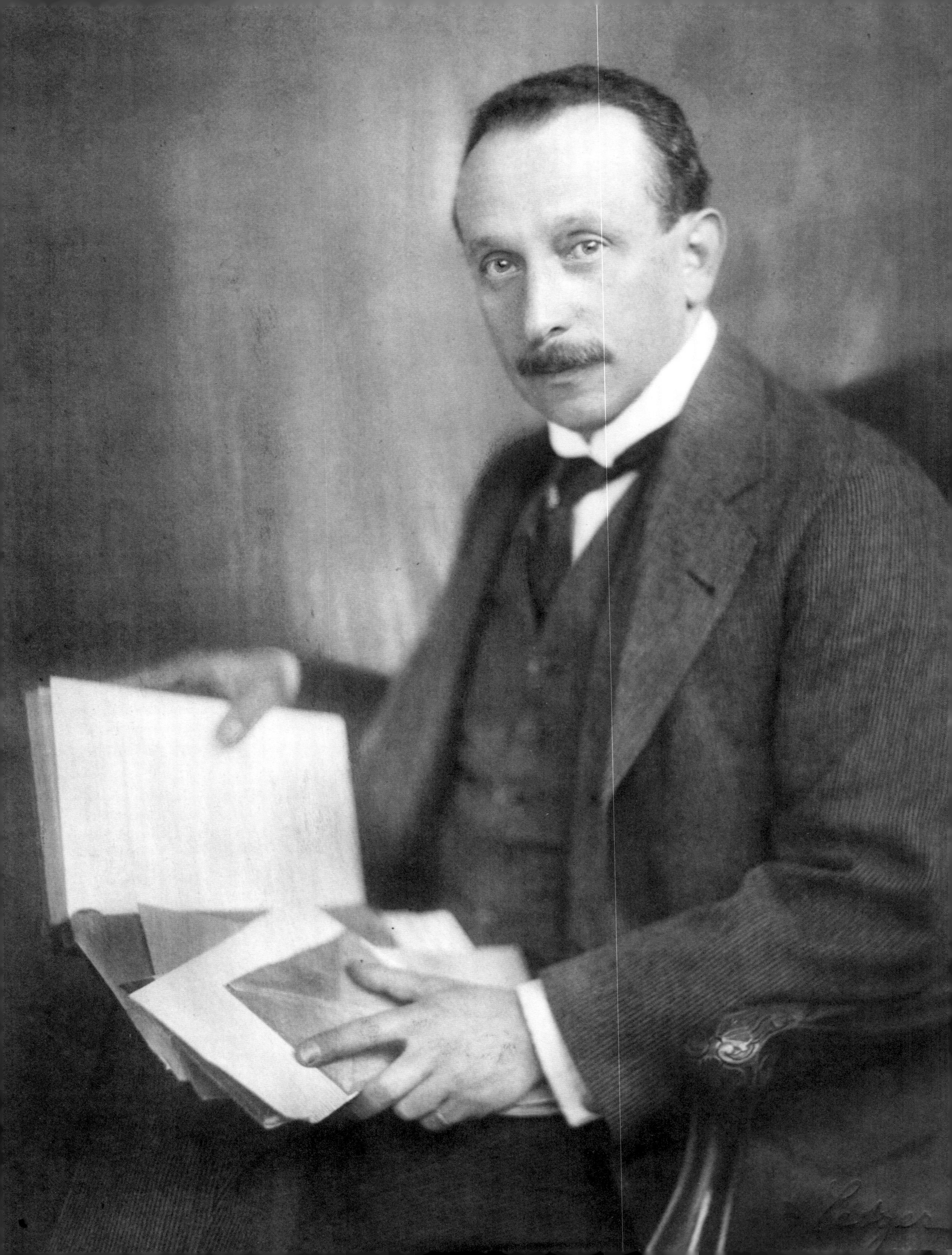

Kurt Ifkovits

Felix Saltens „Das Österreichische Antlitz" und dessen tschechische Rezeption

Vorschau: Felix Salten, 1919. (NFS/LWA)

Felix Salten: Das Österreichische Antlitz, Berlin 1909. (WB)

Im Jahr 1909 erschien unter dem Titel *„Das österreichische Antlitz"* im Berliner S. Fischer-Verlag eine Sammlung von Essays Felix Saltens, die zuvor in der Wiener Tageszeitung *„Die Zeit"* erschienen waren. Das Buch enthält keine klare Definition eines spezifisch ‚Österreichischen'. Salten nähert sich dem Thema punktuell. In zweiundzwanzig Feuilletons präsentiert er eine Art Physiognomie Österreichs, genau genommen Wiens und seiner Umgebung. Er konzentriert sich auf einzelne Orte, Personen, Typen und Rituale, er verknüpft die Beschreibungen von Stadttopographie und Menschenbildern. Felix Salten führt uns, wie es im Text mehrfach und wohl im Anschluß an Peter Altenberg heißt, „Extrakte" Österreichs vor. Das Wirtshaus Stelzer in Radaun gilt ihm als „Extrakt dieser Heimatswelt"[1], das Kaisermanöver als „Extrakt der herrschenden Gewalten"[2], Girardi als Extrakt Wiens („Von den feinsten wienerischen Stoffen wie von den allgemeinsten hat er [Girardi, K. I.] den Extrakt in sich gesogen"[3]) usw. Was sich auf den ersten Blick als Sammelsurium präsentieren mag, ist sorgfältig konstruiert: Es spannt einen Bogen von anonym bleibenden Vertretern aus dem Volk über bekannte Persönlichkeiten aus der Politik (Karl Lueger), der Kunst (Peter Altenberg, Josef Kainz) und dem Militär (Johann Josef Wenzel Graf Radetzky) bis hin zum Kaiser Franz Joseph I.; von volkstümlichen Amüsierstätten über Politik, Kunst, Religion, Militär, bis hin zum Monarchen. Derart bildet das Buch eine aufsteigende Linie. Das proletarische Milieu bleibt hingegen ausgeblendet.

„Das Österreichische Antlitz" beginnt mit einem Tagebuchtext („Die Wiener Straße") eines durch die Stadt flanierenden alten Mannes, der anonym bleibt, allerdings mit dem bestimmten Artikel bezeichnet wird. Es endet mit einem Porträt des Kaisers, das dem Buch auch den Titel gibt. Das Antlitz Österreichs kann also mit dem Antlitz des Kaisers identifiziert werden, so wie dessen Gesicht mit seiner Person „unauflöslich […] miteinander verknüpft"[4] sind: „Unser Kaiser spiegelt sich in den Österreichern, wie österreichische Art in seinem Wesen sich spiegelt, weil er nicht nur ein Kaiser, sondern ein Typus in Österreich ist. Eine Gestalt, diesem Lande eingeboren und verwurzelt."[5] Der Kaiser von Österreich ist pars pro toto, Personifikation und Repräsentant Österreichs. Seine lange Regierungszeit hat diese Kontinuität gestiftet. Dieser Kaiser ist seinen Untertanen vertraut.

> Unsere Väter schon haben kein anderes Kaiserantlitz mehr in Österreich gekannt, und wie wir kleine Buben waren, hat uns dieses Antlitz angeschaut, da wir zum erstenmal in der Schulstube saßen. Jetzt wachsen unsere Kinder auf und gehen zur Schule, und auch sie blickt dieses selbe Angesicht aus feierlichem Rahmen an. Mit diesem Angesicht haben wir unser Leben verbracht, haben alle unsere Tage in diese Mienen geschaut, und sie sind uns so eingeprägt, daß wir bei dem Worte Kaiser immer gleich auch diese Züge sehen.[6]

1) Felix Salten: Das Österreichische Antlitz. Berlin: S. Fischer (o. J.), 190. [ab nun: ÖA].
2) ÖA, 248.
3) ÖA, 147.
4) ÖA, 267.
5) ÖA, 270.
6) ÖA, 267.

Während seiner langen Regentschaft übernahmen die Untertanen sogar des Kaisers äußere Erscheinung (wie den Backenbart[7]), Gesten und Manieren. Wenn man die leicht geneigte Haltung des Kopfes, diesen unauffällig federnden, sorglosen und anmutigen Gang, dieses Sich-schmal-machen für österreichisch hält, [...] merkt man erst, wie österreichisch Franz Josef ist, aber auch wie Franz-Josef-mäßig die Österreicher geworden sind.[8]

Doch der Kaiser wird nicht einfach nachgeahmt oder kopiert. Er bildet mit seinen Untertanen eine Einheit. Dass „er ein Typus seines Volkes ist, hat diese tiefe Harmonie zwischen ihm und seinem Volk sechzig Jahre wahren lassen."[9] Beide gedeihen für Salten im Boden Österreichs: „Daß er hier wurzelt, hier heimisch ist, daß diese Erde ihn trug und reifte, daß er die Frucht dieses Bodens wurde, den feinsten und geschlossensten Auszug aller Kräfte dieser Scholle darstellt [...]"[10], all dies macht das Wesen des Kaisers mit dem Wesen seines Volks identisch. Während andere Herrscher Europas ‚Fremde' seien (in England regieren hannoveranische Prinzen, im Russischen Reich Holsteiner Fürsten, in Bulgarien Koburger usw.[11]) und einige österreichische Monarchen von auswärts kamen (Kaiser Franz etwa aus der Toskana), ist Franz Joseph I. gar in Schönbrunn geboren[12], sodass Salten festhält: „Eine tiefe Verwandtschaft des Blutes und der Rasse bindet den Österreicher an den Kaiser und den Kaiser an den Österreicher, an den niederösterreichischen, an den wienerischen, um es genauer zu sagen."[13] An solchen Zitaten („Immer ist es ein österreichisches, eigentlich ein wienerisches Gesicht gewesen."[14]) zeigt sich ein weiteres Charakteristikum des Buches: Österreich ist Wien und dessen nähere Umgebung. Nur eine - bezeichnende - Ausnahme findet sich: Mariazell, das den „tieferen Sinn der österreichischen Art und des österreichischen Schicksals" zeigt und der der „Schlüssel zu einer der innersten Kammern des österreichischen Herzens"[15] sei. Die Residenzstadt bezeichnet für Salten Cisleithanien. Zumindest findet er in ihr all das versammelt, was für ihn Österreich ausmacht, denn wie es in einem Text aus dem Jahr 1907 heißt, „[w]er in der Physiognomie einer Stadt zu lesen vermag"[16], versteht auch das Land, in dem es liegt.

Nationale Differenzierungen, die für die Monarchie wie für die Donaumetropole charakteristisch waren, sind in Saltens *Das Österreichischem Antlitz* nicht wichtig. Einmal wird kurz, wie in einem früheren Essay, die künstlerisch produktive Vermischung des italienischen mit dem österreichischen[17] angerissen, ein anderes Mal Josef Kainz' Nähe zur romanischen Kultur erwähnt, um dessen Kreativität zu erklären. Auch im Abschnitt über die Thronrede des Kaisers spielt Salten auf Multiethnizität an, denn jede Geste wäre „schwer von Inhalt, beredsam durch die Kraft des langsam Gewordenen, beladen von Erinnerung, von Vergangenheit ganzer Völker".[18] Doch all dies ist nicht bestimmend. Vielmehr wird alles Fremde, wie die aus Deutschland gebürtige Schauspielerin Charlotte Wolter, als wienerisch vereinnahmt. Die Metropole Wien erscheint so stark, dass sie alles erbarmungslos assimiliert. Selbst im international geprägten Wiener Nachleben bleibe stets ein „Lokalton", bleibt die „wienerische Farbe"[19] erhalten. Die Stadt präge die in ihr lebenden Menschen. Höchstens starken Persönlichkeiten gelinge es, sich einen Rest ihrer Herkunft bewahren, wie am Beispiel einiger Tänzerinnen ausgeführt wird.

> Die begabteren unter diesen Mädchen haben immer die Landschaft um sich, aus der sie kommen, die Gegend, in der sie heimisch sind. Immer ist das besondere Kolorit ihrer Heimat an ihnen bemerkbar. [...] Die anderen aber erinnern an gar nichts mehr. Nur an Nachtlokale. Ihre Mienen, ihre Blicke, ihre Gebärden sind vom

Felix Salten: Abschied im Sturm, München 1915. (WB)

7) ÖA, 272.
8) ÖA, 272.
9) ÖA, 275.
10) ÖA, 275.
11) Vgl. ÖA, 269.
12) Vgl. ÖA, 276.
13) ÖA, 274.
14) ÖA, 270.
15) ÖA, 193
16) F. S.: Karlsbad – Marienbad. In: Die Zeit 11. 8. 1907, 1-2.
17) Vgl. Felix Salten: Wiener Theater 1848-98. In: Die Pflege der Kunst in Oesterreich 1848-98. Die bildende Kunst in Oesterreich. Von Ludwig Hevesi. Musik. Von Robert Hirschfeld. Wiener Theater 1848-98. Von Felix Salten (pseud.) Decorative Kunst und Kunstgewerbe. Von Bertha Zuckerkandl. Wien: Perles (1900), 60-85.
18) ÖA, 215. Auch das (Wiener) Judentum ist nur insofern von Bedeutung als die „beweglichen Wiener Judenmädel" mit den ‚Wiener Christenmädeln' kontrastiert werden. Vgl. ÖA, 30.
19) Vgl. ÖA, 85-86. Mit dem selben Argument meint Salten, dass man sich vor der Amerikanisierung nicht fürchten brauche, denn „unsere Vergangenheit ist zu groß, unser Charakter zu stark in seinen Wurzeln, zu saftig und zu tief gefärbt, als daß sich ändern, daß er sich biegen ließe." F. S.: Wien-Amerika. In: Die Zeit 12. 5. 1907, 1-2, hier 2.

Dunst und Rauch dieser Luft wie mit einer Patina bedeckt. Ihr Lächeln ist nur mehr das Lächeln dieser bezahlten Abende. Sie haben es durch den Nachttaumel vieler Städte geschleift, sie sind gewohnt, die grelle Musik mit diesem grellen Lächeln zu beantworten, und die Musik hat dieses Lächeln auf ihren Zügen erstarrt, hat es unpersönlich gemacht.[20]

Dass Multiethnizität im „*Österreichischen Antlitz*" so gut wie gar nicht vorkommt, ist irritierend. Möglicherweise verzichtete Salten auf Wunsch des deutschen Verlegers S. Fischer, solche Themen zu behandeln. Denn in anderen Texten derselben Zeit stellt Salten die Problematik des „Vielvölkerstaates" sogar ins Zentrum seiner Betrachtungen – etwa bei der Beschreibung des Festzuges, der anläßlich des Regierungsjubiläum Kaiser Franz Josephs im Jahre 1908 abgehalten wurde:

Dies alles flutet vorbei und fließ ineinander gleich den Wellen eines breiten Stromes […] Dies alles scheint fremd und auf eine rätselhafte Weise dennoch vertraut, scheint exotisch und ist unbegreiflicherweise dennoch heimatlich, scheint voneinander abgetrennt und ist in unergründlicher Tiefe irgendwo trotzdem ein Ganzes.[21]

Als die Monarchie nicht mehr existiert, greift Salten im Roman „*Florian. Das Pferd des Kaisers*", viele Gedanken aus dem „*Österreichischen Antlitz*" erneut auf und gibt den Nationalitätenproblemen die Schuld am Untergang der Monarchie.[22]

Im „*Antlitz*" gibt es noch andere Zeichen des Österreichischen, etwa die Kaiserhymne (eine „Volkshymne") und andere „patriotische Gesänge". Bei hochoffiziellen Zeremonien wie der Frühjahrsparade, dem Kaisermanöver[23] und bei Auftritten des Kaisers sind sie unabdingbar. „Dem Kaiser entgegen braust und schmettert die Volkshymne."[24] Ähnliches gilt für den Radetzkymarsch, den Salten wiederum in einem vitalistischen Bild an Österreich bindet. Er „ist eine österreichische Melodie, aus dem Lande selbst entstanden, ihm [Radetzky, K. I.] so natürlich, wie nur irgendein Bodenwuchs".[25]

Als weitere Zeichen des Österreichischen führt Salten die dynastischen Insignien, die „offiziellen Farben in den Palästen" „Weiß, Gold und Rot"[26] oder die militärischen Uniformen an. Sie seien bereits eine Art Geheimcode des Österreichischen geworden. Fremde würden „unsere Uniformen und Ehrenzeichen" nicht erkennen können.[27] Diese Codes sind bereits derart entleert und von ihrem Gegenstand gelöst, dass sie, ähnlich den Ritualen des Adels, für Fremde nicht mehr lesbar sind. Sie sind nur mehr Eingeweihten verständlich, sind eine Art inneres Ritual, die nur mehr von dem ‚ganzen Haus' der Monarchie verstanden werden. Vorstellungen von Abgrenzungen und Abgeschlossenheit nehmen bei Salten eine wichtige Rolle ein. In den Refugien Wiens, etwa im Wirtshaus Stelzer, würden sich alle gesellschaftlichen Schichten (mit Ausnahme des Proletariats), versammeln und „eine große Familie" bilden.[28] Dies unterschiede Wien von anderen Metropolen. Im Amüsierlokal Brady werden zwar alle möglichen exotischen Tänze aufgeführt, doch die Musik führt zum Wienerischen zurück.

Wenn dann die Musikanten wieder einmal zu brüllen anfangen: „Menschen, Menschen san m'r alle …", ist man plötzlich wieder in Wien; man wird durch die Gassenhauer daran erinnert, daß man nicht in einem Vergnügungsort zu Paris, Athen oder Port-Said sich befand. Wir sind international geworden.[29]

Rituale, Gesten und Lebensformen charakterisieren das Österreichische beziehungsweise Wienerische besonders: mäßige Sinnlichkeit, verhaltener Hedonismus, gepflegte Formen, „Neigung zu besseren Lebensformen und eine gewisse Empfindlichkeit gegen das Ordinäre und gegen das Geschmacklose"[30], „gute

Felix Salten: Wiener Adel, Berlin-Leipzig 1905. (WB)

20) ÖA, 90-91.
21) Felix Salten: Der Festzug. In: Die Zeit 13. 6. 1908, 1-2.
22) Bereits zu Beginn des Ersten Weltkrieges sprach Salten von „Völkerproblemen". Vgl. Felix Salten: Es muß sein. In: Neue Freie Presse 29. 7. 1914, 1-3.
23) Vgl. ÖA, 253.
24) ÖA, 240.
25) ÖA, 211.
26) ÖA, 39.
27) ÖA, 44.
28) ÖA, 189.
29) ÖA, 92.
30) ÖA, 18.

Szenenfoto aus „Der Gemeine" mit Attila Hörbiger und Hans Moser, Theater in der Josefstadt 1929. (ÖNB-Bildarchiv)

Kleider"[31], unaufgeregte Lebensführung. Der ältere Herr des Eingangstextes führt ein „regelmäßiges Leben"[32], das seinen „geordneten Gang" geht. Täglich durchstreift er die Stadt nach demselben Ritual. Er speist seit „Jahrzehnten, alle Tage um drei Uhr, nach dem Bureau.[33] Dies gibt ihm Sicherheit.

Auch im letzten Text der Sammlung, dem Porträt des Kaisers, werden eine Menge von spezifisch österreichischen Eigenschaften und Gesten beschrieben:

> die leicht geneigte Haltung des Kopfes, diesen unauffällig federnden, sorglosen und anmutigen Gang, dieses Sich-schmal-machen […], dieses mit angedrücktem Oberarm, aus dem Ellbogen vollführte, runde Agieren, diesen um und um mit Freundlichkeit gepolsterten Stolz, diese verbindliche Kunst, lächelnd zu distanzieren […]. Sein Wesen ist dieser anmutige Paßgang, mit der Natürlichkeit der abfallenden Schultern, mit er leiht geneigten Haltung des Kopfes, das Agieren in runden, aus dem Ellbogen spielenden gebärden mit angedrückten Oberarmen. Sein Wesen, diese ganze unauffällige, diskrete, sorglose und ihrer selbst unendlich sichere Eleganz [;][34]

weiters des Kaisers „Hang zum Unauffälligen, sein kultivierter Geschmack, der allem Gellenden, allem Schmetternden, allem Unterstrichenen und überlaut Betonten abhold ist", eine spezifische Form der Haltung, die „nicht bolzengerade, nicht ‚stramm' mit aufgeworfenem Kopf soldatischen Geist zu markieren strebt", seine Diskretion, sein „subtiles Taktgefühl", ebenso die Gleichmäßigkeit des Lebensablaufes, „dieses treue Hängen an ein paar Gewohnheiten, an ein paar liebgewonnenen Erdenplätzen."[35]

Österreichisch sei ebenso die Gleichmütigkeit, „diese Kultur der Seele, die es vermag, dass man die schwersten Dinge mitmacht, durchmacht, und der Welt doch

31) ÖA, 15.
32) ÖA, 11.
33) ÖA 15.
34) ÖA, 272f.
35) Sämtliche Zitate ÖA, 274.

Felix Salten: Das Buch der Könige. Mit Zeichnungen von Leo Korber, München-Leipzig 1905. (WB)

immer ein lächelndes Antlitz zeigt". Auch „dieses stille Beiseitegehen, dies Einsamkeitsleben ist österreichisch."[36] Der gemeinsame Nenner all dieser Eigenschaften ist das Streben nach Harmonie und Ruhe, nach Gleichmäßigkeit. Bereits das Antlitz des jungen Kaisers Franz Joseph wirke harmonisch, etwas feminin, musikalisch und katholisch – genau das Gegenteil vom sachlich-strengen Antlitz des Deutschen Kaisers.

> Aber das Antlitz des jungen Franz Josef mit den heiter schwellenden Lippen, mit den weichen, zärtlichen Linien, mit dieser sanften, gleichsam musikalischen Anmut, ist das Antlitz eines jungen Österreichers. Und das Gesicht des jungen Prinzen Wilhelm mit dem schmalen, fest zusammengepreßten Mund, mit den streng in sich verhaltenen Zügen und dem gewissermaßen sachlichen Ausdruck ist das Gesicht eines Norddeutschen. Man könnte sagen: jenes ist ein katholisches und dieses ein protestantisches Antlitz.[37]

Jahre später, im 1933 erschienen Roman „*Florian. Das Pferd des Kaisers*" kontrastiert Salten Kaiser Franz Joseph mit einem Zaren, den bei seinem Wienbesuch panische Angst vor Attentaten quält. Falls ihn eine herabfallende Kastanie träfe, „konnte [er] auf der Stelle ohnmächtig werden oder arge Krämpfe kriegen."[38] Die Hysterie des Zaren findet ihre Entsprechung in den Ritualen, die Salten für die Konstruktion der nationalen Identität so wichtig sind. „Ununterbrochen dröhnte die Russenhymne und wurde mit dem Widerhall, der zerstückt vom hohen Glasdach und von den Eisenwänden herniederschlug, zu aufregendem Getöse". Der Zar kümmert sich „nicht um die Ehrenkompagnie."[39]

> In der allgemeinen Verwirrung, zu der jetzt beinahe höhnisch die russische Symphonie donnerte, brachte ein General endlich das Toben der Musikkapelle zum Schweigen. Die Feierlichkeit des höfischen Empfanges war zur Angst- und Narrenkomödie geworden und löste sich ungeordnet auf.[40]

Besonderes Augenmerk widmet Salten im „*Österreichichen Antlitz*" den Paraden des Militärs und den Prozessionen der katholischen Kirche, die er in seinem Porträt von Mariazell beschreibt. Stille, Strenge, Ernst, herrliche Strammheit, Feierlichkeit, Befehl, Haltung[41] seien Ausdruck des „militärisch-monarchischen Gedankens".[42] Doch die Frage eines Offiziers, „worin die besondere Art des Dienens und Herrschens liegt, und wodurch sich das Dienen und das Herrschen in Österreich etwa von der gleichen Übung in anderen Ländern unterscheidet"[43] bleibt unbeantwortet. Wusste Salten selbst keine Antwort?

In Saltens Beschreibung der Thronrede des Kaisers erscheint das imperiale Ritual seltsam widersprüchlich: Zwar evozierte sie die historische Legitimität der Monarchie. Während die Geschichte, „Erinnerungsschutt"[44] geworden sei, wären des Kaisers Worte „schwer von Inhalt, beredsam durch die Kraft des langsam Gewordenen, beladen von Erinnerung, von Vergangenheit ganzer Völker, bedeckt von den Spuren verjährter Kämpfe um Recht und Vorrecht".[45] Die Person des Kaisers, die Kontinuität des Monarchischen biete die Konstante, die das Historische der Monarchie in Erinnerung rufe. „Mit fernem Dämmerschein winkt Alt-Österreich aus diesen Worten. Und ein unermessliches Schicksal tritt aus ihnen hervor."[46] Die Thronrede sei zwar das „äußere Zeichen einer Idee", die jedoch „ihren Tiefsinn und ihren Pomp nicht anders mitteilen kann, als durch feierliche äußere Zeichen."[47] Die Worte sind inhaltsleer, die Rede ist bloße Formalität. Die Unfähigkeit des Ausdrucks des imperialen Gedankens ist in derartigen Zitaten nicht zu überhören. Zeichen und Bezeichnetes haben keine Kopula mehr, die Thronrede ist eine bloße Formalität, Selbstzweck geworden.

Mit den im „*Österreichischen Antlitz*" versammelten Texten bestätigt Salten das Stadtimage Wiens, das sich 1909 bereits verfestigt und in Abgrenzung vor allem

---

36) Sämtliche Zitate ÖA, 275.
37) ÖA, 271. Vgl. Absetzung von Dt.
38) Felix Salten: Florian. Das Pferd des Kaisers. Roman. Berlin, Wien, Leipzig: Zsolnay (1933), 244. (ab nun: Salten, Florian).
39) Salten, Florian, 245.
40) Salten, Florian, 245-246. Schon 1905 hatte Salten eine Art Herrscherpsychologie entworfen, die er im ‚Florian' weiterschreiben sollte. Vgl.: Felix Salten: Buch der Könige. München u. Leipzig: Müller (1905). Dort u. a. auch ein Porträt des britischen Königs.
41) ÖA, 241.
42) ÖA, 248.
43) ÖA, 238.
44) ÖA, 218.
45) ÖA, 215.
46) ÖA, 220.
47) ÖA, 215.

zu Berlin konstituiert hatte.[48] Dies zeigt sich gut an den Beschreibungen zweier Wiener Lokale, dem Volkssängergasthaus Stalehner und dem Kabarett Brady. Salten ergänzt dabei seine Aufzählung von Wiener Besonderheiten. Es gebe noch den Humor und „diese grundlos fröhliche, ziellose, an der eigenen Lebenslust entzündete, sorgenfreie, naive, singende und jauchzende Wiener Gemütlichkeit".[49] In Wien leben „Menschen, die den absoluten Willen zur Freude haben." Wobei ihr „Talent zum Vergnügen" so groß sei, „daß es alle anderen Gaben in ihnen aufsaugt." Daraus resultiere auch ihr Leichtsinn. Die Musik führe die Wiener fröhlich zusammen. Wien sei eben, auch dies ein Klischee, Musikstadt.

> Es ist freilich bezeichnend für Wien, daß es nur hier einen Brady geben kann, und nirgends anderswo, daß hier die Leute zusammenkommen, um zu singen und lustig zu sein, daß sie sich dabei betrinken und trotzdem manierlich bleiben, daß Aristokraten und Spießer, Offiziere und Kommis, Fiaker und Hofräte hier Tisch an Tisch sitzen, Wiener Lieder anhören und kopfüber in die Banalität der Gassenhauerweisheit tauchen, ihre Sorgen vergessen, und in die Hände klatschen.[50]

An diesen Orten des Vergnügens und des Rausches entäußere sich, gemäß einem Topos der Jahrhundertwende, das Ich. Der Tanz und das Ritual werden zur „symbolische[n] Handlung".[51]
Aber vielleicht existiert dieses Wienertum gar nicht. Girardi ist für Salten zwar „der typische Ausdruck des Wienertums […], die leibhaftige Verkörperung der wienerischen Art, der wienerischen Echtheit"[52]. Doch vielleicht stelle er das Wienertum bloß dar.

> Es ist so oft gesagt worden, hat so oft in den Zeitungen gestanden, daß es vielleicht wahr ist. Trotzdem vermochte ich niemals den Gedanken abzuweisen, warum man einen glänzenden Orientmaler dann nicht auch einen typischen Orientalen nennt. Oder weshalb wir dann zum Beispiel Lafcadio Hearn nicht als einen vollendeten Japaner erklären. […]
> Auch Ihnen erschien Girardi als der echte Wiener. Aber Sie haben gewiß schon bemerkt, wie sonderbar und wie irreführend das national und landschaftlich Echte auf fremder Erde wirkt. Eine spanische Tänzerin scheint uns absolut ganz Spanien auszudrücken; ein tartarischer Sänger absolut die Welt des Kaukasus. Unsere Vorstellung von Spanien findet sich in irgendeinem Hüftenrhythmus der Tänzerin plötzlich besättigt, unser Phantasiebild vom Kaukasus glüht bei irgendeinem Kehllaut des Sängers unversehens auf, und wir rufen: echt! Wir rufen es mit Entzücken und verfehlen dabei – fast regelmäßig – gerade diejenigen Dinge, die ein Spanier oder ein Tartar mit vertrauten Instinkten als echt empfinden würde.[53]

Girardi habe „nicht das wirkliche [Wienertum verkörpert, K. I.], sondern es ist ein Wienertum, das er ganz allein erfunden hat."[54] Girardi fehle das „wienerisches Grundelement" das „innere Tanzen"[55], das Harmonische. Seine Gestalt, „in der nichts Sanftes und Gleitendes sich rundet", sei eckig.[56] Dennoch „überfärbt und verändert" er „das Wesen" Wiens, zumal seine Gesten kopiert und übernommen werden.[57] Das Wienertum sei also dynamisch, permanenten Veränderungen unterworfen.

Salten nimmt viele der bis heute gängigen Klischees von Wien/Österreich auf. Doch er ist kein undifferenzierter Apologet dieses Wienertums oder der Monarchie. So haben die im Wirtshaus Stelzer versammelten Personen nicht nur sympathische Eigenschaften:

> Katholische Verhaltenheit, Kunst des Lavierens, innerliches Gebundensein, Technik der kleinen Lüge und der feingesponnenen Intrigen, Demut und Beschränktheit,

Leo Korber: Der Zar, Karikatur aus: Felix Salten: Das Buch der Könige, München-Leipzig 1905. (WB)

48) Vgl. Peter Sprengel, Georg Streim: Berliner und Wiener Moderne: Vermittlungen und Abgrenzungen in Literatur, Theater, Publizistik. M. e. Beitrag v. Barbara Noth. Wien, Köln (1998). Bereits 1907 hatte Salten in der Zeitschrift „Morgen" gegen die Berliner Angriffe polemisiert, die in Wien eine rückständige Stadt sahen. Vgl. Gerhard Meissl: Klavier klimpern oder Fußball spielen. Alt-Wien versus Neu-Wien im Fin de Siècle. In: Wolfgang Kos, Christian Rapp (Hg.): Alt-Wien. Die Stadt, die niemals war. Wien (2004), 198-207.
49) ÖA, 73.
50) ÖA, 81.
51) ÖA, 95.
52) ÖA, 146.
53) ÖA, 147.
54) ÖA, 148.
55) ÖA, 150. Dieses besitzt hingegen Josef Kainz.
56) ÖA, 149.
57) ÖA, 150.

Stolz und Gehorsam, Andacht, Aberglaube, Snobismus, Weisheit und Misstrauen, Liebe zu allem Hergebrachten, Widerstand und Tücke gegen alles Neue …[58]

Diese Wiener sind, wie Lueger, antiliberal und autoritätshörig, oder wie Radetzky ausgeführt, wichtigtuerisch.[59] Viele dieser negativen Eigenschaften gründen in Harmoniesucht: „Denn man ist konservativ und treu. Seinem Gott, seinem Kaiser, seinen Jesuiten, seinem gewohnten Weg und seinem Wirtshaus."[60] Auch das „pfaffenbeherrschte, christlich-soziale Österreich" findet Saltens Zustimmung nicht.

Den Demagogen Lueger versteht Salten als „Spiegelung des Wiener Wesens", ergänzt um einen zielgerichteten Willen zum politischen Erfolg. Lueger vereine alle Eigenschaften eines Wieners. Er besitze ein „vollkommen biederes Gesicht"[61], ein „bürgerlich-ruhiges Antlitz", sei „treuherzig, wacker", eine „Vorstadtpracht"[62], eine „glänzende Bühnenerscheinung; die beste, die es für das Rollenfach des Demagogen gibt."[63] Er treffe den Nerv des Wiener Kleinbürgertums, das „von der österreichischen Selbstkritik, von der Skepsis, von der österreichischen Selbstironie bis zur Verzagtheit niedergedrückt" sei. Lueger nehme den Wienern die Verzagtheit und entbinde sie „jeglichen Respekts"[64]. Er „gibt alles preis, was die Menge einschüchtert und beengt".

Er bestätigt die Wiener Unterschicht in allen ihren Eigenschaften, in ihrer geistigen Bedürfnislosigkeit, in ihrem Misstrauen gegen Bildung, in ihren Weindusel, in ihrer Liebe zu Gassenhauern, in ihrem Festhalten am Altmodischen, in ihrer übermütigen Selbstgefälligkeit; und sie rasen, sie rasen vor Wonne, wenn er zu ihnen spricht.[65]

Ein Lueger sei nur in Wien möglich. In ihm spiegle sich der Wiener, er sei gar zu dessen Prototyp geworden. „Dieses ist seine Macht über das Volk von Wien: dass alle Typen dieses Volkes aus seinem Munde sprechen […]."[66] Darin ist er dem Kaiser nicht unähnlich, er habe eine „monarchische Technik".

Im fulminanten Porträt Luegers werden Saltens analytische Stärken erkennbar. Sehr genau erkennt er die Funktionsweise des Populismus wie seine historischen Voraussetzungen. Lueger tritt in einer Zeit der Unsicherheit auf, einer Zeit in der die Kleinbürger eine verunsicherte Masse bilden. Sein Antisemitismus ist ein adäquates Mittel, um deren Unzufriedenheit artikulieren.

Aus einem weiteren Grund ist das „*Österreichische Antlitz*" keine platte Apologetik der Monarchie. Denn den in Saltens Feuilletons dargestellten Orten und Personen ist das Bewußtsein ihres Verschwindens eingeschrieben. Girardi und Kainz sind „die stärksten Österreicher", zugleich aber auch „die letzten".[67] Wiener Lebenslust und Musik existieren nur mehr in Refugien, wie beim Brady.[68] Wird das Stalehner-Wirtshaus abgerissen, stirbt ein Teil der „Wiener Gemütlichkeit". Im „Österreichischen Antlitz" ist das „echte Wien" aus dem modernen verschwunden – und dasselbe gilt für die ganze Monarchie. Aufgabe des Dichters ist es, einen Nekrolog zu schreiben und zu hoffen, dass „die Weltanschauung […] vielleicht bestehen bleiben" wird. Die alten Vorstädte, die „wenigstens echt gewesen, […] organisch dem Erdreich entwachsen" seien und „die innere Notwendigkeit alles dessen, was auf natürliche Weise entsteht" gehabt hätten", sind heute spurlos verschwunden, auch wenn sie physisch noch vorhanden sind. Doch das Organisch-Gewachsene, das „Echte" werde durch das Epigonentum, das Künstliche gesetzt, durch „die Professionals der Heiterkeit", die „Nachäffer" der Wiener Gemütlichkeit, die „Komödianten ihrer eigenen Natur". Diese Modernisierung macht auch vor dem Kaiser nicht halt. Sein gedrucktes

Leo Korber: Der König von Schweden, Karikatur aus: Felix Salten: Das Buch der Könige, München-Leipzig 1905. (WB)

---

58) ÖA, 185,
59) Radetzky vereint in sich antagonistische Eigenschaften: Er ist die „österreichische Mischung von Größe und Gemütlichkeit, von Härte und liebenswürdiger Anmut." ÖA, 210.
60) ÖA, 187.
61) ÖA, 130.
62) ÖA, 131.
63) ÖA, 130.
64) Beide Zitate ÖA, 132.
65) Beide Zitate ÖA, 133.
66) ÖA, 134.
67) ÖA, 145.
68) ÖA, 73.

Antlitz ist, dank der technischen Reproduzierbarkeit, omnipräsent, „ziert alle Paravents, Tabaksdosen, Ansichtskarten, Bonbonnieren; es schmückt die Titelblätter aller Zeitungen, die wir zur Hand nehmen […]".[70] Die moderne Technik entzaubere die Aura des Monarchen:

> Die Zeit aber rollt unaufhaltsam dahin. Und wahrscheinlich gibt es heute schon einen anderen, einen neuösterreichischen Typus. Wir kennen ihn noch nicht, wollen heute auch nicht vermuten, noch darüber Nachsinnen, wie er wohl sein wird. Aber wir dürfen zufrieden sein, wenn er uns mit diesem sanften Lächeln anschaut, das man bis in späte Tage noch das Lächeln Franz Josefs nennen wird.[71]

Anders als viele Zeitgenossen reagiert Salten nicht verbittert sondern mit Ironie. Ähnlich dem alten Herrn aus dem ersten Essay akzeptiert Salten die Realität mit einem, um seinen Untergang wissenden, über den Dingen stehenden Lächeln: „Ich hätte etwas werden können in der Welt. Etwas Großes vielleicht. Sicherlich etwas viel Größeres, als ich geworden bin. Aber ich muß sagen, dass ich bei alledem nicht unglücklich bin."[72] Diese, „nicht unglückliche" realistische Neugier und die Bereitschaft zur Analyse der Veränderung, sind Saltens Stärken. Salten nimmt die Modernisierung, die Beschleunigung der Stadt am Beispiel der Vorstädte genau wahr und fixiert sie zeitlich exakt. Der „Umschwung"[73] hat für ihn, wie am Beispiel Mariazells vorgeführt, auch durchaus Vorteile, denn man könne „mit allem modernen Komfort aus der Jetztzeit, in die Vergangenheit hineinfahren".[74] So diene das Neue dem Alten, das in seinem Untergang jedoch wiederum der Entstehung des Neuen diene. „Das alte Österreich versank unter seinen [Kaiser Franz Josephs, K. I.] Schritten. Unter seinen Schritten entstand ein neues Österreich, ersteht jetzt wieder ein neues."[75] Was soll dieses Neue sein? Salten kann sich 1909 zwar keine Alternative zur monarchischen Regierungsform vorstellen. Doch schon damals unterscheidet ihn, wie auch Herzl, ein (durchaus mechanistischer) Fortschrittsglauben von anderen Autoren Jung-Wiens, die wie Hermann Bahr und Leopold von Andrian die Veränderungen nicht wahrhaben wollen und verbitterten. Dieser Glaube sollte Salten vor Rassismus, extremen Österreich-Nationalismus und religiösem Fanatismus bewahren.

Die Rezeption des „Österreichsichen Antlitz" in der tschechischen Presse[76]

Das „Österreichische Antlitz" wurde in vielen tschechischsprachigen Zeitungen und Zeitschriften rezensiert. Dies hatte auch einen unmittelbaren (kultur)politischen Hintergrund.[77] Anläßlich des sechzigsten Regierungsjubiläums von Kaiser Franz Joseph plante man im Frühjahr 1908 eine Art Leistungsschau aller nichtdeutschsprachiger Nationalbühnen der Monarchie im „Theater an der Wien". Auch das Tschechische Nationaltheater sollte unter der Führung seines ersten Regisseurs, Jaroslav Kvapil, teilnehmen. Im Zuge der Vorbereitungen kam es zu heftigen deutschnationalen Protesten und schließlich wurden diese Vorstellungen abgesagt. Nur wenige deutschsprachige Persönlichkeiten erhoben ihre Stimme dagegen, Hermann Bahr etwa, der demonstrativ nach Prag fuhr, um sich die tschechischen Aufführungen anzusehen, und auch Felix Salten.[78] Dies blieb von der tschechischen Öffentlichkeit freilich nicht unbeachtet.

> Salten a Bahr jsou našemu obecenstvu známi jmenovitě od loňského jara, kdy ve Vídni proti chystaným pohostinským hrám pražského Národního divadla byly zahájeny štvanice německých nacionálů, jichž barbarské jednání spisovatelé ti energicky odsoudili. Herrmann[!] Bahr všímá si českého života neustále a proti nynějším násilnostem vídeňských šovénů ostře se již vyslovil v berlínské „Zukunft".

Felix Salten: Florian. Das Pferd des Kaisers, Wien 1933. (WB)

69) ÖA, 69.
70) ÖA, 267.
71) ÖA, 276.
72) ÖA, 21.
73) ÖA, 122.
74) ÖA, 201.
75) ÖA, 216.
76) „Die Zeit", Felix Saltens Publikationsorgan jener Jahre, erfreute sich im tschechischsprachigen Raum wohl einer gewissen Sympathie. Sie war das Parallel- bzw. Nachfolgeorgan der von Heinrich Kanner und Isidor Singer gegründeten Wochenschrift „Die Zeit", deren kulturpolitischer Redakteur 1894-1899 Hermann Bahr war, der darin der tschechischen Moderne eine Stimme gab und damit zur Weiterentwicklung derselben beitrug. Vgl. hierzu grundlegend: Lucie Kostrbová: „Zeit má kuráž a nebere ohledy". Ke vztahům české moderny a vídeňské Die Zeit. In: Literární Archiv 37 (2006), 93-119.
77) Für die Zeit vor 1908 ließ sich nur eine einzige Übersetzung eruieren: Felix Salten: Pohřeb (prosa) autorizovaný překlad Bedřich Gacha. In: Besedy Času 7, (1901/1902), c.25, 193-195. Später: F. S.: Šetření o případu Barbory Liebhardtové (Povídky). In: Lidové noviny 30. 1. 1909, c. 30, 5-6, 30, 1.
78) Diese Äußerungen Felix Saltens ließen sich nicht eruieren. Sicher ist jedoch, dass Salten am 20. Jänner 1909 in Prag war, wo er u. a. auch Martin Buber traf. Vgl. Dr. Guth: Salten a Buber. In: Rozvoj 3 (1909) c. 3 v. 22. 1. 1909, 5.

Premiere von Felix Saltens „Der Gemeine" am Theater in der Josefstadt, 22.11.1929. (ÖThM).

79) Jaroslav Horáček: Dvě knihy vídeňských autorů. (Felix Salten: „Das österreichischer Antlitz". – Herrmann [!] Bahr: „Die Rahl"). In: Národní obzor 18. 9. 1910, 3-4 und 9. 10. 1909, 3-4. Diese, wie alle anderen Übersetzungen aus dem Tschechischen stammen von Hana Blahová. Bei dem erwähnten Aufsatz Hermann Bahrs handelt es sich um: Hermann Bahr: Graf Aehrenthal. In: Die Zukunft 17 (1908/1909), Bd 68, 304–308. Wieder in ders.: Austriaca. Berlin: S. Fischer (1911), 122–135. Sein Interesse für die tschechische Kultur hatte Salten unter anderem mit einer Besprechung von J. S. Machars „Rom" bewiesen. Vgl. J. Hošťálek: Macharův „Řím" v německém překladě dra E. Saudka. In: Vídeňský denník 3. 12. 1908, 1-2.

80) Übersetzer war der damals in Wien lebende und als Parlamentsberichterstatter für die Masaryk nahestehende „Čas" arbeitende, Bedřich Hlaváč, der in der Tschechoslowakei zu einem führenden Publizisten werden sollte. 1927 übersetzte einen weiteren Text Saltens ins Tschechische, nämlich „Martin Overbeck".

81) So notierte etwa Arthur Schnitzler am 29. 12. 1909 in seinem Tagebuch: „Er [Leopold von Andrian, K.I.] beschimpfte Saltens ‚österreichisches Antlitz', ich lobte ihn unermeßlich, noch über Verdienst beinah. So wird man immer in Politik hinein getrieben. A. fand endlich wenigstens den „Patriotismus bei Salten lobenswerth. Ich erwiderte, gerade das sei mir gleichgiltig." In: Arthur Schnitzler: Tagebuch 1909-1912. Hrsg. v. d. Kommission für literarische Gebrauchsformen der Akademie der Wissenschaften. Obmann: Werner Welzig. Wien: Österreichische Akademie der Wissenschaften (1981), 114.

Salten teď mlčí, ale přes to lze se pořád naň dívati jako na člověka, jenž není zaslepen národnostní záští a jenž má dosti smyslu pro naši kulturu.

Salten und Bahr sind unserem Publikum namentlich seit vorigem Frühling bekannt, als in Wien eine Hetze gegen die Gastspiele des Prager Nationaltheaters seitens deutscher Nationalisten begann. Diese beiden Schriftsteller verurteilten energisch das barbarische Handeln. Hermann Bahr beobachtet ständig das tschechische Leben. Die Gewalttaten hat er bereits in der Berliner „Zukunft" scharf verurteilt. Salten schweigt momentan, aber trotzdem kann man ihn als einen Mensch betrachten, der durch den Nationalitätenhaß nicht geblendet ist und der genug Verständnis für unsere Kultur hat.[79]

So wurden Saltens Einakter *„Vom anderen Ufer"* unter dem tschechischen Titel „Odjinud" ab dem 19. September 1908 am Prager Nationaltheater unter der Regie von Jaroslav Kvapil aufgeführt[80] und seine Werke wohlwollend besprochen. Beim „Österreichischen Antlitz" war die tschechische Kritik jedoch ziemlich ratlos.

Abgesehen von der auch von der Wiener Kritik wahrgenommenen ‚patriotischen' Grundhaltung der Sammlung[81], war den Tschechen auch Saltens Wien-Zentrismus verdächtig.

Jaroslav Kvapil, um 1910. (Privat)

> Rakousko jest u něho [Salten, K. I.] všecko zahrnuto ve Vídni: vylíčit Vídeň znamená u něho vylíčit Rakousko a typ vídeňského člověka je typ rakouského člověka. Doufejme, že Salten pojímá zde Rakousko toliko v užším smyslu země a že nemyslí při tom na říši; nepřáli bychom si, aby všecky národy rakouské pokládal za tak nasáklé hlavním městem mocnářství. Byl by to svrchovaný omyl.

> Bei ihm [Salten, K. I.] steckt Österreich in Wien: Wien darzustellen bedeutet bei ihm, Österreich darzustellen und der Typus des Wieners entspricht dem Typus des Österreichers. Man kann hoffen, dass Salten hier Österreich lediglich im engen Sinne des Landes meint, und sich nicht auf das ganze Reich bezieht. Wir finden es nicht wünschenswert, anzunehmen, dass alle Völker Österreichs von der Hauptstadt der Monarchie geprägt sind. Das wäre ein großer Irrtum.[82]

Ein besonderes Ärgernis für die Tschechen waren die emphatischen Beschreibungen der militärischen Rituale. In der Tat können diese Passagen des Buches reaktionär erscheinen. Beim Militär wird, so Salten, doch die „besondere Eigenart Österreichs […], die besondere Art des Dienens und Herrschens"[83] deutlich. Alles „[w]as man Bevölkerung nennt, ist verschwunden […]. Überall gibt es nur Vorgesetzte und Untergebene. Alle Klassenunterschiede, alle Vorrechte stellen sich in greller Sichtbarkeit dar."[84] Es herrsche eine Atmosphäre der Ergebenheit, der Disziplin.[85] Und vieles, was der Demokratisierung diente gelte nun „für verschollen, für erledigt, für nicht mehr diskutierbar."[86] Die Replik des tschechischen Kritikers fällt dementsprechend harsch aus.

> S nadšením žáka kadetní školy všímá si různých vojenských parád a pod. To pak, co píše o císařských manévrech, jest už vrchol všeho. Nejrakušáčtější generál nemůže o nich mluvit s větším zanícením!

> Mit der Begeisterung eines Kadettenschülers beobachtet er [Salten] verschiedene

82) Josef Krupka: Rakouská tvář. In: Čas 1. 9. 1909, 2-3.
83) ÖA, 238.
84) ÖA, 248.
85) ÖA, 249.
86) ÖA, 248/249.

Truppenparaden u.s.w. Das, was er dann über die Kaisermanöver schreibt, setzt allem die Krone auf. Der österreichischste General kann darüber nicht mit größerer Begeisterung sprechen![87]

So wundert es nicht, dass die tschechischen Kritiker nach diesem Buch ihr Urteil über Salten revidierten. Während Artur Breiský einst in der „Moderní revue", dem wichtigsten Organ der tschechischen Décadence, die der Wiener Moderne ohnedies nicht besonders geneigt war, Salten ob dessen „persönlichen, sensitiven Stils" als einen der wenigen Wiener Feuilletonisten gelten gelassen hatte[88], so machte er Salten nun zum „Jongleur, zum Tanzmeister der Worte", zum „geistvollen Manieristen des Mystizismus" („duchaplným manyristou mysticismu").

> Salten znavuje nás posléze svými feuilletony jako by nás znavoval na jevišti žonglér, opakující každý den tytéž triky. Arranžuje své věty jako taneční mistr čtverylku. Čtěte jeho essaie essai za essaiem a budete znaveni, jako kdybyste byli tančili několik čtverylek za sebou.[89]

> Salten ermüdet uns zuletzt mit seinen Feuilletons so wie uns ein Jongleur auf der Bühne ermüden würde, der jeden Tag dieselben Tricks wiederholt. Er arrangiert seine Sätze wie ein Tanzmeister die Quadrille. Lesen sie seinen Essay um Essay und sie werden so erschöpft sein, als ob sie einige Quadrillen hintereinander getanzt hätten.

Die tschechischen Kritiker erkannten, dass Salten Veränderungen und Modernisierungen zwar begrüße, doch kaum unterstütze.

> Salten se nestaví proti modernímu rozvoji společnosti a života, ale svým cítěním je člověkem minulé doby, Vídeňanem starého typu. Nepřekáží sociálnímu vývoji, chce vypadat jako moderní člověk (z mnohých částí jeho feuilletonu vysvítá snaha, vzbudit takové zdání), leč každý soudný pozorovatel v něm vidí a vždy viděti bude jen poctivce staršího střihu.

> Salten stellt sich nicht gegen die moderne Entwicklung der Gesellschaft und des Lebens, aber durch sein Empfinden ist er ein Mensch des vergangenen Zeitalters. Ein Wiener des alten Typus. Er steht der sozialen Entwicklung nicht im Weg, er möchte wie ein moderner Mensch aussehen (An vielen Stellen seines Feuilletons merkt man das Bemühen diesen Anschein zu erwecken). Aber jeder besonnene Beobachter sieht in ihm nur den ehrlichen Mann älteren Zuschnitts – und wird immer nur dies sehen können.[90]

Saltens Kritik (am Adel) war den Tschechen wenig wert, denn, wie ein anderer Kritiker schrieb, man: „Ale nedejme se těmito letmými postranními výpady Saltenovými příliš klamat. Vlastní jeho bytost tíhne velmi značně k tomu shodnout se s každou takovou rakouskou zvláštností." „ soll sich aber von diesen flüchtigen, versteckten Ausfällen Saltens nicht täuschen lassen. Sein eigenes Wesen hängt zu sehr daran, sich mit jeder solcher österreichischen Besonderheit zu versöhnen."[91] Seine Texte wären oberflächlich, zumal „[…] že se ho dost nedotýká všecko, co značí ukázky a projevy nové doby […]" „ihn alles, was das neue Zeitalter ausmacht, nicht genug betrifft.[92] Die explizite Kritik an Saltens weltanschaulich präfigurierter Wahrnehmung verknüpfte der Rezensent mit einer impliziten Kritik seiner Poetik. Saltens Gedanken bleiben oberflächlich impressionistisch, er gibt sich dem Augenblick hin und könne nicht wahrnehmen, was dieser nicht biete. Damit zielt die Kritik auf das poetische Verfahren der Künstlergruppe Jung-Wien.

> Je [Salten, K. I.] právě z rodu těch vídeňských diletantů (v renanovském smysle), jichž ideálem jest, co nejvíc pokochat se životem, najít si ve všem podnět požitku a rafinovaného vzrušení. Charakterizuje sebe, když v bravurní črtě o Petru Altenbergovi praví: „Vidí před sebou rozvíjet se život […].

Leo Korber: Der deutsche Kaiser, Karikatur aus: Felix Salten: Das Buch der Könige, München-Leipzig 1905. (WB)

---

87) Horáček, Dvě knihy, 18. 9.. 1909, 4.
88) Vgl. hierzu Moderní revue 1894–1925. Uspořádali Otto M. Urban a Luboš Merhaut. Praha: Torst (1995). Gertraude Zand: „Moderní revue". In: Stefan Simonek (Hrsg.): Die Wiener Moderne in slawischen Periodika der Jahrhundertwende. Bern usw.: Lang (2006), 161-180.
89) Arthur Breiský: [u. a. über Felix Salten, Das österreichische Antlitz]. In: Moderní revue, Bd. 21, 9. 6. 1909, 523.
90) Horáček, Dvě knihy, 18. 9. 1909, 4.
91) Krupka: Rakouská tvář, 2.
92) Horáček, Dvě knihy, 18. 9. 1909, 4.

> Er [Salten, K. I.] gehört gerade zu jenen Wiener Dilettanten (im Sinne Renans), dessen Ideal es ist, sich am Leben […] zu freuen, in allem einen Anlaß zu Genuß und raffinierter Erregung zu finden. Er charakterisiert sich selbst, wenn er in einer bravourösen Skizze über Peter Altenberg sagt: „Er sieht vor sich das Leben sich zu entwickeln […]".[93]

Tatsächlich charakterisieren Saltens Altenberg-Essay, wie die einleitenden Tagebuchblätter des „Österreichischen Antlitz'", die Poetik dieses Buches. Altenberg „schwelgt in subtilen Wonnen" und „geht mit seinen sanften Schritten und mit seinem sanften Lächeln durch den Tumult".[94]

> Er sieht eine Frau, und in diesem Augenblick ist sie die einzige, an die er seine Seele hingibt. „Ich habe d a s Antlitz gesehen", sagt er. Jedes andere Antlitz verlöscht in ihm, versinkt, und es existiert nur diese eine. Dieses ist ihm für jetzt die Erfüllung seines Traumes von Frauenschönheit; dieses ist ihm für jetzt die höchste Meisterleistung der schaffenden Natur und ist ihm ein Anlaß wiederum ein lobendes Schreiben, einen enthusiastischen Dankbrief an das Leben zu richten. Er hat seine Seele oft nur für wenige Tage, oft nur für eine halbe Stunde hingegeben; aber er hat sie immer ganz hingegeben, ohne Vorbehalt, und als täte er es zum erstenmal.[95]

Diese Poetik nimmt, ohne es zu hinterfragen, alles auf, was das Subjekt zuläßt. Begeistert zu genießen ist die Maxime. Doch

> [b]ohužel, bývá to velmi často smysl, jenž už z věcí vyvanul, jenž už dávno pozbyl platnosti, a může uváděti v úžas a nadšení leda ty, kteří si ho poprvé všimli, zapomínajíce obyčejně, že byl, ale není.
>
> leider handelt es sich oft um einen Sinn, der schon verflogen ist, der schon lange nicht mehr gilt und bloß die begeistern kann, die ihn erst jetzt bemerken. Die vergessen aber gewöhnlich, dass der Sinn war, aber nicht mehr ist.[96]

Auch Salten nähert sich seinem Gegenstand impressionistisch. „Jeho kniha je snůškou dojmů, nálad a nápadů, jenž vznikaly při potulkách Vídní." „Sein Buch ist eine Sammlung von Eindrücken, Launen und Einfällen, die während der Spaziergänge durch Wien entstanden sind".[97] Die Kritik bezweifelt, dass diese Methode dem Gegenstand angemessen ist:

> Může být opravdu dnešní Vídeň vystižena životem svých různých restaurací, procházkou po některém předměstí, popisem vojenských a sněmovních parád, několika poznámkami o svém purkmistru, o básníku Altenbergovi, o hercích Girardim a Kainzovi?
>
> Kann man wirklich das heutige Wien anhand des Lebens in verschiedenen Restaurants, von Spaziergängen in Vororten, Beschreibungen von Offiziersversammlungen und Paraden, in einigen Notizen zum Bürgermeister, zum Dichter Altenberg, über die Schauspieler Girardi und Kainz, erfassen?[98]

Wie die Tschechen richtig erkannten, ist Saltens Blick auf die Wirklichkeit im *„Österreichischen Antlitz"* ein ästhetisierender. Man kann die Essaysammlung auch als Versuch eines – bezeichnenderweise gescheiterten – Romans über Österreich verstehen. Mehrfach reflektiert Salten über den von ihm verfassten Text als über einen fiktionalen, der freilich unvollendet bleibt.

> Wo ich dieses Romankapitel gelesen habe, weiß ich jetzt nicht mehr. Ich glaube sogar, ich habe es überhaupt noch nirgends gelesen, und mich nur in die Möglichkeit eines solchen Kapitels eirrt. Es wäre aber vielleicht ganz gut, wenn es einmal geschrieben würde.[99]

Auch das Kapitel über Lueger ist als „Wiener Roman" konzipiert, der freilich noch zu schreiben wäre. Am Ende des Kapitels über Stelzer heißt es „Dort unten haben wir den Extrakt dieser Heimatswelt geschaut, haben ihr Inhaltverzeichnis

Leo Korber: Der König von Sachsen, Karikatur aus: Felix Salten: Das Buch der Könige, München-Leipzig 1905. (WB)

93) Krupka, Rakouská tvář, 2.
94) ÖA, 99.
95) ÖA, 108-109.
96) Krupka, Rakouská tvář, 3.
97) Horáček, Dvě knihy, 18. 9. 1909, 4.
98) Krupka: Rakouská tvář, 2.
99) ÖA, 242.

gelesen, die Überschrift aller Kapitel ihrer Geschichte und ihrer Romane."[100] Die Romane über Österreich sollte Salten freilich erst nach dem Untergang der Monarchie schreiben. Einer davon ist *„Florian. Das Pferd des Kaisers"*.

Mit Beginn des Ersten Weltkrieges erfolgte eine Neupositionierung. Salten, der als Korrespondent für Berliner Blätter arbeitete, begann die Bündnistreue zu propagieren. Er vertrat die Ansicht, dass der Krieg nicht nur die Polarisierung Deutschland-Österreich aufgehoben, sondern sogar die „wesensmäßige Identität aller Deutschen erwiesen" habe.[101] Jaroslav Kvapil indessen sollte das „Manifest der Tschechischen Schriftsteller" verfassen, das zu einem Gründungsdokument der Tschechoslowakei wurde. Als sich Kvapil und Salten 1916 noch einmal begegneten, brachen die Differenzen auf: Salten sprach, wie Kvapil Bahr mitteilte, „scherzweise", von den „treulosen Tschechen".[102]

Nach der Gründung der Tschechoslowakei wurde Salten von seiner Vergangenheit und dem *„Österreichischen Antlitz"* noch einmal eingeholt. Für den 16. März 1920 war im Brünner (deutschen) Theater, Saltens „Der Gemeine" angesetzt. Das Stück war pazifistischer Tendenzen wegen in Österreich verboten gewesen. Die Zensur wiederum verbot die „Burgmusik" und „Oh, Du mein Österreich" aufzuführen. Sie befürchtete monarchistische Kundgebungen im Theater. Derart entstand die paradoxe Situation, dass ein Text, der von der Zensur der K. u. K. Monarchie verboten worden war, nun auch von jenem Staat beanstandet wurde, der sich als Gegenentwurf hierzu konstituiert hatte. Freilich waren die Gründe verschieden. Felix Salten, der die Proben in Brünn überwachte, versuchte wortreich bei Jaroslav Kvapil zu intervenieren, der inzwischen ein führender Kulturpolitiker der Tschechoslowakei geworden war.[103] Das Stück wurde tatsächlich in der ursprünglich geplanten Form aufgeführt. (Offenbar setzte sich hatte Direktor Rudolf Beer über die Zensuranordnungen hinweg.) Doch prompt folgte ein Skandal. Der Statthalter verließ demonstrativ die Vorstellung und eine deutschsprachige sozialdemokratische Brünner Zeitung sprach von „monarchistischen Kundgebungen". In seiner langen Rechtfertigung für Kvapil vom 8. März 1920 fasste Salten die Ereignisse, aber auch seine ambivalente Haltung zur Monarchie zusammen.

> Man muss nicht Alles, was nach dem Umsturz geschehen ist, bewundern, und ich bewundere es keineswegs, man darf die Art, in der dieses alte Reich zerschlagen wurde, erbärmlich finden und ich finde sie erbärmlich, und man ist trotz alledem noch kein Schwärmer für das alte Oesterreich und ich bin es nicht, war es nie! Dass die alte österr. ungarische Monarchie mit Notwendigkeit zu Grunde ging, kann man aus allen seinen Erkenntnissen begreifen, kann aus seiner ganzen Ueberzeugung wünschen und denken, dass die k. u. k. Regierung niemals wiederkehren darf – und denn, wie ich mir erlaube, für die nachfolgenden Freistaaten andere Beziehungen andere Verhältnisse, andere Zustände und eine andere Politik wünschen [...].[104]

Offenbar hatte Kvapil in dieser Sache auch den tschechischen Autor Josef Svatopluk Machar kontaktiert, der einst in Wien gelebt hatte, und der nun ebenfalls hohe politische Ämter bekleidete. Er hoffte wohl, dass sich Machar an eine frühe positive Kritik Saltens über die Übersetzung von Machars „Řím" erinnerte. Machar antwortete Kvapil trocken, dass Salten zwar „stilistisch wunderbare" („stilisticky sic pěkné"), aber „inhaltlich wenig demokratische und keinesfalls antiösterreichische und antihabsburgische" („ale obsahem velmi málo demokratické a docela už ne antiösterreichisch a antihabsburgisch")[105] Feuilletons verfasst habe.

---

100) ÖA, 190.
101) Sprengel/Streim, 259.
102) Vgl. Jaroslav Kvapil an Hermann Bahr, 13. 3. 1916. In: Kurt Ifkovits (Hg.): Hermann Bahr – Jaroslav Kvapil. Briefe, Texte, Dokumente. Unter Mitarbeit von Hana Blahová. Bern usw.: P. Lang (erscheint 2007), 194-195.
103) Kvapil war von 1918-1921 Sektionschef im Kultur- und Unterrichtsministerium („Ministerstvo Školství a Národní Osvěty"), ehe er wieder ans Theater zurückkehrte. Er war für die Kulturpolitik von großer Bedeutung. Unter anderem bereitete er im Auftrag der Regierung T. G. Masaryks Rückkehr in die Tschechoslowakei vor.
104) Felix Salten an Jaroslav Kvapil, 8. 3. 1920, LA PNP, Fond: J. Kvapil.
105) J. S. Machar an Jaroslav Kvapil, 17.3.1920, LAPNP, Fond: J. Kvapil.

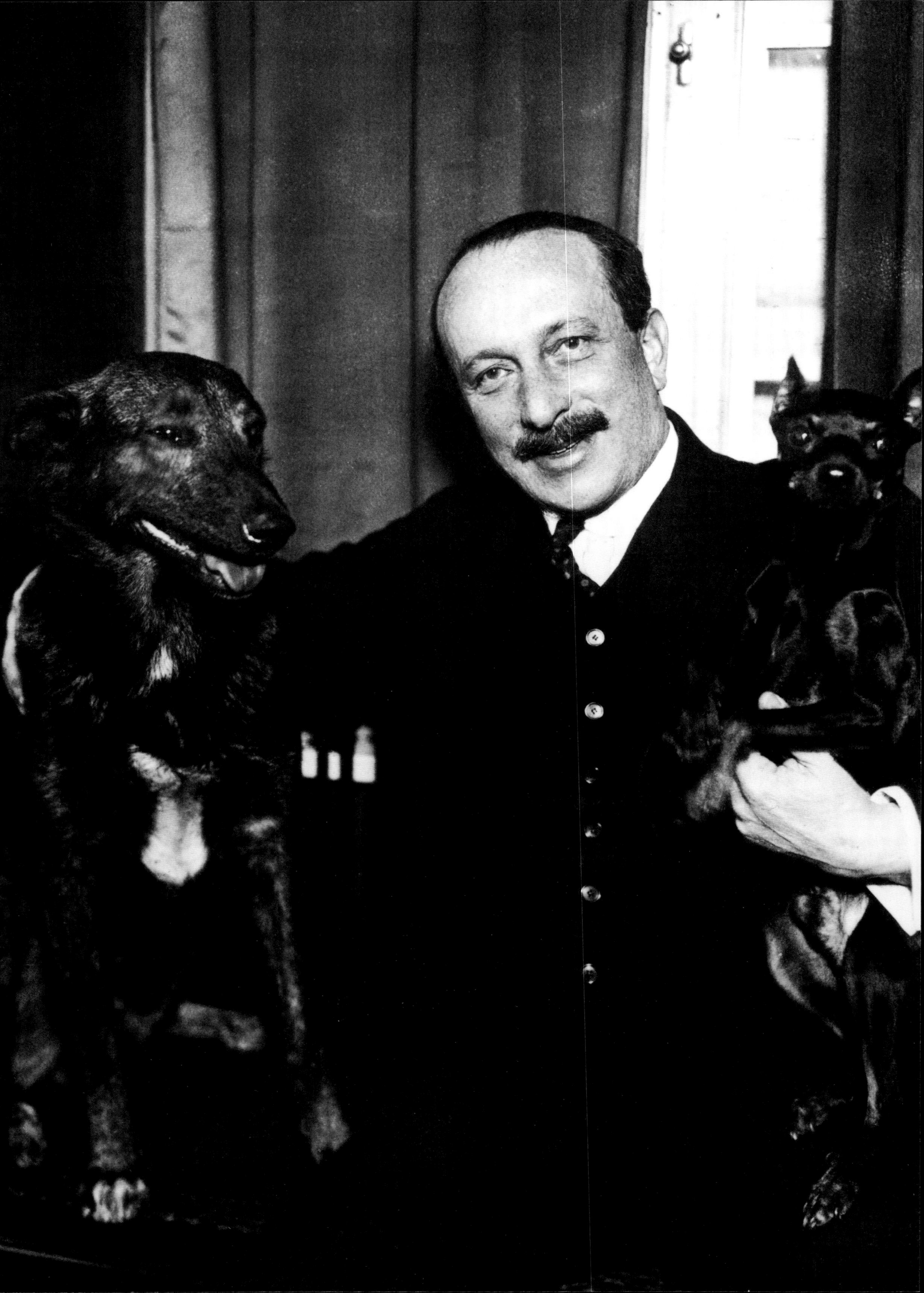

Moritz Baßler

„Ein Rudel mißlungener Rehe"

Bambi und das Rehmotiv in der deutschen Literatur

– I –

Vorschau: Felix Salten mit zwei Hunden, um 1930. (ÖNB Bildarchiv)

Bambi ist, wie jedes Kind weiß, ein Rehkitz, ja geradezu das „Rehkitz schlechthin".[1] So lautet der Eintrag ins kollektive Zeichenrepertoire; philologisch allerdings läßt sich dieser Befund nicht ganz halten. Ein Kitz ist Bambi in Felix Saltens Buch von 1923 nur in den ersten zehn von insgesamt fünfundzwanzig Kapiteln und im zweiten Band, *Bambis Kinder* (1940), gar nicht mehr. Auch im fünfaktig strukturierten Disney-Film erstreckt sich die Kindheit nur über die ersten beiden Akte, außerdem ist Bambi dort gar kein Reh, sondern ein Hirsch, genauer ein amerikanischer Weißwedelhirsch. Nun könnte man meinen, Tiermotive seien in der Literatur in der Regel ohnehin nicht realistisch, sondern allegorisch codiert – aus einer Fabel lernt man nichts über Füchse oder Esel. Die Frage ist also, inwieweit hier überhaupt real-biologische Bestimmungen (wie Reh vs. Weißwedelhirsch) semantisch zum Tragen kommen. „Von Ausnahmen abgesehen, handelt es sich nicht um einen Vogel", schreibt Carl Einstein treffend in seinem enzyklopädischen Artikel über die Nachtigall.[2] Wird man nicht auch vom Motiv des Rehs sagen müssen, daß es sich, wo es in der deutschen Literatur vorkommt, von Ausnahmen abgesehen ohnehin nicht um *Capréolus vulgaris* handelt, Huftier, Paarzeher, Wiederkäuer und kleinster mitteleuropäischer Vertreter der Familie der Hirsche?

Hinter solchen Überlegungen verbergen sich grundsätzliche Fragen des literarischen Zeichengebrauchs. Was wird aus Dingen der Wirklichkeit, wenn sie in literarische Texte wandern? Bedeuten sie dort dasselbe wie außerhalb der Kunstsphäre oder womöglich etwas völlig anderes? „Wörter", schreibt Einstein weiter,

> sind gemeinhin Versteinerungen, die mechanische Reaktionen in uns hervorrufen. […] Die Nachtigall gehört zur Kategorie der Paraphrasen vom Absoluten; sie ist die Alterspräsidentin aller klassischen Verführungsmittel, die an den Liebreiz der Kleinen appellieren. Niemand denkt daran, daß die Nachtigall ein wilder Vogel mit einer abstoßenden Triebhaftigkeit ist.[3]

Die Topik des literarischen Zeichens Nachtigall wird also gerade dadurch ermöglicht, dass ihm die realistische Rückbindung fehlt, dass die Nachtigall „nur eine Allegorie ist, die zu nichts verpflichtet. Symbole sterben, doch zu Allegorien degeneriert gehen sie in die Ewigkeit ein."[4] Analytisch ist das daran erkennbar, dass die literarische Nachtigall nicht mehr in einer Äquivalenzbeziehung zu anderen wilden Vögeln steht (z.B. zu Ziegenmelker, Kleiber und Wintergoldhähnchen), sondern Teil eines neuen Paradigmas wird: „Man kann Nachtigall ersetzen a) durch Rose, b) durch Brüste, niemals jedoch durch Beine, denn die Nachtigall ist ja geradezu dazu da, die Nennung der Tatsachen zu verhindern."[5]

---

1) „Bambi' wird als Synonym für Rehkitz benutzt wie ‚Tempo' fürs Taschentuch und ist als Beschützerinstinkte auslösendes Kindchenschema in die kulturelle Festplatte der euro-amerikanischen Nationen eingebrannt." (Karen Duve/Thies Völker: Lexikon berühmter Tiere. 1200 Tiere aus Geschichte, Film, Märchen, Literatur und Mythologie. Frankfurt 1997, s.v.).
2) Carl Einstein: Dictionnaire critique [1929]. In: C.E.: Werke Bd. 3: 1929-1940. Hg. v. M. Schmid/L. Meffre. Wien/Berlin 1985, S. 25-27; S. 25.
3) Einstein: Dictionnaire critique, S. 25.
4) Einstein: Dictionnaire critique, S. 26.
5) Einstein: Dictionnaire critique, S. 25.

Wenn bei Wieland mehrfach Frauen mit Rehen verglichen werden, die unter Rosen weiden bzw. schlummern, dann ist im Zitat des Hoheliedes ein solcher topischer Zeichengebrauch gegeben, einschließlich der Substituierbarkeit durch ‚Brüste'. Generell aber ist das Reh weniger topisch festgelegt als die Nachtigall; weder als poetische Chiffre noch als Fabeltier weist es ein geschlossenes Profil auf. Es ließe sich demnach vermuten, dass literarische Rehe zumindest nicht gänzlich ohne realistische Rückbindung auskommen, dass ihre Semiotisierung vielmehr ein synthetischer Akt ist, der sich als ein Akt der Übercodierung beschreiben ließe. Das literarische Zeichen ‚Reh' würde dann zunächst tatsächlich ein Reh meinen, wie es auch in außerliterarischen Bezügen vorkommt, und erst im zweiten Schritt zusätzliche literarische Bedeutung annehmen.

Felix Salten in Jägertracht, um 1920. (NFS/LWA)

– II –

Das ist nun in der Tat überall dort der Fall, wo ‚Reh' im gastronomischen Sinne gebraucht wird. Als Bezeichnung für ein Wildbret steht es in der Literatur sympathischerweise nicht nur in Ausnahmefällen, sondern eigentlich immer für etwas zu Essen.

> Den Köchen tut kein Mangel wehe;
> Wildschweine, Hirsche, Hasen, Rehe,
> Welschhühner, Hühner, Gäns' und Enten,
> Die Deputate, sichre Renten,
> Sie gehen noch so ziemlich ein.

heißt es im *Faust*.[6] Der Katalog – eine Form der Notation von Paradigmen im Syntagma – reiht zunächst Speisetiere auf, um dann andere Einnahmen des Kaiserhofes anzuschließen; das Reh steht in erster Bedeutung für das angelieferte Fleisch und wird dann zeichenhaft für die wirtschaftliche Lage des Hofes, von der der Marschalk berichtet. Ähnlich funktioniert es in Fontanes *Stechlin*:

> Und war man erst mit den Forellen fertig und dämmerte der Rehrücken am Horizont herauf, so war auch der Sekt in Sicht. Im „Prinzregenten" hielt man auf eine gute Marke.[7]

Ob der Rehrücken hier das Wildgericht bezeichnet oder einen diesem ähnlich sehenden Kuchen, die von den konservativen Wahlverlierern imaginierte Speisenfolge ist jedenfalls trotz metaphorischen Heraufdämmerns höchst realistisch. Erst in zweiter Linie zeigt sie die politischen Werte an, die der Landadel hochhält nach dem Motto „Siegen ist gut, aber zu Tische gehen ist noch besser."

– III –

Der zweite Zusammenhang, in dem das Reh im allgemeinen Diskurs regelmäßig vorkommt, ist die Jagd. Das Reh, schreibt Brehm, „ist dem Jäger ein sehr befreundetes Thier und wird deshalb durchaus waidmännisch betrachtet und waidmännisch benannt."[8] Die entsprechenden Fachausdrücke (wie Ricke, Hille, Schmalreh, Spieß- oder Gabelbock) sind allerdings in der schönen Literatur gänzlich abwesend – was bereits ein Indiz dafür ist, dass die Relation von Jäger und Wild hier gerade nicht waidmännisch als eine berufsspezifische Realität betrachtet wird und wir uns folglich wieder dem Topischen nähern.
Euphorion (um im *Faust* zu bleiben) gibt Helenas Gefährtinnen gegenüber die Regeln des literarischen Jagdspiels an:

> EUPHORION.
> Ihr seid so viele
> Leichtfüßige Rehe;
> Zu neuem Spiele
> Frisch aus der Nähe!
> Ich bin der Jäger,
> Ihr seid das Wild. […]
> Nur durch die Haine!
> Zu Stock und Steine!
> Das leicht Errungene,
> Das widert mir,
> Nur das Erzwungene
> Ergetzt mich schier.[9]

---

6) Johann Wolfgang Goethe: Faust. Texte. Hg. v. Albrecht Schöne. Frankfurt 1994 (= Sämtliche Werke. Frankfurter Ausgabe, Bd. 7/1), S. 211 (V. 4856-4860).
7) Theodor Fontane: Der Stechlin. In: T.F.: Romane und Erzählungen in acht Bdn. Hg. v. Peter Goldammer u.a. Berlin/Weimar ?1973, Bd. 8, S. 202.
8) A[lfred] E. Brehm: Illustrirtes Thierleben. Eine allgemeine Kunde des Thierreichs. Bd. 2. Hildburghausen 1865 [Repr. Stuttgart 1985], S. 482. „Verse muß man immer im Brehm nachprüfen", heißt es in Günter Eichs *Dem Libanon*, wo auch das hier titelgebende „Rudel mißlungener Rehe" auftaucht (Vgl. G.E.: Gesammelte Werke in vier Bdn. Bd. 1. Hg. v. Axel Vieregg. Frankfurt 1991, S. 307).
9) Goethe: Faust, S. 378f. (V. 9767-9773, 9779-9784).

Der Mann ist der Jäger, das Wild ist weiblich – mit wenigen bekannten Ausnahmen, etwa Achilles in der *Penthesilea* oder Droste-Hülshoffs *Knabe im Moor*. Das Reh ist flüchtig, schnell, aber schwach und wird schließlich zur sicheren Beute, wie in der Schlußstrophe von Eichendorffs *Der Jäger*:

> Drum jage du frisch auch dein flüchtiges Reh
> Durch Wälder und Felder, durch Täler und See,
> Bis dir es ermüdet im Arme vergeh! [10]

Im Unterschied zu anderem Wild ist die Jagd auf das Reh gefahrlos, die Gewalt geht nur von einer Seite aus, die Relation ist keine agonale, sondern sozusagen eine natürliche, wovon das bzw. die Gejagte in ihrer scheuen Unschuld nur noch nichts weiß. In diesem Sinne heißt es in Schillers *Die Geschlechter*:

> Reizende Fülle schwellt der Jungfrau blühende Glieder,
> Aber der Stolz bewacht streng wie der Gürtel den Reiz.
> Scheu wie das zitternde Reh, das ihr Horn durch die Wälder verfolgt,
> Flieht sie im Mann nur den Feind, hasset noch, weil sie nicht liebt. [11]

Theseus, so erinnert sich Helena, „[e]ntführte mich, ein dreizehnjährig schlankes Reh", [12] und zwar „gierig aufgeregt" – der erotische Reiz der Entjungferungsphantasie geht gerade von der wehrlosen Unschuld im moralischen wie sexuellen Sinne aus, von der das körperliche Merkmal der Schlankheit nur ein Ausdruck ist. „Wenn das Reh flieht", sagt die ‚pilgernde Törin' in *Wilhelm Meisters Wanderjahren*, „so ist es darum nicht schuldig." [13] Die sich hier mit dem Reh vergleicht, wird von männlicher Erzählerseite u.a. als Kind, Mädchen, Nymphe und Pilgerin, als ausgezeichnet „an Körperbau, Gang und Anstand" und „die schönste Frauengestalt, die man sich denken konnte", bezeichnet. [14] Sie reist allein durch die Welt und entzieht sich jeder Annäherung; wie denn überhaupt die gejagten literarischen Rehe im Unterschied zu ihren geselligen Vorbildern in der Natur nicht nur scheu, sondern zumeist auch allein sind.

Während sich in der Realität die Jagd auf das Reh nicht von der auf andere Hirsche unterscheidet – „Man jagt dieses fast in derselben Weise, als anderes Hochwild, obwohl man gegenwärtig mehr das glattläufige Schrotgewehr, als die Kugelbüchse zu seiner Erlegung anwendet", informiert Brehm [15] –, ist literarisch die Rehjagd völlig anders besetzt als die Hirschjagd. Der männlich codierte Hirsch ist stolz, sein Geweih eine Trophäe, [16] niemals würde er dem Jäger „ermüdet im Arme vergeh[en]". Auch ist der Hirsch seit dem *Physiologus* ein Christussymbol oder auch ein Symbol der gottsuchenden Seele, Attribut der Heiligen Eustachius und Hubertus; noch die Hirschkuh figuriert von Iphigenie bis Genoveva in religiösen Zusammenhängen – das Reh dagegen ist von solchen Konnotationen weitgehend frei.

Dennoch läßt sich seine Codierung als literarisches Zeichen relativ gut umreißen. Die Fundstellen ergeben ein Paradigma, dessen Essenz lautet: Unschuld, Einsamkeit, Scheu, Flüchtigkeit, auch Jungfräulichkeit. Zwischen Kind und Frau angesiedelt, dabei schlank und schnell, aber ungefährlich, reizt es zur Jagd und ist sozusagen die natürliche Beute. Am Ende der literarischen Rehjagd stehen dabei nicht, wie im wirklichen Leben, Tod, blutige Ausweidung und schließlich Rehbraten, sondern in Eichendorffs Worten: „streicheln bis es stille hielt." [17]

Natürlich müssen nicht jeweils alle diese Komponenten zugleich aufgerufen werden, wenn Rehe im literarischen Zusammenhang erscheinen. Manchmal wird nur die Flüchtigkeit oder die Einsamkeit aktiviert, die schlanke Schönheit oder die Unschuld. Auch muß der Text nicht die Perspektive des Jägers propagieren, Erzähler oder lyrisches Ich können sich auch mit dem einsam wandelnden

---

[10] Joseph von Eichendorff: Werke. 3 Bde. Hg. v. Ansgar Hillach. München 1970ff., Bd. 1, S. 199.
[11] Friedrich Schiller: Die Geschlechter. In: F.S.: Sämtliche Werke. Hg. v. Gerhard Fricke/ Herbert G. Göpfert. München 1962. Bd. 1, S. 236.
[12] Goethe: Faust, S. 346 (V. 8848 u. 8850).
[13] Goethe: Wilhelm Meisters Wanderjahre oder Die Entsagenden. In: Goethes Werke (Hamburger Ausgabe), Bd. 8. Hg. v. Erich Trunz. München 121989, S. 59.
[14] Goethe: Wilhelm Meisters Wanderjahre, S. 52.
[15] Brehm's Thierleben, S. 483.
[16] Während Brehm sich ausführlich über das Rehgehörn (als Trophäe) ausläßt (S. 478f.), hat das literarische Reh vor *Bambi* kein Geweih.
[17] Joseph von Eichendorff: Ahnung und Gegenwart. In: Werke, Bd. 2, S. 22. Hier ist zwar untypischerweise von einem ‚Hirschlein' die Rede, doch der Diminutiv markiert den Unterschied. Außerdem wird das Lied gesungen von einem fünfzehnjährigen Mädchen, das auf einem toten Reh sitzt.

Felix Salten: Bambi. Eine Lebensgeschichte aus dem Walde, 96. Tausend, Wien 1930. (WB)

Reh identifizieren oder eine Beschützerrolle anempfehlen, wie in Eichendorffs wunderbarem *Zwielicht*:

> Hast ein Reh du lieb vor andern,
> Laß es nicht alleine grasen,
> Jäger ziehn im Wald und blasen,
> Stimmen hin und wieder wandern.[18]

In der Romantik bekommt das Reh ohnehin seinen Ort in einer komplexeren Topik des Waldes, wie Eichendorff sie in seiner *Geschichte der poetischen Literatur* bereits den volkstümlichen Gattungen des Märchens und des „Naturliedes" zuschreibt:

> Im *Naturliede*, zu dem wir die zahllosen Jagd-, Hirten-, Räuber- und Wanderlieder rechnen, überrascht uns häufig, wie bei der Kindheit, ein innig vertrauliches Verständnis der äußeren Natur und ihrer Symbolik und der tiefe Blick in die geheimnisvolle Geisterwelt der Tiere. Die Wälder rauschen wunderbar herein, die Quellen weinen mit, wenn der wandernde Handwerksbursch vom Liebchen scheidet, die Wolken bestellen Grüße aus der Fremde in die Heimat, die Nachtigall singt das Unaussprechliche, und das Reh in seiner Einsamkeit hebt die klugen Augen und lauscht der nächtlichen Klage; alles märchenhaft wie in Träumen.[19]

---

18) Eichendorff: Werke, Bd. 1, S. 49.
19) Joseph von Eichendorff: Geschichte der poetischen Literatur Deutschlands. In: Werke, Bd. 3, S. 648.

Da ist alles beisammen: das Waldesrauschen, die Nachtigall und das einsame Reh. Dazu gesellen sich schon bei Jean Paul, exzessiv dann etwa bei Brentano und auch bei Eichendorff selbst gern noch Waldhörner, Turteltauben, Lilien und dergleichen.

– IV –

Vergleicht man die literarischen Exemplare mit denen bei Brehm, scheint sich also zu bestätigen, dass es sich jenseits des gastronomischen Diskurses beim Reh in der neueren deutschen Literatur, von Ausnahmefällen abgesehen, nicht um das bekannte Huftier handelt. Wo aber sollte man solche Ausnahmefälle erwarten, wenn nicht im Realismus? Prominent figuriert das Reh etwa in Wilhelm Raabes Novelle *Else von der Tanne* (1869). Die Geschichte spielt im Dreißigjährigen Krieg, in der Nähe eines Walddorfes finden Meister Konrad und sein Töchterlein Else in einer Waldhütte Zuflucht. Ihre Bekanntschaft wird für den Pfarrer des Dorfes zu einem Lichtblick in seinem einsamen Leben, bis Else als vermeintliche Hexe von den dumpfen Dorfbewohnern gesteinigt wird. Eine Passage vor dem letzten, tödlichen Showdown lautet:

> Dann hatte er, als der Mond aufstieg, Abschied genommen und hatte, als er sich am Fels wendete, die zarte Gestalt im weißen Schein des Mondes stehen sehen und neben ihr das zahme Reh. Die letzte Nachtigall des Jahres hatte ihr letztes Lied gesungen, und als der Pfarrer aus dem Walde hervorgetreten war, lag über den Bergen jenseits des Dorfes ein fernes Gewitter [...].[20]

Das ist starker Tobak: der verklärende Mondschein, das dräuende Gewitter und im Zentrum dieser Ballung von Kitschelementen Jungfrau, Reh und Nachtigall. Das zahme Reh begleitet „die schöne Herrin" auch auf ihrem letzten Gang ins Dorf:

> Bis an den Rand des großen Waldes ging das Reh freudig mit der Herrin, wie im Tanz; doch als ein letzter lustiger Sprung unter den letzten Bäumen es plötzlich in das helle Sonnenlicht brachte, da fuhr es im jähen Schreck zusammen und zurück. Zitternd stand's und sah nach dem Dorf hinunter, und dann gebärdete es sich ganz seltsam und wollte in keiner Weise leiden, daß die Jungfrau fürderschreite und den grünen Schatten verlasse.[21]

Wenig später wird Else in ihrer Todesangst mit dem Reh verglichen, und wenn schließlich das Mädchen blutend nach Hause getragen wird, vom Reh „mit fröhlichen Sprüngen und Schmeichelgebärden" begleitet, dann ist die metonymische Verschiebung vom Tier auf das Mädchen vollendet. Um das Bild vollkommen zu machen, gesellt sich am Sterbebett auch noch ein weißes Waldtäublein zur Gruppe. Raabe ist des massiven Kitsches zwar eigentlich unverdächtig; mit der trivialromantischen Literatur gut vertraut,[22] bedient er sich hier allerdings ungehemmt ihrer Versatzstücke. Insofern hat man bei *Else von der Tanne* die Wahl: Entweder liest man Rehlein und Täublein als verkaufsfördernde spätromantische Trivialismen oder als bewußten Umgang mit als Kitsch erkannten Zitaten. Mit deutlicher Ironie figuriert das Motiv erst später im *Odfeld*. Die Rede ist von einem sagenhaften Eremiten, der im Wald lebte,

> bis, wie es im Märchen heißt, eines Morgens die frommen Rehe kamen und den lieben Freund und guten Greis aller Unlust durch seinesgleichen auf Erden enthoben fanden und so weiter.[23]

---

20) Wilhelm Raabe: Else von der Tanne oder Das Glück Domini Friedemann Leutenbachers, armen Dieners am Wort Gottes zu Wallrode im Elend. Stuttgart 1949, S. 23.
21) Raabe: Else von der Tanne, S. 24.
22) Vgl. etwa die Leihbibliothek in *Deutscher Adel* oder die Lektüre des Ich-Erzählers in *Alte Nester*.
23) Wilhelm Raabe: Das Odfeld. Hg. v. Hans-Jürgen Schrader. Frankfurt 1985, S. 11.

Filmplakat: Bambi, Wien 1951.
(WB Plakatsammlung)

Die in den Text eingebauten Etceteras zeigen unmißverständlich an, dass im Bewußtsein der Substituierbarkeit und damit der Topik des Motivs erzählt wird. Anders als in den bisherigen Beispielen taucht das Reh hier nicht als Wildtier auf, das metaphorisch für die jungfräuliche Unschuld steht, sondern als zahmes Haustier, das als Attribut seines Besitzers dessen Unschuld und Reinheit metonymisch beglaubigt. Auch wenn das auf den ersten Blick von jeder Art von Realismus weit entfernt scheint, läßt sich in dieser Bevorzugung des Metonymischen gegenüber dem Metaphorischen durchaus eine Tendenz des poetischen Realismus erkennen. Rehe sind zwar nicht fromm, sie lassen sich aber (im Gegensatz zu Feldhasen) tatsächlich zähmen: „Jung eingefangene Kälber werden bald sehr zahm, gleichsam zu wirklichen Hausthieren", schreibt Brehm; und zwar gelte das nur für weibliche Tiere.[24] Der Realismus bevorzugt seine Rehe in dieser gezähmten Form statt als einsames oder Jagdwild. Reh bleibt dabei Reh und Mensch Mensch, allein in ihrer Kontiguität findet doch die topische Semantisierung mit allen tradierten Komponenten weiterhin statt. Denn dass es besonderer Unschuld und Frömmigkeit bedürfe, um Rehe zu zähmen, ist selbstverständlich nicht realistisch.

Das postromantische Reh ist, mit anderen Worten, ein sekundärer Unschuldsmarker. Stifters Brigitta erfreut sich so der Dankbarkeit ihrer Rehe, und selbst den grünen Heinrich begrüßt ein zahmes Reh, als er sich aus der gedrückten städtischen Umgebung in die natürlich-unschuldige Welt seiner ländlichen Verwandten begibt – zu Beginn des Kapitels „Neues Leben" springt es ihm noch einmal entgegen. Beinah überexplizit wird dieses Verhältnis in Kellers *Die drei gerechten Kammacher*: „Ein gutes Gewissen", rühmt sich dort der Bayer,

> ist das beste Lebenselixier, alle Tiere lieben mich und laufen mir nach, weil sie mein gutes Gewissen wittern, […] und als ich durch den Böhmerwald reiste, sind die Hirsche und Rehe auf zwanzig Schritt noch stehengeblieben und haben sich nicht vor mir gefürchtet. Es ist wunderbar, wie selbst die wilden Tiere sich bei den Menschen auskennen und wissen, welche guten Herzens sind![25]

Wer sich nun allerdings seiner rehspezifische Unschuld derart bewußt ist, dem nimmt man sie nicht mehr so recht ab. Die Reh-Topik erfordert zu ihrem Gelingen eine gewisse Naivität auf Seiten derer, und eben auch der Texte, die sie uns zumuten. Diese Art von Naivität wirkt im Realismus bereits leicht obsolet, weil wir sie als romantisches Versatzstück erkennen. Mit Fontanes *Effi Briest* ist ihre Zeit endgültig um:

> Cora öffnete das Gatter, und kaum daß sie eingetreten, so kamen auch schon die Rehe auf sie zu. Es war eigentlich reizend, ganz wie ein Märchen. Aber die Eitelkeit des jungen Dinges, das sich bewußt war, ein lebendes Bild zu stellen, ließ doch einen reinen Eindruck nicht aufkommen, am wenigsten bei Effi.[26]

‚Eigentlich reizend, aber' – als bewußtes Verhaltenszitat, als Pose der literarischen Figur entspricht der Topos dem, was wir, wenn der Text selber es uns zumutet, als Kitsch empfinden.

– V –

Im Trivialen lebt diese Verwendung des Rehmotivs bis heute mit unverminderter Wirksamkeit auf Kinder und naive Gemüter fort, für andere läßt sie sich allenfalls als Camp genießen. Einschlägig ist etwa die Einführung der Hauptfigur in Ernst Marischkas erstem *Sissi*-Film (1955): Die junge Sissi, gespielt von der siebzehnjährigen Romy Schneider, kommt auf einem Pferd angeritten, setzt kühn über die Rosen und antwortet auf die Frage des Dieners, wie ‚die

---

24) Brehm's Thierleben, S. 483f.
25) Gottfried Keller: Die Leute von Seldwyla. In: G.K.: Sämtliche Werke in acht Bdn. Berlin 1961, Bd. 6, S. 234. Brehm zufolge beträgt die Fluchtdistanz selbst von in Gehegen gehaltenen Rehen sonst noch 25-30 Schritt (Thierleben, S. 480).
26) Theodor Fontane: Effi Briest. In: Romane und Erzählungen, Bd. 7, S. 158.

Gretl' denn gesprungen sei: „Fabelhaft! [...] Wie ein Reh auf der Flucht."
Anschließend füttert sie erst ihre Vögel und dann ein zahmes Reh, den ‚Xaverl', der nur von ihr die Flasche nimmt, weil sie ihn auch gefunden hat. Ihre Aufmerksamkeit geht dann von Tier- direkt zur Menschenliebe über, wenn sie eine alte Dienerin fragt, was denn die Gicht mache.

Eine interessante Nebenkarriere hat das Motiv der unschuldbezeugenden Kontiguität mit Rehen im Politischen; wie sich Staatschefs jedweder Couleur ja auch gern mit Kindern fotografieren lassen. So findet sich 1953 in der siebenundzwanzigstrophigen *Danksagung* Johannes R. Bechers an den frisch verstorbenen Stalin, die paradiesische Zukunft eines stalinistischen Deutschlands als Gegenwart imaginierend, der schöne Vers:

> Dort wirst du, Stalin, stehn, in voller Blüte
> Der Apfelbäume an dem Bodensee,
> Und durch den Schwarzwald wandert seine Güte,
> Und winkt zu sich heran ein scheues Reh.[27]

Vor einigen Jahren hat die Familie Miloseviç in ihrem Heimatort Požarevac einen „Bambi-Park" errichtet.[28] Aber auch demokratische Politiker sind sich für die Pose, die Effi Briest bereits verdächtig war, keineswegs zu schade; ein bekanntes Foto zeigt Helmut und Hannelore Kohl am Wolfgangsee, sie ein Rehkitz mit der Flasche säugend. Eine Apotheose dieser erstaunlichen Affinität großer Politik zum Kitsch liefert das 8 x 4 Meter große Gemälde *Happy Day* der russischen Künstler Dubossarski & Winogradow von 1995. Die deutsche Wiedervereinigung ist hier allegorisch als Brauttag dargestellt, ausgeführt im Stile des Sozialistischen Realismus. Einige Engel inclusive Gorbatschow tragen den Reichstag durch die Lüfte heran, ein Reh steht bei Kohl und in der linken vorderen Bildecke bilden ein Rehkitz, ein nacktes Kind und ein friedliches russisches Bärchen eine Paradiesesgruppe.

In der Folge kann das Reh dann auch ironisch für eine trivialisierte, realitätsferne Heimatidylle stehen.[29] Es läßt sich festhalten: Mit dem Ende des 19. Jahrhunderts tauchen die ‚realistischen' Reh-Motivzusammenhänge durchweg nur noch in Form von Kitsch oder dessen Parodie auf.

– VI –

Was kann nun nach der Trivialisierung der Topoi überhaupt noch folgen, sprich: Was wird aus dem Reh in der literarischen Moderne? Dass sich das Motiv, wie überhaupt Tiermotive, besonders eignen würde für die radikale Neukonstruktion von Wirklichkeit, wie sie die Avantgarden auf ihre Fahnen geschrieben hatten, ist nicht zu erwarten. Zunächst begegnet man ihm denn auch in einem jener Œuvres der Nuller Jahre, die man aufgrund ihres literaturgeschichtlich undefinierten, grotesken Charakters mitunter nicht ganz für voll zu nehmen pflegt: In Christian Morgensterns dauerpopulären *Galgenliedern* (1905) findet sich das Reh in einem neuen Paradigma wieder, einem Bestiarium, in dem heimische Tiere wie Fisch, Rabe, Wiesel und Hecht neben Phantasiewesen wie Mondschaf, Viervierterschwein, Nachtwindhund und Nasobem figurieren. Näherhin bildet es eine Reihe mit Fisch und Schleiche als stummen Kreaturen, die dennoch zur Nacht singen oder genauer: beten. In *Geiß und Schleiche* wird von diesem Phänomen erzählt („Die Schleiche singt ihr Nachtgebet / Die Waldgeiß staunend vor ihr steht"), *Fisches Nachtgesang* gibt dem stummen Gesang als Figurengedicht aus prosodischen Zeichen Gestalt, *Das Gebet* wählt die Apostrophe an den Leser („hab acht!") und weist diesem sozusagen die Rolle der staunend-ergriffenen Waldgeiß zu:

---

27) Johannes R. Becher: Danksagung. In: Du Welt im Licht. J.W. Stalin im Werk deutscher Schriftsteller. Hg. v. Günter Caspar. Berlin (Ost) 1954, S. 219-223. – Das Gedicht fehlt in der Werkausgabe von 1972. Die Verse werden auch in Erich Loests Roman *Es geht seinen Gang* zitiert (Danke, Wolfgang Emmerich, für den Hinweis!).
28) Michael Miersch bezeichnet Che Guevara aufgrund seiner angeblichen kulturellen Verharmlosung im linken Milieu als *Das stalinistische Bambi* (Die Welt, 14.10.2004).
29) Man denke etwa an den Schluß des Filmes *Mars Attacks* (Regie: Tim Burton, 1996), an dem Tom Jones eine Natur-Idylle mit Reh erleben darf, nachdem die invasiven Marsianer durch Beschallung mit Country-Musik getötet wurden. – In diese Richtung geht offenbar auch der Titel *Bambiland*, den Elfriede Jelinek für ihre Golfkriegs-Texte gewählt hat (Reinbek 2004). Vgl. auch die Inszenierung durch Christoph Schlingensief.

Felix Salten: Kleine Brüder.
Neue Tiergeschichten, Wien 1935. (WB)

> Die Rehlein beten zur Nacht,
> hab acht!
>
> Halb neun!
>
> Halb zehn!
>
> Halb elf!
>
> Halb zwölf!
>
> Zwölf!
>
> Die Rehlein beten zur Nacht,
> hab acht!
>
> Sie falten die kleinen Zehlein,
> die Rehlein.[30]

Aus dem bekannten Motivkomplex isoliert Morgenstern den Topos der Frömmigkeit, und auch er nutzt, mit Einstein zu sprechen, „den Liebreiz des Kleinen" als „Verführungsmittel" zum Absoluten, erkennbar in der konsequenten Verwendung der Diminutive: „Sie falten die kleinen Zehlein / die Rehlein" – was bei Paarze-

30) Das große Christian Morgenstern Buch. Hg. v. Michael Schulte. München/Zürich 1976, S. 13f.

Felix Salten in seiner Villa im Wiener Cottageviertel, um 1935. (NFS/LWA)

hern nebenbei anatomisch problematisch sein dürfte.[31] Aber all dies geschieht hier auf signifikant andere Weise als in Romantik, Realismus und bei ihren trivialen Erben, nämlich eben innerhalb des grotesk-privatmythologischen Kosmos der *Galgenlieder*, an einer Schnittstelle zwischen Naturmystik, Parodie und Wortspiel. Die annominative Verwechslung von „hab acht" mit „halb acht" leitet einen wunderlichen Countdown bis zur Mitternacht ein,[32] die in den *Galgenliedern* ein durchgängiges Motiv bildet. Die Anklänge an Zarathustras Lied („Oh Mensch! Gieb Acht! / Was spricht die tiefe Mitternacht?"[33]) sind deutlich. Dort hatten kurz vor Mitternacht die „höheren Menschen" ein Huftier angebetet, nämlich einen Esel („Sie sind Alle wieder *fromm* geworden, sie *beten*, sie sind toll!", wundert sich Zarathustra.[34]), hier sind es die Huftiere selbst, die fromm geworden sind und beten, toll geworden ist dagegen die literarische Textur, die uns derlei zumutet.

Anders funktioniert die Isolierung des romantischen Assoziationskomplexes ‚Reh' im Expressionismus, bei Georg Trakl und Franz Marc. Wenn Trakl im *Gesang des Abgeschiedenen* „[d]ie kristallenen Weiden des Rehs" beschwört, so kreiert er ein syntagmatisch weitgehend autonomes Lexem, das dennoch mit dem topischen Assoziationsreichtum der romantischen Tradition aufgeladen bleibt. Dieses Verfahren gelingt, eben weil es das Klischee zum isolierten, leuchtenden Lyrikbaustein schleift – die Forschung spricht hier gern von ‚Chiffren'. Wo die Verknappung weniger radikal ausfällt, zeigt sich aber, wie sehr Trakl vom romantischen Erbe zehrt:

> Am Saum des Waldes will ich ein Schweigendes gehn, dem aus sprachlosen Händen die härene Sonne sank; ein Fremdling am Abendhügel, der weinend aufhebt die Lider über die steinerne Stadt; ein Wild, das stille steht im Frieden des alten Hollunders; o ruhlos lauscht das dämmernde Haupt, oder es folgen die zögernden Schritte der blauen Wolke am Hügel, ernsten Gestirnen auch. Zur Seite geleitet stille die grüne Saat, begleitet auf moosigen Waldespfaden scheu das Reh.[35]

Der Waldfrieden, das Schweigen, der einsame, ruhlose Wanderer, das scheue

---

31) In Morgensterns eigenen pseudogermanistischen Anmerkungen zu den Galgenliedern wird der wissenschaftliche Name des Rehs denn auch mit „Cervus capreolus ?" angegeben. Außerdem wird auf jagdbiologische Literatur verwiesen: „Dombrowski (1876), Eulefeld (1896)" (Das große Christian Morgenstern Buch, S. 52).
32) Dabei bleibt unklar, wie man das lesen soll: Dauert das Gebet geschlagene viereinhalb Stunden, oder muß man so lange darauf warten, daß gebetet wird, oder ist gar der Countdown selbst das Gebet?
33) Friedrich Nietzsche: Also sprach Zarathustra. Hg. v. G. Colli und M. Montinari. München 1980 (= Kritische Studienausgabe Bd. 4), S. 404.
34) Nietzsche: Also sprach Zarathustra, S. 388.
35) Georg Trakl: Offenbarung und Untergang. In: G.T.: Das dichterische Werk. München 1972, S. 96.

Reh – Trakl baut seine Chiffren durchaus in Sichtweite der überkommenen Topoi. – In einer Revue moderner Reh-Gedichte darf schließlich Ringelnatzens *Im Park* von 1927 nicht fehlen:

> Ein ganz kleines Reh stand am ganz kleinen Baum
> Still und verklärt wie im Traum.
> Das war des Nachts elf Uhr zwei.
> Und dann kam ich um vier
> Morgens wieder vorbei,
> Und da träumte noch immer das Tier.
> Nun schlich ich mich leise – ich atmete kaum –
> Gegen den Wind an den Baum,
> Und gab dem Reh einen ganz kleinen Stips.
> Und da war es aus Gips.[36]

Inszeniert wird hier sozusagen das Anpirschen an den romantischen Komplex – man beachte die dreimalige Betonung des ‚Ganz Kleinen' sowie des Träumerischen. Für einen kurzen Moment scheint die Wirklichkeit dieses Komplexes entgegen aller neusachlichen Erwartung möglich, bevor sie sich als das entpuppt, was sie ja längst ist: als Kunstgewerbe gewordenes Klischee.

– VII –

Hermetik, Spiel, Spiel mit Hermetik – das ist es, was der Klassischen Moderne einfällt, wenn sie auf Rehe kommt. Mit diesen Mitteln gelingt es ihr, noch einmal von der traditionellen Topik zu zehren, ohne dass deren Absinken ins Triviale den eigenen Text mit ins Verderben risse. So bekannt und beliebt die genannten Gedichte aber sind – von irgendeiner Neubegründung des Rehmotivs kann dabei keine Rede sein. Demgegenüber kommt das, was Felix Salten 1923 in *Bambi. Eine Lebensgeschichte aus dem Walde* macht, geradezu einem realistischen Neuansatz gleich – ein Befund, der der gängigen Trivialisierung dieses Romans in der Literaturwissenschaft widerspricht. Bei Wilpert etwa liest man:

> An die Stelle liebevoll einfühlender Schilderung des Tierlebens als einer Existenzweise nach eigenen Gesetzen tritt […] eine verlogene und süßliche anthropomorphe Sicht: die Tiere denken, reden, handeln, siezen und benehmen sich menschengleich. Gerade diese falsche und etwas verkitschte Anspruchslosigkeit […] brachte dem Werk Weltruhm als Kinderbuch.[37]

Rehe, die sich siezen! („Jüdelnde Hasen" hat Karl Kraus Salten einmal vorgeworfen[38]) – wie kann man da von realistischem Neuansatz sprechen? Das fügt doch wohl eher dem literarischen Rudel mißlungener Rehe eine weitere Abart hinzu.

> „Was willst du von mir?" fragte der Alte [Bambis Vater].
> „Nichts …", stotterte Bambi, „oh … nichts … verzeihen Sie …"
> Der Alte sagte nach einer Weile, und es klang milde:
> „Du suchst mich nicht erst seit heute."
> Er wartete. Bambi schwieg.[39]

Bambi steht in der Tradition der Tiergeschichte, die auktoriale Erzählung fokalisiert häufig auf das Reh und gibt seine Perspektive wieder, bis hin zu erlebter Rede. Tiere und sogar Pflanzen denken und sprechen in Saltens Roman wie Menschen, allerdings nur untereinander, nie über die Hartmannschen Grenzen der Naturreiche hinweg. Das sind Anthropomorphismen – man könnte allerdings fragen, wie eine „liebevoll einfühlende Schilderung des Tierlebens", wie

---

36) Joachim Ringelnatz: und auf einmal steht es neben dir. Gesammelte Gedichte. Berlin 1980, S. 115.
37) Gero von Wilpert, zit. n. Jürgen Ehneß: Felix Saltens erzählerisches Werk. Beschreibung und Deutung. Frankfurt u.a. 2002, S. 252f.
38) Vgl. Ehneß: Felix Saltens erzählerisches Werk, S. 252f.
39) Felix Salten: Bambi. Eine Lebensgeschichte aus dem Walde. Frankfurt 2003, S. 193. Im Folgenden im Haupttext in runden Klammern zitiert.

Wilpert sie wünscht, denn anders überhaupt ins Werk zu setzen wäre. Denn genau dieser Einfühlung in die Sprache der Waldtiere sollen die erzählerischen Mittel Saltens dienen. Bambis Lebensgeschichte vom Kitz zum Fürsten des Waldes ist nicht etwa primär allegorisch angelegt, als eine Fabel, die zu ihrem adäquaten Verständnis auf den Menschen zu übertragen wäre. Vielmehr erklärt Tierfreund Salten, der eine eigene Jagd im Wienerwald besaß:

> Mich haben die zahllosen im Wald verbrachten Stunden zu der festen Überzeugung gebracht, daß die Tiere auch denken und miteinander sprechen. Aus dieser Überzeugung ist ‚Bambi' entstanden. […] Das Tier kann nicht lügen. […] Ob es zu denen gehört, die morden, oder zu denen, die gemordet werden, immer ist es unschuldig, immer aufrichtig. Und nie sentimental…[40]

Die Sprachfähigkeit ebenso wie die Unschuld, so topisch sie anmuten, sind hier also nicht allegorisch, sondern wörtlich zu nehmen, als reale Eigenschaften des Tiers. Saltens Tiergeschichten praktizieren demnach geradezu die Umkehrung des Fabel-Verfahrens: Statt menschliche Eigenschaften zur besseren Kenntlichmachung auf Tiere zu übertragen, werden Eigenschaften der Tiere zur besseren Kenntlichmachung mit den sprachlichen Mitteln des Menschen dargestellt.[41] Die Stummheit des Rehs wird dabei nicht metaphysisch verklärt, sondern literarisch behoben, und zwar in erzieherischer Absicht: „Suche nur immer, das Tier zu vermenschlichen, so hinderst du den Menschen am Vertieren", sentenzt Salten. „Denn die Scheu, ein Geschöpf zu peinigen, das sprach- und hilflos ist, bildet den wichtigen Anfang. Dann werden auch Kinder geschont, Frauen, Arbeitsermüdete und so weiter."[42] Hier sei nur am Rande erwähnt, dass Salten unermüdlich im Tierschutz tätig war und dafür 1935 sogar den Eichelberger Humane Award erhalten hatte, zwei Jahre nach dem bekannten Kämpfer gegen die Vivisektion Adolf Hitler. Saltens Sohn Paul scharte angeblich, als „eine Art Franziskus seiner Zeit, bei Waldwanderungen die Tiere um sich".[43] Und Paul McCartney berichtet, daß *Bambi* – allerdings wohl der Film – ihn zum Vegetarier gemacht habe.

Auch die Einstufung als Kinderbuch trivialisiert Saltens Roman (wie es auch erhabeneren Werken wie *Robinson Crusoe*, *Gullivers Reisen* oder *Moby-Dick* widerfahren ist). Die Art, wie in *Bambi* die rhizomatische Topographie des Waldes, die Bedeutung der Jahreszeiten, das Sozialverhalten der Tiere und vor allem der Mensch aus der Sicht der Rehe beschrieben werden, ist jedenfalls durchaus originell – und Walt Disney wird Gespür gerade für diese Qualitäten beweisen. Einige Handlungselemente, die man für Anthropomorphismen halten könnte, sind für Rehe durchaus belegt, etwa die Flucht im Kreis, um die Verfolgung der Schweißspur zu erschweren.[44] Die Handlung um den Rehbock Gobo, der nach einer Treibjagd verletzt von Menschen aufgezogen, nach seiner Rückkehr in den Wald von dem Alten als „Unglücklicher" tituliert und schließlich aufgrund seiner mangelnden Angst erschossen wird, könnte direkt Brehms *Thierleben* entstammen, das einen ähnlichen Fall berichtet und ganz in Saltenschem Geiste schließt:

> Ich könnte mehrere derartige Beispiele anführen, welche den Menschen so recht von seiner abscheuungswürdigen Seite zeigen. Einige mir bekannte Forstleute zähmen gar keine Rehe mehr, aus Furcht, später den Schmerz erleben zu müssen, das befreundete Thier meuchlings gemordet irgendwo aufzufinden.[45]

Insofern ist selbst die vermeintlich so pathetische Gobo-Geschichte realistisch im Sinne einer literarischen Verarbeitung eines außerliterarischen Wissens. Rehartigere Rehe hatte die deutsche Literatur jedenfalls noch nicht gesehen (es sei denn, wie gesagt, als Braten). Auch ‚süßlich' kann ich das Buch nicht finden, bei

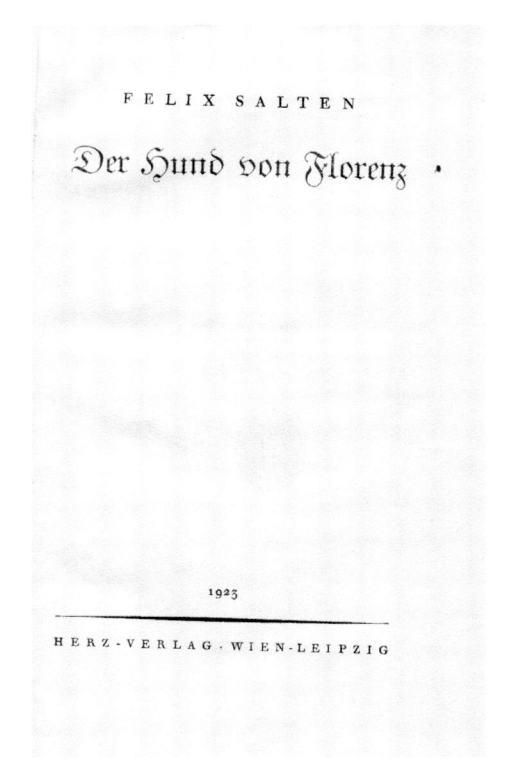

Felix Salten: Der Hund von Florenz, Wien-Leipzig 1923. (WB)

---

40) Salten, zit. n. Dietmar Grieser: Im Tiergarten der Weltliteratur. Auf den Spuren von Kater Murr, Biene Maja, Bambi, Möwe Jonathan und den anderen. München 1991, S. 21f.
41) Diese Möglichkeit zieht auch Ehneß in Betracht, um dann allerdings doch allegorische Deutungen vorzuschlagen (Felix Saltens erzählerisches Werk, S. 253f.).
42) Salten, zit. n. Grieser: Im Tiergarten der Weltliteratur, S. 22 u. 23.
43) Grieser: Im Tiergarten der Weltliteratur, S. 25. Griesers Informationen beruhen auf Äußerungen einer Salten-Enkelin.
44) Vgl. Maik Bierwirth: Gefüge des Werdens. Ein Rhizom mit Gilles Deleuze und Félix Guattari und Franz Kafka und Felix Salten. Magisterarbeit (masch.). Münster 2005, S. 55.
45) Brehm's Thierleben, S. 483.

genauerer Lektüre kann es geradezu beklemmend wirken. In der Fortsetzung von 1940, *Bambis Kinder*, findet sich über viele Buchseiten die Schilderung eines Schlachtfeldes voller verstümmelter, blutender und sterbender Tiere nach einer Treibjagd, die im Buch nur „der große Schrecken" heißt. Doch schon im ersten Teil wird das „Leben im Walde" als ein Leben in ständiger Bedrohung erzählt, und die Lehre, die Bambi lernt und die ihn überleben läßt, propagiert weder die Liebe noch irgendeine abgegriffene, ‚verlogene' Form von Heroismus, sondern eine eher verstörende und jedenfalls ganz und gar atopische Kunst des Alleinseins und des Verschwindens.

> Er spricht mit niemandem, und keiner wagt es, ihn anzureden. Er geht Wege, auf denen kein anderer geht; er kennt den Wald bis in die fernsten Fernen. Und für ihn gibt es keine Gefahr. (74)

Bambis Vater weiß zwar mehr als andere Rehe, unter anderem sogar um die Sterblichkeit des Menschen, doch praktisch besteht seine überlegene Strategie vor allem darin, dass er abseits der üblichen Reh-Pfade einen geborstenen Baumstamm kennt, unter dem er sich regelmäßig versteckt. Als Bambi bei einer Jagd verletzt wird, holt er ihn zu sich und macht ihn schließlich zu seinem Nachfolger. Die Bezeichnung ‚großer Fürst' führt also ziemlich in die Irre. Weder der Alte noch Bambi üben so etwas wie Herrschaft aus, sie schützen noch nicht einmal ihre Frauen und Kinder, die ihr bedrohtes Leben zwischen Treibjagden und Fallschlingen weiterleben müssen. Ein Graben trennt die beiden topographisch und metaphorisch von den anderen.[46]

Man kann sich schon denken, daß diese Verschwindensphantasien für die amerikanische Filmversion nicht anschlußfähig waren. Bei Disney wird Bambi nach dem Verlust der Mutter selbst zum Helden und Retter Falines und schließlich tatsächlich zum König des Waldes – zu einem mächtigen Hirsch. So entsteht ein heroischer männlicher Lebenslauf, dessen Topik zwar nicht die überkommene des Rehs ist, aber deshalb nicht weniger trivial – der Film *König der Löwen* kann Jahrzehnte später nach dem selben Muster funktionieren. Zwei Umstände verhindern diese Rolle Bambis im Roman – der Mensch und die Hirsche.

Im Film ist der Wald ein idyllisches Naturreich, in dem der Mensch – im Bild nie gezeigt – nur als unberechtigter Eindringling erscheint, dessen Wirkung rein zerstörerisch ist. „Man was in the forest" – dieser Satz von Bambis Mutter, der vielen Amerikanern von Kind an einen Schauer über den Rücken jagt, bezeichnet sozusagen das Prinzip des Bösen. Bei Salten aber ist der Wald ein europäischer Forst des 20. Jahrhunderts und also vom Menschen professionell gehegt und bejagt. Entsprechend ist die Rolle des Jägers in *Bambi* zwiespältig – er ist Todbringer, Retter und Ernährer zugleich, und diese Ambiguität wird auch nicht aufgelöst, weil sie ja konsequent aus Sicht der Tiere erlebt und erzählt wird. Im verwalteten Wald aber gibt es auch in diesem ‚Realismus aus Rehperspektive' keinen König der Tiere mehr.

Zudem ist Bambi im Buch eben kein prächtiger Hirsch, sondern ein Reh. Allerdings gibt es daneben in seinem Wald auch Hirsche, und das ist eine weitere Komplikation, die einer allzu schlichten Musterbildung entgegensteht. Das namenlose und vollkommen unbegründete Grauen, dass die Rehe jedesmal ergreift, wenn ihre „großen Verwandten" vorbeiparadieren,[47] diese rein symbolische Bedrohung spielt in beiden *Bambi*-Bänden eine exponierte Rolle. Die Rehe reden sonst mit allen Tieren, sogar mit Schmetterlingen, Vögeln und Füchsen – allein der Hirsch, ihr engster Verwandter, bleibt tabu. Als Erwachsener überwindet Bambi zwar die Angst vor den Hirschen, doch eine Kontaktaufnahme traut auch er sich nicht zu. Von süßlichem Klischee, Kindgerechtheit und verkitschter

---

46) Das ändert sich etwas in *Bambis Kinder*, wo dem Familienverband eine tragende Rolle zuerkannt wird.
47) Vgl. Salten: Bambi, S. 75ff et passim.

Felix Salten vermutlich vor seinem Jagdhaus, um 1930. (NFS/LWA)

Anspruchslosigkeit kann ich hier nicht viel erkennen, vielmehr ist diese tabuierte Kontiguität in Saltens Roman höchst eigentümlich, literarisch ohne Vorbild und zumindest interpretationsbedürftig. Die einzige mir bekannte Deutung liest diese Stelle allegorisch und behauptet: „Die Gefühle der Rehe zeigen des Autors Einstellung [zur Aristokratie]."[48] Saltens eigener Poetologie zufolge handelt es sich auch hier freilich bloß um die einfühlende, sprachgebende Darstellung eines realistischen Faktums, dass nämlich Rehe Reviere meiden, die von Hirschen bewohnt sind. *Bambi* ist, wie gesagt, nicht als Fabel angelegt – die einfache Allegorese verfehlt den Textcharakter. Wenn man die Gefühle der Tiere hier auf Menschen übertragen wollte, dann müßte man den psychoanalytischen oder diskursanalytischen Umweg nehmen und die Sprach- und Gefühlsmuster, die Salten seinen Rehen beilegt, mit denen abgleichen, die einen austriazisierten Juden in der höheren Wiener Gesellschaft umtreiben.[49] Der Wunsch, beliebig verschwinden zu können, und das Gefühl, doch nicht zur vordersten Reihe zu gehören, ließen sich dann mit aller gebotenen Vorsicht durchaus semantisieren.

48) Lieselotte Pouh: Wiener Literatur und Psychoanalyse. Felix Dörmann, Jakob Julius David und Felix Salten. Frankfurt u.a. 1997, S. 202.
49) Die einzige Arbeit in dieser Richtung bisher konzentriert sich auf den Aspekt der Sexualität: Dietmar Schmidt/Claudia Öhlschläger: „Weibsfauna". Zur Koinzidenz von Tiergeschichte und Pornographie am Beispiel von „Bambi" und „Josefine Mutzenbacher". In: Hofmannsthal-Jb. 2 (1994), S. 237-286.

– VIII –

„[D]as Buch, das hinterm Film, das kleine Europa, das hinterm großen Amerika verschwindet"[50] – man kann die erfolgreiche Verfilmung von Saltens *Bambi* durchaus als Symptom eines allgemeinen kulturellen Syndroms lesen, der Globalisierung unter amerikanischer Dominanz. Bei ihrer Adaptation europäischer Stoffe greift die amerikanische Kulturindustrie signifikanterweise nicht auf die aktuelle Moderne zurück, sondern entweder direkt auf die Romantik oder auf neo-realistische Stoffe wie *Bambi*.[51] 1937 erscheint mit *Snow White and the Seven Dwarfs* der erste abendfüllende Disney-Zeichentrickfilm, gefolgt von *Pinocchio*. Zu gleicher Zeit beginnen die aufwendigen Dreharbeiten zu *Bambi*: Zeichner werden wochenlang in die Wälder geschickt, und direkt am Set befindet sich ein Gehege mit zwei Hirschkitzen, an denen Disneys Mitarbeiter sich schulen.[52] Die Amerikanisierung ist zunächst rein tiergeographischer Art: In Disneys Wald tummeln sich neben den europäischen Bekannten auch Skunks und Opossums, und aus dem Reh wird, wie gesagt, ein Weißwedelhirsch (*Odocoileus americanus*). Diese zunächst unschuldige Substitution – es gibt in Amerika eben keine Rehe – hat weitreichende semantische Konsequenzen. Erstens hat der Weißwedelhirsch einen Schwanz, und zweitens kann man aus ihm tatsächlich einen König des Waldes mit prächtigem Geweih machen.[53] So wird aus der biologischen Amerikanisierung unter der Hand eine kulturelle: Der Bambi wächst zum dominanten Alpha-Wesen seiner Diegese heran; der Film erzählt eine vorbildliche und umweglose männliche Erfolgsbiographie, die in der Unschuld der überzeichneten Kindheits-Idylle naturalisiert wird.

Ohne Zweifel sind es also unter anderem Verfahren der Komplexitätsreduktion und Re-Topisierung, die Saltens Romanstoff im Medienwechsel zum Film zum globalen Massenerfolg prädestinieren.[54] Zugleich beerbt Disney aber durchaus den liebevollen Realismus des Buches und arbeitet seine idyllischen und dramatischen Momente zu enorm wirksamen filmischen Schemata aus, die später selbst zu Topoi des Genres werden. Dazu gehört der konsequente Einsatz des Kindchenschemas, das übrigens 1943, also ein Jahr nach Erscheinen des Filmes, von Konrad Lorenz auch wissenschaftlich zum ersten Mal beschrieben wurde.[55] Saltens folgenreiche Namenserfindung (nach ital. *bambino*, ‚Kind') war ja schon eine Art verbale Vorwegnahme des Kindchenschemas. Allerdings geht gerade Disneys Bambi darin nicht auf: Von den einschlägigen Merkmalen (großer Kopf in Relation zum Körper, großer Hirnschädel in Relation zum Gesicht, große Augen bis unter die Mitte des Gesamtschädels, kurze, dicke Extremitäten, rundliche Körperformen, weich-elastische Oberflächenbeschaffenheit und Tolpatschigkeit) sind nur die Kopf- und Verhaltensformen auf das Kitz übertragbar. Anders als Bär, Maus, Hase und sogar Elefant ist das schlanke Reh durch seine Körperproportionen ja nicht zum Kuscheltier prädestiniert. Bereits in der körperlichen Fragilität Bambis („kind of wobbly, isn't he?") ist somit eine Differenz gegenüber seinen Freunden Thumper und Flower angelegt, die später semantisch zum Tragen kommt: Während Kaninchen und Skunk (wie die sieben Zwerge) sympathische, aber drollige Charaktere bleiben, kann Bambi sich weiterentwickeln zum vorbildhaften Kämpfer und Herrscher des Waldes.

– IX –

Die Neucodierung, die die europäischen Stoffe in ihrer Amerikanisierung im Medium Film erfahren, ist als kultureller Einschnitt vergleichbar mit der Adapta-

---

50) Grieser: Im Tiergarten der Weltliteratur, S. 17. Ironischerweise unterliegt Grieser, der die Verdrängung des Buches durch den Film beklagt, dieser selbst, wenn er von Lesern berichtet, die Salten schrieben, „wie sehr sie an der Stelle, wo der große Waldbrand [...] geschildert wird, haben weinen müssen." (S. 30) Den Waldbrand gibt es aber nur im Film.

51) Die englische Übersetzung von Whittaker Chambers erschien bereits 1927. Der Journalist Chambers, Mitglied der kommunistischen Partei, gab zu der Zeit die Zeitung *The Daily Worker* heraus. Er wurde später dafür bekannt, daß er 1948 vor dem House Un-American Activities Committee (1948) gegen Alger Hiss aussagte – am Beginn des McCarthyismus in den USA und der Karriere Richard Nixons.

52) Vgl. Leonard Malin: The Disney Films. New York ?1995, S. 55.

53) In Smoliks Tierlexikon heißt es, der Weißwedelhirsch „ist der durch den Disneyfilm bekanntgewordene ‚Bambi'" und „erreicht mindestens die Größe des Damhirsches". Es gibt aber auch in den USA durchaus größere Hirscharten, etwa den Wapiti (Hans-Wilhelm Smolik: rororo Tierlexikon in 5 Bdn. Bd. 1. Reinbek 1968, S. 168f.).

54) Von den 10.000 Worten Originaldialog bleiben im Film ganze 900 übrig (Grieser: Im Tiergarten der Weltliteratur, S. 28).

55) Konrad Lorenz: Die angeborenen Formen möglicher Erfahrung. In: Zs. für Tierpsychologie 5 (1943), S. 235-409. Vgl. Irenäus Eibl-Eibesfeldt: Grundriß der vergleichenden Verhaltensforschung. München 5? 1967, S. 603-605. Dieses ethologische Standardwerk ist Lorenz gewidmet; zur Illustration des Kindchenschemas ist u.a. ein „Disney-Hündchen" abgebildet.

tion der Märchen durch die Brüder Grimm im Medium der Literatur – die Verfahren Disneys entwickeln eine kulturelle Prägekraft derart, dass man von heute aus kaum noch dahinter zurückkommt. Allein Hollywood konnte das Reh vom Attersee in eine Gestalt der globalen Mythologie verwandeln, wo es heute neben Figuren wie Dracula, Donald Duck, Spiderman, Flipper, Godzilla[56] oder R2D2 seinen Rang behauptet und nicht mehr, wie bei Salten, neben Geno, Gurri, Gobo, Perri, dem Eichhörnchen und Hops, dem Hasen. Schon deshalb ist gegenüber einer rein kulturkritischen Position, die diese Entwicklung nur in Kategorien der Banalisierung und Trivialisierung begreifen kann, Skepsis geboten. Trivialer und klischeehafter als die hochliterarische Verwendung des Rehmotivs, wie wir sie oben skizziert haben, ist die bei Salten und Disney sicher nicht. Vielmehr leistet Salten eine realistisch-tierpsychologische Neubegründung des Stoffes, so wunderlich uns auch sein Begriff von der Tierseele heute anmuten mag.[57] In der Bearbeitung durch Disney wird Saltens Bambi schließlich, zweifellos unter den Marktgesetzen der westlichen Kulturindustrie, in ein unverwechselbares, populär und global wirksames Produkt an der Schnittstelle von Mythos und Marke transformiert. Damit kommt Hollywood dem sehr nahe, wonach die Romantiker vergeblich gestrebt hatten: einer volksnahen, mythopoietischen Universalpoesie mit Rehen.

Nach 1942 sind die Rehkitze dieser Welt Bambis. „Da hast du mir das Bambi mitgebracht", rief Marika Rökks Tochter aus, als ihre Mutter 1948 mit dem ersten Burda-Filmpreis, einem Porzellanreh, heimkam, und seither heißt dieser Preis so.[58] Allerdings geht auch die Rezeption kulturindustrieller Produkte ihre eigenen, von den Herstellern nur bedingt kontrollierten Wege. Die Karriere Bambis nach dem Film böte Stoff für einen eigenen Aufsatz; die Tendenz sei zum Schluß nur kurz angedeutet. Als ein Merkmal des Films hatten wir die typisierende Vermännlichung Bambis zum Hirsch mit Schwanz benannt. Auch im Buch ist von Bambi immer mit männlichem Artikel die Rede. Man hätte erwarten dürfen, daß Bambi im Anschluß an den Film zu einem Kosenamen für vielversprechende Jungen geworden wäre – das wäre eine textgerechte populäre Adaptation. Statt dessen hat sich, wo es um Kindliches geht, das Neutrum ‚das Bambi' durchgesetzt, und vielfach ist im populären Diskurs sogar wieder eine Tendenz zur Feminisierung zu erkennen. In den USA ist Bambi ein beliebter Prostituierten-Name,[59] und in der Popmusik konnotiert er, wie früher, die verfolgte, gejagte, sexuell belästigte Unschuld. Die kroatische Band *The Bambi Molesters* konnte in ihrer Namensgebung bereits auf das klassische Punk-Stück *Who killed Bambi?* von den Sex Pistols zurückgreifen. In dem französischen Thriller gleichen Namens (*Qui a tué Bambi?*, Regie: Gilles Marchand, 2003) ist Bambi eine verfolgte Krankenschwesterschülerin.[60] Auf *Do the Bambi* von Stereo Total (2005) finden sich Titel wie *Babystrich, Ich bin nackt* und *Partymädchen, gefoltert*.

So scheint es geradezu, als setze sich massenkulturell unter dem Namen Bambi in kaum veränderter Form das vor-Saltensche Reh-Klischee wieder durch. Am deutlichsten wird das bei einem misogynen Mediengag aus den USA: Unter dem Namen *Hunting for Bambi* bietet eine Gruppierung in Las Vegas zahlenden Kunden Geländespiele an, bei denen Männer mit Farbpatronen Jagd auf nackte Frauen machen können. Da wären wir, wo wir nie hinwollten, und andererseits auch wieder gar nicht so weit von Euphorions Mädchen-Rehjagd im *Faust II* entfernt.[61] – So wird aus dem Bambi, dem prädestinierten König des Waldes, doch wieder das oder die Bambi, Topos der wehrlosen, jagdbaren Unschuld. Offenbar ist das eine symbolische Systemstelle in unserer kulturellen Enzyklopädie, und zuverlässig füllt sie immer noch das Reh.

56) Vgl. den großartigen Ultrakurzfilm *Bambi meets Godzilla* von Mary Newland (1969).
57) Vgl. auch Felix Salten: Die Entdeckung der Tierseele. Zu Alfred Brehms hundertstem Geburtstag. In: Neue Freie Presse, 3.2.1929, 1-3.
58) Vgl. Artikel ‚Bambi (Auszeichnung)'. In: Wikipedia, 21.4.2006.
59) So Ehneß (Felix Saltens erzählerisches Werk, S. 308). – In dem James-Bond-Film *Diamonds Are Forever* (1971) bekommt James Bond es mit zwei weiblichen Bodyguards namens Bambi (eine Afro-Amerikanerin!) und Thumper zu tun, die er im Pool besiegt. – Als ‚Bambi-Sex' bezeichnet man auch die Missionarsstellung.
60) Ein wahrer Fall ist dagegen die Geschichte der französischen Jüdin Rachel Bamberger Chalkovsky, die sich als Kind vor den Nazis im Wald verstecken mußte und später als „Jerusalem's Bambi" eine bekannte Hebamme wurde (vgl. Adam Jessel: Jerusalem's Bambi, http://home.aol.com/lazera/AmEchad/bambi.html, 29.4.2006).
61) EUPHORION, (ein junges Mädchen hereintragend.): Schlepp' ich her die derbe Kleine / Zu erzwungenem Genusse; / Mir zur Wonne, mir zur Lust / Drück' ich widerspenstige Brust (Goethe: Faust, V. 9794-9797)

Ottilie und Felix Salten in Salzburg,
um 1935. (NFS/LWA)

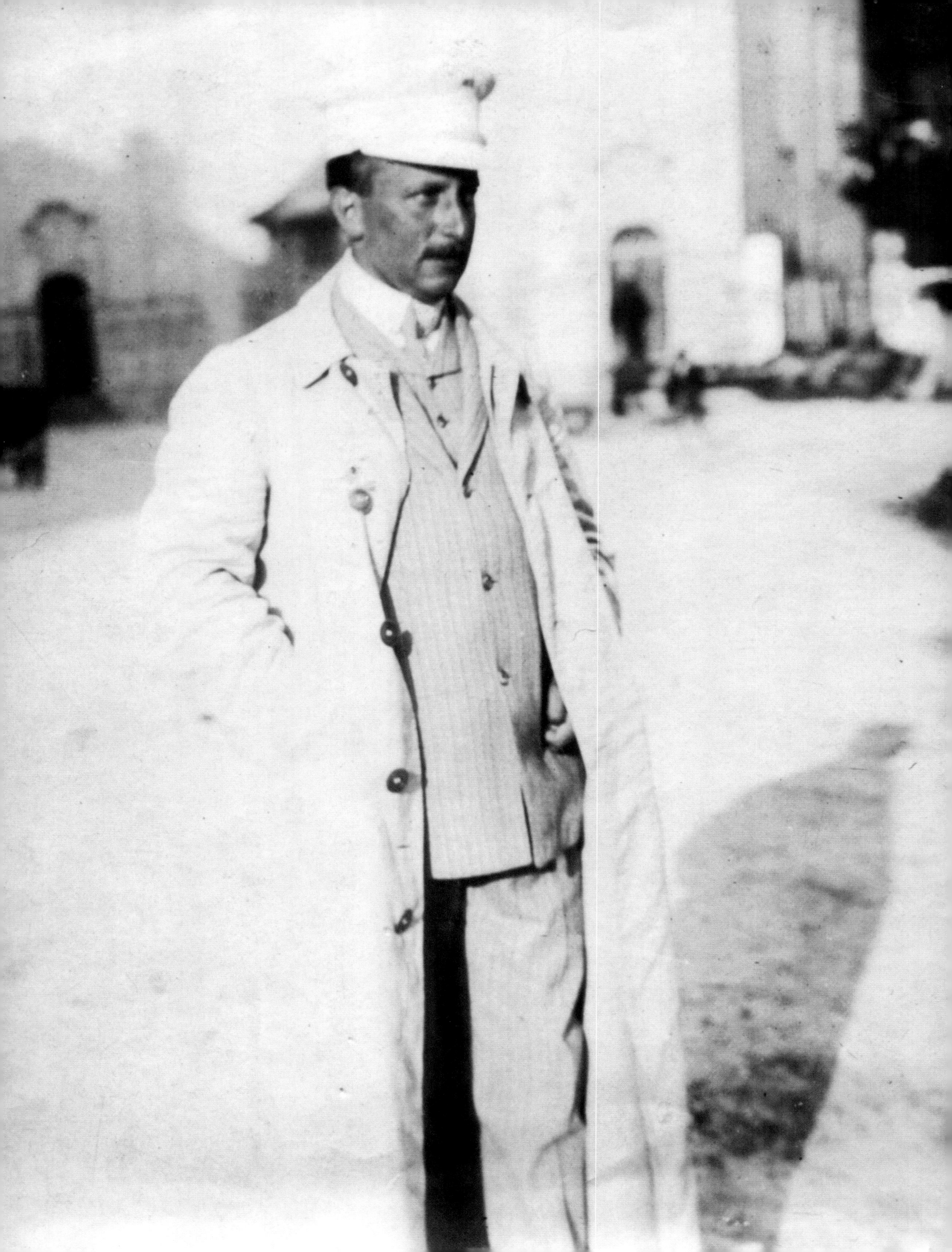

Siegfried Mattl / Werner Michael Schwarz

„Neue Menschen auf alter Erde"

Gedächtnislandschaft Palästina

Vorschau: Felix Salten in Autofahrerkleidung, um 1925. (NFS/LWA)

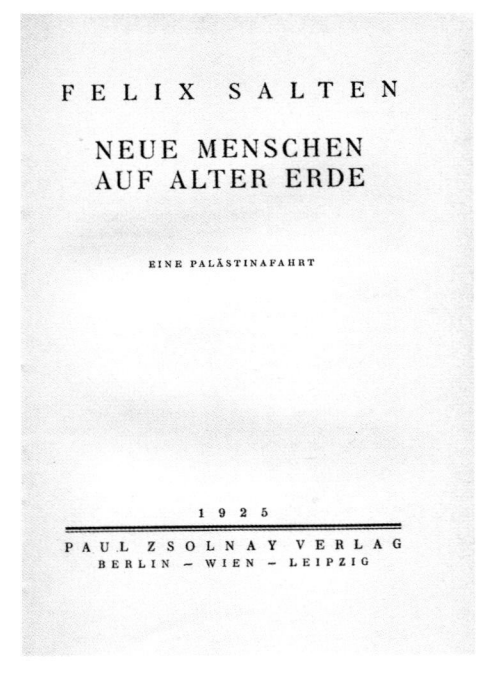

Felix Salten: Neue Menschen auf alter Erde, Wien 1925. (JMW)

1) Felix Salten: Neue Menschen auf alter Erde, Berlin/ Wien/ Leipzig 1925, S.276
2) Die jüdischen Kolonisten kamen allerdings über die direkte Schiffsverbindungen von Triest nach Jaffa, vgl. Arthur Holitscher: Reise durch das jüdische Palästina, Berlin 1922, S.9ff
3) Salten, Neue Menschen, S.274

„Asien ist immer der Boden gewesen, auf dem ein Gott zur Welt kam, wie Europa immer der Boden bleibt, auf dem er entstellt wurde, blaß und sich selber fremd."[1] Am Ende des Berichts über seine Palästinafahrt im Frühjahr 1924 löst Felix Salten, wie viele andere ReiseschriftstellerInnen, jenes Versprechen ein, das dem Leser bei Gelegenheit der Überschreitung einer Grenze gegeben wird, nämlich teilzuhaben an der bevorstehenden Erfahrung des Außerordentlichen, an der Konfrontation mit Fremden und Neuem, aus der man nicht unverändert hervorgehen kann. Die Grenze, an der dieser Eintritt sich eingangs von „Neue Menschen auf alter Erde" vollzogen hat, ist die Wüste. Durch sie führt der Weg, den die Reisenden aus Europa von Alexandrien oder Port-Said nach Palästina einschlagen müssen[2] und der sie augenblicklich auf die Spuren des Auszugs der Juden aus Ägypten unter Moses' Führung setzt. Diese ewige, erhabene Landschaft, in der – nach Salten – nichts Zweckmäßiges den Blick verwirrt, rückt die Vergangenheit näher heran. Der Eintritt in eine Landschaft der Dauer lässt die Erinnerung an die Erscheinung Gottes am Berg Sinai lebendig werden, so wie sie auch die Einfühlung in die Verzweiflung der hungernden und durstenden Juden und deren Rebellion gegen den strengen Gott befördert. Diese Erde birgt die Zeichen des Heiligen, sie spart seine Kraft auf, um es in neuer Form ins Leben zu setzen. Allerdings werden wir mit Salten bloß zu *Zeugen* der Wiedergeburt eines Gottes, ohne von diesem *erwählt* zu werden. Dies bleibt den „Neuen Menschen" vorbehalten, die uns Salten entdeckt, den jungen jüdischen Kolonisten aus Osteuropa, die sich in Bauern rückverwandelt haben und mit sozialutopischem Geist Palästina kultivieren. Diese „Neuen Menschen" sind Gegenstand und Adressat seiner Reiseerfahrung, denen er emphatisch zuruft: „... ich bewundere die reine Kraft, mit der ihr euch hingebt, ich bewundere die Zartheit, die ihr im Umgang mit euren Gefährtinnen, mögen sie nun hübsch oder hässlich sein, an den Tag legt. Ich liebe eure Ideale, euer Gefühl für soziales Recht, euer schönes, freies, kühnes Rebellentum. Auch das gegen Gott. Bei uns Juden hat Gottes Widersacher immer seinen Rang und seinen Wert gehabt, er trägt Gott in seinem Herzen und ringt mit ihm, ... um ihn. Auch ihr tragt einen Gott in euerem Innern, wenn ihr gleich nichts davon wisst oder wissen wollt, und ob ihr ihn auch anders nennt, als Gott. Was hätte euch sonst hergeführt, nach Palästina, und was hielte euch da, wo nichts euer wartet, als Mühsal, Plage und frühes Verbrauchtwerden ... Ihr habt Religion in euch, wenn ihr sie auch nicht kennt. Noch niemand kennt sie, diese neue Religion. Aber, es wird eine jüdische Religion sein und es mag geschehen, dass diese altgewordene Welt wieder durch sie erlöst wird."[3]

Die Reise nach Palästina im Frühjahr 1924 fiel zusammen mit einer gravierenden Veränderung im Profil der Jischuv, der jüdischen Bevölkerungsgruppe in Palästina.

Ansichtskarte: Beduine mit Kamel in Wüstenlandschaft, um 1920. (JMW)

Mit der dritten Einwanderungswelle nach 1919 waren rund 35.000 zumeist junge Menschen aus Ost- und Zentraleuropa ins Land gekommen, die man „Chaluzim" nannte – Pioniere, die sich auf kollektivistischer oder genossenschaftlicher Grundlage vorwiegend der Urbarmachung verödeten Landes widmeten.[4] Die Härte der Arbeit und die neue Moral der Chaluzim, deren kollektivistische Einstellung sich nicht nur auf Arbeit und Einkommen, sondern auch auf das Privatleben und die Erziehung erstreckte, sowie ihr säkulares, sozialistisches Verständnis der Zukunft einer jüdischen Heimstatt in Palästina zog die geschärfte Aufmerksamkeit der unterschiedlichen pro- und antizionistischen Gruppierungen in Europa auf sich. Bereits vor Salten war ein anderer Schriftsteller, Arthur Holitscher, nach Palästina gereist, um die Chaluzim als Zukunftsträger des Zionismus zu entdecken. Ihr Idealismus und „religiöser Sozialismus", so Holitscher, könne eine Inspiration sein für den anderswo fortschreitenden Prozess der Weltrevolution. Von dieser wäre ihr Erfolg allerdings abhängig, denn nur der Kommunismus in Gestalt der III. Internationale könne den Einbruch des Nationalismus bannen und die Konvivialität der verschiedenen ethnischen Gruppen in Palästina garantieren. Noch wichtiger freilich war für Holitscher die Klärung, die die Aktivitäten der Chaluzim in die Richtungsstreitigkeiten innerhalb der gesamtzionistischen Bewegung hineintrug. „(D)er Zionismus (ist) so einfach, natürlich, kristallklar, sieht man ihn an Ort und Stelle in Wirksamkeit: Arbeit, Glaube, Gefahr, - Opfer"[5]. Repräsentanten des deutschen liberalen Judentums hingegen sahen im kollektivistischen Siedlungswesen der Chaluzim eine Gefahr. Der Berliner Rechtsanwalt Bruno Well, der wenig nach Salten durch Palästina reiste, befürchtete Deklassierungs- und Säkularisierungstendenzen, die die bereits erreichten Erfolge der jüdischen Assimilation in Westeuropa zunichte machen könnten, wenn die Abwanderung nach Palästina anhielte. Der „kommunistische" Zionismus der dritten Alijah müsse zu einer „Orientalisierung" der Jischuv führen. Es sei, so Well, „ein Unglück, auch nur einen einzigen

4) Angelika Timm: Israel. Geschichte des Staates seit seiner Gründung, Bonn 1998, S.17ff
5) Holitscher, Reise, S.123

Ansichtskarte: Chaluzim (Pioniere) nach Arbeitschluss, Palästina um 1925. (JMW)

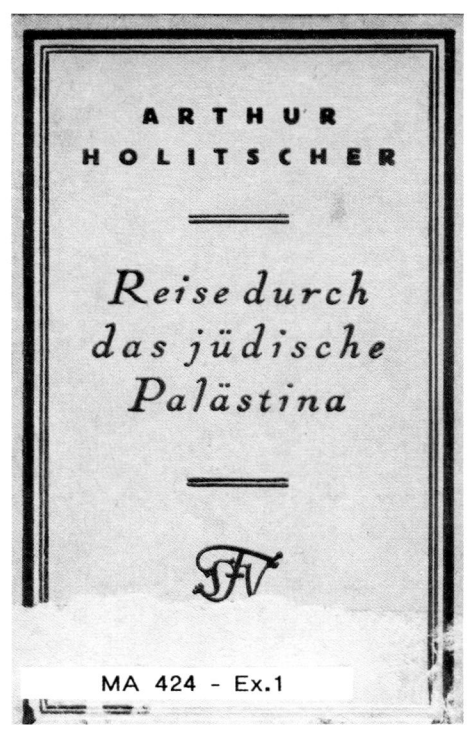

Arthur Holitscher: Reise durch das jüdische Palästina, Wien 1922. (WB)

Menschen unter solchen Bedingungen aus dieser deutschen Welt in die orientalische hinüber zu verpflanzen."[6]

Felix Salten wahrte gegenüber den politischen Richtungskämpfen rund um den Zionismus Distanz, was ihm mitunter als Lavieren ausgelegt wurde.[7] Für ihn war der Zionismus zuallererst ein literarisches Projekt, wie seine an verschiedenen Stellen notierten Erinnerungen an Theodor Herzl herausstellten. Er war fasziniert von der Wirkmächtigkeit der schriftstellerischen Fiktionen Herzls, dessen Konzeption eines jüdischen Staates er als einen „Ateliertraum", ein Märchen bezeichnete, das sich gegen die Erwartungen des Künstlers zur lebendigen Bewegung entfaltete.[8] Salten übersah nicht, dass Herzls Erfolg auf der Erfahrung der Erniedrigungen und Verfolgungen aufbaute, denen das jüdische Volk in der Diaspora ausgesetzt war; und er selbst nahm immer wieder tagespolitisch Stellung, etwa nach den antijüdischen Ausschreitungen in Jerusalem 1929, als er die taktierende Großmachtpolitik der Mandatsmacht Großbritannien im Verbund mit den wirtschaftlichen Interessen der feudalen Großgrundbesitzer in Palästina anklagte.[9] In Saltens Bewunderung für die Chaluzim jedoch, die seinem Palästina-Buch den Titel geben sollte, obgleich er sie wegen ihrer Feindschaft gegenüber dem Privateigentum und der Unterbindung individualistischer Bestrebungen kritisierte, kam sein metapolitisches Verständnis des Zionismus zum Ausdruck. Der Zionismus sollte für Salten eine neue und postnationalistische jüdische Identität hervorbringen, die auf der Umschrift der religiös codierten Tradition basierte und deren moralische Anweisungen schöpferisch neuinterpretierte. „Neue Menschen auf alter Erde" begründete den Anspruch auf Palästina in solch einer dialektischen Bewegung – aus der Verbindung von Mythopeotik und Moderne, aus der Versöhnung von Nostalgie und Utopie, aus der Kombination von Erzählung und Reportage.

Felix Salten bringt in „Neue Menschen auf alter Erde" sein volles journalistisches Instrumentarium und heterogene rhetorische Strategien zur Anwendung. Er verknüpft subjektive topografische Beschreibungen, Gesprächsnotizen in direkter und indirekter Rede und teilnehmende Beobachtungen zu starken Stimmungsbildern. Als geübter Essayist vermeidet er Urteile aus unmittelbarer An-

---

6) Bruno Well: Palästina. Reiseberichte, Berlin 1927, S.19
7) vgl. Manfred Dickel: Zionismus und Jungwiener Moderne. Felix Salten – Leben und Wirken, Heidelberg 2006, S.397 über eines Vortrag Saltens in Pressburg 1920.
8) Die Zeit, 4.7.1904; vgl. auch Felix Salten: Theodor Herzl, in: ders.: Geister der Zeit. Erlebnisse, Berlin/ Wien/ Leipzig 1924, S.76ff; der Begriff des „Märchens" bezieht sich wohl auf Herzls Verwendung des Wortes in „Der Judenstaat", vgl. Julius Schoeps (Hg.): Theodor Herzl. Wenn ihr wollt, ist es kein Märchen. Altneuland/ Der Judenstaat, Kronberg/Ts. 1978, S.249; aufschlussreich für die Verbindungslinien von Ästhetik und Zionismus sind auch die dichten Passagen bei Manfred Dickel, a.a.O., S.98ff (zur Aufführung von Theodor Herzls „Das neue Ghetto" am Carltheater 1898, zu Eugen Tschirikows „Die Juden" am Deutschen Volkstheater 1905 u.a.). Hier wird deutlich, wie sehr Bühne und Literatur zentraler Verhandlungsort für die Auseinandersetzung mit dem Antisemitismus bzw. der jüdischen Emanzipation waren und zionistische Konzepte kulturpolitisch prägten.
9) NFP, 15.9.1929; 1920 hatte Großbritannien das international garantierte Mandat über Palästina übergeben bekommen. In der sogenannten „Balfour-Deklaration" hatte sich Großbritannien bereits 1917 verpflichtet, eine jüdische Heimstatt in Palästina zu unterstützen. Die Politik der britischen Mandatsmacht war in der Folgezeit von den eigenen Großmachtinteressen in Nahost geprägt, auch wenn sie sukzessive Erweiterung der autonomen Befugnisse der Jischuv akzeptierte.

schauung und durchbricht seine Beschreibungen mit überraschenden Analogien und Reflexionen[10]. Innere Monologe, in denen der Autor seine Ergriffenheit angesichts einer überwältigenden Landschaft und der Spuren der Vergangenheit darlegt, stehen neben ironischen Exkursen zur Tourismusindustrie, Alltagserlebnisse neben politisch-philosophischen Betrachtungen. Die unterschiedlichen Textgattungen werden zusammengehalten durch die Anlehnung an das Genre des Reisejournals, wenn Salten auch auf Datierungen verzichtet. Die Episodenstruktur des Buches lässt die LeserInnen am Fluss der Bewegungen und am sukzessiven Wissens- und Erkenntniserwerb des Fahrenden teilnehmen. Seine Prägung erhält das Buch allerdings durch den konstanten Bezug auf einen anderen Text, den Urtext. Man begegnet den „Neuen Menschen" unter anderem bei den Aufenthalten in den neuerrichteten Siedlungen Ain Charoth, Tel Josef oder Beth Alpha, aber die Begegnung mit dem Neuen vollzieht sich in einem seltsam vertrauten Raum, demjenigen der Bibel.[11] Das jüdische Epos und dessen numinose Begrifflichkeit bilden die regulative Idee von Saltens Reiseroute und Stil. Die intrinsische Kraft der Namen der heiligen Städte verwehrt ihm eine touristische Erkundung des Landes. Gerade in Jerusalem angekommen, muss Salten den heiligen Ort schon wieder verlassen, um sich seine Wachsamkeit und Beobachtungsgabe zu erhalten: „Die Stadt ist mir zu stark gewesen für den ersten Tag des Anfangs. Ihr Name, dieser uralte heilige Name, brach wie ein Donnerklang in mir aus, jetzt, da er nicht bloß ein Name mehr war, sondern als Wirklichkeit vor mir lag. Dieser Name, der mit dem Brausen großer Orgeln in mir schütterte, verhängte meinen Blick, so dass ich nicht wagte, Jerusalem anzuschauen. Das

Shomer (Wache) eines Kibbutz, Palästina um 1925. (JMW)

10) So vergleicht er die Stadt Safed, Ort der ersten Buchdruckerei im Orient (16.Jh.), mit Prag (S.224ff); von der Erinnerung an den christlich-arabischen Schriftsteller Asis Domet, den Salten in Wien [!] gesprochen hat, wechselt er in freier Assoziation zum Verhältnis von Hunden und Katzen über, deren „atavistische", doch „nicht ursprüngliche" Feindschaft er metaphorisch auf die Beziehung von Juden und Arabern bezieht. (S.86f)
11) Wie in mehreren autobiographischen Texten festgehalten, genoss Salten keine jüdisch-religiöse Erziehung, sondern nahm als Sohn a-religiöser liberaler Eltern am katholischen Schulunterricht teil.

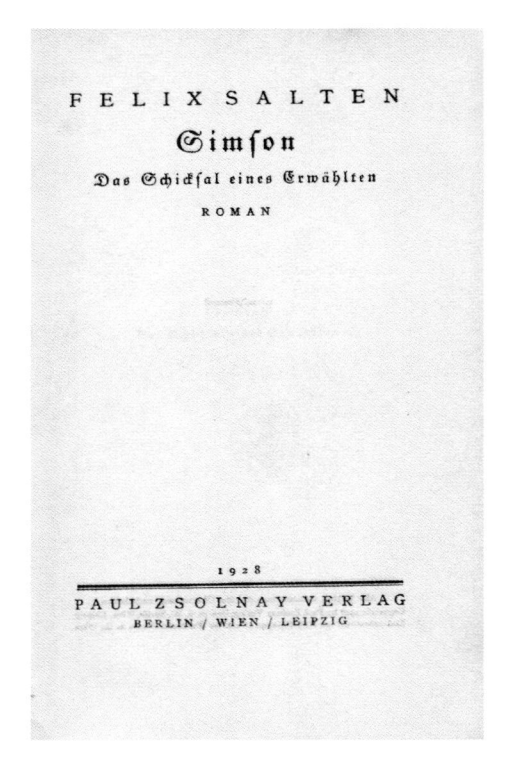

Felix Salten: Simson. Das Schicksal eines Erwählten, Wien 1928. (WB)

Ansichtskarte: Freude bei der Arbeit in der Kwutza (Gruppe), Palästina um 1925. (JMW)

Rauschen dieses Namens, darin alle Ereignisse der Bibel und der Geschichte wie ungeheure Katarakte niederstürzten, verscheuchte den Schlaf von meinem Lager. Und am anderen Morgen bin ich fort ..., bin abwärts gefahren durch die Berge von Judäa, hierher an den Meeresstrand, in die Stadt Tel Awiw, die ganz von Juden erbaut ist, die eine Eroberung vorstellt, mehr noch: eine Leistung."[12] Erst die eigene Anschauung der zivilisatorischen Errungenschaften in Tel Aviv sowie die Zusammenkunft mit hart arbeitenden Chaluzim, die in ihrer freien Zeit bei Petroleumlampen Mendelssohn und Brahms spielen, ihre bescheidenen Hütten mit Rembrandt- und Van Gogh-Reproduktionen schmücken und, selbst wo sie nur in Zelten leben, Bücherregale mit Montaigne und Marx vorzeigen, gibt Salten jene Zukunftssicherheit, die es ihm erlaubt, sich dem Mythos zu öffnen, ohne seine Individualität zu gefährden. In der Nähe von Beth Alpha gehen schließlich nächtens beim Anblick der Gilboahberge das moderne Palästina und die Vergangenheit ineinander über: „Auf diesen Bergen hier schlug König Saul seine letzte Schlacht gegen die Philister; hier fiel Jonathan, hier stürzte sich der König in sein Schwert. Und die Philister verheerten das Land, bis David kam."[13] Und Salten zitiert den Finanzdirektor für das jüdische Siedlungswesen: „Wir gehen, leben und arbeiten in Palästina neben unseren Ahnen und unseren Enkelkindern."

In einer zeitgenössischen Besprechung von „Neue Menschen auf alter Erde" hieß es: Das Buch sei ein philosophisch-kritischer Traktat, dessen Stärke die „an der klassischen Diktion des Alten Testaments in die Höhe wachsende" Poesie sei. Es sei die Verteidigung eines (kommenden) jüdischen Staates, aber im Kontext der jüdischen Missionsgeschichte.[14] Tatsächlich verstärkt Salten nach der Schilderung der Abschnitte seiner Fahrt durch das moderne Palästina die Konfrontation mit den Orten der großen Erzählung – Sodom und Gomorrha, dem Jordan, Jericho, dem Grab Abrahams, Tiberias und dem Jakobs-Brunnen, dem Berg Karmel des Propheten Elias. Diese Stätten, die seit langem zum Kanon der Bildenden Kunst und seit dem ausgehenden 19. Jahrhundert zu den bevorzugten Postkarten-Motiven gezählt haben und deshalb eine topografische Beschreibung nicht mehr einfordern, geben Gelegenheit zur Rekapitulation der jüdischen Geschichte. Palästi-

12) Salten, Neue Menschen, S.21
13) Salten, Neue Menschen, S.97
14) Neues Wiener Abendblatt, 21.7.1925

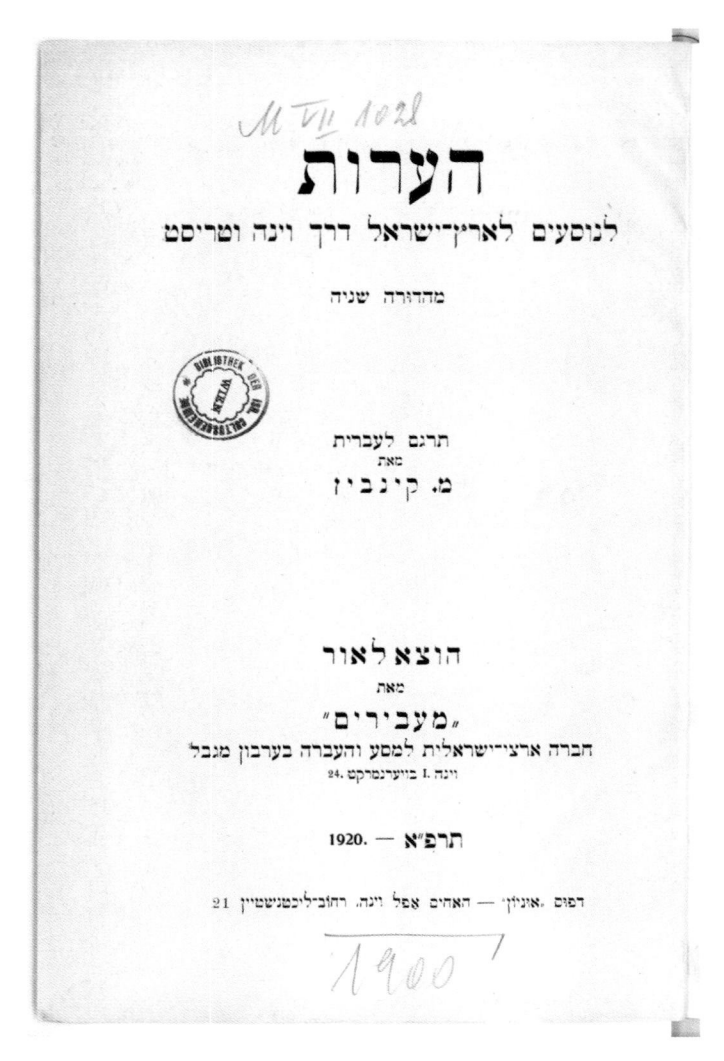

na wird mit Fortsetzung der Reise mehr und mehr eine exklusive Gedächtnislandschaft, ein Zeichenraum, der auf die Verklammerung von Geschichte, Gegenwart und Zukunft der Juden verweist. Das Palästina der Kreuzzüge und der Pilgerreisen, jenes der napoleonischen Feldzüge, die beide auf ihre Weise mit der dichten literarischen und wissenschaftlichen Vertextung dieses Raumes verbunden sind und die den „Neue Menschen" zeitlich nahen Reisebericht des Schriftstellers Herbert Eulenberg bestimmen[15], ist in Saltens Buch genau so abwesend wie die osmanische Geschichte des Raumes; die Tradition des „Orientalismus", das heißt die Projektion eines europäischen Differenz- wie Mangelbewusstseins, die seit dem 18. Jahrhundert die europäische Literatur inspiriert hat,[16] scheint zwar in der Einleitung auf, nimmt aber im Weiteren nur die Stelle eines patriarchalischen Wohlwollens gegenüber der arabischen Bevölkerung ein, der keine eigene Stimme gegeben wird. Aber es ist kein archäologischer Blick, der Saltens Beschreibungen lenkt. Dazu sind die materiellen Überreste, wie er selbst bemerkt, zu schwach, und ihre Bedeutungen unter Juden, Christen und Muslims zu umstritten. Der Gedächtnisraum Palästina[17] erschließt sich nur dem inneren Auge und der historischen Imagination. Über die Erzählungen des Alten Testaments ist dieser Raum immer schon narrativ codiert gewesen, und so kann es auch nicht bei der wissenschaftlichen Rekonstruktion der architektonischen Relikte als Territorialisierungszeichen bleiben, wie dies etwa Bruno Well forderte[18]. Diese Gedächtnislandschaft darf (aus einer modernen zionistischen Perspektive) aber auch nicht als Kultraum aufgefasst werden, der aus Sicht einer Orthodoxie auf eine leere Zeit verweisen würde. Vielmehr geht es um die literarische Weiterführung des Bibeltextes, um die Aufladung mit lebendigen Sinnbezügen, um seinen Einsatz als Gleichnis. Eben

15) Herbert Eulenberg: Palästina. Eine Reise ins gelobte Land, Berlin o.J.; der deutsche Pazifist Eulenberg, der mit Salten bekannt war, hatte Palästina 1923 bereist.

16) Vgl. Edward Said: Orientalism, New York 1979, ebendort anhand der reichhaltigen fiktionalen und wissenschaftlichen Literatur die Charakterisierung des „Orientalismus" als Diskurs, in dem sich der „Westen" eine faszinierend-inferiore Gegenwelt konstruiert hat, als deren Hauptmerkmale u.a. Grausamkeit, Zügellosigkeit, unkontrollierte Leidenschaftlichkeit und Despotismus galten; „orientalische" literarische Topoi brachte Salten in seinen Romanen mehrmals zum Einsatz, etwa in „Der Hund von Florenz" (1923) und in „Simson" (1928). In „Neue Menschen" geht Salten sichtlich vorsichtig damit um. Zwar präsentiert er anhand der Beschreibung Haifas den „Orient" durch Stereotypen wie Trägheit und Faulheit im Alltag, kontrastiert mit wildkühner, orgiastischer Phantasie im Fest (S.27), doch hält er sich in der Charakterisierung der arabischen Bevölkerung (die dennoch in kurzen Anekdoten als heimtückisch und kulturlos auftritt) sichtlich zurück, plädiert er doch aus übergeordneten Gründen für die Zusammenarbeit von Juden und Arabern, die „stammesverwandt" seien.

17) Saltens Bericht bietet keine chronologische, sondern eine topische Geschichte des jüdischen Palästinas; die Dominanz des Raumes über die Zeit verbindet die Gegenwart des Erinnerungskollektivs strikter mit der Vergangenheit; vgl. Stefan Goldmann: Topoi des Gedenkens. Pausanias' Reise durch die griechische Gedächtnislandschaft, in: Anselm Haverkamp/Renate Lachmann (Hg.): Gedächtniskunst. Raum „Bild" Schrift. Studien zur Mnemotechnik, Frankfurt/M. 1991, S.145ff

18) Well, Palästina, S.12ff

Merkblatt für Palästinareisende über Wien und Triest, Wien 1920.

19) Salten, Neue Menschen, S.181

dies scheint die zuvor zitierte Rezension im „Neuen Wiener Abendblatt" wahrgenommen zu haben. Bei Nebi Musa im Kidrontal, der heiligen Stätte an der die Muslims das Grab des Propheten Moses verehren, wird dieses Verfahren Saltens unübersehbar. Ist es sonst die wirklichkeitsstiftende Macht des Glaubens, die Felix Salten an allen Religionen bewundert und verehrt, so geht es hier, in Nebi Musa, um die aktuelle politische Deutungsmöglichkeit. Die islamische Version der Geschichte, die das Grab Moses „zur vermehrten Bequemlichkeit tendenziöser Wallfahrer" näher an Jerusalem heranrückte, war für Salten inakzeptabel. Er beharrte darauf, dass Gott den sterbenden Moses an einen unbekannten Ort entführt hat – möglicherweise, um die Entstehung eines Kultes um dessen Person auszuschließen: „Zu fest ist das Bild des Mannes in meine Seele eingeprägt, der sein Volk aus Ägypten, aus Erniedrigung und Sklaverei fortgeführt hat, zurück in das Land der Erzväter, in das Land der Verheißung. Unterwegs erkannte er in seiner göttlichen Weisheit, dass die Menschen, die von den Fleischtöpfen Ägyptens gegessen hatten, nicht fähig seien, das Land zu erobern, nicht tauglich, es in Freiheit zu besitzen. Erkannte, dass ein neues Geschlecht heranwachsen müsse, eines, dessen Nacken sich noch nie unter dem Joch der Knechtschaft gebeugt, eines, dessen Leiber noch nie die Peitsche des Vogts berührt hatte. Hier ist die höchste, ans Wunder streifende Leistung staatsmännischer, menschlicher Führerschaft. Sie schließt verzweifelt ab mit den Zeitgenossen und baut ihr ganzes Werk auf die Zukünftigen. Vom Ziel, das nach seinem Willen die Jugend nur erreichen darf, hält Moses sich selber fern".[19]

Immer wieder ist es der Mann Moses, der die Vergangenheit mit der Gegenwart

Ansichtskarte: Rathaus in Tel Aviv, Palästina um 1925. (JMW)

Ansichtskarte: Klagemauer in Jerusalem, Palästina um 1925. (JMW)

Ansichtskarte: Haifa um 1920. (JMW)

verbindet. Die Geschichten der Könige, die Erinnerungen an Salomon, David und die anderen, schieben sich im Vergleich damit als flüchtige Reminiszenz in das Buch. Mit Moses hingegen (und in seiner Nachfolge Herzl) verbindet sich so etwas wie ein Erzählfaden, der „Neue Menschen auf alter Erde" zu einer Programmatik verhilft. Moses repräsentiert den Gestus der Verweigerung, der Rebellion und der Freiheitssehnsucht, eine Opposition gegen die selbstzufriedene bürgerliche Lebensart der assimilierten Juden Westeuropas ebenso wie gegen die Stereotypen der Schwäche, der Sklavenmoral und der Unproduktivität, mit denen die Juden Osteuropas bedacht und stigmatisiert wurden; Topoi, die Salten – als seiner Meinung nach historisches Ergebnis der Unterdrückung – durchaus teilte. Der Zionismus scheint für Salten vor allem die Bedeutung gehabt zu haben, diese „mosaischen"[20] kulturellen Werte offensiv in das Leben der Juden einzusetzen, ihnen damit Selbstbewußtsein[21] zurückzugeben und die Stärke, eine mannigfache transnationale Identität zu errichten und zu behaupten. (Die Figur „Moses" gewinnt nochmals an politischer Bedeutung, wenn man sie derjenigen König Davids gegenüberstellt, die Saltens Freund und literarischer Konkurrent Beer-Hofmann in den Vordergrund gerückt hat.)[22]

In manchem überraschend ähnlich den Konzepten Nahum Goldmanns[23], dachte Salten an eine komplementäre Beziehung von jüdischer Heimstätte in Palästina

20) Israelitisches Wochenblatt für die Schweiz, Jg.40, Nr.19, 10.5.1940; in Anlehnung an Nietzsches Gegenüberstellung von dionysisch – apollinisch verwendet Salten hier das begriffliche Spannungspaar mosaisch – davidisch zur Markierung des universalen Inhalts der jüdischen Tradition. Mit Moses verbindet sich aber noch anderes: Bei Moses sind, wie Martin Buber später dargelegt hat, Politik und Theologie keine getrennte Sphären. Beide Lebensbereiche regulieren sich wechselseitig. Politik darf nicht utilitaristisch sein, und Theologie nicht a-sozial. Das Prinzip „Moses" stünde dann der Souveränität entgegen, die zugleich mit der Macht über das „nackte Leben" die moderne Politik konstituiert und in den totalitären Systemen des 20. Jahrhunderts ihre Klimax erreicht. Vgl. Martin Buber: Moses, Zürich 1948; Giorgio Agamben: Homo sacer. Die souveräne Macht und das nackte Leben, Frankfurt/M. 2002; Salten trug sich Ende der 20er Jahre offenkundig mit dem Gedanken, einen „Moses"-Roman zu schreiben; vgl. Schnitzler-Tagebücher, 5.9.1929

21) Herzls Semantik (vgl. Die Welt, Nr.1, Jg.1, 1897: die „junge Männlichkeit des Nationaljudentums") und Wertekultur (Ehre, Militanz, Männlichkeit) weist auf eine problematische Anlehnung an das (deutsche) nationalistische, eurozentrische und rassenhygienische Paradigma des ausgehenden 19. Jahrhunderts hin. vgl. Georg L. Mosse: Die Juden im Zeitalter des modernen Nationalismus, in: Peter Alter u.a. (Hg.): Die Konstruktion der Nation gegen die Juden, München 1999, insb. S.21f; zu Herzl allgemein vgl. Steven Beller: Theodor Herzl, Wien 1996, S.52. (Sexuelle und kriegerische Hyper-Virilität – als Abwehr des Stereotyps des „effeminierten" Juden ? – kennzeichnet auch den Simson aus Saltens gleichnamigen Roman, den er dem kraftlosen, effiminierten, „orientalischen" Philisterfürsten Zemeak entgegenstellt.

22) Für die zeitgenössische Literaturkritik stieg Beer-Hofmann mit seiner „David"-Trilogie zum repräsentativen jüdisch-nationalen Dichter der „Jung Wien"-Generation auf; vgl. Johann Willibald Nagl/ Jakob Zeidler/ Eduard Castle (Hg.): Deutsch-Österreichische Literaturgeschichte, 4.Bd., 1890 – 1918, Wien 1937, S.1731/32; metaphorisch kann die Privilegie-

rung des Sänger-König David als Abschwächung der „Selbstüberwindung" und des „Selbstopfers" interpretiert werden, die Salten (mit Moses) für den Zionismus reklamierte.

23) Vgl. Nahum Goldmann: Das jüdische Paradox. Zionismus und Judentum nach Hitler, Hamburg 1992, insb. S.110ff
24) Vgl. NFP 23.6.1929; in seiner Gedenkrede für Herzl propagierte Salten Palästina als Ziel der Juden Osteuropas, während die integrierten Juden des Westens eine Doppelidentität bspw. als Deutsche und Juden aufrecht erhalten sollten.
25) So polemisiert Salten ohne konkreten Adressaten gegen die Eventualität „nationalistischer Narreteien", „nationalistischen Größenwahns" im Umgang mit der arabischen Bevölkerung, die mit dem universalistischen Wertesystem des Zionismus nicht zu verbinden wären; insb. S.131ff. Er dissimuliert damit allerdings die umstrittenen und rivalisierenden Positionen betreffend der Errichtung und der Form eines jüdischen Nationalstaates innerhalb der Jischuv wie innerhalb der internationalen zionistischen Bewegung. Vgl. Timm, a.a.O., S.24ff
26) NFP 23.6.1929
27) Vgl. auch Manfred Dickels Resumee zu Saltens Kritik an Herzls und Tschirikows Theaterstücken: „Ihm fehlte in den Stücken ... die Gestalt des nicht politisierten, sondern ganz von individuellem Selbstbewusstsein bestimmten Juden; eine dennoch liberale, freilich nicht assimilative Vorstellung jüdischer Existenz." Dickel, a.a.O., S.129; Dickel analysiert aber auch hier Differenz zu Saltens Haltung um 1930: „ein visionärer Dichtertraum damals, ästhetische Kategorien, die schroffer Polarisierung nicht auswichen; ein eher integrativer, kulturpolitischer und zugleich individuell einfühlsamer, vielerlei Zugänge schaffender Appell 30 Jahre später." (S.237)
28) Salten bezieht sich, signifikant für sein Changieren zwischen Beobachtung und Erinnerung, auf die Plakate und Fotografien mit dem Porträt Herzls, die in Jerusalem allgegenwärtig waren, ein Spiel mit der magischen Aufladung moderner Phänomene und deren Dekonstruktion, das die Attraktion vieler Texte Saltens ausmacht.

und Diaspora[24] sowie an eine multi-ethnische Fundierung eines jüdischen Staates in Palästina.[25] Noch 1929 unterstrich er bei seiner Rede anlässlich der zionistischen Herzl-Gedenkfeiern in Wien seine Neutralität in den Auseinandersetzungen um die politische Form der jüdischen Heimstatt in Palästina, als er zur Versammlung sagte: „Ich bin nicht ihr Parteigenosse, so wenig wie ich irgendeiner anderen Partei als Genosse angehöre. Nichts anderes bin ich als ein einfacher Mensch, der vom Ethos der Bibel durchdrungen ist, der fest daran glaubt, dass die Bibel das Antlitz der Menschheit verändert, dass sie es verschönt hat ..."[26] Viel mehr als dass der Zionismus Gerechtigkeit, soziales Verantwortungsbewußtsein und Freiheitssehnsucht als Vermächtnis der jüdischen Glaubens- und Leidenstradition und als aktive Tugenden repräsentieren sollte, wollte Salten 1925 offenkundig nicht sagen[27], auch dann nicht, als ihm Theodor Herzl, der Begründer des Zionismus, in Jerusalem als Wiedergänger begegnete.

In der Gedächtnislandschaft Palästinas verliert die Zeit ihre Scheidungsfunktion zwischen den Lebenden und den Toten. Aber die Steine sprechen hier auf andere Weise, als in nationalistischen Wanderungen. Immer ist eine aktive Erinnerung mit ihm Spiel, wenn Salten den Topos der lebendigen Vergangenheit zum Einsatz bringt und damit die zweckmäßige Fiktion des Mythos und die eigene literarische Absicht aufdeckt. Nicht anders verhält es sich bei seiner Begegnung mit Theodor Herzl – eine der Schlüsselstellen von „Neue Menschen auf alter Erde", die auch die Legitimität und Autorität des Autors hinreichend absichert. Seine Zuverlässigkeit und Vertrauenswürdigkeit als kritischer Reporter hat Salten soweit unter Beweis gestellt, dass er bei seiner Rückkehr nach Jerusalem, dem er zuerst hatte entfliehen müssen, der Magie des heiligen Ortes Platz geben kann: „Immer geht hier eine Gestalt neben mir, schwebt vor mir her auf den Straßen, winkt mir in so vielen Abbildern, von so vielen Wänden zu[28] und lebt in meinen Gedanken: Theodor Herzl. Ich erinnere mich seiner, entsinne mich unserer Gespräche, wenn ich draußen in den Kolonien bin, die zu sehen ihm nicht mehr beschieden war. Und so oft ich da in Jerusalem durch das Jaffator gehe, richtet seine hohe adlige Erscheinung vor meinen Augen sich auf ..."[29] Bereits 1904 hatte Salten in der „Zeit" einen Nachruf auf Herzl verfasst[30] und wenig später im Essayband „Geister der Zeit" wiederholt. Herzls Auftreten in Wien war für Salten nach eigener Darstellung ein Erweckungserlebnis gewesen, wobei ihn stets der Journalist und Künstler mehr in den Bann zog als der praktische Politiker. Einer Auseinandersetzung mit Herzls „Judenstaat" und dessen aristokratisch-patrizischem Gepräge ging Salten ebenso aus dem Weg wie dessen Konzeption des Staates als Gesamtkunstwerk[31] – Dinge, die seiner autoritätskritischen Grundhaltung zuwiderlaufen mussten. Auch zu den subimperialistischen Programmen Herzls[32] nahm Salten weder in den Nachrufen, Gedenkreden noch in „Neue Menschen auf alter Erde" Stellung. Er konzentrierte sich lieber auf den Schriftsteller und Feuilletonisten, auf dessen vollendeten Stil und die Prächtigkeit seiner äußeren Erscheinung, kurz auf das Vorbild, das Herzl für diejenigen Journalisten jüdischer Herkunft abgeben musste, die mit wachen Sinnen und Besorgnis den Aufstieg der antisemitischen Parteien in der Habsburgermonarchie parallel zum Ausbau der Demokratie beobachteten. Die gespenstische Wiederbegegnung mit Herzl in Jerusalem gibt zwei Jahrzehnte später die Gelegenheit, nochmals den historischen Hintergrund des Zionismus auszuleuchten, so wie Salten, der als einziger der professionellen jüdischen Journalisten an Theodor Herzls Zeitung „Die Welt" (1897-1899) mitgearbeitet hatte, ihn sah – eine Reaktion auf den Ausschluss der jüdischen Studenten von den deutschen Studentverbindungen, auf die antisemitische Demagogie, der der christlichsoziale Bürgermeister Wiens Karl Lueger seine Macht verdankte, und auf die moralische Korruption, die aus jüdischen Revolutionären des Jahres 1848 Bewunderer der österreichischen Aristokratie gemacht hatte, die sich von der sozialen Frage und vom Elend der Juden Osteuropas abwandten.[33] Vor allem aber war es das Beispiel, dass die Kunst eine metapolitische Macht werden und damit die Rolle der mosaischen Religion einnehmen konnte – die Bestätigung der Haltung einer ganzen Generation jüdischer Intellektueller, die sich den Niederungen der österreichischen Parteipolitik verweigerte.[34] So konnte es „niemals vergessen werden, dass es ein Dichter war, der die Befreiung des jüdischen Volkes unternommen hat."[35]

Palästina ist eine Traumlandschaft[36], in der der moderne Schriftsteller nochmals zur freien Imagination zurückkehren darf. Die Verbindung mit den magischen Welten der Kindheit, die vorgängige Verknüpfung der Bibelgeschichten und ihrer Nomenklatur mit dem Spracherwerb und der kulturellen Initiation bereiten eine Stim-

Ansichtskarte: Gruppe von Pionieren vor ihrer Unterkunft, Palästina um 1920. (JMW)

Ansichtskarte: Gruppe von Einwanderern, Palästina um 1920. (JMW)

29) Salten, Neue Menschen, S.166
30) Die Zeit, 4.7.1904
31) Vgl. Julius Schoeps (Hg.): Theodor Herzl. Wenn ihr wollt, ist es kein Märchen. Altneuland/Der Judenstaat, Kronberg/Ts. 1978, insb. S.238ff über die Funktion der „Gestoren", vgl. die kritischen Ausführungen zur Selbstinszenierung Herzls bei Paul Johnson, A History of the Jews, New York 1988, S.396ff
32) So dachte sich Herzl einen jüdischen Staat in Palästina als "ein Stück des (europäischen) Walles gegen Asien", als „Vorpostendienst der Kultur gegen die Barbarei"; zit.n. Schoeps, a.a.O., S.213; während Salten (vor 1900) in der „Welt" durchaus noch in der Begriffswelt des vitalistischen Imperialismus schrieb, vgl. Dickel, Zionismus, S.167, vermied er dies in „Neue Menschen".
33) Salten, Neue Menschen, S.170ff
34) Vgl. Carl E. Schorske: Fin-de-Siècle Vienna, New York 1980
35) Salten, Neue Menschen, S.175
36) Vgl. Moriz Scheyer in einer Besprechung von „Simson", NWT 27.10.1928: Die Gestalten der Heiligen Schrift kamen für seine und Saltens Generation „wie aus einem großen fernen Traum ... Sie standen in einer strengen, ruhevollen Landschaft, über die Gottes Atem ging. Stein und Wasser war das Gesicht dieser Landschaft, und eine ungeheure Einsamkeit umschloß die Kreatur." Gleichwohl flohen sie als Kinder lieber zum Spiel auf den Strassen. Doch es sei diese ewige, übermenschliche Szenerie, deren Stimmung Salten in „Simson" zurückhole.

Chaluzim (Pioniere) bei ihrer Ankunft in Haifa, Palästina um 1925. (JMW)

37) Vgl. Manfred Dickels Beobachtung (a.a., S.217ff; 395), wonach der Zionismus für Salten vor 1914 noch als ästhetisches Projekt konnotiert war, insofern er jüdischen Künstlern die Aufgabe stellte, dieser Bewegung eine der Politik adäquate kulturelle Repräsentation zu verschaffen. In „Neue Menschen auf alter Erde" wie in Zeitungskritiken von jüdischen Theater- und Tanzvorstellungen der 20er Jahre vermisste er die künstlerische Authentizität, die sich für ihn an den Topos der Künstler-Individualität (siehe dazu auch programmatisch Saltens unvollendeten Roman „Ein Gott erwacht") zu binden schien. Dies markiert einen Widerspruch bei Salten, denn der Kollektivismus der Chaluzim, die für Salten das entscheidende politische Subjekt des Zionismus bildeten, arbeitete hingegen der Kultur einer lyrischen, individuellen Ausdrucksweise entgegen. Vgl. dazu Yaron Ezrachi: Gewalt und Gewissen. Israels langer Weg in die Moderne, Berlin 1998, insb.S.31ff
38) Salten, Neue Menschen, S.275

mung auf, in der der Möglichkeitssinn nicht mehr hinter dem der Wirklichkeit zurückbleiben muss. „Neue Menschen auf alter Erde" birgt (auch stilistisch) vieles von der Denkfigur des „Ereignishaften", das sich den Zwängen und Hierarchien des modernen politischen Denkens entzieht. In einer Zeit der blockierten Entwicklung, in der die Gegensätze innerhalb der jüdischen und der zionistischen Gemeinschaften anwachsen und die antisemitische Politik in West- und Osteuropa in faschistische Formen einmündet, stellt die literarisch-feuilletonistische Vermittlung zwischen Tradition und Bruch, die Felix Salten mit dem Bild der Geburt eines neuen Gottes in Aussicht stellt, allerdings auch einen Fluchtpunkt dar. Der Autor von „Neue Menschen auf alter Erde", der seine privilegierte Position in der Nähe Herzls offen legt, wehrt sich umgehend wieder gegen einen möglichen Auftrag, der ihm daraus erwachsen könnte[37]: „Mir sei es erlaubt, mein Genügen zu haben an den wunderbaren Ereignissen der Bibel und an ihren Voraussagungen, die überwältigend sind bis zum heutigen Tag."[38]

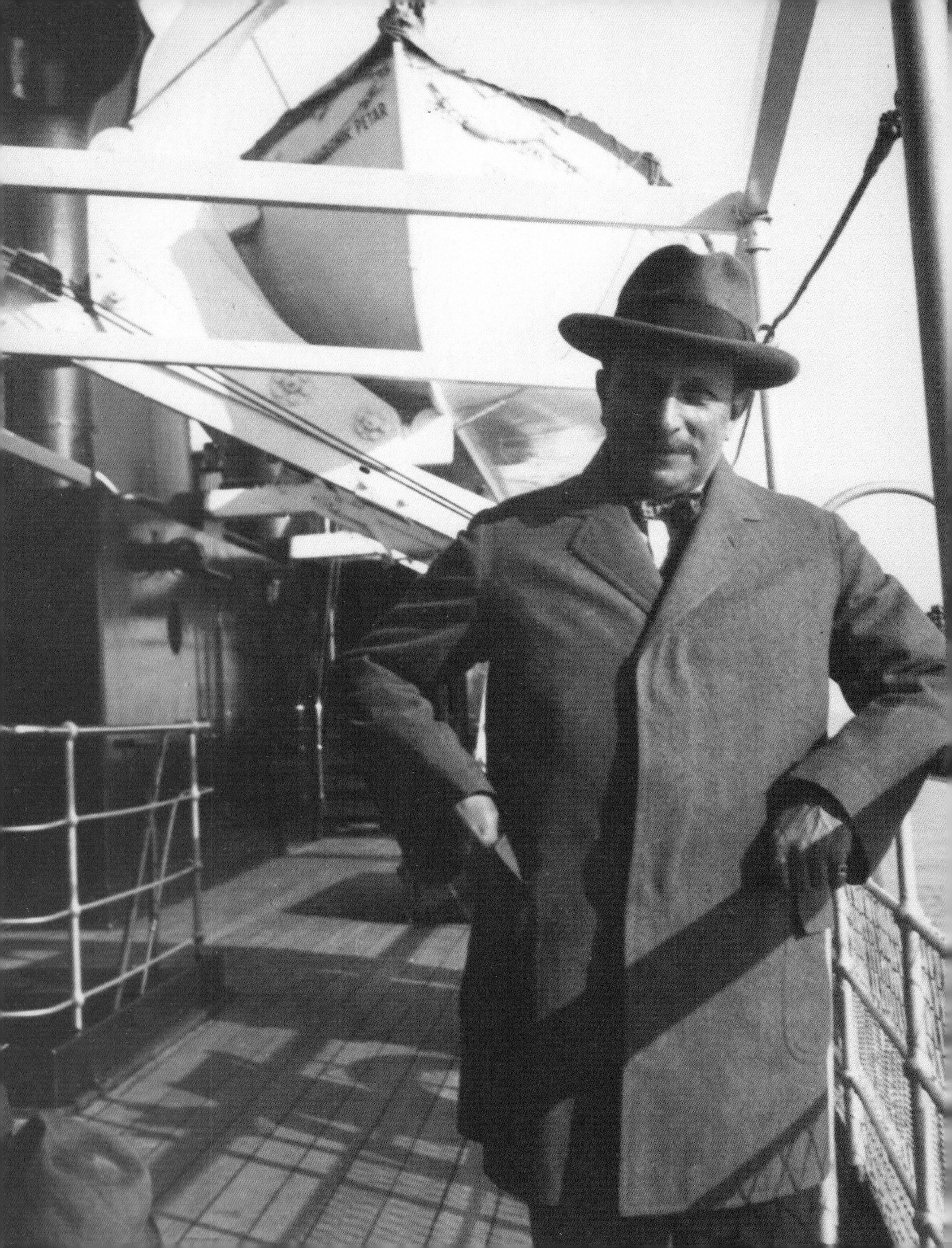
PETAR

Robert McFarland

Amerika in Wien, Wien in Amerika

Felix Saltens Antwort auf Stefan Zweigs „Monotonisierung der Welt"

Vorschau: Felix Salten auf der Fahrt zum P.E.N.-Kongress in Ragusa, 1933. (NFS/LWA)

1) „Amerika in Wien." *Neue Freie Presse* (von nun an als *NFP* zitiert) 9. 5. 1926, S. 5.
2) Vgl. „Henry Ford: Das große Heute – das größere Morgen. Kraftnutzung. Verwischung der Grenzen durch billige Verkehrsmittel"; *NFP*, 23. 7. 1926, S. 2 (vgl. Anmerkung 10).
3) Vgl. Mac Cauk Smyth: „Die Woche in Sprachstunden: The good in common things/Das Gute in gewöhnlichen Dingen." *NFP*, 14. 2. 1925, S. 18.
4) Vgl. z. B. Julius Bauer: „Wiener Spazierreime: Das Affengesetz von Tennessee." *NFP*, 5. 7. 1925, S. 19; Artur Rundl: „Jazz." *NFP*, 17. 7. 1926, S. 10; „Wiener! Rüstet euch zum Empfang Charlie Chaplins, der demnächst in Wien eintrifft!" *NFP*, 3. 3. 1925, S. 12; Bertold Seldenstein: „Amerikanisierung?" *NFP*, 25. 6. 1926, S. 16; Eckener, Dr. „Dr. Eckener über seine Amerikafahrt." *NFP*, 1. 3. 1925, S. 12/13.
5) Vgl. Robert B. McFarland: Migration als Mediation: *Neue Freie Presse* American Correspondent Ann Tizia Leitich and Stefan Zweig's „Die Monotonisierung der Welt." *Seminar* 42.3 (2006), S. 242-60.
6) Stefan Zweig: „Die Monotonisierung der Welt." *NFP*, 31. 1. 1925, S. 1-4.
7) Vgl. die Einführung der Redaktion, die mit dem folgenden Feuilleton gedruckt wurde: Stefan Zweig. „Nietzsches Untergang." *NFP* 22. 2. 1925, S. 1.
8) Vgl. Detlev Peukert: The Weimar Republic: The Crisis of Classical Modernity, New York 1987, S. 78; Jost Hermand/ Frank Trommler: Die Kultur der Weimarer Republik, München 1978, S. 49-58.
9) Vgl. z. B. Adolf Behne: Von Kunst zur Gestaltung. Einführung in die moderne Malerei, Berlin 1925; J. Walcher: Ford oder Marx. Die praktische Lösung der sozialen Frage, Berlin 1925; M.J. Bonn: Amerika und sein Problem, München 1925; Erich Mendelsohn: Amerika. Bilderbuch eines Architekten, Berlin 1925.
10) Wien beherbergte z.B. die *Taylor-Zeitschrift*, die Theorien des amerikanischen Industrieleiters Fredrick Winslow Taylor veröffentlichte. Viele Wiener Organisationen – besonders die städtischen öffentlichen Verkehrsbetriebe – strebten, die Taylor-Theorien in Taten umzusetzen. Diese Taylor-Faszination wurde von der enormen Wiener Rezeption von Henry Fords Betriebsmethoden übertroffen. Die deutsche Fassung von Fords Autobiografie erschien 1923 (vgl. auch Anmerkung 2). Der Dokumentarfilm *Ford'sche Riesenbetriebe* wurde 1926 im Wiener Konzerthaus gespielt. Vgl. Helmut Lackner: Travel accounts from the United States and their influence on Taylorism, Fordism and Productivity in Austria, in: Günter Bischof and Anton Pelinka (Eds.): The Americanization/Westernization of Austria, London 2004, S. 44ff.
11) Vgl. Felix Salten: „Monotonisierung der Welt?" *NFP*, 8. 2. 1925, S. 1-3.

Am 9. Mai 1926 erschien auf der fünften Seite der *Neuen Freien Presse* (im Folgenden: NFP) eine Werbeeinschaltung des „Moden-Palais Julius Krupnik". Text und Bild stellten geographisch und kulturell Getrenntes nebeneinander. Der Titel kündigt in großen Buchstaben „Amerika in Wien" an. Eine Zeichnung präsentiert einen Wolkenkratzer, der mit seinen Ausmaßen und seiner architektonischen Inkohärenz die üblichen Wahrzeichen der Stadt Wien (Stefansdom, Karlskirche, Rotunde oder Riesenrad) erdrückt: „Einzig und allein das Festhalten an den amerikanischen Geschäftsmethoden: Größter Umsatz – kleinster Nutzen sowie unser Prinzip: Bar-Einkauf – Bar-Verkauf versetzt uns in die Lage, das Beste bei phantastischen Preisen zu bieten." „Amerika in Wien" soll positiv verstanden werden: Der Wolkenkratzer zeigt, wie die europäische Wirtschaft vor dem Maßstab US-amerikanischer Geschäftsmethoden abschneidet. Die Wiener Kunden erleben die Kraft dieser US-Amerikanisierung am eigenen Leib: „Infolge des Riesenandranges in den Nachmittagsstunden ersuchen wir unsere P.T. Kunden in liebenswürdigster Weise, auch den Vormittag zum Einkauf zu benützen."[1]

Krupniks „Amerika in Wien"-Werbung ist eine von vielen Auseinandersetzungen mit US-amerikanischen Themen, die in den 1920er Jahren in der NFP erschienen. Die Schriften Henry Fords wurden in Fortsetzungen abgedruckt[2], englische „Sprachstunden"[3] angeboten und diverse Diskussionen zu US-amerikanischer Politik, Kultur, Filmkunst und Musik veröffentlicht.[4] Beiträge der Nordamerika-Korrespondentin Ann Tizia Leitich erschienen regelmäßig von 1922 bis 1933, oft als Feuilleton auf der ersten Seite.[5]

Die wohl berühmteste Auseinandersetzung mit den USA erschien am 31. Jänner 1925. In seinem Feuilleton „Die Monotonisierung der Welt"[6] bedauerte Stefan Zweig den allmählichen Sieg der US-amerikanischen Massenkultur über das altehrwürdige europäische Kulturerbe. Der Artikel löste „ausserordentliches Interesse"[7] und eine Zeitungspolemik aus, die sich in eine breite Diskussion um den so genannten Amerikanismus einreihte.[8] Gerade 1925 erschienen zahlreiche Werke zum Thema.[9] Auch in Wien wurde rege diskutiert.[10]

Felix Salten antwortete auf Zweigs Artikel als Erster und eröffnete am 8. Februar 1925 die Polemik in der NFP mit seinem Feuilleton „Monotonisierung der Welt?".[11]

Zweig prophezeit ein „einheitliche(s) kulturelle(s) Schema", das die Unterschiede zwischen Gebräuche, Trachten und Sitten zugunsten grausamer Ähnlichkeit nivelliert. Ob Tanz, Mode, Kino oder Radio, alle moderne Massenkultur würde das Leben mechanisieren. Die Entwicklung zur „Gleichförmigkeit der äußeren Lebensformen" tilge jedes „feine Aroma des Besonderen". Laut Zweig fördert die moderne Technologie eine ubiquitäre Gleichzeitigkeit, welche die „(p)ersönliche Neigung des Individuums" und die zarten kulturellen Entwicklungen einzelner

Felix Salten mit Wilhelm Exner, um 1925.
(NFS/LWA)

Nationen glatt überwältigt: „Alle diese Erfindungen haben nur einen Sinn: Gleichzeitigkeit und damit Identität. Der Londoner, der Pariser und der Wiener hören in der gleichen Sekunde dasselbe, und diese Gleichzeitigkeit, diese Uniformität berauscht durch das Überdimensionale. Es ist eine Trunkenheit in allen diesen neuen technologischen Wundern. Und doch eine ungeheure Ernüchterung des Seelischen, ein Stimulans für die Masse und gleichzeitig eine gefährliche Verführung zur Passivität für den Einzelnen."

Weil die neue Massenkultur einfach und bequem wäre – auch für die „plumpsten Dienstmädchen" und „Analphabeten" – entfalte sie eine unwiderstehliche Kraft. Diese Kultur wäre ein gigantischer Strom, der die Europäer wie „mitgespülte Atome" verführe: „Woher kommt diese furchtbare Welle, die uns alles Farbige, alles Eigenförmige aus dem Leben wegzuschwemmen droht? Jeder, der drüben gewesen ist, weiß es: von Amerika." Die philanthropische und wirtschaftliche Kraft des Amerikanismus mag verlocken, Europa wird „in Wirklichkeit Kolonie ihres Lebens, ihrer Lebensführung, Knecht (...) einer der europäischen im tiefsten fremden Idee, der maschinellen". Zweig verabscheut, was die Werbung des Modepalais Krupnik bejubelt: „Amerika in Wien" erscheint ihm als eine nicht ein zu dämmende Flutwelle, die europäische Kulturlandschaften verschlingt: „Eine Kolonisation Europas wäre politisch nicht das Furchtbarste. Die wahre Gefahr für Europa scheint mir im Geistigen zu liegen, im Herüberbringen der amerikanischen Langeweile, jener entsetzlichen, ganz spezifischen Langeweile, die dort aus jedem Stein und Haus der nummerierten Straßen aufsteigt. Die amerikanische Langeweile (...) ist fahrig, nervös und aggressiv, überrennt sich mit eiligen Hitzigkeiten, will sich betäuben mit Sport und Sensation (...) Sie erfindet sich immer neue Kunstmittel, wie Kino und Radio, um die hungrigen Sinne mit einer Massennahrung zu füttern".

Werbeeinschaltung des Kaufhauses Krupnik, Mai 1926. (Neue Freie Presse)

Zweig betrachtet jede technische Beziehung zwischen den USA und Europa als „Kunstmittel," durch das die betäubenden Erscheinungen US-amerikanischer Massenkultur in den europäischen Geist und Körper eindringen. Den Massenmenschen überwältige die Monotonie. Nur der denkende Europäer kann entkommen, und zwar durch Flucht zum „Urgut des Menschen (...) tief unten in den Schächten des Geistes, in den Minengängen des Gefühls (...) weit von den Straßen, weit von der Bequemlichkeit." Die Tiefe europäischer Kultur schütze vor der oberflächlichen Kraft des Amerikanismus.

Am 1. Jänner 1925 – ein Monat vor der Veröffentlichung von Zweigs „Monotonisierung der Welt" – begrüßte Felix Salten das neue Jahr mit seinem Feuilleton „Moderne Wunder"[12]. Er lobt jene Technik, die Zweig später angreifen wird, v.a. das Radio, denn es schaffe ubiquitäre Gleichzeitigkeit. Wiens erste offizielle Radiosendung war am 1. Oktober 1924 ausgestrahlt worden.[13] Das Radio hat „die Kraft (...) unsere Stimme über ganze Erdteile und über Meere hin zu senden, das jedes Wort, gesprochen oder gesungen, jeder Ton, von einem Musikinstrument oder aus Menschenkehle, genau im selben Moment und im selben Klang überall vernommen wird."

Salten kennt schon das „Spötteln" und „Kritteln" der Neinsager. Diese Kritiker glauben, den technischen Fortschritt wegen seiner Banalität ablehnen zu müssen: „(...) weil die Radioprogramme so arg viel zu wünschen lassen, weil Dilettanten oder Stümper (...) jetzt vermittels der elektrischen Wellen in alle Zimmer und Wohnungen eindringen." Salten betont demgegenüber die didaktischen und kommunikativen Möglichkeiten des Radios. Es werde „keine entlegenen Provinznester, ja keine kulturferne Wildnis mehr" geben: „Denn es wird unabsehbare Wirkungen haben, geistige wie seelische, wenn alle die zahllosen Menschen, die bisher verdorren, verkümmern oder verrohen und stumpf werden mussten, weil sie vom geistigen Leben der großen Städte abgesperrt waren, sich nun diesem geistigen Leben aller bedeutenden Kulturzentren, je nach Wahl, unmittelbar angeschlossen finden." Salten (S. 3) träumt von einer Verbindung „aller bedeutenden Kulturzentren," die den Unterschied zwischen Provinz und Metropolis verwischt. Das Radio hätte sogar den letzten Krieg verhindern können: „Eine Aussprache zwischen Berlin und London, zwischen Wien und Belgrad, zwischen Petersburg und Paris, eine gleichzeitige unmittelbare Aussprache hätte die schwindende Besinnung, das sinkende Verantwortungsgefühl wieder hergestellt."

Saltens Entgegnung vom 8. Februar 1925 auf Zweigs Feuilleton stellt das territorialisierende Schema von Zweigs Argumenten in Frage. Für ihn brechen die USA nicht über Europa herein – weder als Flutwelle noch als gnadenloser Kolonialist. Salten stellt ein Idealbild einer pluralistischen technizierten Kulturvermittlung vor, die statt dumpfer Monotonisierung eine vielfältige geistige und politische Einigung schaffen soll. Die Entwicklung der technischen Beziehungen würde es möglich machen, dass US-amerikanische Kraft und europäische Kultur einander durchdringen und bereichern.

Sucht Zweig „Möglichkeiten einer Gegenwehr" und „Rettung", so bekennt sich Salten (wie in „Moderne Wunder") zu einem schwärmerischen Technik-Idealismus: „Wer aber in den Errungenschaften der Technik das Mittel sieht, Märchenträume in Wirklichkeit zu verwandeln, denkt kaum an Gegenwehr und wünscht gar nicht, gerettet zu werden." Salten gesteht freilich zu, dass „blitzartige Schnelligkeit" und „Gleichzeitigkeit im heutigen Dasein" erschrecken können. Er verweist aber auf die neuen didaktischen und humanistischen Möglichkeiten: „Diese Erfindungen der Technik, von denen die Massen aller Länder und aller Völker der Welt gleichzeitig in ihrem Niveau gehoben, gleichzeitig befreit,

12) Vgl. Felix Salten: „Moderne Wunder." *NFP*, 1. 1. 1925, S.1-3.
13) Siegfried Mattl: Wiener Paradoxien: Fordistische Stadt, in: Roman Horak u.a. (Hg.): Metropole Wien: Texturen der Moderne, Wien 2000, Bd 1., S. 60.

gleichzeitig aus Dumpfheit und Ignoranz erlöst werden, bedeuten vielleicht eine Nivellierung, dann aber eine nach oben."[14] Zweig beklagt die Stumpfheit der neuen Massenkonsumenten. Für Salten bieten Radio und Film Möglichkeiten, kulturelle Missverständnisse und Ignoranz zu überwinden, eben weil sie bei „Dutzendmenschen" und „Banausen" so beliebt sind: „Niemals vorher hat der Banause in San Francisco, in Kentucky so viel von Paris, Rom oder Konstantinopel gewußt und gesehen, und der Banause in Wien oder Berlin hat niemals vorher einen so deutlichen Begriff von Amerika gehabt wie heute. Wie kann man es bedauern, daß die Horizonte der Massen unendlich weiter, unendlich reicher werden?"

Die Technik – dieser Gedanke findet sich ebenfalls schon in „Moderne Wunder") – habe ein Portal geöffnet. Dieses Portal ermögliche die Ausstrahlung US-amerikanischer Ideen auf Europa ebenso wie die Übertragung europäischer Kultur in die USA: „Europa braucht sich nicht zu fürchten, vom amerikanischen Einfluß zermalmt zu werden. Europa ist im Krieg besiegt worden und immer noch hat der Besiegte seine Kultur dem Sieger aufgezwungen. In ruckweisen Stößen empfangen wir Antrieb und Anregung des gewaltigen Lebens, das jenseits des Atlantischen Ozeans pulsiert. Amerika dagegen wird rascher, sicherer, gründlicher als je vorher durchwirkt, durchtränkt, durchdrungen von europäischer Kultur." Die technische Gleichzeitigkeit münde nicht in Monotonie, sondern ermögliche eine bisher ungekannte kulturelle Synthese: „Monotonisierung der Welt? Niemals vorher ist diese Welt vielfältiger, niemals bunter, reicher, großartiger gewesen als eben jetzt, da die Menschen durch die Luft fliegen können, unter dem Meeresspiegel dahinfahren, (…) jetzt, da sie imstande sind, einander über Erdteile hin zu hören."

Salten schreibt nicht von „Amerika in Wien" – weder im negativem noch im positiven Sinn. Er schildert einen dynamischen Austausch zwischen mehreren Kulturräumen, den der technischen Fortschritt einer internationalen Massenkultur fördert. Dies ist ein utopischer Entwurf, eine frühe Globalisierungsfantasie. Wie in „Moderne Wunder" soll der technische Fortschritt den Sieg von Brüderlichkeit und Weltfrieden garantieren. Salten behauptet sogar, dass die „ungeheuere Leistung der Technik" die allmähliche Selbstbehauptung jedes Weltbürgers und die Konstituierung in wichtiger politischer Bewegungen ermöglichen – Bewegungen wie „die *non-resistance* der Inder" gegen die englische Herrschaft.

Trotz des schwärmerischen Tons ist Saltens Idylle als literarischer Entwurf moderner interkultureller Vermittlung wichtig. Im letzten Jahrzehnt stellte Arjun Appadurai das Konzept der „Mediascapes" vor, das Saltens frühen Versuch, den Raum globalisierter Medien darzustellen, verfeinert. Mediascape ist eine imaginäre Landschaft technologischer Medien und der unterschiedlichen Vorstellungen von Welt, die jene erzeugen und verbreiten. Mediascapes enthalten somit auch Bilder, die Identitäten hervorbringen und stärken: Menschen wie Gruppen agieren aus Reiselust, Angst, Habgier usw.[15] Zweig plädiert dafür, die Möglichkeiten dieser imaginären Landschaften zu beschränken, weil die zirkulierenden Inhalte vor dem Maßstab europäischer Hochkultur bloß Mängel aufweisen. Solche Einstellung kritisiert Salten. Er findet es wichtig, dass ein Radio-Mediascape entsteht – wie beschränkt die Inhalte auch immer sein mögen.

Am selben Tag, als Saltens „Monotonisierung der Welt?" in der NFP erschien, schrieb ihm Zweig einen Brief, in dem er noch einmal seine Gedanken verdeutlicht. Die zunehmende Ausdehnung der Technologie führe zum Verlust kultureller Selbstständigkeit und der entsprechenden „geistigen und künstlerischen Haltung". Die USA gelten ihm als Paradebeispiel: „Jeder, der aus Amerika kommt, er-

Felix Salten: 5 Minuten Amerika, Wien 1931. (WB)

14) Felix Salten: „Monotonisierung der Welt?" *NFP*, 8. 2. 1925, S. 3.
15) Vgl. Arjun Appadurai: Modernity at Large. Cultural Dimensions of Globalization. Public Worlds, Bd.1, Minneapolis 1996, S. 35/36.

Felix Salten (Mitte) mit einer Journalistendelegation in Hollywood, 1930. (NFS/LWA)

16) Stefan Zweig: Brief an Felix Salten. Salzburg, 8. II. 1925. in: Knut Beck/ Jeffrey B. Berlin (Hg.): Stefan Zweig. Briefe 1920-1931, Frankfurt am M. 2000. S. 134-136.

17) Salten behandelte durchaus oft US-amerikanische Themen in seinen NFP-Feuilletons; vgl. z. B. Felix Salten: „Amerikanische Millionäre." *NFP*, 25. 6. 1916; "Sieger und Besiegte. Briefe an einen amerikanischen Freund" *NFP*, 2. 2. 1919; und „Charlie und Jackie" *NFP*, 29. 4. 1923.

schrickt dort über den Mangel an Persönlichkeiten (noch nie haben 100 Millionen Menschen der weißen Rasse so wenig Geistig-Individuelles produciert als Amerika seit fünfundzwanzig Jahren.) Gerade die technische Identität schleift irgend ein sehr kostbares ab".[16]

Zweig sieht keine Möglichkeit, zwischen den „recht antipodisch gegenüberstehen(den)" Meinungen zu vermitteln. Dennoch distanziert er sich von jeder „Bekehrungsabsicht". Sein Plädoyer sei „nur andeutender Aufsatz" gewesen, kein letztes Wort, sondern „ungeschickt(er)" Anstoß für eine Diskussion: „Vielleicht sogar auf ungeschickte Weise einen Gedanken ins Rollen zu bringen ist auch ein gewisses Verdienst - Sie [Salten, R.McF.] haben ihm jetzt einen Stoß in eine andere Richtung gegeben: (das) wichtigste ist mir, daß es keimhaft in einen oder den andern Kopf fällt und dort andere Gedanken aufrührt."

Saltens „Stoß" geht wirklich in eine andere Richtung – nicht nur wegen seiner anderen Einschätzung der Technik, sondern weil er auch diese Frage von jedem Amerika-Bezug abkoppelt.[17] Der Mangel an „geistiger und künstlerischer Haltung," den Zweig in seinem Brief in den USA ausmacht, wird in Saltens Feuilletons als allgemein menschliches Problem abgehandelt. In dem Aufsatz „Fahrt im nahen Osten. Drohobycz und Boryslaw" vom Juli 1925 etwa wendet sich Salten im Lauf der Beschreibung einer ablegenden Siedlung in den karpathischen Ölfeldern direkt an Zweig: „Lieber Stefan Zweig, die Welt wird nicht monotonisiert, sondern reicher an Möglichkeiten und Hilfsquellen. Die Leute da hören Orchesterkonzerte aus Wien, Jazzband aus London, vergleichen an einem Abend die Radioprogramme von Berlin und Rom. Die jungen Frauen, die hier leben müssen, die Ingenieure, die Beamten, alle, die hier verbittern und versauern würden, vernehmen in Stunden, die sonst leer, die somit öde blieben, die Stimmen der großen Kulturzentren und sind nicht mehr einsam".[18]

Für Salten fördert und verbreitet die Radio-Technik in ehemaligen k.u.k. Gebieten also noch die (kolonialistische) (west-)europäische und nicht die US-amerikanische Kultur.

Am 25. März 1925 erschien in der NFP Ann Tizia Leitichs Feuilleton „Ein Wort für Amerika. Noch einmal ‚Monotonisierung der Welt'". Dieser Aufsatz ergänzt Saltens Technik-Idyllisierung mit einer vehementen Verteidigung der amerikanischen Kultur. Leitich beschreibt ihre Flucht aus dem Wien der Nachkriegszeit nach Chicago: „ So stand ich Amerika gegenüber mit blanker Seele, aus der die

Felix Salten (2. Reihe links) mit einer Journalistendelegation in Hollywood, 1930. (NFS/LWA)

[18] Felix Salten: „Fahrt im nahen Osten. Drohobycz und Boryslaw." *NFP*, 26. 7. 1925, S. 1-3.

Felix Salten und Upton Sinclair, 1930. (NFS/LWA).

Vergangenheit weggebrannt, warm fragend: Was bist du, wo bist du, wer bist du, was bringst du mir, was der Welt? Ich, die Mücke, zum Riesen Amerika. Und der Riese sagte: Go ahead and find out! (Geh' und schau zu, was du findest!) Ich stand mit dem Bündel Fetzen, das der Krieg einem österreichischen Intellektuellen gelassen hatte, in den Straßen Chicagos".[19]

Leitich hält Zweigs oberflächliche Beschwörung der „Lemuren: Jazz, Fabriksware, Maschinen, Talmikunst" ihre Erfahrungen aus erster Hand entgegen: „Nun, Amerika ist dabei, seine eigene Kultur zu bilden (...) es geht seinen eigenen Weg. Wer kann genau wissen, wohin der führt? Aber jeder, der hier ist und dem Land den Puls fühlt, wird es erleben: die unverwischbare Empfindung, daß hier etwas im Werden ist, daß sich eine Seele regt, die langsam große Augen aufschlägt."[20]

Am 31. März 1925 wendet sich Zweig in einem privaten Brief an Leitich, in dem er seine Kritik an den USA und seine Geringschätzung der Technik revidiert: „Es ist dumpf hier drüben geworden, und wäre ich jünger, ich ginge hinüber oder irgendwohin in der Welt, wo Zukunft zu spüren ist, die kommende Zeit. Sie sind drüben - fast beglückwünsche ich Sie dazu! Und auch uns, denn wir brauchen Menschen zwischen der alten und neuen Welt, bindende erklärende Menschen. Ich habe alles gelesen, was Sie von drüben schreiben."[21] Diese europäische Dumpfheit, der Zweig mit Hilfe von Leitichs Journalismus beikommen will, gleicht jener „Dumpfheit und Ignoranz", der laut Salten das Radio ein Ende bereiten soll. Zweigs Einstellungen hatten sich im Lauf der Polemik, die sein Feuilleton ausgelöst hat, deutlich gewandelt.

Einige Jahre später unternahm Salten selbst eine lange Reise durch die Vereinigten Staaten – und betrieb dabei seine eigene internationale Kulturvermittlung. Seine Reiseerfahrungen – Eindrücke von amerikanischen Städten, von Rassenproblemen, von Henry Ford und vom amerikanischen Durchschnittsmenschen – beschrieb er in Feuilletons für die NFP. Später sollten sie unter dem Titel „Fünf Minuten Amerika" als Buch erscheinen: „Übrigens bedeutet es für mich immer wieder eine große Sache, vom Leopoldsberg zum Donauthal niederzublicken oder in der Oper zu sitzen, (...) obgleich ich mein ganzes Leben lang in Wien verbringe. (...) Staunen ist meine Sache und ich muß mit tiefster Beglückung immer wieder und wieder erstaunen, wo andere blasiert oder abgestumpft sind. Begreiflich also, daß mich erregt, Amerika endlich, endlich zu sehen, daß es mich mit Gespanntheit erfüllt (...) die wichtigsten Städte und Stätten Amerikas kennenzulernen. Namen, hundert- und hundertmal gehört, bleiben leer. Erst der Blick des Auges...wandelt bloße Namen in lebendige Wirklichkeiten."[22] Salten vergleicht den Aufschwung Amerikas mit der niedergehenden Kultur Europas: „Amerika ist der zweite große Lungenflügel, aus dem die Weisse Rasse atmet, und je schwerer ihr jetzt in Europa das Atmen fällt, um so wichtiger und interessanter wird Amerika". In diesem Buch vollendet Salten seinen persönlichen Entwurf eines interkulturellen Nexus, der durch technologische Mittel eine internationale Völkerverständigung fördert.

Als Wiener in „Amerika" und als „verbindender, erklärender Mensch" ist Felix Salten nicht nur Teil der internationalen Mediascapes, von denen er in seinen Feuilletons schwärmt. Er folgt auch Stefan Zweigs Aufforderung, dass Europas technologische Verbindungen zu Amerika nicht nur praktisch funktionieren dürfen, sondern auch erklärend vermittelt werden müssen. Solange Wien in Amerika ist, braucht man sich vor Amerika in Wien nicht zu fürchten.

---

19) Anna Tizia Leitich: „Ein Wort für Amerika. Noch einmal ‚Monotonisierung der Welt.'" *NFP*, 25. 3. 1925, S. 1-4.
20) Anna Tizia Leitich: „Ein Wort für Amerika. Noch einmal ‚Monotonisierung der Welt.'" *NFP*, 25. 3. 1925, S. 1-4.
21) Stefan Zweig: Brief an Ann Tizia Leitich. 31. 3. 1925. Wienerbibliothek IN 184.520.
22) Felix Salten: Fünf Minuten Amerkia, Berlin/Wien/Leipzig 1931, S. 12.

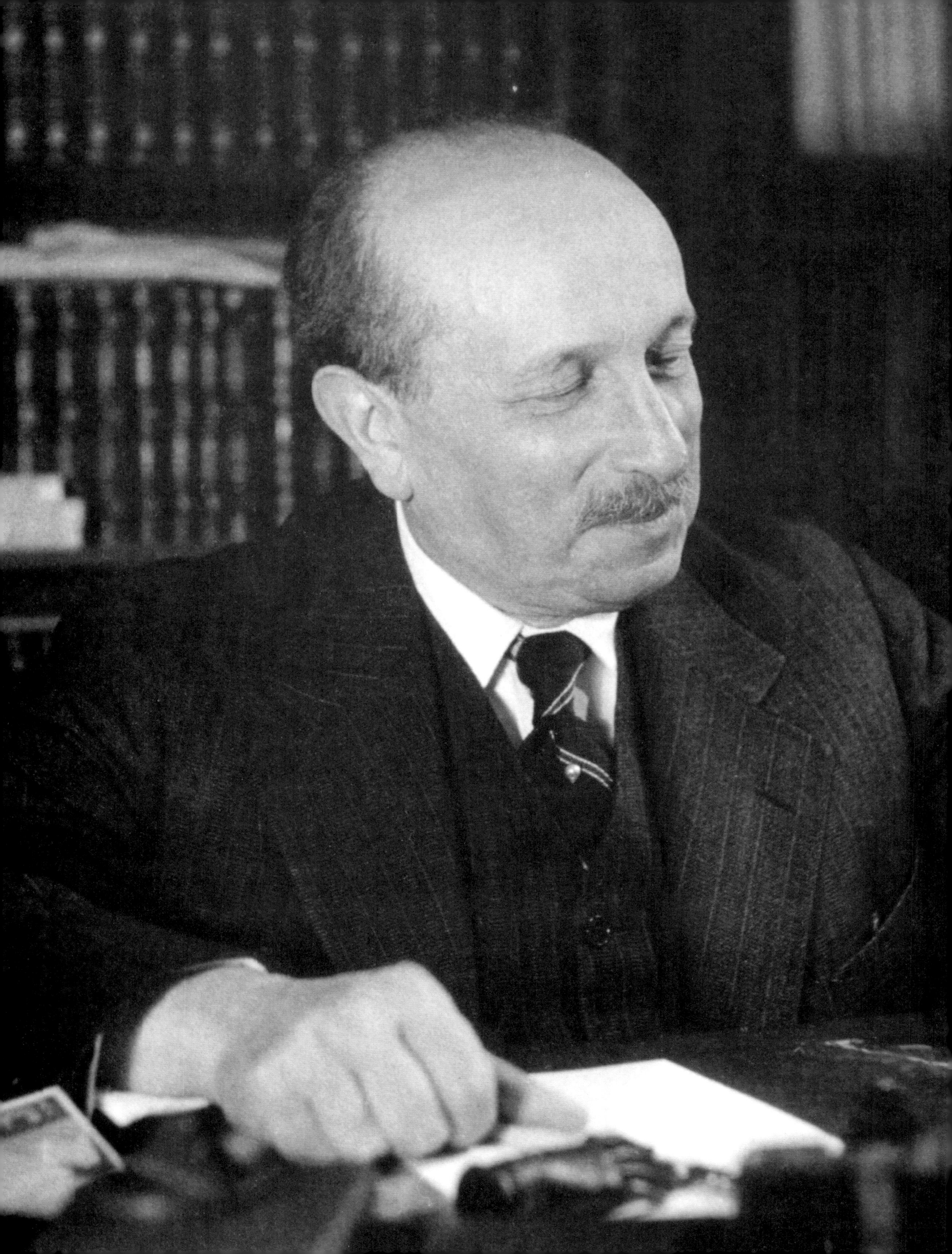

Elisabeth Büttner

Die Kunst von morgen

Das Kino des Felix Salten

Lob der Oberfläche

Vorschau: Felix Salten an seinem Schreibtisch, um 1935. (NFS/LWA)

Das pauschale Urteil ist ihm fremd. Schreibt er über Kino, Revue, Theater oder die Aufführung einer Jazzband, so geht er nicht vom Allgemeinen aus, vielmehr von Singulären. Der Ausschnitt, die Detailbeobachtung, das Fragment weisen ihm den Weg zu den Zusammenhängen. Dieser Haltung käme jede Normästhetik in die Quere, denn sie verstellt den neugierigen, auswählenden Blick, der stets Unbekanntes zulässt und offen für Veränderung ist. Felix Salten lehnt die Rolle des kulturellen Ordnungshüters ab und will nicht bei überkommenen Formen stehen bleiben. Wettern die Zeitgenossen über die Geschmacksverrohung, die das verrufene Kino auslöst, und wird von ihnen der Untergang der Kunst durch das Aufkommen der neuen Technik beschworen, so mahnt er zu historischer Genauigkeit, zu Zurückhaltung in den Bewertungen und zu einer Verschiebung der Perspektiven.[1] Denn zu werten, ohne zunächst zu sehen, führt in die Sackgassen der Ideologie und weiters zu Weltblindheit. Wer Aufschlüsse über die Wirklichkeit erhalten möchte, muss zunächst den Augen vertrauen. Er muss imstande sein, „in Bildern zu denken. Was ich um so rascher begriffen habe", schreibt Salten im Jahr 1930, „als ich seit Dezennien selbst photographiere. Und ich überdies ein Mensch bin, der stets in Bildern sieht und denkt."[2] In den technisch reproduzierbaren Bildern steckt Erkenntnis und in der Oberfläche Wahrheit. Für Salten ist dieses Wissen unbestritten. Es verlangt einen Zugang zur Welt, der physiognomisch geschult ist. Es animiert, die Haut der Dinge zu lesen, Gebärden und Gesichter zu deuten. Es ermöglicht, die Poesie des Alltäglichen zu entdecken, zu erfahren, zu beschreiben.

Der mächtigste Agent der Oberflächenwirkungen und eines physiognomisch geprägten Weltbildes ist in der Moderne das Kino. Salten steht dem neuen Medium von Beginn an wohlwollend und fördernd gegenüber. Gewiss, die Schauspieler wirken oft hölzern, die menschlichen Größenproportionen stimmen teils nicht, und auch bei den Vorführgeschwindigkeiten passieren Fehler.[3] Doch die Erfindung an sich muss als genial gelten. Salten differenziert zwischen dem apparativen oder weltgewinnenden Potenzial des Kinos, und den einzelnen Umsetzungen, zu denen es gelangt. „Die Erfindung selbst ist immer noch verblüffender gewesen, als der Gebrauch, der von ihr gemacht wurde"[4], äußert er bereits 1913. Für ihn birgt das Kino zunächst vor allem ein mediales Versprechen, in dem Einfaches und zugleich Menschliches zum Tragen kommen: das unermessliche Angebot, die Welt zu sehen, weit über die Grenzen des eigenen Horizontes hinaus; die Besonderheit, bei diesen Erkundungen nicht alleine zu sein, sondern in einer Gemeinschaft; den Mehrwert emotionaler Verdichtung, zu la-

1) Die Verteidigung des Kinos wider wütende Angriffe in der Presse ist der Impuls für Saltens am 19. Dezember 1920 in der „Neuen Freien Presse" erschienen Feuilletonbeitrag *Kinoprobleme*. Der Aufsatz ist wiederabgedruckt in: ders., Schauen und Spielen. Erster Band, Wien, Leipzig 1921, S. 121–134.
2) Die Wege des Films. Felix Salten über Filmkunst und -technik, in: Mein Film, Nr. 215, Wien 1930, S. 4.
3) Vgl. Helmut H. Diederichs, Frühgeschichte deutscher Filmtheorie. Ihre Entstehung und Entwicklung bis zum ersten Weltkrieg (Habilitationsschrift), Frankfurt am Main 1996, S. 131 ff.
4) Felix Salten, Zu einem Kinodrama, in: Dresdner Neueste Nachrichten, Nr. 112, 27. April 1913. Wiederabdruck in: Jörg Schweinitz (Hg.), Prolog vor dem Film. Nachdenken über ein neues Medium 1909-1914, Leipzig 1992, S. 359.

chen, zu weinen und an einem Leben teilzuhaben, das sich einem ansonsten versagt. Die Erfindung des Kinos schafft für Salten ein eigenes Verhältnis des Menschen zur Welt. In dieser Einschätzung trifft er sich mit Béla Balázs, der zwischen 1920 und 1926 in Wien lebt und hier für die Tageszeitung „Der Tag" über 200 Filmkritiken verfasst. Zudem legt Balázs 1924 eine einflussreiche Studie vor: *Der sichtbare Mensch*. Sie formuliert eine erste Kunstphilosophie des Films. Balázs unterstreicht darin die Gebundenheit des stummen Films an die Textur der Oberflächen. „Ein guter Film hat überhaupt keinen ‚Inhalt'", schreibt Balázs. „Denn er ist ‚Kern und Schale mit einem Male'. […] Der Film ist *eine Flächenkunst*, und ‚was innen ist, ist außen' bei ihm. Trotzdem […] ist er eine zeitliche Kunst der Bewegung und der organischen Kontinuität und kann daher eine überzeugende oder falsche Psychologie, einen klaren oder verworrenen Sinn haben. Nur daß diese Psychologie und dieser Sinn nicht als ‚tiefere Bedeutung' im Gedanken, sondern in der sinnfälligen Erscheinung restlos an der Oberfläche liegen."[5]

Im Kino kommt die Physis der Dinge zum Sprechen, wirkt eine Rhetorik der Gebärden, durchleuchtet die Kamera die Vielschichtigkeit der Physiognomien.[6] Das Innere kehrt sich nach außen und im Äußeren gibt sich ein Inneres zu erkennen. Salten fahndet in diesen Dichotomien von außen und innen, von Oberfläche und Tiefe nach Bedeutung und Sinn. Die Oberfläche wird ihm zum Medium einer Tiefe. Keine Figur des Kinos bezeugt das Spiel von außen und innen für ihn bescheidener und zugleich expressiver als Charlie Chaplin. Salten schreibt über dessen Filme wahre Hymnen, denn in Chaplin bündeln sich für ihn ‚die Gewalt des Mediums' mit universell verständlicher sowie unwiderstehlich ergreifender Menschlichkeit, die unbestechlich gegenüber Erfolg, Geld und Schmeichelei ist. Chaplins „schmales Gesicht wird ganz Seele"[7], heißt es in der Besprechung zu THE GOLD RUSH, und in der Filmkritik zu THE CIRCUS greift Salten in seiner Eloge des Menschlichen auf ein gängiges Diktum zum frühen Kino zurück. Das „ist keine Bühne und kein Bild, das ist Leben"[8], hatte Walter Serner 1913 in die Kinodebatte geworfen. Die Betrachtung Chaplins auf der Leinwand lässt Salten an diesen Kampfruf anschließen und ihn weiter spinnen: „Chaplin spielt nicht, er lebt alle diese Szenen. Die angenommene Maske, der Gang auf lächerlich watschelnden Füßen, das bezaubernde, schmerzlich verlegene Lächeln, die chevalereske Gebärde, mit der er in kritischen Momenten sein Hütchen zum Gruß schwenkt, das alles sind nach außen gewendete Züge seines innersten Wesens. Es sind immer die gleichen Züge, seit so und so vielen Films, die man von ihm gesehen hat. Und man wird nicht müde, diesen Künstler immer wieder zu sehen, der eine große, durch und durch warmherzige Menschlichkeit darstellt, diesen seltenen Menschen, der heute zu den größten Künstlern der Welt gehört."[9] In Chaplin blitzt eine Utopie auf, welche Entwicklung das Kino nehmen könnte. Denn bislang war es für Salten ein neues Kunstmittel, dem noch die Kunst fehlte. Chaplin findet Form und Ausdruck, der die Oberfläche mit einem Tiefenraum der Seele, mit dem „Geheimnis des Menschentums" versöhnt. Er garantiert die Oberfläche als Matrize eines Bildes, das nicht zersplittern kann und das den Anfechtungen des jeweiligen Zeitgeistes standhält. „In einer Zeit, die Verkürzung, Extrakt und Knappheit so sehr will, daß den Dramatikern ihre Dialoge zu bloßen Interjektionen einschrumpfen, geben diese beiden [Charlie Chaplin und Jackie Coogan in THE KID], die gar keine Worte haben, mit einem Augenaufschlag, mit einem raschen Mienenwechsel alles, was uns die Theaterdichter so oft schuldig bleiben: Menschlichkeit."[10]

5) Béla Balázs, Der sichtbare Mensch oder die Kultur des Films, Frankfurt am Main 2001, S. 27.
6) Aus diesem Grund sieht Salten eine Mission für den Film darin, die Kunstpantomime zu beleben, „die Gebärde, die Mimik, das Mienenspiel und die Beredsamkeit des Körpers wieder zu einer höheren Entwicklung zu bringen." Felix Salten, Kinoprobleme, S. 131.
7) Felix Salten, Chaplins neuer Film, in: Neue Freie Presse, 9. März 1926.
8) Walter Serner, Kino und Schaulust, in: Die Schaubühne 9 (1913), Wiederabdruck in: Anton Kaes (Hg.), Kino-Debatte. Texte zum Verhältnis von Literatur und Film 1909-1929, Tübingen 1978, S. 55.
9) Felix Salten, Der neue Chaplin-Film, in: Neue Freie Presse, 1. Februar 1928.
10) Felix Salten, Charlie und Jackie, in: Neue Freie Presse, 29. April 1923.

Illustrierter Filmkurier: Schwere Jungen, leichte Mädchen (Nach dem Roman von Felix Salten: Martin Overbeck), 1927. (Filmarchiv Austria)

Verbreitung des Performativen

Die Oberfläche weist in die Tiefe. Verbindet sie sich jedoch mit theatralen Effekten, so ist ihr Wirkungsradius ein gesellschaftlicher. Salten, dessen Sehschule und auch Referenzkunst das Theater ist, kennt und beschreibt diese Zusammenhänge. Er argumentiert mit den Augen und Instrumentarien des Theater- bzw. Filmfeuilletonisten, der seine physiognomischen Streifzüge mühelos in den Bereich des öffentlichen Lebens überführt.[11] In Wien, kurz nach der Wende zum 20. Jahrhundert, bietet sich ihm reiches Anschauungsmaterial. Gebündelt wird die Tendenz, das Politische durch das Theatrale zu ersetzen, in der Gestalt Karl Luegers.[12] Lueger, Wiener Bürgermeister zwischen 1897 und 1910, ist ein Massenpolitiker neuen Stils: Ein Virtuose der Stimmungen, ideologisch unbekümmert und wendig, im Bedarfsfall Antisemit. Er collagiert seine Programme aus „Bruchstücken der Moderne, Flimmer der Zukunft und wiedererweckten Überresten einer halbvergessenen Vergangenheit"[13], wie Carl Schorske festhält. Salten unterstreicht diesen Befund, leitet ihn jedoch aus Medieneffekten ab. Mehrmals, etwa 1904 zum sechzigsten Geburtstag Luegers, 1910 zu dessen Tode sowie 1926 zur Enthüllung des

---

11) So fasst Salten in seiner Einführung zu *Wiener Adel* programmatisch zusammen, er wolle „einige Bilder, […] wie ein unbeirrter Zuschauer sie erhaschen mochte. Sie tragen […] dazu bei, die Physiognomie unserer Stadt deutlicher werden zu lassen." Zitiert nach:
Robert B. McFarland, Anthropologischer Heisshunger oder Hexenküche-Rausch? *The Visual Practices of Felix Salten's* Wurstelprater *in the Context of Literary* Volksprater *Representations*, in: Siegfried Mattl/Klaus Müller-Richter/Werner Michael Schwarz (Hg.), Felix Salten: Wurstelprater. Ein Schlüsseltext zur Wiener Moderne, Wien 2004, S. 164.

12) Lueger ist aber bei weitem nicht der Einzige, dessen Auftreten Salten einer physiognomischen Diagnose unterzieht, in der das Gesellschaftliche widerscheint. Unter dem Titel *Das österreichische Anlitz* (Die Zeit, 2. Dezember 1908) beispielsweise beschreibt er anhand von Kaiser Franz Joseph das Verhältnis von Oberfläche, Manier, Wesen, Kultur der Seele und österreichischer Mentalität.

13) Carl E. Schorske: Wien. Geist und Gesellschaft im Fin de Siècle, Frankfurt am Main 1982, S. 114.

Filmstill: Die kleine Veronika (nach der gleichnamigen Novelle Felix Saltens), 1930. (WM).

Lueger-Denkmals[14] widmet Salten ihm einen Beitrag. Vor allem im Text von 1904 widmet er sich den Registern des Performativen, die Luegers enorme Popularität massiv stützen. Salten seziert Oberflächen und bescheinigt Lueger, eine glänzende Bühnenerscheinung zu sein. Schon das Physische, der Körperbau, das Antlitz empfehlen ihn für tragende Rollen. „Für ein Wesen, das so ganz auf Äußerlichkeiten gestellt ist, gilt solch ein Äußeres schon als Talent, als Prädestination, als Beruf, als Erfolgbürgschaft. Die halbe Karriere."[15] Stimmt die Hülle, muss noch die Einstellungsgröße justiert werden. Auch in dieser Hinsicht zeigt Lueger inszenatorische Meisterschaft. Das Biedere, Rechtschaffene, Treuherzige seiner Erscheinung braucht den Blick aus der Ferne. Die Wirkung dieser Physiognomie ist bühnenmäßig auf die Distanz berechnet. Aus der Nähe ändert sich Luegers Eindruck, kommt Neues hinzu. „Er ist genau so, wie die vornehmen Leute den Mann des Volkes sich ausdenken, wobei sie dann auf einmal ängstlich sich besinnen, daß sie doch eigentlich nicht genau wissen, wie das ‚Volk' ist."[16] Ideal und Projektion fließen ineinander. Beides schweißt das Publikum an den Akteur, der das Alerte seines Äußeren mittels der Kunst der Rede noch verstärkt. Auch hier wird mit Einsatz subtiler rhetorischer Techniken auf Augenblickswirkung gezielt: das weiche Wienerisch, das nahtlos und feierlich in das Hochdeutsche gleiten kann; die heroische Arie, die in den Gassenhauer umschwenkt; das Schmeichelnde des Menschenfängers, das in das Herrische des Dompteurs kippt. Lueger kann den Beifall der Menge kalkulieren und steuern, wie der Schauspieler die Reaktionen im Parkett. Wirkung und Erfolg geben dabei die Triebfeder und das Ziel vor. Wien hat mit Lueger schließlich das Theater, das es verdient, resümiert Salten. „Es haben in unserem theaterenthusiastischen Wien schon viel schlechtere Mimen ihr Jubiläum

14) Auf diesen letzten Artikel reagiert Siegmund Freud. Einen Tag nach der Veröffentlichung gratuliert er in einem Brief Salten zu seinem Essay.
15) Felix Salten, Lueger, in: Die Zeit, 23.10.1904, S. 1f.
16) Ebd.

gefeiert, sind beklatscht und mit Lorbeer überschüttet worden. Mag denn auch dieser Liebling jubilieren. […] Er hat sein Publikum durchgeschüttelt, in Atem gehalten, in Aufruhr versetzt, aber nie gelangweilt. Er hat seine Leute das Fluchen wie das Beten gelehrt, je nachdem es ihm paßte. Mehr kann man nicht verlangen. Wem aber dieser festliche Taumel heute vielleicht zu arg erscheint, der mag sich beschwichtigen: Auch Diesem flicht die Nachwelt keine Kränze!"[17]

Das erfolgreiche Spiel mit dem Performativen kennt als Maßstab einzig die Gegenwart. Auf Erinnerung und Nachwelt ist nicht mehr zu bauen. Der Schauspieler, wie der Politiker, muss im Jetzt wirken. Diese Regel, die der Bühne entstammt, war im Wien der Jahrhundertwende Allgemeingut geworden, denn Theater und Politik bildeten hier eine Symbiose. Hannah Arendt hat diese Verschweißung in ihrer Studie zu Stefan Zweigs *Die Welt von Gestern* betont: „In keiner Stadt Europas hat das Theater je eine solche Rolle gespielt wie in Wien in den Jahren der politischen Auflösung. […] In dem Maße, in dem die politische Repräsentanz Theater geworden war, hatte sich das Theater zu einer Art nationaler Institution entwickelt und der Schauspieler zu einer Art nationalem Helden."[18] Die Verehrung für ihn war schichtenübergreifend und grenzenlos. „Kurz, das Starwesen war vor seiner Verbreitung durch den Film in Wien bereits vollständig vorgebildet. Nicht eine Renaissance der Klassik, sondern Hollywood bereitete sich vor."[19] Salten verdeutlicht in seiner Beschreibung Luegers einerseits das Material und die inszenatorischen Techniken, die es braucht, um zum Star zu werden. Andererseits fördert seine medial geprägte Sichtweise auf Lueger Einsichten zu Wien. Die Stadt fusionierte Politik, Kultur und Unterhaltung, als Kulturindustrie noch ein ferner Begriff war. Fordert Siegfried Kracauer in den zwanziger Jahren vom Filmkritiker die Haltung eines Gesellschaftskritikers ein, so wendet Salten in der Praxis seines Schreibens diesen Satz. Für ihn gilt: Der Gesellschaftskritiker muss auch Film- und Theaterkritiker sein.

Beharren der Narration

In Salten arbeitet ein Paradox. Das luzide Auge, mit dem er im Gesellschaftlichen die medialen Ablagerungen sieht, trübt sich ein, sobald das Kino zur Gesellschaft Stellung nimmt. Der Film, der in den zwanziger Jahren gleichsam Herausforderung und Prüfstein für alle Filmkritiker war, ist PANZERKREUZER POTEMKIN von Sergej Eisenstein, der damals noch ein völlig unbekannter Regisseur war. Sein Film schlug 1926 gleich einem Blitz in den Kinos Europas ein. Bislang Ungesehenes eroberte die Leinwand: ein Film, in dem die Masse, das Volk, der Held ist; ein Film, dessen Montage sich wie eine Spirale in das Wirkliche dreht. Salten ist, gleich seinen Kritikerkollegen, vom PANZERKREUZER begeistert. Sein Feuilletonbeitrag hebt voll des Lobes an: „Die Wirklichkeit selbst ist es gewesen, die das Textbuch zu diesem Film verfasst hat. Deshalb wird man von seinen Bildern stärker erregt, wird glühender von ihnen ergriffen als je durch ein anderes Flimmerschauspiel."[20] Der Tenor der ersten Sätze trägt sich durch die gesamte Kritik. Das Neue des Films, wird mit den Kategorien und einer Semantik des Alten argumentiert. Es braucht ein Buch, um einen Film zu machen; es braucht Ergriffenheit, um ihn zu genießen, und es braucht schließlich Schauspiel, d. h. den Beitrag eines Individuums, um Emotionen auszulösen. Salten sieht im Kino Narration, Psychologie und Stars am Werk, selbst bei Filmen, die dezidiert anderer Herkunft sind.

In den Filmkritiken der zwanziger Jahre galt stets „der gänzliche Verzicht auf die Anekdote"[21] als das Frappante und Eigensinnige des PANZERKREUZER. In seiner Montage „illustriert [er] keine Texte, er beschränkt sich vielmehr darauf, die

---

17) Ebd.
18) Hannah Arendt, Juden in der Welt von Gestern, in dies., Die verborgene Tradition. Essays, Frankfurt am Main 1976, S. 87.
19) Hannah Arendt, a. a. O., S. 88.
20) Felix Salten, Der Film „Potemkin" Neue Freie Presse, 4. Juni 1926.
21) Willy Haas, Panzerkreuzer Potemkin, in: Wolfgang Jacobsen/Karl Prümm/Benno Wenz (Hg.), Willy Haas. Der Kritiker als Mitproduzent. Texte zum Film 1920-1933, Berlin 1991, S. 172.

optischen Eindrücke aneinander zu reihen. Aber wer assoziiert hier? Die von Empörung, Schrecken und Hoffnung erfüllte Phantasie, die um ein Ziel kreist und inhaltliche Gewissheiten hat."[22] Salten setzt seine Filmbesprechung von derartigen Einschätzungen ab. Er klassifiziert den PANZERKREUZER als ein ‚großes, lebendiges Geschichtswerk' und erzählt dessen Verlauf nach. Gefühle lenken für ihn die Bilder. Er macht aus Eisenstein, dem Tüftler der Montage, einen Epiker der Emotion. Die meuternden Matrosen sind ihm „Gepeinigte, Erschütterte, vor dem befohlenen Mord Entsetzte"[23], und das Übersetzen der Leiche vom Panzerkreuzer zum Hafen von Odessa charakterisiert er als ‚eindrucksvoll und düster'. Er entkleidet die Geschehnisse sowohl ihrer historischen Sprengkraft als auch ihrer Erzählrhythmik und bettet sie in eine Klaviatur der Stimmungen. Skeptisch steht Salten auch der Idee des Kollektivs gegenüber, denn „Kollektivarbeit kann die Stars nicht immer ersetzen."[24] Als Beleg schildert er die berühmte Treppenszene von Odessa, in der die von einer Kugel getroffene und zusammensackende Mutter den Ausdruck des Entsetzens annimmt, als sie ihr kleines Kind in seinem Wagen davon rollen sieht. In dieser Frau zeigt sich ihm ein ‚auserlesenes, repräsentatives Menschenexemplar'. Sie bereichert ein Werk, das in Saltens „Empfindung kein Propagandafilm" ist. Vielmehr „ein Monumentalwerk menschlicher Befreiung. Ein Werk des Erinnerns an eine große Tat. Ein Wilhelm Tell zur See. Eine Volksdichtung ohne Worte."[25]

Salten zieht seine Schlüsse zum PANZERKREUZER[26] nicht aus ideologischen Motiven, sondern aus poetologischen. Filme benötigen in seinem Verständnis ein sehr gutes Manuskript, eine Dramatik der Geschehnisse, ein Wissen um die Technik und als Garanten für den Erfolg: „die Natur und die Schauspieler"[27]. Entscheidend ist jedoch die Synthese aus all diesen Faktoren, deren Ergebnis von Seele und Menschlichkeit erzählen muss.

Ausdruck der Vielfalt

Mit der Forderung nach soliden und in Belangen des Menschlichen versierten Filmautoren ist Salten im eigenen Metier angekommen. Denn er schreibt nicht nur über Filme, er schreibt auch für den Film. Der rege Austausch zwischen Schriftstellern und Kino ist zu Zeiten des Stummfilms gängige Praxis. Viele Autoren – die Spanne reicht von Alfred Döblin bis Hugo von Hofmannsthal, von Max Brod[28] bis Kurt Tucholsky – gehören zu den eifrigsten Verteidigern des jungen Mediums, das es in den zehner Jahren des 20. Jahrhunderts gegen Angriffe von Pädagogen, Juristen, und Moralwächtern zu schützen gilt. Salten, der Kinofreund, war in seinem Eintreten für den Kinematographen in der Gesellschaft seiner Kollegen aufgehoben. In der Bandbreite seines Schaffens sticht er jedoch hervor. Er arbeitet in den zehner und zwanziger Jahren für zahlreiche Filmfirmen in Wien und Berlin, liefert Ideen, Exposés, Skripten;[29] 1930 wird er von der Sascha-Film in Wien als Dialogautor verpflichtet; 1932 verfasst er gemeinsam mit Billy Wilder und Max Coplet das Skript zu Hans Steinhoffs SCAMPOLO, EIN KIND DER STRASSE; 1933 assistiert er dem bekanntesten österreichischen Drehbuchautor des Tonfilms der dreißiger Jahre, Walter Reisch, beim Buch zu dem Mehrversionenfilm ICH UND DIE KAISERIN; im gleichen Jahr hilft er, Arthur Schnitzlers *Liebelei* für den Film zu adaptieren, sein Name bleibt in den Credits des Films ungenannt; zudem bewilligt er die Verfilmung eigener literarischer Werke. So kommt 1922 seine Novelle *Olga Frohgemuth* auf die Leinwand, Regie führen die österreichischen Filmpioniere Louise Kolm und Jakob Fleck. 1927 wird unter dem zugkräftigen Titel SCHWERE JUNGEN – LEICHTE MÄDCHEN die Verfilmung von Saltens Roman *Martin Overbeck* in den Kinos gestartet. Die Produktionsfirma hat ihren Sitz in

22) Siegfried Kracauer, Die Jupiterlampen brennen weiter. Zum Potemkin-Film, in: Karsten Witte (Hg.), Siegfried Kracauer. Kino, Frankfurt am Main 1974, S. 75.
23) Felix Salten, Der Film „Potemkin", a. a. O.
24) Ebd.
25) Ebd.
26) Ähnlich wie Eisenstein ergeht es Bertolt Brecht in der Beurteilung Saltens. Auch für ihn findet Salten einzig lobende Worte, blendet in seinen Beschreibungen allerdings das Avancierte der Formen Brechts und dessen gesellschaftliches Anliegen aus. Vgl.: Felix Salten, „Die Dreigroschenoper", in: Neue Freie Presse, 10. März 1929.
27) Felix Salten, Chaplins neuer Film, a. a. O.
28) Brods Freund Kafka allerdings hat gegenüber dem Kinematographen skeptische Distanz gewahrt. Er meinte in einer Selbstcharakterisierung: „Ich bin ein Augenmensch. Das Kino stört aber das Schauen." Gustav Janouch, Gespräche mit Kafka, in: Ludwig Greve/Margot Pehle/Heidi Westhoff, Hätte ich das Kino! Die Schriftsteller und der Stummfilm, München 1976, S. 313.
29) Vgl. die Salten-Filmografie von Christian Dewald in diesem Band.

Filmstill: Die kleine Veronika (nach der gleichnamigen Novelle Felix Saltens), 1930. (WM).

Berlin und bewirbt den Film nicht mit einem Hinweis auf Salten, vielmehr mit dem Slogan „Ein heiterer Zille-Film"[30]. Der Regisseur Robert Land nimmt sich 1930 Saltens Novelle *Die kleine Veronika* an, und Werner Hochbaum greift 1935 auf das Bühnenstück *Der Gemeine* von Salten zurück, das 1901 auf den Bühnen der k.u.k. Monarchie auf Grund von ‚Verächtlichmachung des Offizierstandes' verboten wurde. Hochbaums Film trägt den Titel VORSTADTVARIETÉ. Die größte Filmkarriere machen allerdings Salten Tiergeschichten, allen voran *Bambi*. 1941 nehmen sich die Walt Disney Studios des Stoffes an und übersetzen ihn in einen Animationsfilm, der ein Jahr später in die Kinos kommt. Auch die Sowjetunion kann sich der Faszination von Bambis Geschichte nicht entziehen. 1985 und gleich im Folgejahr 1986 entstehen die Film DETSTVO BAMBI (Bambis Kindheit) sowie JUNOST BAMBI (Bambis Jugend).

Dem breiten Spektrum von Salten Arbeitsfeld entspricht die Vielfalt der Filmgenres, die er bedient. Der erste Film, der auf einem Drehbuch von Salten beruht stammt aus 1913, DER SHYLOCK VON KRAKAU mit Rudolf Schildkraut in der Hauptrolle. Das Filmprogramm bezeichnet die Gattung als „Mimodrama". Ein Jude, der ob seiner Religion in der Gesellschaft gemieden wird, verliert seine Tochter an einen windigen, adeligen Bonvivant. Verzeihen kann er ihr diesen Fehltritt nicht. Versöhnung ist erst mit der Toten möglich. Neben dem Pathos des Dramas war in den zehner Jahren das Anarchische der Possen ein gefragtes Sujet. Salten greift auch diesen Trend auf. 1916 entsteht auf Grundlage seines Buches DER GLÜCKSSCHNEIDER. Die Hauptrolle hat erneut Schildkraut inne. Ein unbekümmerter und zur Eitelkeit neigender Schneider zieht das große Los und mit

30) Illustrierter Film-Kurier Nr. 768, 9. Jahrgang 1927.

Filmplakat: Die kleine Veronika, 1930.
(WB Plakatsammlung)

dem gewonnenen Geld werden soziale Grenzen für ihn scheinbar durchlässig. Er versucht, alle Konventionen, die Reichtum kenntlich machen, zu erfüllen, und kommt doch nie in der Oberschicht an. Die Distinktion lässt sich mit Geldscheinen nicht überkleistern, und der Mann landet wieder dort, wo er herkam, in der Schneiderei im Souterrain. Die Zwischentitel von DER GLÜCKSSCHNEIDER verraten Witz sowie eine Prise Frivolität und machen die Handschrift des Autors Salten kenntlich. „Die Liebe schlingt eine gesteppte Naht", ist zu Beginn des Films zu lesen, als der Schneider noch arm ist und eine dicke Köchin begehrt, während die Aussicht auf Geld zu der Einsicht verleitet: „Der gerade Weg ist der beste".
Salten nimmt im Kino viele Wege. Er passt seine Filmskripts den Erwartungen und dramaturgischen Vorlieben der jeweiligen Zeit ein. Nach dem Ersten Weltkrieg industrialisiert sich der Film, und Salten beginnt, den Markt zu bedienen, er wird gleichsam zum Lohnschreiber. Selbstverständlich stammen aus seiner Feder gelungene Filme, doch einen eigenen Stil, eine pointierte Sicht der Welt, eine un-

Felix Salten (Mitte) mit einer europäischen Journalistendelegation in Hollywood, 1930. (NFS/LWA)

verwechselbare Formensprache, die auf sich aufmerksam macht, kann er nicht durchsetzen. Die Genauigkeit, mit der Salten in seinen Feuilletons das vermeintlich abseits Gelegene aufgreift und in ihm das Wirken der Zustände dingfest macht, bleibt ihm im Kino versperrt. Als in den dreißiger Jahren die Ästhetisierung der Politik, deren Indizien Salten bereits in der Gestalt Luegers herausschälte, auf ihren Höhepunkt zuläuft, geht seine Tätigkeit beim Film zu Ende. Er wollte stets am Neuen teilhaben und muss doch zugestehen, dass eine Kinokunst, die seinen Vorstellungen entspricht, noch zu warten hat.

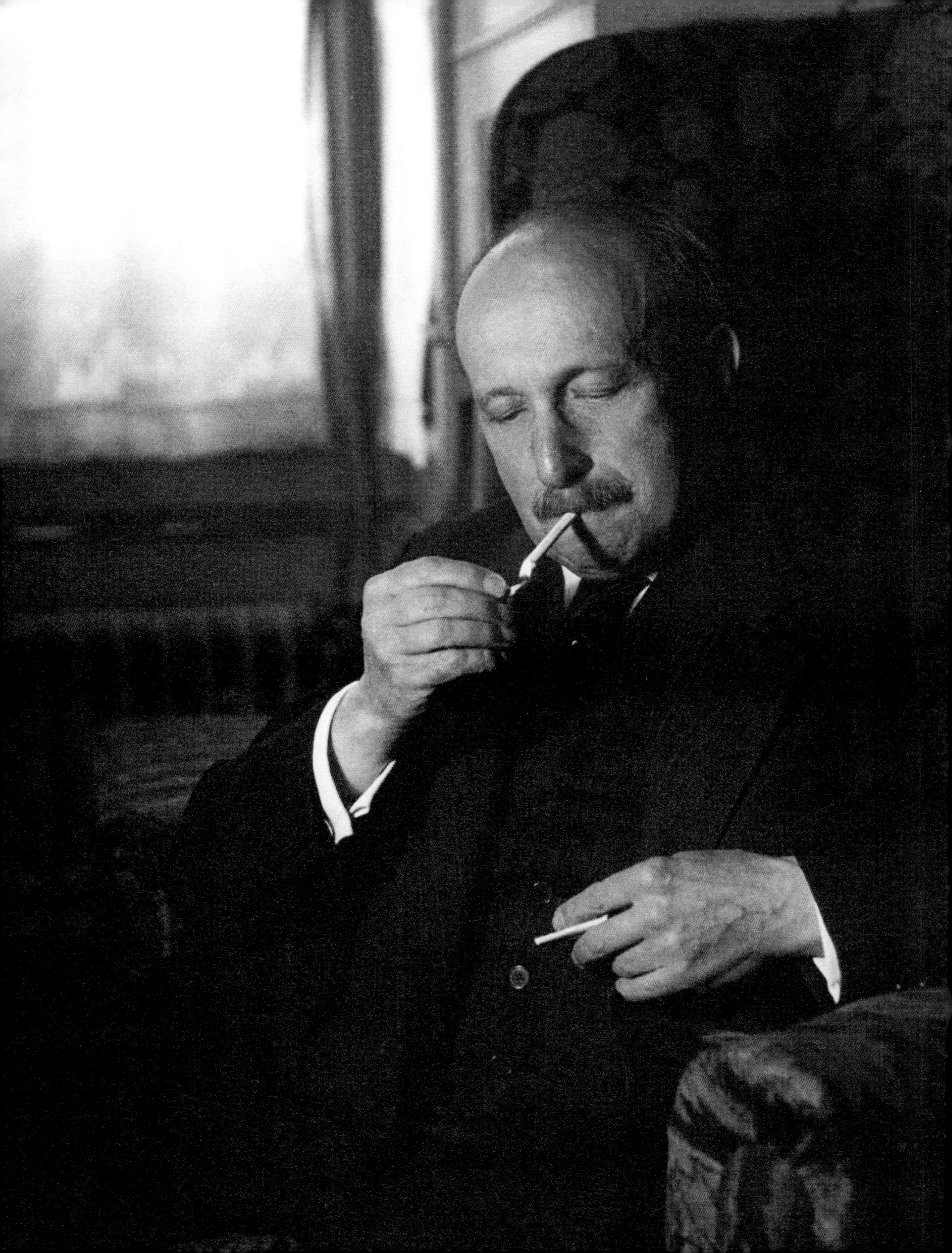

Manfred Dickel

Felix Salten als zionistischer Schriftsteller

– I –

Felix Salten, um 1935. (NFS/LWA)

Auch ein Zionist sei er gewesen, heißt es, ein Freund Theodor Herzls und ein verschworener Weggefährte der ersten Stunde. Hermann Bahr soll ihn gar als dessen Nachfolger in der Führung der zionistischen Bewegung vorgeschlagen haben.

Die Fülle unwahrscheinlicher Kennzeichnungen Felix Saltens, in der auch diese sich findet, ist das verwirrende Fazit eines offensichtlich bewegten Lebens in einer historisch bewegten Zeit. Ein bewegtes Leben heißt: Es ist in vielerlei Unruhen, in vielerlei Rollen und Szenarien, Ansätzen und Auseinandersetzungen gestaltet.

Der Vielzahl der Prädikate und Könnerschaften liegen geeignete biographische Anlässe und Motivationen zugrunde; solche, die im Milieu der jüdischen Assimilationsgesellschaft allerdings besonders unheilvoll wirkten. In zahlreichen Erinnerungen liest man von den Befürchtungen, Verdrängungen, Traumata, die die Familien erregten und disziplinierten. Saltens Vater hatte nach einigen Anfangserfolgen als Unternehmer durch Gutgläubigkeit und weltfremden Leichtsinn alles verspielt. Es war ein Sturz, eine recht plötzlich einschlagende Deklassierung aus Verhältnissen bürgerlicher Gediegenheit im 9. Bezirk hinab in das Milieu eines neuen Proletarierviertels draußen in Währing, noch außerhalb der Stadt, außerhalb der Verzehrsteuerlinie. Salten – das zweite entscheidende Fiasko – versagt auch in der Schule, im Gymnasium, der, wie Steven Beller nachwies, sozialisatorischen Schaltstelle für (jüdisch) bürgerliche Klassifikationen. Der Jugendliche verarbeitet all diese Erschütterungen offenbar sehr selbstständig und eigensinnig, mit renitentem Trotz gegenüber der Schule wie der defekten Familie, deren Bindungen er früh entlaufen ist. Er treibt sich herum, staunend durch die Palastgassen des I. Bezirks vor allem, aber sonderbar und aufschlussreich: Auch fühlte er sich, so notiert er 1931 in den Amerikareisebericht eine Jugenderinnerung, „angetrieben, ja gezwungen [...] in den Seziersälen und der Totenkammer des Allgemeinen Krankenhauses herumzulungern". Und er entwirft einen Lebensplan. Keinen sehr erwogenen, fundierten, aber einen mit einer großen, vagen Zielsetzung: Er will „w i r k e n"; als Schriftsteller, naheliegenderweise zunächst im Journalismus.

Dem persönlichen Vorsatz war das historische Timing förderlich. Saltens deviante Lebens- und Entwicklungsbedingungen, ganz unähnlich den reichhaltigen materiellen und kreativen Ressourcen seiner Jung Wiener Freunde, waren seit Beginn der 90er Jahre begleitet von einem turbulenten Desintegrationsprozess bürgerlich-liberaler Ordnungswerte; politisch, gesellschaftlich, auch ästhetisch v.a. in einer gegenüber der naturalistischen Moderne in Deutschland program-

matisch antiprogrammatischen Moderne Jungösterreichs. Die Wirkungen, die auch sie erstrebte, waren raffinierter und spekulativer. „Wir glauben die Seele dieses Wien zu spüren, die vielleicht in uns zum letzten Male aufbebt; wir waren triumphierend traurig", notiert der 20jährige Hofmannsthal nach einer jener topischen Abendspaziergänge in Schönbrunn mit Leopold von Andrian (Aufzeichnungen, 23. IV. 1894). Hier werden hermetische Zwiegespräche veranstaltet, exklusive Prämissen und Vorbehalte statuiert, die „Wirkung" zu verschmähen scheinen. Auf dieses reservierte Triumphgefühl des „Zum letzten Mal" ist Salten nicht ansprechbar. Befremdlich ihm gegenüber erscheint die Unmittelbarkeit des Vorsatzes zu wirken. Bedeutsames Zeichen der Modernität wird in dieser Variante die Exposition, die fortwährende Selbsterfindung des literarischen Akteurs in immer neuen Medien, Rollen, Inszenierungen, ohne Rücksicht auf traditionelle Metier- und Geschmacksgrenzen. Saltens soziale und intellektuelle Bildung ist dafür programmiert. Sie überholt in ihrer zweckrationalen Phantasie die starren Statusdefinitionen und Privilegienstrukturen des bürgerlich jüdischen Gesellschafts- und Kulturbewusstseins und ergreift wirkungsbedacht und keinen persönlichen Konflikt scheuend die Chancen, die aus deren Erosion heraus sich bieten; Chancen für neue, unreglementierte Karrieren. Die Motivationsquellen dieses „Wirkens" vor allem beeinflussen die spektakulären Erprobungen und Rollenwechsel Saltens.
Dem rehabilitativen Motiv der Lebensplanung aber tritt gegenüber ein anderes, spezifisches und gleichsam ich-näher bestimmtes Motiv. Eines, das der erstrebten Wirkung durchaus hinderlich sein konnte. Als junger Erwachsener entdeckt Salten die Determination des Missgeschicks seiner Jugend als ein kennzeichnendes jüdisches Familienschicksal. Der Vater, der „lachend", wie Salten sich erinnert, alle Glaubensüberzeugungen als „überlebten Unsinn" verwarf, war zum Opfer des riskanten Assimilationsabenteuers geworden. Dem Schulverweis gibt Salten eine eigene, aggressive Tendenz: Zurückgewiesen worden sei das „arme Judenkind". Es sind Motive für eine zweite Karriere, die die erste kontrapunktiert. Eine fremde, eine eigene Stimme in der bunten Vielstimmigkeit seines schriftstellerischen Wirkens. Einige Hinweise dazu.

– II –

Saltens Interesse und praktisches Engagement für Angelegenheiten des Judentums und gerade auch für den modernen Zionismus ist im Vergleich zu seinen literarischen Zeitgenossen und Freunden auffällig und markant. Es manifestiert sich nicht, wie etwa bei Beer-Hofmann, in literarischen Auseinandersetzungen mit der religiösen und kulturellen Tradition des Judentums, sondern in einer Reihe bemerkenswerter Stellungnahmen als Literaturkritiker, Publizist und Redner. Akzentuiert wird dieses Interesse zu Beginn seiner schriftstellerischen Karriere schon durch seine Mitwirkung an dem offiziösen Organ der neuen zionistischen Bewegung, an der von Herzl begründeten und geleiteten „Welt". Sie ist schwerlich erklärbar durch seinen Lebensplan, groß und vernehmlich zu wirken. Angesichts der allgemeinen Ablehnung, die Herzls Vision im jüdischen Bürgertum Wiens hervorrief (und des Heiterkeitserfolgs bei Intellektuellen), stand für einen, der sich darauf einließ, einiges auf dem Spiel. „Die Sache schien ihnen zu verrückt und auch zu gefährlich für ihre kommende Karriere. Herzl konnte nur einen jungen Schriftsteller gewinnen, Felix Salten". So liest man in den unveröffentlichten Memoiren Isidor Schalits, einem der wenigen und journalistisch ganz unerfahrenen Männer, Mediziner, der Herzl aus Mangel an anderem Personal zu Verfügung stand (Central Zionist Archives Jerusalem. A 196. 1571).

Zionistenkongress in Wien, 1925. (NFS/LWA)

Salten schreibt 1898 und 1899 eine Reihe gezeichneter Aufsätze u.a. gegen die sog. Protestrabbiner, liberalismus- und assimilationskritische Artikel in einer zionistisch agitatorischen Diktion, in der Pathos und persönliche Bekundung aufhorchen lassen. Hier gelingt die Polemik fabelhaft. Der mühelose Triumph aber rächt sich gleichsam in Hemmungen bei der Besprechung von Houston Stewart Chamberlains antisemitischem Klassiker „Die Grundlagen des Neunzehnten Jahrhunderts" (1899). Salten braucht eine dreiteilige Artikelfolge um sich des erkennbaren Eindrucks der großangelegten Kulturgeschichte zu erwehren und endlich pflichtschuldig deren Tendenz zu geißeln. Seiner Sympathien für Chamberlain allerdings musste sich Salten nicht schämen. Chamberlain war bekanntlich Fackel-Autor, Hofmannsthal fand Joseph Redlich gegenüber, dass der „Polyhistor" den „ausgeruhtesten Kopf zum Schwindeln" bringe. Nicht nur den Saltens also, der verblüffende Übereinstimmungen in seinem antiliberalen Vokabular mit dem Chamberlains („Humanitätsduselei", „Sentimentalitätsepoche", „Toleranzphrase", „papierene Herrlichkeit" vs. „Flammen der Idee" usw.) nicht verheimlichen wollte. Fünfteilig gar ist die Abhandlung, die Salten unter der anspruchsvollen Überschrift „Das Theater und die Juden" in der „Welt" veröffentlicht. Eindrucksvoll hier u.a. Saltens Ausführungen zum gestischen Vokabular und der Physiognomik jüdischer Schauspielkunst, die er aus „Atavismen" ableitet. Sie hat weniger Tradition in ihrer individuellen Selbstbildungsintention, sondern steht näher, so Salten, Theorien über den Ursprung der Kunst aus einem praktischen Lebensmotiv: Reale Leidensgeschichte und Überlebenszwänge des jüdischen Volkes bilden sich in ihr ab. Witz, Kritik und Melancholie sind ihre Ausrucksformen. Seine Erläuterungen zur jüdischen Bühnendichtung sind unverbindlicher. Ihr war, weil Theater von nationalen Prägungen bestimmt sei,

bislang keine historische Gelegenheit geboten. Umso stärker versucht Salten jüdisches Theater aufgrund des habituell kritischen Talents der Juden prospektiv mit dem zeitgenössisch modernen zu verknüpfen. Die visionären Pathosformeln, mit denen Bahr schon 1887 in seinem frühen Ibsen-Aufsatz eine neue künstlerische Aufbruchsepoche beschwor, kehren wieder in Saltens Appellen im Parteiblatt der nationaljüdischen Bewegung Herzls: „Wenn dann der große Mann erscheint, dessen wir gewärtig sein dürfen, wird er sein Volk finden."
Salten trat in der „Welt" aber nicht nur als Gastautor auf, sondern er stand dem Blatt gegenüber eine Zeit lang auch in einer engeren Verpflichtung. Er war von der Nr. 16 bis zur Nr. 26 Verfasser der Kolumne „Die Woche", die aktuelle Ereignisse innerhalb und außerhalb der Monarchie kommentierte. Diese durchaus heikle Bindung behielt er wohl im Auge, die Texte blieben ohne Namenszeichnung. In die Redaktion kam er, darauf deuten einige Hinweise von Zeitgenossen, ungern. Adolf Pollack gibt in seinem unveröffentlichtem Index zur „Welt" („Zionistische Chronologie") den Hinweis auf Saltens Autorschaft, ebenso handschriftliche Teilmanuskripte (CZA). Wer „Saltenisch" (Beer-Hofmann) aber zu lesen versteht, dem bestätigen ohnedies sehr schnell sich die Hinweise. Saltens journalistische Geübtheit und seine zionistische Überzeugung verrät sich effektvoll in seinen Attacken gegen den „Pan-Antisemitismus" und, mehr noch, gegen die Schmach des Assimilantentums, das er als „Defect an den natürlichsten Instincten" in vielerlei Szenen vorführt.

Versammlungsaufruf Wiener Antisemiten, 1923. (DÖW)

Saltens Name als Schriftsteller und Journalist gewann in den Jahren vor und nach der Jahrhundertwende schnell an Bekanntheit und Ansehen. Sein Vorsatz zu „wirken" zeitigte Ergebnisse, auf diesem Erfolgsweg wohl auch einige recht dauerhafte persönliche Feindschaften. Den Kontakt zur zionistischen Bewegung hat er dennoch aufrechterhalten, nicht nur in Wien. Er war gefragt als Redner auf zionistischen Veranstaltungen und später, als prominenter Vertreter des Wiener Kulturestablishments, durchaus auch als Gast von Veranstaltungen der Gemeindegremien. Der Redner, so geht aus den Berichten darüber hervor, wusste einen Saal in Stimmung zu bringen. Aufsehenerregend vor allem war Saltens Auftritt vor dem Verein Bar Kochba in Prag am 16. Januar 1909. Der Prager Zionismus war inspiriert insbesondere von den kulturtheoretischen Ideen Martin Bubers. Die erste seiner „Drei Reden über das Judentum" hielt Buber an diesem selben Festabend. Er sprach nach Salten, dessen Rede so begeisterte Reaktionen im Saal auslöste, dass Buber fürchtete, „den Kontakt mit unserem Publikum nicht finden zu können." Das Thema der Rede – sie wurde eine Woche später in der „Selbstwehr" veröffentlicht – war „Der Abfall vom Judentum". Wo vor allem findet er statt? „Immer in der jüdischen Oberschicht, immer unter jüdischen Gebildeten, immer unter den wirtschaftlich Fortgeschrittenen," so lautet Saltens These, die er mit tribunaler Rhetorik paraphrasiert. Dies, der agitatorisch zugespitzte Gegensatz zwischen dem arrivierten und zugleich moralisch kompromittierten Assimilantentum und der Unbeugsamkeit und Authentizität jüdischen Selbstbewusstseins, war Idee und Modell, mit dem Salten vielfach rhetorisch glanzvoll in Erscheinung trat. Mit deren Erfolg ließ sich freilich nicht immer und dauerhaft rechnen, zumal die zionistische Bewegung an Kraft, Einfluss und auch an kontroverser Vielgestaltigkeit nach innen rasch gewann. Aus Pressburg etwa ist Ende der 20er Jahre eine recht heftige Debatte über einen Salten-Vortrag bekannt. Oskar Neumann zettelte sie an mit Kritik an Saltens Lavieren, an dessen gehaltloser Improvisation von mal polemischen, mal diplomatischen Floskeln.
Sicher war die Tendenz von Saltens Äußerungen (nicht nur) als Redner in den 20er und 30er Jahren weniger die eines zionistischen Agitators, sondern eher die der innerjüdischen Integration und der Wahrnehmung jüdischer Interessen in

einer zunehmend bedrohlichen, ja auswegslosen historischen Situation. Hier einen Weg zu finden, einen persönlich schlüssigen und öffentlich glaubwürdigen Weg, machte Differenzierungen und entspannende Klärung notwendig. Im August 1923 ist Salten Korrespondent der *Neue Freie Presse* bei dem 13. Zionistenkongress in Karlsbad. Begeisterte Zustimmung für Chaim Weitzmann („eine geborene Führernatur") verbindet er mit Warnung vor dem Kurs der radikalen „Zionshüter" und mit der Aufforderung an den geneigten Leser jüdischer Herkunft „jedem hinzuhelfen, der hin will". Niemand von unsereinem, versichert er sogleich, sei gemeint, „weil wir hier in festen Gemeinschaften sitzen, einem Land und seinem Schicksal unlösbar verwachsen und verbunden."

Das Pathos konnte kraftvoll und zuversichtlich klingen, aber auch verzweifeln. Acht Jahre später, am 13. Februar 1931 erscheint ein Aufsatz Saltens unter der Überschrift „Kultusgemeinde". Es ist ein deprimiertes Fazit sowohl über die innere Verfassung des Judentums wie über die zurückgewiesenen Bemühungen der Juden gute österreichische Patrioten zu werden. Es ist zugleich ein mutiges Bekenntnis des Autors zum Judentum, das die NFP hier ihren Lesern darbietet. Bis zum Gang ins Exil bleibt das der zunehmend resignative Appell Saltens: dass eine Koexistenz doch noch erreichbar werde zwischen dem verbliebenen Österreichertum, dem österreichischen Katholizismus, dem er sich in „herzlicher Verehrung" versichert, und dem „uralten Väterglauben".

Als Literatur- und Theaterkritiker hatte es Salten – Merkmal auch dies einer Befangenheit im Kunstschaffen und der zeitgenössischen Theaterpraxis dem Thema gegenüber – nur in relativ wenigen Fällen zu tun. Wenn dies anstand, etwa in der Besprechung von Herzls „Das neue Ghetto" Anfang Januar 1898 (Carl-Theater) oder Schnitzlers „Der Weg ins Freie" oder dem „Professor Bernhardi" ist an den Äußerungen unverkennbar, wie allerdings auch Salten dieser Befangenheit Tribut zollt. Dem „neuen Ghetto" gegenüber hält er eine kunstvolle Balance zwischen dem forschen Eintreten für den Stoff und dem Mängelattest für seine künstlerische Bewältigung. In unmittelbarer zeitlicher Nachbarschaft zu der flammenden Rede über den „Abfall des Judentums" in Prag bringt es Salten zuwege in seiner Besprechung von Schnitzlers Roman, der bekanntlich für einige Befremdung im Freundeskreis sorgte, nicht mit einem Satz einzugehen auf dessen weitläufige Passagen, die sich mit der aktuellen Problematik jüdischer Existenz in einer leidenschaftlichen Weise beschäftigen. Es handele von den „Problemen unserer österreichischen Gegenwart", verrät der Rezensent, und: „Ich käme zu sehr ins Weite, wenn ich es versuchen möchte, diese Meinungen zu diskutieren". Mit welcher Selbstdisziplin Salten auf eine Konfliktlage reagiert, die er zweifellos gut und sicher überblickte, bezeugt auch sein unmissverständlicher Rat an Schnitzler bei der Freigabe des „Bernhardi" für die Bühne den „Gefährlichkeitspunkt" zu beachten; er warnte und er riet das Stück zurückzuhalten.

– III –

Saltens so vielgestaltige literarische Tätigkeit über ein halbes Jahrhundert durchzieht, soviel machen auch diese kursorischen Hinweise deutlich, ein wenn auch intermittierender zionistischer Diskurs. Er war ein Beispiel, ein rares Beispiel tätiger Solidarität eines jüdischen Intellektuellen zu „meinem Volk". Dessen Wiener Gemeinde half mit den verbliebenen Möglichkeiten dem Siebzigjährigen in dankbarer Verpflichtung über die Grenze ins rettende Exil. Deutlich freilich werden auch die Dependenzen, die Rücksichtnahmen, die Abwägungen, die dieses Engagement modulieren; die Konfliktzonen zwischen der Tätigkeit in einer von liberalen Prinzipien bestimmten Kultursphäre, in der er Wirkung erstrebte und in der ihm Wirkung zufiel, und der liberalismuskritischen These seiner literarischen Agitation für den Zionismus.

Saltens Sympathie für den Zionismus und die Art und Weise sie zum Ausdruck zu bringen sind zweifellos beeinflusst von einer biographischen Dynamik, auf die einleitend einige Verweise gegeben worden sind. Er bekommt früh Einblick in die permanent aktivierten Klassifikationsmechanismen gerade innerhalb der Assimilationsgesellschaft, deren Opfer er und seine Familie wurde. Der Vater, am Boden liegend, huldigt selbstrespektlos noch deren Idealen. In seinen zionistischen Traktaten und rhetorischen Bravourstücken kann Salten sich, stets unter Beifallstürmen, nicht genug daran tun, Beispiele und Bilder dieser Schmach zu entwerfen; vielfältiger und passionierter als solche der alltäglichen Judenfeindschaft. Die spätere Wiederannäherung an den Vater war „aus enthusiastischem Bewundern und erschüttertem Mitleid gemengt". Ihm, dem Vater, sei es, so heißt im Palästina-Buch, am Ende seines Lebens darum leichter geworden sich „den schwankenden Gestalten, die ihm nahten sich willig hinzugeben", weil der Sohn inzwischen „im Judentum Daseinsinhalt, Größe und Mission erblickte".

Die exklusiven Leitbilder des liberalen Judentums sind auf „Bildung" gegründet, repräsentativ und gestaltbildend vor allem in einem fingierten Kulturösterreichertum. Der zionistische Diskurs, dem Salten sich früh und spontan anschließt, ist eine intellektuelle „Störerfahrung" (P. Sloterdijk) gegenüber der vor allem ästhetischen Relevanz dieses Bildungspathos, auch gegen einen „leidigen Intellektualismus", wie er an vielen Stellen Saltens Zeitdiagnosen motiviert. Dem Funktionskreis dieser hypertrophen Kultursphäre hat er sich natürlich keineswegs entzogen. Die Reibungen werden beispielhaft deutlich: zwischen den materiellen Definitionen, die Salten der jüdischer Schauspielerei gibt, einerseits und den idealistischen Visionen vom „großen Mann", dem Kunstabsolutismus des „Jungen Wien" Hermann Bahrs entlehnt, andererseits. Auch die geheime Bewunderung für den prätentiösen „Dilettantismus" Chamberlains hat hier Wurzeln.

Die zionistischen Proklamationen dagegen verheißen Kühnheit, Authentizität, Versinnlichung, organische Verknüpfung geistiger und körperlicher Arbeit; eine integrale Existenz. Die Fusion mit Parolen des expressionistischen Aktivismus, mit einem „neuen Pathos", „jasagenden Pathos" (Stefan Zweig 1909) von Tat, Wille, Leben förderte die Rhetorik weltbewegender Appelle, die Salten mit der zionistischen Mission verknüpft. Der Palästinabericht, im Besonderen der über die Siedlungen der Chaluzim, jener „neuen Menschen auf alter Erde", bietet dafür die eindrucksvollsten Ausführungen.

Diesen Begriffsfusionen aber gibt Salten eine sehr eigene lebensphilosophische Richtung. Sie ist Merkmal seiner autodidaktisch geprägten Bildung, vermittelt aber auch seinem Wirkungsbewusstsein eine über das Intentionale hinausgehende Dimension. In ihrer gesinnungstaften, eher weltanschaulichen als theoriefähigen Form erwirbt sie Salten ein umkompliziert erworbenes geistiges Mitspracherecht. Es ist eine populäre Axiomatik, die dem Lebensgesetz, dem Lebensrecht eine aktualistisch unhistorische, anomische (und prinzipiell auch a-moralische) Geltung zuspricht. Sie fand, wirkungsstark ästhetisierbar, in der Erscheinung des Bürgermeisters Lueger den adäquaten Widerhall. In der erregt urteilslosen Vergegenwärtigung von dessen Figur und Arena ist kaum Gelegenheit, auf dessen Antisemitismus zu sprechen zu kommen. Der faszinierte Positivismus, der in diesen Hohlformen eines zeitgenössischen Geschichtsdenkens wirkt, ließ Salten leichten Herzens von der Monarchie Abschied nehmen, umso beherzter aber für das jüdische Lebensrecht und Kulturexperiment in Palästina Partei ergreifen. Freilich mit der Warnung – darauf verweist das merkwürdig chiffrierte Streitgespräch mit dem jungen Siedler in dem Palästina-Buch –, diesen großen historischen Plan des jüdi-

Ansichtskarte Tel-Aviv – Herzl Straße, um 1925. (JMW)

schen Volkes von intellektueller These (oder „pfäffischer" Orthodoxie) bestimmen zu lassen. Die lebensphilosophische Prämisse ist in Saltens Zionismus das universale Gesetz, das die jüdische Assimilationsphilosophie mit dem rationalen und moralischen Argument begründete.

Die Unbefangenheit der Beobachtung, die sie ermöglichte, hat Salten die gesellschaftliche Bewegung und auch die sich stauende Terrorbereitschaft unter der Kulturoberfläche früher als andere wohl wahrnehmen lassen – Nur in einer porträtistischen Fixierung allerdings, mit wenig politischem Verstand und verführbar von den Potenzialen ihrer ästhetisierbaren Ereignishaftigkeit. Ihrer Triebkraft und ihren historischen Resultaten gegenüber blieb er so hilflos wie manche restaurativen Utopien seiner Freunde und „Generationsexponenten" (Hofmannsthal). So hilflos, dass er, der Zionist, später noch unter einen schweren Verdacht geriet.

„Immer privat" nannte Stefan Zweig mit hörbarer Einschränkung Saltens Engagement für die Sache des Judentums. Sicher war es in seinen primären Motivationen Ausdruck eines identitären Bedürfnisses; eine Form von Selbststabilisierung, die in einem dominanten Milieu kontrafaktisch festgehaltener Universalitätspostulate ohne Kompromisse und Halbheiten, reaktiv auch ohne Überzeichnungen und Stilisierung, ohne Kalkül nicht auskam. Diesem oft überwertigen Kalkül, das zu Klarstellungen oft leider erst gezwungen werden musste, entsprach nicht selten allerdings ein provozierbares Temperament, das sich, auch aus weniger zwingendem Anlass, herausgefordert fand und antijüdischer Feindseligkeit demonstrativ entgegentrat. Hofmannsthal (Aufzeichnungen 1917 – 1918) empfand diese Haltung Saltens vielfach als „Schiefheit", Schnitzler (Tagebücher,. 2.2.1919) „bei allen fast furchtbaren Mängeln" als „etwas Unzerstörtes und Unzerstörbares in ihm".

Die Bemerkung Schnitzlers, zwischen Zustimmung und Distanzierung schwankend, scheint geeignet Urteil und biographische Einsicht zu vermitteln; geeignet, sich über den „schwierigen" Autor, gerade unter dem thematischen Aspekt der Überschrift, weiter Gedanken zu machen.*

---

* Eine umfangreiche Studie des Verfassers zur intellektuellen Biographie Felix Saltens als österreichisch-jüdischer Schriftsteller erscheint Ende dieses Jahres im Verlag C. Winter (Heidelberg).

KINEMATOGRAPHEN·THEATER

DIRKTION G. HOMES

LEBENDE BILDER

UNUNTERBROCHEN ZUSEHEN

WELTPANORAMA ABNORMITÄTEN ILLUSIONEN

GRÜSSE aus dem HOMES FEY THEATER
nur
I KOHLMARKT 10.

Christian Dewald

Filmografie Felix Salten

Ansichtskarte „Homes-Fey-Theater", Wien I, Kohlmarkt 10, um 1905. (Bezirksmuseum Meidling)

Die vorliegende Filmografie fasst den Versuch einer umfassenden Darstellung von Felix Saltens Arbeit als Drehbuchautor und Regisseur sowie Autor literarischer Vorlagen für den Film. Ein Anspruch lückenloser Vollständigkeit kann nicht erhoben werden. Vor allem werden immer wieder Titel aus der Weltkino- und TV-Produktion auftauchen, die nach Saltens literarischen Vorlagen entstanden sind.

Neben dem „Kino Salten" wurden österreichische TV-Produktionen berücksichtigt. Auf die Darstellung von Filmprojekten Saltens sowie auf Zensurdaten wurde verzichtet. Relevant für die Jahresangaben waren das jeweilige Uraufführungsdatum, nicht das Herstellungsjahr. War die Originallänge der Stummfilme nicht eruierbar, wurde die Zensurlänge angegeben.

Der Autor dankt an dieser Stelle den Mitarbeitern Peter Spiegel und Anton Thaller vom Filmarchiv Austria, Martin Prucha vom ORF-Archiv sowie dem Herausgeber Werner Michael Schwarz für Datenkorrekturen und Hinweise.

STUMMFILME

DER SHYLOCK VON KRAKAU
D 1913
Regie: Carl Wilhelm
Buch: Felix Salten
Bauten: Hermann Warm
Darsteller: Rudolf Schildkraut (Isaak Levi), Beate Ehren (seine Tochter Rahel), Lia Rosen (seine Tochter Mirjam), Friedrich Kühne (der Rabbi), Carl Wilhelm (von Zamirsky)
Atelier: Union-Atelier, Berlin-Tempelhof
Produktion: Projektions-AG „Union" (PAGU), Berlin
Länge: 1284 Meter, 4 Akte
Uraufführung: Oktober 1913, Berlin (U.T. Friedrichstraße)

GERETTET
A 1914
Buch: Felix Salten
Darsteller: Hans Hübner, Eugenie Reingruber
Produktion: Erste kontinentale Edison Kinetophone-Unternehmung Altschul & Gold, Wien
Länge: 2 Akte
Uraufführung: 18.11.1914, Wien

DAS URTEIL DES ARZTES
D 1914
Regie: Max Mack
Buch: Felix Salten
Kamera: Max Lutze
Darsteller: Albert Bassermann (Dr. Erwin Hofmüller), Else Bassermann
Atelier: Union-Atelier, Berlin-Tempelhof
Produktion: Projektions-AG „Union" (PAGU), Berlin; Vitascope GmbH, Berlin
Länge: 968 Meter, 3 Akte
Uraufführung: 13.12.1914

EN OPSTANDELSE
Alternativtitel: GENOPSTANDELSEN
Titel i. Österreich und Deutschland: AUFERSTEHUNG; DIE ZWEIMAL STERBEN
Titel i. GB: A RESURRECTION
DK 1915
Regie: Holger-Madsen
Buch: Felix Salten
Kamera: Marius Clausen
Darsteller: Valdemar Psilander (Konstantin Frübner), Ebba Thomsen (Marie), Ebba Lorentzen (Lotti, Maries Tochter), Else Frölich (Daisy Leblanc), Carl Alstrup (Eduard Koberwein), Rasmus Christiansen (Leopold Schenk, Musiklehrer), Mathilde Felumb-Friis, Agnes Andersen, Charles Willumsen
Produktion: Nordisk Films Kompagni
Länge: 3 Akte
Uraufführung: 28.4.1915

DER SCHUSS IM TRAUM
Alternativtitel: EIN SCHUSS IN DER NACHT
D 1915
Regie: Max Mack
Buch: Felix Salten
Bauten: Ludwig Kainer
Darsteller: Friedrich Féher
Atelier: Union-Atelier, Berlin-Tempelhof
Produktion: Projektions-AG „Union" (PAGU), Berlin
Produzent: Paul Davidson
Länge: 3 Akte
Uraufführung: Juli 1915

DIE GLÜCKSSCHMIEDE
D 1916
Buch: Felix Salten
Darsteller: Rudolf Schildkraut, Guido Herzfeld, Else Roscher
Atelier: Greenbaum-Film-Atelier, Berlin-Weißensee
Produktion: Greenbaum-Film GmbH, Berlin

DER GLÜCKSSCHNEIDER
A 1916
Regie: Hans Otto Löwenstein
Buch: Felix Salten
Darsteller: Rudolf Schildkraut (Schneidermeister Schramek), Josef Schildkraut, Mizzi Griebel, Mela Schwarz
Drehort: Triest, Freilichtatelier Mauer bei Wien
Produktion: Phillipp & Preßburger. Allgemeine Kinematographen und Film-Ges., Wien
Verleih: Phillipp & Preßburger. Allgemeine Kinematographen und Film-Ges., Wien
Länge: 1130 Meter, 3 Akte
Kinostart: 7.1.1916, Wien

Filmplakat: „Der Narr des Schicksals", 1916.

MORITZ WASSERSTRAHL ALS STRATEGE
Alternativtitel: MORITZ WASSERSTRAHL; MORITZ ALS STRATEGE; AUS MORITZ WASSERSTRAHLS SOLDATENZEIT
A 1916
Regie: Carl Wilhelm
Buch: Felix Salten
Darsteller: Heinrich Eisenbach (Moriz Wasserstrahl)
Produktion: Sascha-Meßter-Filmfabrik Ges.m.b.H., Wien
Produzent: Sascha Kolowrat
Verleih: Phillipp & Preßburger. Allgemeine Kinematographen und Film-Ges., Wien
Länge: 600–650 Meter, 2 Akte
Kinostart: 24.3.1916, Wien

DER NARR DES SCHICKSALS
A 1916
Regie: Felix Salten
Buch: Felix Salten
Darsteller: Rudolf Schildkraut
Drehort: Freilichtatelier Mauer bei Wien, Triest
Produktion: Phillipp & Preßburger. Allgemeine Kinematographen und Film-Ges., Wien
Verleih: Phillipp & Preßburger. Allgemeine Kinematographen und Film-Ges., Wien
Länge: 1000–1130 Meter, 3 Akte
Erstaufführung: 24.3.1916, Wien

DER EISERNE WILLE
D 1918
Regie: Adolf Gärtner
Buch: Hans Hennings (d. i. Else Bassermann), Felix Salten
Darsteller: Albert Bassermann, Else Bassermann, Rose Liechtenstein, Max Ruhbeck
Atelier: Greenbaum-Film-Atelier, Berlin-Weißensee
Produktion: Greenbaum-Film GmbH, Berlin
Länge: 1461 Meter, 4 Akte
Uraufführung: Jänner 1918, Berlin (Mozartsaal)

DR. SCHOTTE
D 1918
Regie: William Wauer
Buch: Hans Hennings (d. i. Else Bassermann), nach einem Entwurf von Felix Salten
Musik: Guiseppe Becce
Darsteller: Albert Bassermann, Else Bassermann
Atelier: Greenbaum-Film-Atelier, Berlin-Weißensee
Produktion: Greenbaum-Film GmbH, Berlin
Länge: 1565 Meter, 4 Akte
Uraufführung: 30.8.1918

HERZTRUMPF
D 1920
Regie: Ewald André Dupont
Buch: Max Jungk, Julius Urgiss
Literarische Vorlage: nach Felix Saltens Novelle *Toni Holms Aufstieg* (1911)
Kamera: Karl Hasselmann
Bauten: Robert Dietrich
Darsteller: Hans Mierendorff (Dühringer jr.), Hermann Vallentin (Sebaldus Dühringer, Industrieller), Lu Jürgens [= Marie Louise Jürgens] (Tini Holm), Adele Sandrock (Tinis Mutter), Leonhard Haskel (Tinis Vater), Georg John, Hugo Döblin
Produktion: Gloria-Film GmbH, Berlin
Verleih: Hansa-Film-Verleih
Produzent: Hanns Lippmann
Zensur: 8.11.1920
Länge: 1705 Meter, 5 Akte

OLGA FROHGEMUTH
Ungarischer Verleihtitel: MINDHALÁLIG
A 1922
Regie: Louise Kolm, Jakob Fleck
Buch: Fritz Löhner-Beda
Literarische Vorlage: nach Felix Saltens Erzählung *Olga Frohgemuth* (1910)
Darsteller: Karl Forest (Gymnasialprofessor Frohgemuth), Anna Helm (Johanna, seine Frau), Dora Kaiser (Olga), H. Brausewetter, Julius Strobel (Der Herzog), Robert Nerval (Prinz Peter-Emanuel, sein Sohn), Gustav Siege (Sein Adjutant), N. Neidinger (Herr Klinger), K. Steinböck (Sein Sohn Hans), Ferdinand Onno (Kammermusiker Eugen Richter)
Produktion: Wiener Kunstfilm-Industrie
Produzent: Anton Kolm, Jakob Fleck, Louise Kolm
Verleih: Das Kino Ges.m.b.H.
Länge: 1800 Meter, 5 Akte
Pressevorführung: 4.11.1921
Kinostart: 17.3.1922

GRAF FESTENBERG
Titel i. Österreich: DER KELLNERGRAF
D 1922
Regie: Friedrich Zelnik
Buch: Fanny Carlsen
Literarische Vorlage: nach Felix Saltens Einakter *Graf Festenberg* (1908)
Darsteller: Friedrich Zelnik, Charles Willy Kayser, Harald Paulsen, Maria Widal, Paul Rehkopf, Heinrich Peer
Produktion: Zelnik-Mara-Film GmbH, Berlin
Produzent: Friedrich Zelnik
Verleih i. Österreich: Oefa-Films-Co, Ges.m.b.H., Wien
Länge: 1560 Meter, 6 Akte
Uraufführung: 7.12.1922, Berlin (Marmorhaus)

DER TÜRMER VON ST. STEFAN
Alternativtitel: DIE JUDEN VON GRANADA; DER JUDE VON GRANADA
A 1923
Buch: Felix Salten
Darsteller: Albert Heine, Robert Valberg, Annemarie Steinsieck
Produktion: Vienna-Film
Verleih: Ifuk – Intern. Kinem. U. Film-Ges.m.b.H.
Länge: 1800 Meter, 5 Akte, Vorspiel
Kinostart: 5.10.1923, Wien

DAS VERBOTENE LAND
Alternativtitel: DIE LIEBE DES DALAI LAMA
Französischer Verleihtitel: LE PAYS DEFENDU
Ungarischer Verleihtitel: A TILALOM FÖLDJE (TIBET)
Italienischer Verleihtitel: I MISTERI DEL TIBET, O LA BAJADERA DEL TEMPIO
A 1924
Regie: Friedrich Fehér
Buch: Felix Salten
Literarische Vorlage: nach *Jeanne qui rit et Jeanne qui pleurt* von Keranion
Darsteller: Erika Glässner, Vilma Banky, Hansi Frühwirt, Marie Gutheil-Schoder, Albert Heine (Oberlama), Hugo Thimig, Oskar Beregi, Karl Goetz, Oskar Sachs, Viktor Kutschera (Unterpriester), Adolf Weisse (Unterpriester), Viktor Franz, Anton Tiller, Hans Lackner, Ellen Tells, Georg Ban
Atelier: Rosenhügel
Drehort: Wien
Produktion: Vita-Film AG, Wien
Verleih: Zuckerberg & Co; Quintter
Länge: 2150 Meter, 6 Akte
Kinostart: 28.3.1924, Wien

MODERNE EHEN
D 1924
Regie: Hans Otto (d. i. H. O. Löwenstein)
Buch: Hans Otto, Josef Kokeisl
Literarische Vorlage: nach Erzählungen von Felix Salten, Paul Busson, Béla Balázs
Kamera: Fritz Baier, Gustav Roth
Darsteller: S. Polonsky (Professor Holstein), Helena Makowska (Thea Holstein), Ernst Stahl-Nachbaur (Baron von Norden), Claude France (Baronin von Norden), Harry Nestor (Dr. Fritz Röller), Fritz Kortner (Diener), Ellen Reith (Baroness Elsa Bassian), H. Weil (Fritz von Hardt), Paul Askonas (Generaldirektor Möller), Wilhelm Dieterle (Prof. Heinrich), Dagny Servaes
Drehort: Wien
Produktion: Welt-Film, Karl Wiesel, München
Verleih: Hansa-Leih der Ufa
Länge: 2087 Meter, 6 Akte
Uraufführung: 10.12.1924 (Ufa-Theater Kurfürstendamm)

KOMÖDIANTEN
D 1925
Regie: Karl Grune
Buch: Felix Salten
Kamera: Karl Hasselmann
Entwürfe: Karl Goerge
Musik: Willi Schmidt-Gentner
Bauten: Karl Goerge, Erich Zander
Kostüme: Ali Hubert
Darsteller: Owen Gorin (Ein junger Prinz), Victor Schwanecke (Der Direktor des Residenztheaters), Eugen Klöpfer (Alex Swinborne, Schauspieler), Hermann Picha (Sein Garderobier), Jaro Fürth (Der Inspizient), Ferry Sikla (Der Schmierendirektor)
Die Mitglieder seiner Truppe: Adolf Edgar Licho (Der Charakterspieler), Fritz Rasp (Der jugendliche Liebhaber), Fritz Kampers (Der erste Held), Lya de Putti (Die Sentimentale), Margarete Kupfer (Die Frau Direktor), Robert Leffler, Josef Römer, Statisten, Bühnenarbeiter, Theaterarzt, Wirte, Zuschauer usw.
Atelier: Staaken
Aufnahmeleitung: Willy Lehmann
Produktion: Stern-Film G.m.b.H., Berlin
Verleih (f. D.): Landlicht-Filmverleih G.m.b.H., Berlin
Länge: 2202 Meter, 5 Akte
Uraufführung: 23.2.1925, Berlin (Mozartsaal)

SCHWERE JUNGEN – LEICHTE MÄDCHEN
Alternativtitel: SCHWERE JUNGEN – LEICHTE MÄDCHEN; SCHWERE JUNGS – LEICHTE MÄDCHEN
Untertitel: EIN HEITERER ZILLE-FILM
D 1927
Regie: Carl Boese
Buch: Luise Heilborn-Körbitz
Literarische Vorlage: nach Felix Saltens Roman *Martin Overbeck. Der Roman eines reichen jungen Mannes* (1927)
Kamera: Karl Hans Gottschalk
Musik: Felix Bartsch
Bauten: Max Knaake
Darsteller: Eugen Burg (Martin Overbeck sen.), Gustav Fröhlich (Martin Overbeck jun.), Gottfried Hagedorn (Christoph), Renate Brausewetter (Tina Schaffner), Bernd Aldor (Dr. Hans Brunner), Viktor Horwitz (Aloys Mausberger), Carl Falkenberg (Peter Spieß, Maurer), Else Reval (Seine Frau Marie), Lissy Arna (Adele, ein leichtes Mädchen), Fritz Kampers (Der lange Max, Auflader), Wolfgang Zilzer (Hoppler), Trude Lehmann (Frau Hoppler), Hilde Maroff (Bertha), Walter Karel (Der Kleiderhändler), Harry Grunwald (Winkelhuber), Bruno Hönscherle (Körner)
Atelier: Ufa
Aufnahmeleitung: Karl Sander
Produktion: Carl Boese-Film G.m.b.H.
Verleih: National-Film A.-G.
Länge: 2640 Meter, 8 Akte
Uraufführung: 30.11.1927, Berlin (Primus Palast)

Illustrierter Filmkurier: Schwere Jungen, leichte Mädchen (Nach dem Roman von Felix Salten: Martin Overbeck), 1927. (Filmarchiv Austria)

DIE KLEINE VERONIKA
Titel i. D.: UNSCHULD
A 1930
Regie: Robert Land
Buch: Max Jungk
Literarische Vorlage: nach Felix Saltens Novelle *Die kleine Veronika* (1903)
Kamera: Otto Kanturek
Bauten: Julius von Borsody
Darsteller: Gaby Gilles (Gusti), Arthur Ranzenhofer (Franz Weber, Dorfschreiber), Anny Ranzenhofer (Frau Weber), Käthe von Nagy (Veronika Weber), Maly Delschaft (Tante Rosi), Mizzi Zwerenz (Kathi), Harry Hardt (Ferdinand), Karl Forest (ein reicher Wiener Hausbesitzer), Gustav Werner (Eugen), Anita Mutsam (Mali), Otto Hartmann (Franzl)
Atelier: Schönbrunn
Drehort: Wien (Stephansplatz, Graben, Prater), Tirol, Greifenstein
Produktionsleitung: Georg C. Horsetzky
Aufnahmeleitung: Helmut Schreiber
Produktion: Pan-Film AG, Wien; Nero-Film AG, Berlin
Verleih: Mondial-Filmindustrie A.-G.
Länge: 2400 Meter, 6 Akte
Uraufführung: 21.11.1929, Berlin (Atrium)
Kinostart: 17.1.1930, Wien

SCHRIFTSTELLERKONGRESS IN WIEN
Alternativtitel: P.E.N.-CLUB; PENCLUB
A 1929
Mitwirkende: John Galsworthy, Bürgermeister Seitz, Bundespräsident Miklas, Manjolovic (jugoslavischer Delegierter), Barbara Ring (norwegische Delegierte), Jova Amas-Küller (holländische Delegierte), Henry Canby (New York), M. Grieve (schottischer Delegierter), Prof. Richard Specht (Ehrensekretär des Wiener Penclubs), **Felix Salten (Vorsitzender des Wiener Penclubs),** Xirau (Spanien), Rocca (Italien), Stephan Zweig, Vaux de Folbier (französischer Historiker), Heinrich Ed. Jacob (Berliner Tageblatt), Rejsin (jiddischer Delegierter), Scholom Asch, Frau Roger-Marx (französische Delegierte), Frau Dr. Auernheimer, Prof. Marcell Dunan, Mia Bassini, Liesl von Rinaldini, Dr. Friedrich Schreyvogel, Polyanoff und Balabanoff (bulgarische Delegierte), Fülöp-Miller, Hellens (belgischer Delegierter), Benjamin Cremieux (Pariser Kritiker), Julien Benda, Janos von Bockay (ungarischer Delegierter), Grete von Urbanitzky (Gründerin des Wiener Penclubs), E. Colerus (Burgtheaterautor), Theodor Däubler (Vorsitzender der deutschen Gruppe), Axel Lundegaard (schwedischer Delegierter)
Drehorte: Wien (Belvedere, Wiener Landtagsgebäude, Kobenzl, Schloßhotel Kobenzl, Schönbrunn), Stift Melk, Wachau, Semmering
Anmerkung: Das Kongressbüro im Landtagsgebäude, Wien 1., Herrengasse 13, war von 20. bis 29. Juni geöffnet. Die Eröffnung des ersten Wiener Kongresses des Internationalen P.E.N. fand am 24. Juni 1929 im Kuppelsaal des Belverdere statt.
Länge: 471 Meter

TONFILME

STURM IM WASSERGLAS
Alternativtitel: DIE BLUMENFRAU VON LINDENAU; VIEL LÄRM UM TONI
A 1931
Regie: Georg Jacoby
Buch: Walter Wassermann, Walter Schlee, Felix Salten
Literarische Vorlage: nach der Komödie *Sturm im Wasserglas* von Bruno Frank
Kamera: Guido Seeber, Bruno Timm
Musik: Stefan Weiß, Arthur M. Werau;
Texte: Peter Herz
Bauten: Hans Jacoby
Ton: Alfred Norkus
Darsteller: Hansi Niese (Frau Vogl, Blumenhändlerin), Paul Otto (Dr. Thoß, Stadtrat), Renate Müller (Viktoria, seine Frau), Harald Paulsen (Burdach, Redakteur), Herbert Hübner (Quilling, Zeitungsverleger), Grete Maren (Lisa, seine Frau), Oscar Sabo (Paffenzeller, Magistratsdiener), Otto Tressler (Der Gerichtsvorsitzende), Franz Schafheitlein (Der Staatsanwalt), Eugen Günther (Erster Beisitzer), Karl Kneidinger (Zweiter Beisitzer), Alfred Neugebauer (Der Kellner), Melanie Horeschovsky (Das Dienstmädchen bei Thoß), Hedy Kielser (Büroangestellte im Rathaus)
Atelier: Sascha-Ateliers, Wien-Sievering
Produktion: Sascha Filmindustrie AG (Wien), Felsom-Film, Fellner & Somlo GmbH (Berlin)
Verleih: Felsom-Film, Fellner & Somlo GmbH, Berlin
Uraufführung: 13.3.1931, Wien (Sascha-Palast)

ARM WIE EINE KIRCHENMAUS
D 1931
Regie: Richard Oswald
Buch: Felix Salten, Heinz Goldberg
Literarische Vorlage: nach dem Bühnenstück *A templom, egere* von Ladislaus Fodor
Kamera: Walter Robert Lach
Musik: Ralph Benatzky, Rolf Jacobi;
Texte: Ralph Benatzky, Fritz Grünbaum
Musikalische Illustrationen: Grete Walter
Orchester: Kapelle Curt Lewinnek
Bauten: Franz Schroedter
Masken: Adolf Doelle, Emma Doelle
Ton: Hermann Birkhofer
Darsteller: Grete Mosheim (Susi Sachs), Anton Edthofer (Baron Thomas von Ullrich, Bankdirektor), Hans Thimig (Franz, sein Sohn), Charlotte Ander (Olly), Paul Hörbiger (Graf Thalheim, Verwaltungsrat der Bank), Fritz Grünbaum (Schünzl, Buchhalter), Paul Morgan (Quapil), Rina Marsa, Gerd Oswald, Senta Söneland
Atelier: D.L.S-Ateliers, Staaken bei Berlin
Produktionsleiter: Emil Justitz
Aufnahmeleiter: Walter Zeiske
Produktion: Richard Oswald-Produktion G.m.b.H., Berlin
Produzent: Richard Oswald
Verleih: Deutsches Lichtspiel-Syndikat A.-G., Berlin
Uraufführung: 5.11.1931, Berlin (Gloria-Palast)

UM EINEN GROSCHEN LIEBE
Alternativtitel: SCAMPOLO; SCAMPOLO, EIN KIND DER STRASSE
A 1932
Regie: Hans Steinhoff
Buch: Billy Wilder, Felix Salten
Literarische Vorlage: nach dem Bühnenstück *Scampolo* von Dario Nicodemi
Kamera: Curt Courant, Hans Androschin, Bernhard Hellmund
Musik: Franz Wachsmann
Musikalische Leitung: Artur Guttmann;
Texte: Max Kolpe
Bauten: Hans Sohnle, Otto Erdmann, Emil Stepanek
Ton: Alfred Norkus
Schnitt: Ella Ensink
Darsteller: Dolly Haas (Scampolo), Karl Ludwig Diehl (Maximilian), Oskar Sima (Philipps, Bankier), Paul Hörbiger (Gabriel, Zimmerkellner), Hedwig Bleibtreu (Frau Schmidt, Wäscherin)
Atelier: Sascha-Atelier, Wien-Sievering
Produktion: Lothar Stark-Film GmbH, Berlin
Produzent, Produktionsleiter: Anatol Potok
Uraufführung: 22.10.1932, Wien

UN PEU D'AMOUR (Französische Version von UM EINEN GROSCHEN LIEBE)
A 1933
Regie: Hans Steinhoff
Buch: Billy Wilder, Felix Salten; **französische Texte:** Paul Nivoix
Kamera: Curt Courant, Hans Androschin
Musik: Franz Wachsmann
Musikalische Leitung: Artur Guttmann
Bauten: Hans Sohnle, Otto Erdmann, Emil Stepanek
Ton: Alfred Norkus
Darsteller: Madeleine Ozeray (Miette), Marcel André (Maxime), Charles Dechamps (Flambert), Pierre Etchepare (Gabriel), Berthe Barsac (Madame Beurre), Rose Nivelle, Alfred Pasquali
Atelier: Sascha-Atelier, Wien-Sievering
Produktion: Lothar Stark-Film GmbH, Berlin
Produzent, Produktionsleiter: Anatol Potok
Uraufführung: 1933

ICH UND DIE KAISERIN
Alternativtitel: DIE KAISERIN UND ICH; DAS VERMÄCHTNIS DES MARQUIS VON S.; DAS STRUMPFBAND DER KAISERIN
D 1933
Regie: Friedrich Hollaender
Buch: Walter Reisch, Robert Liebmann, nach einer Idee von Felix Salten
Kamera: Friedl Behn-Grund
Musik: Friedrich Hollaender, Franz Wachsmann, unter Verwendung zeitgenössischer Motive und Kompositionen von Charles Lecocq, Edmond Audran, Jacques Offenbach
Musikalische Leitung: Franz Wachsmann;
Texte: Robert Gilbert, Friedrich Hollaender, Walter Reisch, Robert Liebmann
Orchester: Ufa-Jazz-Orchester
Ton: Gerhard Goldbaum
Schnitt: Heinz Janson, René Metain
Bauten: Robert Herlth, Walter Röhrig
Darsteller: Mady Christians (Kaiserin Eugénie von Frankreich), Lilian Harvey (Juliette, ihre Zofe), Conrad Veidt (Der Marquis von Pontignac), Heinz Rühmann (Didier, Notenschreiber am Hoftheater), Friedel Schuster (Arabella, Schauspielerin), Hubert von Meyerinck (Der Flügeladjutant), Julius Falkenstein (Jacques Offenbach), Hans Hermann Schaufuß (Der Regimentsarzt), Kate Kühl (Marianne), Heinrich Gretler (Der Sanitäter), Eugen Rex (Etienne, Diener des Marquis), Paul Morgen (Der Erfinder des Fahrrades), Hans Nowack (Der Erfinder des Telefons), Hans Deppe
Atelier: Ufa-Ateliers, Neubabelsberg
Produktionsleiter: Erich Pommer, Fritz Wechsler
Aufnahmeleiter: Otto Lehmann
Produktion: Universum-Film A.-G., Berlin (Ufa)
Produzent: Erich Pommer
Uraufführung: 22.2.1933, Berlin (Gloria-Palast)

THE ONLY GIRL (Englische Version von ICH UND DIE KAISERIN)
Alternativtitel: HEART SONG
D 1933
Regie: Friedrich Hollaender
Buch: Robert Liebmann, Walter Reisch, nach einer Idee von Felix Salten; **englische Dialoge:** Robert Stevenson, John Heygate
Kamera: Friedl Behn-Grund
Musik: Franz Wachsmann, Friedrich Hollaender
Darsteller: Mady Christians (Kaiserin Eugénie von Frankreich), Lilian Harvey (Juliette, ihre Zofe), Charles Boyer (Der Herzog), Friedel Schuster (Arabella, Schauspielerin), Ernest Thesiger (Der Flügeladjutant), Maurice Evans (Didier, Notenschreiber am Hoftheater), Julius Falkenstein (Jacques Offenbach), Huntley Wright (Der Regimentsarzt), Reginald Smith (Der Sanitäter), Ruth Maitland (Marianne), O. B. Clarence (Etienne, Diener des Herzogs)
Produktion: Universum Film AG (Ufa), Berlin
Produzent: Erich Pommer
Verleih: British Gaumont, London
Uraufführung: Mai 1933

MOI ET L'IMPERATRICE (Französische Version von ICH UND DIE KAISERIN)
D 1933
Regie: Paul Martin, Friedrich Hollaender
Buch: Robert Liebmann, Walter Reisch, nach einer Idee von Felix Salten; **französische Dialoge:** Bernhard Zimmer
Kamera: Friedl Behn-Grund
Musik: Franz Wachsmann, Friedrich Hollaender
Ton: Gerhard Goldbaum
Bauten: Robert Herlth, Walter Röhrig
Darsteller: Danièle Brégis (Kaiserin Eugénie von Frankreich), Lilian Harvey (Juliette, Zofe), Charles Boyer (Der Herzog von Campo-Formio), Pierre Brasseur (Didier, Notenschreiber am Hoftheater), Renée Devilder (Arabella, Schauspielerin), Julius Falkenstein (Jacques Offenbach), Julien Carette (Der Regimentsarzt), Pierre Stephen (Der Kaiser), Nilda Duplessy (Marianne), Michel Duran (Der Sanitäter), Jacques Ehrem, Fernand Frey, Willy Leardy, Verly
Produktion: Universum Film AG (Ufa), Berlin
Produzent: Erich Pommer
Verleih: Alliance Cinématographique Européenne, Paris
Uraufführung: 1933

LIEBELEI
D 1933
Regie: Max Ophuels
Buch: Hans Wilhelm, Curt Alexander, Max Ophuels unter Mitarbeit von Felix Salten (uncr.)
Literarische Vorlage: nach dem Bühnenstück *Liebelei* von Arthur Schnitzler
Kamera: Franz Planer
Musik, musikalische Leitung: Theo Mackeben
Bauten: Gabriel Pellon
Masken: Adolf Braun, Charlotte Pfefferkorn
Ton: Hans Grimm
Schnitt: Friedel Buckow
Darsteller: Paul Hörbiger (Der alte Hans Weiring, Kammermusiker), Magda Schneider (Christine, seine Tochter), Wolfgang Liebeneiner (Leutnant Fritz Lobheimer), Luise Ullrich (Mizzi Schlager), Willy Eichberger (Oberleutnant Theo Kaiser), Gustav Gründgens (Baron Rudolf von Eggersdorf), Olga Tschechowa (Baronin von Eggersdorf, seine Frau), Paul Otto (Major Leopold von Eggersdorf), Werner Finck (Binder, Cellist), Werner Pledath (Oberst Placzek), Ekkehardt Arendt (Leutnant von Lensky), Ossy Kratz-Corell (Der Zugführer), Else Reval (Handschuhladenbesitzerin), Walter Steinbeck
Drehorte: Berlin, Riesengebirge, Wien
Atelier: Jofa-Atelier Nr. 4, Berlin-Johannisthal
Produktionsleiter: Fred Lyssa, Ernst Reicher
Aufnahmeleiter: Heinz Landsmann
Produktion: Elite Tonfilm-Produktion G.m.b.H., Berlin
Produzent: Christoph Mülleneisen
Uraufführung: 24.2.1933, Wien

LIEBELEI (Französische Version)
Alternativtitel: UNE HISTOIRE D'AMOUR
D/F 1934
Regie: Max Ophuels
Künstlerische Oberleitung: Marcel Raval
Buch: Hans Wilhelm, Curt Alexander, Max Ophuels unter Mitarbeit von Felix Salten (un-cr.); **französische Dialoge:** André Doderet
Literarische Vorlage: nach dem Bühnenstück *Liebelei* von Arthur Schnitzler
Kamera: Ted Pahle, Franz Planer
Musik, musikalische Leitung: Theo Mackeben
Bauten: Kahn, Roger Arrignon, Gabriel Pellon
Schnitt: Ralph Baum
Darsteller: Abel Tarride (Weiring, Kammermusiker), Magda Schneider (Christine, seine Tochter), Wolfgang Liebeneiner (Leutnant Fritz Lobheimer), Simone Héliard (Mizzi Schlager), Georges Rigaud (Oberleutnant Théodore Berg), Gustav Gründgens (Baron Rudolf von Eggersdorf), Olga Tschechowa (Baronin von Eggersdorf, seine Frau), Paul Otto (Major von Eggersdorf), Pierre Stephen (Binder, Cellist), Georges Mauloy (Der Oberst), André Dubosc (Der Hausmeister)
Drehorte: Wien
Produktionsleiter: E. d'Anethan
Aufnahmeleiter: Ralph Baum
Produktion: Alma-Sepic, Paris; Elite Tonfilm G.m.b.H., Berlin
Uraufführung: 26.2.1934, Paris (Palais Rochechouart)

VORSTADTVARIETÉ
Alternativtitel: DIE AMSEL VON LICHTENTAL
A 1935
Regie: Werner Hochbaum
Buch: Werner Hochbaum, Ernst Neubach
Literarische Vorlage: nach Felix Saltens Drama *Der Gemeine* (1901)
Kamera: Eduard Hoesch
Musik: Anton Profes
Ton: Alfred Norkus
Schnitt: Ludolf Grisebach
Bauten: Alfred Kunz
Kostüme: Alfred Kunz
Darsteller: Mathias Wieman (Josef Kernthaler, Bauzeichner), Luise Ullrich (Mizzi Ebeseder, seine Braut), Oskar Sima (Franz Ebeseder, ihr Bruder, Volkssänger), Frida Richard (Mutter Kernthaler), Hans Moser (der alte Kernthaler), Lina Woiwode (Mutter Ebeseder), Olly Gebauer (Sophie, Volkssängerin), Anton Pointner (Oberleutnant Höfelmeyer), Otto Hartmann (Leutnant von Daffinger), Fritz Imhoff (der Feldwebel), Rudolf Carl (Edelfink, Schulmeister), Karl Skraup (Ansager und Klavierspieler), Lilian Bergoe (Mariska)
Atelier: Tobis-Sascha-Atelier, Wien-Sievering
Drehorte: Wien
Produktionsleiter: Rudolf Hans Baumeister
Aufnahmeleiter: Franz Hoffermann
Produktion: Styria-Film GmbH, Wien
Produzent: Ernst Neubach
Verleih: Dr. Hauser & Co
Weltverleih: Styria-Film GmbH, Wien
Kinostart: 17.1.1935, Berlin (Atrium)

FLORIAN
USA 1940
Regie: Edwin L. Marin
Buch: Noel Langley, James Kevin McGuinnes
Literarische Vorlage: nach Felix Saltens Roman *Florian. Das Pferd des Kaisers* (1933)
Kamera: Karl Freund
Musik: Franz Waxman, Eugene Zandor
Schnitt: Frank E. Hull
Bauten: Cedric Gibbons
Darsteller: Robert Young (Anton), Helen Gilbert (Diana), Charles Coburn (Hofer), Lee Bowman (Oliver), Reginald Owen (Kaiser Franz Josef), Lucile Watson (Gräfin), Irina Baronova (Trina), Rand Brooks (Victor), S. Z. Sakall (Max), William B. Davidson (Franz Ferdinand), George Lloyd (Borelli), George Irving (Bantry), Charles Judels (Redakteur), Maurice Cass, Victor Kilian
Produktion: Metro-Goldwyn-Mayer
Produzent: Winfried R. Sheehan
Uraufführung: 5.6.1940, New York City

BAMBI
USA 1942
Regie: David Hand
Buch: Larry Morey, Perce Pearce
Literarische Vorlage: nach Felix Saltens Novelle *Bambi. Eine Lebensgeschichte aus dem Walde* (1923)
Musik: Edward H. Plumb
Musikalische Leitung: Charles Henderson (Chor Arrangements); Paul J. Smith, Charles Wolcott (Orchestrierung); Alexander Steinert (Dirigent)
Bauten: Tom Codrick, Robert Cormack, Lloyd Harting, David Hilberman, John Hubley, Dick Kelsey, McLaren Steward, Al Zinnen
Stimmen der Darsteller: Hardie Albright (Adolescent Bambi), Stan Alexander (Young Flower), Peter Behn (Young Thumper), Thelma Boardman (Mrs. Quail), Marion Darlington (Bird Calls), Tim Davis (Adult Thumper / Adolescent Flower), Donnie Dunagan (Young Bambi), Sam Edwards (Adult Thumper), Ann Gillis (Adult Faline), Sterling Holloway (Adult Flower), Thelma Hubbard (Girl Bunny / Quail Mother / Female Pheasant), Cammie King (Young Faline), Mary Lansing (Aunt Ena / Mrs. Possum), Margaret Lee (Thumper's Mother), Fred Shields (Great Prince Of The Forest), Bobby Stewart (Baby Bambi), John Sutherland (Adult Bambi), Paula Winslowe (Bambi's Mother), Will Wright (Friend Owl)
Animatoren: Preston Blair, Jack Bradbury, Marc Davis, Phil Duncan, Art Elliot, Bernard Garbutt, Kenneth Hultgren, Ollie Johnston, Bill Justice, Milt Kahl, Eric Larson, Don Luks, Joshua Meador, Ken O'Brian, Art Palmer, George Rowley, Louis Schmitt, Retta Scott, Frank Thomas
Sequence directors: James Algar, Samuel Armstrong, Graham Heid, Bill Roberts, Paul Satterfield, Norman Wright
Background artists: Dick Anthony, Merle Cox, Ray Huffine, Travis Johnson, Ed Levitt, Bob McIntosh, Art Riley, Stan Spohn, Joe Stahley, Tyrus Wong
Story developers: Chuck Couch, Carl Fallberg, Melvin Shaw, Vernon Stallings, Ralph Wright
Produktion: Walt Disney Productions
Produzent: Walt Disney
Uraufführung: 8.8.1942

PERRI
dt. Titel: PERRIS ABENTEUER
USA 1957
Regie: Paul Kenworthy Jr., Ralph Wright
Buch: Winston Hilber, Ralph Wright
Literarische Vorlage: nach Felix Saltens Roman *Die Jugend des Eichhörnchens Perri* (1938/1942) zuerst erschienen in der englischen Übersetzung unter dem Titel *Perri. The youth of a squirrel* (1938)
Kamera: Winston Hilber, Roy Edward Disney
Musik: Paul J. Smith
Erzähler: Winston Hilber
Moderator: Walt Disney
Produktion: Walt Disney Productions
Produzent: Walt Disney
Uraufführung: 28.8.1957

THE SHAGGY DOG
dt. Titel: DER UNHEIMLICHE ZOTTI; STRUPP
USA 1959
Regie: Charles Barton
Buch: Lillie Hayward, Bill Walsh
Literarische Vorlage: nach Felix Saltens Erzählung *Der Hund von Florenz* (1923)
Kamera: Edward Colman
Musik: Hazel George, Will Schaefer, Paul J. Smith
Schnitt: James Ballas
Bauten: Carroll Clark, Emile Kuri, Fred M. MacLean
Darsteller: Fred MacMurray (Wilson Daniels), Jean Hagen (Freeda Daniels), Tommy Kirk (Wilby Daniels), Annette Funicello (Allison D'Allessio), Tim Considine (Buzz Miller), Kevin Corcoran (Moochie [Montgomery] Daniels), Cecil Kellaway (Professor Plumcutt), Alexander Scourby (Dr. Mikhail Andrassy), Roberta Shore (Franceska Andrassy), James Westerfield (Officer Hanson), Strother Martin (Thurm), Forrest Lewis (Officer Kelly), Ned Wever (FBI Chief E. P. Hackett), Gordon Jones (Captain Scanlon, Police Chief), Jacques Aubuchon (Stefano)
Produktion: Walt Disney Productions
Produzenten: Walt Disney, Bill Walsh
Uraufführung: 19.3.1959

DREIMAL HOCHZEIT
A 1965
Regie: Emil Feldmar
Bildregie: Peter Hey
Literarische Vorlage: nach Anne Nichols' New Yorker Schwank *Abie's Irish Rose* (1927)
Deutsche Bühnenbearbeitung: Felix Salten *Dreimal Hochzeit* (1928)
Kostüme: Ingrid Picca
Darsteller: Walter Varndal (Isaak Cohen), Gisa Wurzel (Isaak Cohens Frau), Gustav Elger (Rabbiner), Emil Feldmar (Salomon), Peter Machac (sein Sohn), Jutta Heinz, Georg Corten, Wolfgang Hebenstreit
Produktion: Österreichischer Rundfunk (ORF), Wien (Fernsehspiel)
Produktionsleitung: Karl Lackner
Sendedatum: 20.11.1965, 13.11.1966 (Wh.)

JOSEFINE MUTZENBACHER
BRD 1970
Regie, Buch: Kurt Nachmann
Literarische Vorlage: nach dem Felix Salten zugeschriebenen Roman *Josefine Mutzenbacher, oder Die Geschichte einer Wienerischen Dirne von ihr selbst erzählt* (1906)
Kamera: Heinz Hölscher
Musik: Gerhard Heinz
Ton: Karl-Friedrich Schmied
Schnitt: Arnd Heyne
Bauten: Fritz Jüptner-Jonstorff
Kostüm: Lilo Nöbauer
Maske: Sylvia Kramer
Darsteller: Werner Abrolat (Horak), Astrid Boner (Josefines Mutter), Hilde Brand (Frau Reintaler), Kurt Bülau (Ekkehard), Günter Clemens (Junger Mann), Alan D'Arnand (Rudolf), Kai Fischer (Lady J.), Bert Fortell (Marbach), Helmut Früchtenicht (Amtsarzt), Harry Hardt (Suchanek), Kurt Hepperlin (Kommissar), Renate Kasché (Zenzi), Nino Korda (Fotograf), Walter Kraus (Kooperator), Helga Machaty (Clementine), Maria Mante (Frau Hofrat), Hans Moellinger (Albert), Maria Raaber (Melanie), Tino Schubert (Herr), Christine Schuberth (Josefine), Uli Steigberg (Vater), Elisabeth Volkmann (Stiefmutter), Ernst Ziegler (Alter Mann), Eric Wedekind (Robert)
Drehorte: München, Wien
Produktionsleiter: Heinz Pollak
Aufnahmeleiter: Gerhard Poeschel
Produktion: Lisa-Film GmbH, München
Uraufführung: 21.8.1970

SCHÖNE SEELEN
A 1974
Inszenierung: Dietrich Haugk
Bildregie: Rainer C. Ecke
Literarische Vorlage: nach Felix Saltens Lustspiel in einem Akt *Schöne Seelen* (1925)
Bühnenbild, Kostüme: Monika Zallinger
Darsteller: Fritz Muliar (Heinrich, Zahlkellner), Elfriede Ott, Christian Futterknecht, Martin Costa, Alexander Waechter
Aufzeichnung: Theater in der Josefstadt, 5.12.1973
Produktion: Österreichischer Rundfunk (ORF), Wien
Sendedatum: 3.4.1974

STILLE UND ANDERE STUNDEN
Untertitel: 4 GESCHICHTEN UM FRITZ MULIAR
SCHÖNE SEELEN (1. Episode)
A/BRD 1976
Regie: Joachim Hess
Literarische Vorlage: nach Felix Saltens Lustspiel in einem Akt *Schöne Seelen* (1925)
Darsteller: Fritz Muliar, Hannelore Schroth, Franziska Kalmar
Produktion: Österreichischer Rundfunk (ORF), Wien / Bayerischer Rundfunk (BR), München (Fernsehfilm)
Sendedatum: 28.11.1976, FS1

THE SHAGGY D.A.
dt. Titel: ZOTTI, DAS URVIECH
USA 1976
Regie: Robert Stevenson
Buch: Don Tait
Literarische Vorlage: nach Felix Saltens Erzählung *Der Hund von Florenz* (1923)
Kamera: Frank V. Phillips
Musik: Buddy Baker
Schnitt: Bob Bring, Norman R. Palmer
Ton: Raymond Craddock, Evelyn Kennedy, Frank Regula, Herb Taylor
Special Effects: Art Cruickshank, Danny Lee, Eustace Lycett
Bauten: Perry Ferguson, John B. Mansbridge, Robert R. Benton
Darsteller: Dean Jones (Wilby Daniels / Elwood, the dog), Tim Conway (Tim, the Ice-Cream Man), Suzanne Pleshette (Betty Daniels), Keenan Wynn ('Honest' John Slade), Jo Anne Worley (Katrinka Muggelberg, Tim's Ice-Cream Conrad), Dick Van Patten (Raymond, Slade's Assistent), Shane Sinutko (Brian Daniels), Vic Tayback (Eddie Roschak), John Mythers (Admiral Brenner), Richard Bakalyan (Freddie), Warren Berlinger (Dip), Ronnie Schell (T.V. Director), Jonathan Daly (T.V. Interviewer), John Fiedler (Howie Clemmings), Hans Conried (Prof. Whatley), Michael McGreevey (Sheldon), u. a.
Produktion: Walt Disney Productions
Produzent: Bill Anderson, Ron Miller

KLEINE GABEN
Episodentitel: 1. VON EWIGER LIEBE / 2. IM CAFÉ / 3. IM PARK / 4. AUSBRUCH DES WELTFRIEDENS
A 1979
Regie: Georg Lhotzky (=Lhotsky) (1), Gernot Friedel (2+3), Herbert Fuchs (4)
Literarische Vorlage: nach Felix Saltens Einakter *Von ewiger Liebe* (1916) (EP 1), Herbert Rosendorfer (EP 2+3), Curt Goetz (EP 4)
Darsteller: *Episode 1:* Guido Wieland, Franz Winter, Josefin Platt, Ernst Anders, Karl Menrad, Cornelia Oberkogler *Episode 2:* Helma Gautier, Vilma Degischer *Episode 3:* Heinz Petters *Episode 4:* Hans Holt, Harry Fuss, Marion Elisabeth Degler
Produktion: Österreichischer Rundfunk (ORF), Wien
Sendedatum: 25.12.1979

DETSTWO BAMBI
DEFA-Synchrontitel: BAMBI; BAMBIS KINDHEIT
SU 1985
Regie: Natalya Bondarchuk
Buch: Natalya Bondarchuk, Yuri Nagibin
Literarische Vorlage: nach Felix Saltens Novelle *Bambi. Eine Lebensgeschichte aus dem Walde* (1923)
Kamera: Aleksandr Filatov
Musik: Boris Petrov
Schnitt: G. Sadovnikova
Ton: Vladimir Kaplan
Bauten: Tatyana Filatova
Stimmen der Darsteller: Ivan Burlyayev (Bambi als Kind), Nikolai Burlyayev (Bambi, jugendlich), Natalya Bondarchuk (Bambis Mutter), Maris Liepa (Bambis Vater), Yekaterina Lychyova (Falina als Kind), Galina Belyayeva (Falina, jugendlich), Maksim Shalnov (Gobo), Lev Durov (Eagle Owl), Aivars Leimanis, Inna Makarova, Galina Artyomova, Lise Liepa, Gediminas Taranda, David Julis, Yelizaveta Kiselyova
Produktion: Gorky Film Studios

YUNOST BAMBI
dt. Titel: BAMBIS JUGEND
SU 1986
Regie: Natalya Bondarchuk
Buch: Natalya Bondarchuk, Yuri Nagibin
Literarische Vorlage: nach Felix Saltens Novelle *Bambi. Eine Lebensgeschichte aus dem Walde* (1923)
Kamera: Aleksandr Filatov
Musik: Boris Petrov
Schnitt: Svetlana Dergachyova
Ton: Vladimir Kaplan
Bauten: Tatyana Filatova
Stimmen der Darsteller: Ivan Burlyayev (Bambi), Maris Liepa, Galina Belyayeva (Falina), Natalya Bondarchuk, Galina Artyomova, Aleksei Malykhin, Olga Kabo, Lev Durov, Inna Makarova, Dmitri Zolotukhin, Aivars Leimanis, Gediminas Taranda, Lise Liepa, Aleksandr Somov, Platon Sakvarelidze
Produktion: Gorky Film Studios

AUFERSTEHUNG ODER EIN KORREKTER MANN
A 1986
Inszenierung: Franz Stoß
Bildregie: Sylvia Dönch
Literarische Vorlage: nach Felix Saltens Einakter *Auferstehung* (1908)
Darsteller: Dolores Schmidinger, Ernst Anders, Peter Fröhlich, Heinz Petters, Elisabeth Kales, Dunja Huda-Picha, Paul Mühlhauser
Produktion: Österreichischer Rundfunk (ORF), Wien (Fernsehspiel)
Sendedatum: 6.5.1986, FS2

Werkverzeichnis

Das Werkverzeichnis berücksichtigt in erster Linie selbstständige Publikationen. Die ersten literarischen Arbeiten von Felix Salten erschienen in Zeitschriften: 1889 bis 1891 veröffentlichte er mehrere Gedichte in der Literaturzeitschrift „An der schönen blauen Donau", 1890/91 kurze Texte und Gedichte in der Zeitschrift „Moderne Dichtung" bzw. „Moderne Rundschau", die mit dem Kreis „Jung Wien" eng verbunden war. Seine journalistischen Arbeiten beziehungsweise seine Feuilletons wurden hier nur soweit berücksichtigt, als sie von Salten selbst in Sammlungen publiziert wurden. Insgesamt umfasst das journalistische Werk mehrere tausend Beiträge, die in zahlreichen deutschsprachigen Zeitschriften und Zeitungen erschienen sind. Das hier vorliegende Werkverzeichnis konnte bereits auf zwei gute Zusammenstellungen zurückgreifen: auf jene von Reinhard Müller (http://agso.unigraz.at/marienthal/bibliothek/biografien/07_04_Salten_Felix_Biografien.htm) und jene von Gabriele Reinharter: Werkverzeichnis, in: Siegfried Mattl, Klaus Müller-Richter, Werner Michael Schwarz (Hg.): Felix Salten: Wurstelprater. Ein Schlüsseltext zur Wiener Moderne, Wien 2004, S. 245ff. Die Angaben über die Drehbücher sind der von Christian Dewald im selben Band zusammengestellten „Filmografie" von Felix Salten entnommen.

Die Datierungen der Novellen basieren auf den Angaben in den Novellensammlungen und sind unvollständig. So Texte bereits in Zeitungen vorab gedruckt wurden, werden diese und das Erscheinungsdatum in Klammer angegeben. Auch in diesem Fall kann keine Vollständigkeit beansprucht werden.

NOVELLEN UND NOVELLENSAMMLUNGEN

Der Hinterbliebene. Kurze Novellen. (Umschlagbild von August Grosz.) Wien–Leipzig: Wiener Verlag 1900, 172 S.
Enthält: Der Hinterbliebene (Mai 1894) Die Datierungen der Novellen basieren auf den Angaben in den Novellensammlungen und sind unvollständig. So Texte bereits in Zeitungen vorab gedruckt wurden, werden diese und das Erscheinungsdatum in Klammer angegeben. Auch in diesem Fall kann keine Vollständigkeit beansprucht werden.
, Flucht (Juli 1894), Fernen (Dez. 1895), Heldentod (Nov. 1895), Das Manhardzimmer (Mai 1897), Begräbnis (Februar 1893), Lebenszeit (Juni 1899), Sedan (Juni 1899).

Die Gedenktafel der Prinzessin Anna.
Wien–Leipzig: Wiener Verlag 1902.
Enthält: Die Gedenktafel der Prinzessin Anna, Der Schrei der Liebe.

Die kleine Veronika. Novelle. Berlin: Fischer 1903, 144 S.

Herr Wenzel auf Rehberg und sein Knecht Kaspar Dinkel. Berlin: Fischer 1907.

Die Geliebte Friedrichs des Schönen. Novellen. Berlin: Marquart & Co Verlagsanstalt, G.m.b.H. 1908.
Enthält: Mauerbach, Feiertag (1898), Der Ernst des Lebens (1902), Ein Tag (1896), Die Wege des Herrn (1908), Der Sänger vor dem König (1907), Die Erhebungen über Barbara Liebhardt (1903), Mit großen Herren Kirschen essen (1906).

Die Wege des Herrn. Novellen.
Wien: Deutsch-Österreichischer Verlag 1911.
Enthält: Die Wege des Herrrn, Hic Rhodus („Die Zeit", 25.4.1909), Orestes („Die Zeit", 30.5.1909), Toni Holms Aufstieg („Die Zeit", 30.6.1909), Die Mutter der Sängerin („Die Zeit", 11.4.1909), Der alte Narr, Der Hinterbliebene, Das Manhardzimmer, Erhebungen über Barbara Liebhardt, Wenn Gott will, Begräbnis, Sedan, Der Sänger vor dem König, Der Ernst des Lebens, Feiertag, Mit großen Herren Kirschen essen, Die Geliebte Friedrichs des Schönen.

Das Schicksal der Agathe. Novellen.
Leipzig: Insel-Verlag 1911.
Enthält: Das Schicksal der Agathe, Heimfahrt, König Dietrichs Befreiung.

Abschied im Sturm. Novelle. München: Langen 1915 (= Langens Kriegsbücher. Geschichten aus Deutschlands Kämpfen 1914/15. 12.).
Enthält: Abschied im Sturm, Die Gewalt der Dinge.

Der alte Narr. Novellen. Berlin: Mosse [1918] (= Kronen-Bücher. [48].).
Enthält ausschließlich bereits veröffentlichte Novellen: Hic Rhodus, Orestes, Toni Holms Aufstieg, Die Mutter der Sängerin, Das Manhardzimmer, Erhebungen über Barbara Liebhardt, Wenn Gott will, Der Sänger des Königs, Der Ernst des Lebens, Mit großen Herren Kirschen essen, Die Geliebte Friedrich des Schönen.

Die Geliebte des Kaisers. Novellen. Berlin–Wien–Leipzig: Zsolnay 1929.
Enthält ausschließlich bereits veröffentlichte Novellen: Herr Wenzel auf Rehberg und sein Knecht Kaspar Dinkel, Der Hund von Florenz, König Dietrichs Befreiung, Die Gewalt der Dinge, Das Schicksal der Agathe.

ERZÄHLUNGEN UND ROMANE

(anonym) **Josephine Mutzenbacher, oder Die Geschichte einer wienerischen Dirne von ihr selbst erzählt. Privatdruck.** [Wien: ohne Verlagsangabe] 1906.

Künstlerfrauen. Ein Zyklus kleiner Romane. München–Leipzig: Müller 1909.
Enthält: Katharina Krons Liebhaber, Emberg, Klementina auf Besuch, Die Schauspielerin Elisabeth, Resi, Ernestines Enttäuschung, Die nüchterne Betti, Die Verehrerin, Die unnahbare Prinzessin, Die Suchende.
(Vorabdruck in „Die Zeit" ab 24.3.1907)

Olga Frohgemuth. Erzählung. Berlin: Fischer 1910 (= Fischers Bibliothek zeitgenössischer Romane. Jahrgang 2. 9.).

Kaiser Max der letzte Ritter. Mit Illustrationen nach zeitgenössischen Bildern von Albrecht Dürer und Hans Burgkmair. Berlin–Wien: Ullstein 1913 (= Ullstein-Jugendbücher.).

Die klingende Schelle. Roman. Berlin–Wien: Ullstein 1915 (= Ullstein's 3 Mark Romane. 26.).

Prinz Eugen der edle Ritter. Mit Bildern von Max Liebert. Berlin–Wien: Ullstein 1915 (= Ullstein-Jugendbücher.).

Im Namen des Kaisers. Eine historische Erzählung. Leipzig–Wien: Lyra-Verlag 1919 (= Molitor's Novellenschatz. 8.).

Bambi. Eine Lebensgeschichte aus dem Walde. Berlin–Wien–Leipzig: Zsolnay 1923.

Der Hund von Florenz. Wien–Leipzig: Herz-Verlag 1923.

Bob und Baby. Zeichnungen von Anna Katharina Salten. Berlin–Wien–Leipzig: Zsolnay 1925.

Martin Overbeck. Der Roman eines reichen jungen Mannes. Berlin–Wien–Leipzig: Zsolnay 1927.

Simson. Das Schicksal eines Erwählten. Roman. Bd. 2 der Gesammelten Werke in Einzelausgaben. Wien–Leipzig: Zsolnay 1928.

Freunde aus aller Welt. Roman eines zoologischen Gartens. Mit 16 Tiefdruckbildern. Berlin–Wien–Leipzig: Zsolnay 1931.

Florian. Das Pferd des Kaisers. Roman. Berlin–Wien–Leipzig: Zsolnay 1933.

Kleine Brüder. Tiergeschichten. Wien: Zsolnay 1935.

Bambis Kinder. Eine Familie im Walde. Mit 18 ganzseitigen Federzeichnungen von Hans Bertle. Zürich: Müller 1940.
(Zuerst in englischer Übersetzung erschienen: Bambi's children. The story of a forest family. Translation by Barthold Fles.
Edited by R. Sugden Tilley.
Illustrated by Erna Pinner. Indianapolis, Ind.–New York, N.Y. 1939.)

Renni der Retter. Das Leben eines Kriegshundes. Mit 18 Federzeichnungen von Philipp Arlen. Zürich: Müller 1941.
(Zuerst in englischer Übersetzung erschienen: Renni, the rescuer. A dog of the battlefield. Translated by Kenneth C[arlyle] Kaufman. Drawings by Diana Thorne. Indianapolis, Ind.–New York, N.Y. 1940.)

Die Jugend des Eichhörnchens Perri. Mit zahlreichen Federzeichnungen von Hans Bertle. Zürich: Müller 1942.
(Zuerst in englischer Übersetzung erschienen, nachdem das 1938 bei Zsolnay in Wien gedruckte Werk wegen der deutschen Okkupation Österreichs nicht mehr ausgeliefert werden konnte, beschlagnahmt und eingestampft wurde: Perri. The youth of a squirrel. With an introduction by Beverley Nichols. London 1938.)

Kleine Welt für sich. Eine Geschichte von freien und dienenden Geschöpfen. Mit 41 Federzeichnungen von Otto Betschmann. Zürich: Müller 1944.

Djibi das Kätzchen. Mit 20 Federzeichnungen von Walter Linsenmaier. Rüschlikon–Zürich: Müller 1945.

WERKAUSGABEN

Gesammelte Werke in Einzelausgaben.
Wien–Leipzig: Zsolnay 1928–1932, 6 Bde.
Bd 1: Die Gedenktafel der Prinzessin Anna, Die kleine Veronika, Olga Frohgemuth.
Bd 2: Simson. Das Schicksal eines Erwählten. Roman. 1928.
Bd 3: Die Geliebte des Kaisers. Novellen. 1929.
Enthält: Herr Wenzel auf Rehberg und sein Knecht Kaspar Dinkel, Der Hund von Florenz, König Dietrichs Befreiung, Die Gewalt der Dinge, Das Schicksal der Agathe, Die Geliebte des Kaisers.
Bd 4: Fünfzehn Hasen. Schicksale in Wald und Feld. 1929.
Bd 5: Gute Gesellschaft. Erlebnisse mit Tieren. 1930.
Bd 6: Mizzi. Novellen. 1932.
Enthält: Schuß im Wald, Philippine erobert ihr Eigentum, Feiertag, Der Mann und die Frau, Heimfahrt, Künstlerfrauen, Hic Rhodus, Orestes, Tini Holms Aufstieg, Die Mutter der Sängerin, Der Sänger vor dem König, Der Ernst des Lebens, Mit großen Herren Kirschen essen.

ESSAYS, ESSAY- UND FEUILLETON-SAMMLUNGEN

Wiener Theater (1848–1898). Wien: Vernay 1900, Separatabdruck aus: Die Pflege der Kunst in Österreich 1848–1898. Wien 1900.

Gustav Klimt. Gelegentliche Anmerkungen. Buchschmuck von Berthold Löffler. Wien–Leipzig: Wiener Verlag 1903.

Wiener Adel. Berlin–Leipzig: Seemann [1905] (= Großstadt-Dokumente. 14.).

Das Buch der Könige. Mit Zeichnungen von Leo Korber. München–Leipzig: Müller 1905.
Enthält: Der deutsche Kaiser, Der Zar, Der König von England, König Leopold, Der König von Sachsen, Der König von Schweden, Ferdinand der Bulgare, Der Schah von Persien.
(Die Porträts erschienen unter dem Pseudonym „Sascha" ab 3.9.1903 in der Zeitung „Die Zeit".)

Das österreichische Antlitz. Essays. Berlin: Fischer 1909.

Wurstelprater. Mit 75 Originalaufnahmen von Emil Mayer. Wien–Leipzig: Rosenbaum 1911.

Gestalten und Erscheinungen. Berlin: Fischer 1913.
Enthält: 1. Teil: Andersen, Wilhelm Busch, Boccaccio, Frank Wedekind, Arthur Schnitzler, Torresani, Graf Keyserling, Tolstoi, Alfred Freiherr von Berger, Mahler, Theodor Herzl. 2. Teil: Die Schablone Lewinsky, Krastel, Lia Rosen, Suzanne Després, Caruso, Strakosch, Der Alfred Grünfeld. 3. Teil: Ferdinand der Bulgare, Roosevelt, Johann Orth, Der alte Hagenbeck, Bildnis einer singenden Frau.

Die Dame im Spiegel. Bilder, Buchschmuck und Einband nach Zeichnungen von Gräfin Christine von Kalckreuth. Berlin–Wien: Ullstein 1920.
Enthält: Die elegante Frau, Junge Frauen („Die Zeit", 5.6.1910), Junge Mädchen, Ball, Tanzen („Die Zeit", 5.11.1911), Kindertanzstunde, Meine Bekannten im Theater („Die Zeit, 30.9.1909), Schenken („Die Zeit", 8.12.1907), Vom Kaufen („Die Zeit", 16.4.1911), Ich wünsche mir Reichtum („Die Zeit", 22.2.1913), Verwickelte Geschichte, Schönbrunn, Mein Falke („Die Zeit", 18.7.1909).

Schauen und Spielen. Studien zur Kritik des modernen Theaters. Wien–Leipzig: WILA 1921, 2 Bde. Bd 1: Ergebnisse, Erlebnisse. 1921. Bd 2: Abende, Franzosen, Puppenspiel, Aus der Ferne. 1921.

Das Burgtheater. Naturgeschichte eines alten Hauses. Wien–Leipzig: Wiener literarische Anstalt 1922 (= Die Wiedergabe. Reihe 2. 1–2.).

Geister der Zeit. Erlebnisse. Berlin–Wien–Leipzig: Zsolnay 1924.

Neue Menschen auf alter Erde. Eine Palästinafahrt. Berlin–Wien–Leipzig: Zsolnay 1925.
(Die in diesem Band zusammengefaßten Reiseberichte erschienen zunächst ab 6.6.1924 in der „Wiener Allgemeinen Zeitung".)

Teppiche. Wien: E. Fischer Verlag 1930.

Fünf Minuten Amerika. Berlin–Wien–Leipzig: Zsolnay 1931.
(Die in diesem Band zusammengefaßten Reiseberichte erschienen zunächst ab 8.6.1930 in der „Neuen Freien Presse".)

In memoriam . (Ansprachen, gehalten [von] Oskar Wälterlin, Felix Salten, Wolfgang Langloff, Eugen Jensen anlässlich der Max Reinhardt Gedenkfeier im Schauspielhaus Zürich am 14. November 1943.) Zürich–New York, N.Y.: Oprecht [1944] (= Schriftenreihe des Schauspielhauses Zürich. 1.).

ARBEITEN FÜR DAS THEATER

Der Gemeine. Schauspiel in drei Aufzügen. Wien–Leipzig: Wiener Verlag 1901.
(Wiener Uraufführung: 10.5.1919, Deutsches Volkstheater)

Vom andern Ufer. Drei Einakter. Berlin: Fischer 1908.
Enthält: Graf Festenberg, Der Ernst des Lebens, Auferstehung.
(Wiener Erstaufführung: 12.5.1913, Neue Wiener Bühne)

André Rivoire: Der gute König Dagobert. (Le bon roi Dagobert.) Lustspiel in vier Aufzügen. Deutsche Bearbeitung von Felix Salten. (Unverkäufliches Manuskript.) Berlin-Wilmersdorf: Bloch 1910.
(Uraufführung: 18.11.1911, Deutsches Volkstheater)

Mein junger Herr. Operette in drei Akten von Ferdinand Stollberg [Pseudonym für Felix Salten]. Musik von Oskar Straus. Mise en scène von Ludwig von dem Bruch. Leipzig–Wien: Karczag & Wallner 1910.
(Uraufführung: 23.12.1910, Raimundtheater)

Reiche Mädchen. Operette in drei Akten von Ferdinand Stollberg [Pseudonym für Felix Salten]. Musik von . Mise en scène verfaßt von Franz Glawatsch. (Als unverkäufliches Manuskript gedruckt.) Leipzig–Wien: Karczag & Wallner 1910.
(Uraufführung: 30.12.1909, Raimundtheater)

Das stärkere Band. Drei Akte und ein Epilog. Berlin: Bloch [1912].
(Uraufführung: 16.3.1912, Deutsches Volkstheater)

Kinder der Freude! Drei Einakter. Berlin-Wilmersdorf: Bloch 1916. Enthält: Von ewiger Liebe, Auf der Brücke, Lebensgefährten.
(Uraufführung: 12.11.1916, Stadttheater Zürich)

Schöne Seelen. Lustspiel in einem Akt. Mit einem Nachwort von Julius Ferdinand Wolff. Leipzig: Reclam [1925] (= Universal-Bibliothek. 6537.).
(Uraufführung: 22.9.1925, Renaissancebühne)

Anne Nichols: Dreimal Hochzeit. Ein New Yorker Schwank von Anne Nichols. Deutsche Bühnenbearbeitung von Felix Salten. Berlin: „Abie's Irish Rose" 1928.

Fulton Oursler & Lowell Brentano: Spinne im Netz. Zwischenfall in drei Akten (fünf Bildern) von Fulton Oursler und Lowell Brentano. Für die deutsche Bühne bearbeitet von Felix Salten. Regie- und Soufflierbuch. Wien–Berlin: Pfeffer 1930.

Louise von Koburg. Das Schicksal einer Liebe. Vierzehn Szenen. (Bühnenmanuskript.) Berlin–Wien–Leipzig/Berlin-Wilmersdorf: Zsolnay/Bloch 1933.

Mädchenhände. Komödie in sechs Bildern.
(Uraufführung: 18.4.1935, Akademietheater)

Kaisertochter. 5 Akte, frei nach der Geschichte von Felix Salten. o. O., o. J, Manuskript in der Österreichischen Nationalbibliothek.
(Uraufführung: 18.10.1936, Deutsches Volkstheater)

FILMDREHBÜCHER

Der Shylock Von Krakau, D 1913

Gerettet, A 1914

Das Urteil des Artzes, D 1914

Der Schuss im Traum, Alternativtitel: **Ein Schuss in Der Nacht,** D 1915

Die Glücksschmiede, D 1916

Der Glücksschneider, A 1916

Moritz Wasserstrahl Als Stratege, Alternativtitel: **Moritz Wasserstrahl; Moritz Als Stratege; Aus Moritz Wasserstrahls Soldatenzeit,** A 1916

Der Narr Des Schicksals, A 1916

Der Eiserne Wille, D 1918

Dr. Schotte, D 1918

Der Türmer Von St. Stefan, Alternativtitel: **Die Juden Von Granada; Der Jude Von Granada,** A 1923

Das Verbotene Land, Alternativtitel: **Die Liebe Des Dalai Lama,** A 1924

Komödianten, D 1925

Sturm Im Wasserglas, Alternativtitel: **Die Blumenfrau Von Lindenau; Viel Lärm Um Toni** (Gemeinsam Mit Walter Wassermann Und Walter Schlee), A 1931

Arm Wie Eine Kirchenmaus (Gemeinsam Mit Heinz Goldberg), D 1931

Um Einen Groschen Liebe, Alternativtitel: **Scampolo; Scampolo, Ein Kind Der Strasse** (Gemeinsam Mit Billy Wilder), A 1932

Liebelei (Gemeinsam Mit Hans Wilhelm, Curt Alexander, Max Ophüls), D 1933

UNVERÖFFENTLICHTE MANUSKRIPTE IM NACHLASS

Memoiren.

Erzherzog Leopold.

Dieses unschuldige Mädchen. Novellen.

Ein Gott erwacht.

Gerettet. Dramatische Skizze.

AUTORENVERZEICHNIS

Moritz Baßler, Professor am Germanistischen Institut, Abteilung Neuere Deutsche Literatur der Wilhelms-Universität Münster.

Elisabeth Büttner, Filmwissenschaftlerin, Wissenschaftliche Leiterin der Kooperative „das kino co-op" (Wien), Privatdozentin am Institut für Theater-, Film- und Medienwissenschaft der Universität Wien.

Christian Dewald, Filmhistoriker. Wissenschaftlicher Leiter des Filmarchiv Austria.

Manfred Dickel, Literaturwissenschaftler, Promotion an der Universität Jena, lebt in Kassel.

Kurt Ifkovits, Germanist und Kustos am Österreichischen Theatermuseum (Handschriftensammlung).

Claudia Liebrand, Professorin für Allgemeine Literaturwissenschaft und Medientheorie am Institut für deutsche Sprache und Literatur der Universität Köln.

Siegfried Mattl, Historiker, Leiter des Ludwig-Boltzmann-Institutes für Geschichte und Gesellschaft, Dozent am Institut für Zeitgeschichte der Universität Wien.

Robert McFarland, Assistant Professor of German Studies, Brigham Young University, Provo, Utah.

Doron Rabinovici, Historiker und Schriftsteller in Wien.

Klaus Müller Richter, lehrt Neuere Deutsche Literatur und Philosophie an der Universität Tübingen.

Werner Michael Schwarz, Historiker, Kurator am Wien Museum und Dozent an der Universität Klagenfurt.

Andrea Winklbauer, Kunst- und Filmwissenschaftlerin, freie Autorin und Ausstellungskuratorin, Kunstvermittlerin am Jüdischen Museum Wien.

Lea Wyler, Enkelin Felix Saltens, Vizepräsidentin und Gründerin des Tibet-Hilfswerks „Rokpa International".

Felix Salten, um 1925. (ÖNB Bildarchiv)